Scenario

Jochen Brunow (Hrsg.)

FILM- UND DREHBUCH-ALMANACH

BERTZ+FISCHER

Bibliografische Information Der Deutschen Bibliothek
Die Deutsche Bibliothek verzeichnet diese Publikation in der Deutschen
Nationalbibliografie; detaillierte bibliografische Daten sind im Internet über
<http://dnb.ddb.de> abrufbar.

Eine Publikation der Carl-Mayer-Gesellschaft

Gefördert durch den Beauftragten der Bundesregierung für Kultur und Medien

Umschlaggestaltung, Layout, Grafiken und Drehbuchillustrationen: Hauke Sturm

Redaktioneller Beirat: Alfred Holighaus, Detlef Michel, Ruth Toma, Michael Töteberg, Joachim von Vietinghoff

Die Carl-Mayer-Gesellschaft und der Herausgeber betonen, dass sie den Inhalt dieses Almanachs allein verantworten und *Scenario* nicht in Verbindung steht mit anderen Institutionen, die den Begriff »Scenario« ebenfalls im Namen führen.

Alle Rechte vorbehalten
© 2009 by Bertz + Fischer GbR, Berlin
Wrangelstr. 67, 10997 Berlin
Druck und Bindung: druckhaus köthen, Köthen
Printed in Germany
ISBN 978-3-86505-188-2

Inhalt

Vorwort des Herausgebers   8

Werkstattgespräch   12

Vom Salz des Lebens und vom Gefäß des Bösen   14
Ein Werkstattgespräch mit Chris Kraus
Von Jochen Brunow

Essays   52

Was bleibt, sind Geschichten   54
Oder wie man dazu kommt, zu denken wie ein Schwein
Von Hannes Held

Save the Cat   73
Ein tierischer Marathon
Von Wolfgang Kirchner

Der Ausbruch   85
Anmerkungen eines Drehbuchautors über sein Regiedebüt
Von Fred Breinersdorfer

Das Hütchenspiel   100
Von regieführenden Autoren und schreibenden Regisseuren
Von Susanne Schneider

Die Kamera als Federhalter   110
Immer mehr amerikanische
Drehbuchautoren wechseln ins Regiefach
Von Lars-Olav Beier

Journal   126

Zeitreisen   128
Ein Journal
Von Peter Schneider

Backstory.
Splitter einer Geschichte des Drehbuchs   168

Beruf: Drehbuchautor   170
Von Jacques Fieschi
Nachbemerkung: Retour en arrière   176
Von Jochen Brunow

Cinematic   177
Literatur, geschrieben wie ein Film: Vladimir Nabokov
Von Michael Töteberg

Lesezeichen   204

Wendeltreppen des Erzählens   206
Passage durch das Werk David Bordwells
Von Roman Mauer

Inferno hinter schönem Schein   216
Budd Schulberg: *Was treibt Sammy an?* / Von Norbert Grob

Mamet vs. Hollywood   221
David Mamet: *Bambi vs. Godzilla: Über Wesen, Zweck und Praxis des Filmbusiness.* / *Die Kunst der Filmregie.* / *Richtig und Falsch: Kleines Ketzerbrevier samt Common sense für Schauspieler.* / *Vom dreifachen Gebrauch des Messers: Über Wesen und Zweck des Dramas.* / Von Oliver Schütte

Black History   226
Marc Norman: *What Happens Next. A History of American Screenwriting* / Von Jochen Brunow

Monster aus der Box   231
Michaela Krützen: *Väter, Engel, Kannibalen – Figuren des Hollywoodkinos* / Von Christoph Callenberg

Vom Schreibtisch der Autoren   236
Dennis Eick: *Noch mehr Exposees, Treatments und Konzepte. Erfolgreiche Beispiele aus Film und Fernsehen* / Von Katharina Bildhauer

Filmromane   237
Arnolt Bronnen: *Film und Leben Barbara La Marr* / Arnold Höllriegel: *Bimini* / Arnold Höllriegel: *Die Films der Prinzessin Fantoche* / Heinrich Eduard Jacob: *Blut und Zelluloid* / Von Michael Töteberg

Drehbuch des Jahres 244

Bisherige Preisträger 246
Kurze Geschichte des Preises 247

Das zweite Leben des Häuslers Stocker 248
Drehbuch
Von Klaus Krämer

Klaus Krämer: Bio-Filmografie 317

Über die Autorinnen und Autoren 318

Danksagung 323

Fotonachweis 324

Vorwort des Herausgebers

Die zweite Ausgabe wird noch an der ersten gemessen, zwei Exemplare einer Sorte sind nur ein Paar, aber drei bilden bereits eine Gruppe. Der Reihencharakter des Jahrbuchs zum filmischen Erzählen sollte sich mit dieser, der dritten Ausgabe von *Scenario* endgültig etabliert haben.

Wie schnell ein Jahr vergehen kann, wird für den Herausgeber eines jährlichen Periodikums immer wieder auf außerordentlich drängende Weise spürbar. Zum einen scheint die nur auf den ersten Blick großzügig bemessene Zeitspanne nicht zu reichen für das Planen des Konzeptes, das Schreiben und Lektorieren der Essays, die Kommentierung durch die unverzichtbare Marginalienspalte, die visuellen Entwürfe, und zum anderen geschieht in einem Jahr doch außerordentlich viel.

Neben dem Rückblick auf '68 gab es im zurückliegenden Jahr eine Debatte über das Verhältnis von Film und Fernsehen, die durch den Artikel Volker Schlöndorffs in der *Süddeutschen Zeitung* ausgelöst wurde und die zu dessen Entlassung als Regisseur des Projektes DIE PÄPSTIN geführt hat. Bestimmt wurde das Jahr auch durch den Ausbruch der großen Wirtschaftskrise und den Zusammenbruch der Finanzmärkte. Und Marcel Reich-Ranickis Ablehnung des Fernsehpreises befeuerte mal wieder die heftige Diskussion um die Qualität der TV-Programme. Wir hatten jetzt die »Süßstoffoffensive«, die »Degetoisierung«, die »Pilcherisierung« – alles Kampagnen, die sich damit befasst haben, dass bestimmte erzählerische Standards im Fernsehen nicht mehr stattfinden und damit eine kulturelle Verflachung einhergeht. Veränderungen haben diese Kampagnen nicht gebracht. Wenn man in die Vergangenheit schaut und sich mit der Historie des Drehbuchs befasst – wie es in *Scenario* in der Rubrik *Backstory* geschieht –, dann hat es zu allen Zeiten diese Klage über den kulturellen Verfall gegeben. Sie hat nie irgendwie gefruchtet. Und doch scheint die Situation diesmal eine andere zu sein. Die Krise auf den Finanzmärkten hat mehr mit der Krise des Fernsehens zu tun, als mancher in den Sendeanstalten wahrhaben möchte, der vollmundig von der Quote als Währung spricht. Eine Währung, das lernen wir alle in dieser Situation schmerzlich, ist nichts anderes als die Vereinbarung, etwas – Muscheln, bedruckte Papierscheine oder eben die Quote – als ein Zahlungsmittel anzuerkennen. Diese Vereinbarung basiert auf Vertrauen. Die maßlose, gedankenlose Gier, die die Finanzmärkte in ihrer bisherigen Form zerstört hat, gleicht der unhinterfragten Gier der Senderverantwortlichen nach der Quote. Sie zerstört auf die Dauer das Vertrauen der Zuschauer in die Werthaltigkeit des Programms. Es ist erstaunlich, je komplexer unsere Gesellschaft wird, desto infantiler scheint das Programm des Fernsehens zu werden. Je mehr uns die Wissenschaftler Neues, Entscheidendes über die Wichtigkeit des Erzählens vermitteln, desto mehr verfallen gleichzeitig die Standards der Narration im aktuellen TV-Programm. Es gehört also nicht viel dazu, dem bestehenden System des dualen Rundfunks in seiner bisherigen Form den Zusammenbruch vorherzusagen. Die Frage ist, wann er erfolgt und wodurch er ausgelöst wird. Noch haben zumindest die öffentlich-rechtlichen Anstalten die Chance, aus dieser Gefahrenlage auszubrechen, indem sie sich endlich von der Werbung und der Quote als einzig gültigem Maßstab für ihr Programm abkoppeln.

Unter den Drehbuchautoren war die Tendenz zu beobachten, ihre erzählerische Arbeit vermehrt dadurch zu schützen, dass sie selbst Regie führen bei der Realisierung ihrer Stoffe. In *Scenario* spiegelt sich das wieder. Chris Kraus, der schon bei SCHERBENTANZ diesen Weg eingeschlagen hatte, landete mit VIER MINUTEN einen großen Erfolg bei Publikum und Kritik und gibt im Werkstattgespräch Auskunft über seine Arbeit. Auch die erfahrenen Autoren Susanne Schneider und Fred Breinersdorfer schildern in sehr persönlichen Essays, wie es ist, als Drehbuchschreiber plötzlich am Set Verantwortung für ein Team übernehmen zu müssen. Wie es ist, die eigene Fantasie in filmische Realität überführen zu müssen.

Nun ist dieser Trend zum Autor-Regisseur keine typisch deutsche Bewegung, und Lars-Olav Beier untersucht daher die Stellung der in den USA schon länger so genannten *hyphenates*, der Autoren-Bindestrich-Regisseure im System von Hollywood. Billy Wilder war in der Geschichte des Films und des Drehbuchs der erste und bekannteste Autor, der den Schritt zur Regie für zwingend notwendig erachtete. Aber nicht alle halten dieses Wechseln des professionellen Faches ohne Einschränkung für den Königsweg. In seiner *History of American Screenwriting*, die unter der Rubrik *Lesezeichen* besprochen wird, behauptet Marc Norman, Robert Towne und Paul Schrader hätten als Regisseure nur wenig Überragendes geleistet und dadurch dem Publikum weitere wirklich große Filme, die sie als Drehbuchautoren hätten schreiben können, vorenthalten.

Die für *Scenario* zentrale Rubrik des *Journals* hat die Verfasser bisher immer wieder zu sehr persönlichen Textversionen gebracht. Peter Schneider sprengt in seinem diesjährigen Essay die Form des reinen Tagebuches durch Rückblenden und Reflexionen auf, um sie am Ende dadurch ganz neu wiederzugewinnen. Er blickt zurück auf das Jahr 1968 und auf das Medienverständnis der 68er, aber auch auf die Arbeit an seinem *Vivaldi*-Drehbuch und die Hürden auf dem Weg zu dessen filmischer Umsetzung.

Johanna Stuttmann, Absolventin der Drehbuchabteilung der Filmakademie Ludwigsburg, war ursprünglich für den Erfahrungsbericht einer jungen Autorin vorgesehen. Sie bekam für ihr Abschlussbuch den Strittmatter-Preis, wurde in den Verlag der Autoren aufgenommen und so mit Drehbuchaufträgen überhäuft, dass sie diese Aufgabe nicht wahrnehmen konnte. Hannes Held, Absolvent des Studienganges »Szenisches Schreiben« an der UdK Berlin und – noch – Studierender der Drehbuchakademie der dffb, hat die kurzfristige Herausforderung angenommen. Mit seinem Essay *Am Ende bleiben Geschichten* beweist er, dass er weit mehr ist als ein Ersatzmann.

Im vergangenen Jahr hat André Georgis Essay *Old School – New School* in *Scenario 2* eine sehr starke, positive Resonanz bei den Lesern ausgelöst. In einem Jahrbuch verlieren normale Rezensionen schnell ihre Aktualität, diese Bestandsaufnahme der aktuellen amerikanischen Filmdramaturgie aber bleibt noch über den heutigen Tag hinaus wichtig und lesenswert. Als Reaktion darauf dominieren in dieser neuen Ausgabe der *Lesezeichen* nicht mehr Einzelbesprechungen, sondern eher Sammelrezensionen, die versuchen, Zusammenhänge oder Werkkomplexe auf spannende Weise zu beleuchten. Wobei mir daran liegt, besonders auf den Text von Roman Mauer hinzuweisen, der sich ausführlich mit dem Werk David Bordwells beschäftigt, dessen wichtige Bücher zum großen Teil immer noch auf ihre Übersetzung ins Deutsche warten.

Der Blick zurück in der Rubrik *Backstory* sollte ursprünglich nur dem grandios gescheiterten Versuch Vladimir Nabokovs gelten, das Drehbuch zu der von Stanley Kubrick ausgeführten Verfilmung seines Romans *Lolita* selbst zu schreiben. *Cinematic* von Michael Töteberg wuchs sich aus zu einer fundierten Studie über den Einfluss des Filmischen auf das Schreiben des großen Romanciers. Und die Bemühungen um eine Bebilderung des Textes endeten mit dem Fund eines Fotos, das den Dichter auf der Sportanlage hinter der heutigen Schaubühne zeigt, auf der er kleinen russischen Mädchen Tennisunterricht gab, um seinen Lebensunterhalt in Berlin zu sichern, wenn er nicht gerade einen Komparsenjob in den UFA-Studios in Babelsberg hatte.

Nicht nur in diesem Teil des Buches wurde den Illustrationen wieder besondere Aufmerksamkeit gewidmet, und ich schulde Chris Kraus besonderen Dank für die Überlassung von Zeichnungen und Storyboards. Traditionell findet der Abdruck des besten unverfilmten Drehbuchs des Jahres seinen Platz zum Abschluss des Buches. *Das zweite Leben des Häuslers Stocker* von Klaus Krämer ist das Drehbuch des Jahres 2008. Hauke Sturm hat es wieder fern aller Filmbilder wunderbar illustriert und diesmal mit seinen kreativen Montagen auch das strenge rechteckige Format von Fotovorlagen gesprengt.

Eine auch visuell attraktiv gemachte Publikation, die »Platz bietet für eine künstlerische, theoretische und praktisch orientierte Diskussion über das Filmdrehbuch«, wie Enrico Wolf in seiner Rezension in der Zeitschrift *Medienwissenschaft* schrieb, das soll *Scenario* auch weiterhin sein.

Dass der *Film- und Drehbuch-Almanach* all die Strömungen und Themen des zurückliegenden Jahres aufgreifen konnte und als ein breites Forum für die Diskussion um die aktuellen Formen filmischen Erzählens dienen kann, ist nicht möglich ohne die vielen materiellen und geistigen Förderer des Projektes, ihr nicht nachlassendes Interesse und enthusiastisches Engagement. Für diese Unterstützung sei dem Vorstand der Carl-Mayer-Gesellschaft, dem BKM und den Mitarbeitern im dortigen Filmreferat, dem redaktionellen Beirat sowie allen Beiträgern, Freunden und Kollegen ausdrücklich gedankt. Ohne diese breite Unterstützung gäbe es *Scenario 3* nicht.

Jochen Brunow

Scenario

stattgespräch

Vom Salz des Lebens und vom Gefäß des Bösen
Ein Werkstattgespräch mit Chris Kraus

Von Jochen Brunow

Erinnerst du dich, wann du dich zum ersten Mal als Geschichtenerzähler gefühlt hast? Wann du zum ersten Mal gespürt hast, dass eine Kraft liegt im Geschichtenerzählen?

Das Geschichtenerzählen beginnt ja nicht vor dem Geschichtenhören. Geschichten sind oft das Erste, was wir als Abstraktum erinnern: Die erste Geschichte, die deine Oma dir hinterlassen hat, ist ja eine Sensation. Ich habe früh damit angefangen, mich selbst mit diesen Sensati-

Monica Bleibtreu und Hannah Herzsprung in VIER MINUTEN

onen interessanter zu machen, vor allem solchen, die durchaus böse endeten: Lügengeschichten, Übertreibungen. Ich neige bis heute zum Dramatisieren, obwohl das meine Freunde, meine Frau, sogar meine Kinder wahnsinnig macht. Ich kann nicht anders. Ich habe einen gewissen dramatischen Übertreibungsdruck. Und der begann sehr früh in meinem Umfeld.

Was war das für ein Umfeld?

Ich komme aus einer baltischen Familie. Die baltischen Familienstrukturen sind auf gewisse Weise anekdotisch gegliedert, so hat das mal Werner Bergengruen ausgedrückt, der wie meine Vorfahren aus Riga stammte. Das heißt, ein großes, weitverzweigtes Sammelsurium an baltischen Verwandten muss in einen unterhaltsamen Zusammenhang gestellt werden, und das geschieht durch Anekdoten. Da reicht schon eine Miniatur: der Friedrich, der mit dem Loch in der Kehle, das er sich bei Sankt Petersburg schlug, als er in eine Bärenfalle stolperte. Anekdoten mussten gut zu den Menschen passen, denen sie galten. Geschichten mussten stimmen, aber sie mussten nicht wahr sein.

Chris Kraus

Gab es eine Person, die auf besondere Weise erzählt hat, die dich beeinflusst hat?

Meine Großmutter hat die meisten Geschichten erzählt, an die ich mich heute noch erinnere. Sie spielten alle im deutschen Wald. Oma schiebt mich im Kinderwagen durch den dunklen Wald. Da kommt ein Fuchs und will mich fressen. Oma springt auf den Fuchs zu und erwürgt ihn. Toll. Alles drin. Die Gefahr. Die Rettung. Die Katharsis.

Geboren bist du in Göttingen, aufgewachsen in Süddeutschland, und an einem bestimmten Punkt deiner schulischen Karriere bist du dann aufs Internat gekommen.

Ja, und das war nicht gerade ein Höhepunkt meiner schulischen Karriere.

Ich frage nach diesen persönlichen Dingen, weil du mehrmals in Interviews davon gesprochen hast, deine Arbeit als Drehbuchautor sei stark auf einem biografischen Fundament gegründet. Ich glaube, vor allem dein Buch zu SCHERBENTANZ ist autobiografisch inspiriert.

SCHERBENTANZ (2002; D+R: Chris Kraus, nach seinem Roman)

Das ist einerseits richtig. Das Wesen einer dysfunktionalen Familie kenne ich aus eigener Anschauung. Und da ich keinen Kontakt zu

Werkstattgespräch

Margit Carstensen, Jürgen Vogel und Nadja Uhl in SCHERBENTANZ

meinen Eltern habe, schon seit vielen Jahren nicht mehr, eröffnet das für meine Arbeit Perspektiven, die mich in gewisser Weise freier machen als andere. Das Schlachtfeld der Mittelstandsfamilie, das viele von uns prägt, habe ich für SCHERBENTANZ und auch für andere Arbeiten durchschritten, ohne mich oder andere schützen zu müssen. Diese Radikalität wurde mir geschenkt. Dennoch ist SCHERBENTANZ ein fiktionales Drehbuch, bevölkert von Gespinsten, von erdachten Figuren – eine erstunkene und erlogene Geschichte. Was dir widerfährt, ist nichts als Material. Der Schreiner braucht Holz, der Schreiber braucht Leben, vor allem das eigene. Aber das Material allein reicht vielleicht für eine ordentliche Selbsthilfegruppe, es ist noch lange keine Story. Ich bin kein Freak. Aber ich vollziehe so etwas wie biografisches Schreiben. Das heißt, ich arbeite intensiv mit biografischem Material, weil das die Erfindungen und auch die Klischees, aus denen jedes Buch zusammengerührt wird, wahrer macht.

Du hast mal in einem Essay behauptet, dass man es als Autor schaffen könne, selbst dem abseitigsten, spekulativsten, schwachsinnigsten Stoff Leben einzuhauchen, wenn man etwas Spezielles, etwas Eigenes hineinstreut. Du nanntest das: »Genauigkeiten. Details. Das Salz des Lebens.«

Ich war acht Jahre lang auf verschiedenen Internaten. Einmal gab es einen Skandal, weil ein paar Idioten versucht haben, einem Achtklässler die Vorhaut abzuschneiden. Als ich dann für SCHERBENTANZ nach einem Bild enthemmter Gewalt suchte, erinnerte ich mich an diesen Vorfall. Er hatte mich als Kind mit realem Schrecken erfüllt, und ich nutzte diesen Schrecken 25 Jahre später dafür, eine von vorne bis hinten ausgedachte, sehr künstliche Szene glaubwürdig zu verfinstern. Diese Balance zu halten aus Schmerz, Blöße und echtem Leben einerseits und diesem Plotpoint-Kram andererseits halte ich für die größte Herausforderung unseres Berufs.

An diese Szene erinnere ich mich gar nicht.

Weil sie im fertigen Film nicht auftaucht. Aber im Roman, der SCHERBENTANZ zugrunde liegt, hat sie eine zentrale Rolle. Ins Drehbuch habe ich sie nicht übernommen, weil sie zwar die Charaktere beleuchtete, aber nicht die Handlung vorantrieb.

Diese Internatserfahrung ist ja nicht nur eine sehr spezielle schulische Situation, sondern auch eine Lebenssituation, die sich von einer gewöhnlichen Kindheit völlig unterscheidet. Sie hat ja sogar so etwas wie ein Genre hervorgebracht. Aber einen Internatsfilm hast du noch nicht gemacht?

Nein. Allerdings ist VIER MINUTEN nicht so weit von dem entfernt, was ein Internatsfilm erzählen könnte.

VIER MINUTEN (2006; D+R: Chris Kraus)

VIER MINUTEN spielt in einem Frauengefängnis. Du hast wohl kaum Erfahrungen in einem Frauengefängnis gesammelt.

Ich habe auch keine Ahnung von lesbischen Liebesbeziehungen, die ja im Zentrum dieser Geschichte stehen. Das ist auch nicht nötig. Die Entscheidung, auf der Grundlage biografischen Materials zu arbeiten, bedeutet nicht, dass der Autor nur um sich selbst kreist. Lediglich die Themen müssen zutiefst mit mir zu tun haben. Manchmal reichen auch Details. Tatsächlich habe ich VIER MINUTEN fast am Reißbrett entworfen. Ich arbeite schon seit meinem Studium an der DFFB mit einer Technik, die von Georges Simenon stammt: Wenn du eine starke, dramatische Handlung entwerfen willst, brauchst du mindestens zwei Charaktere. Einer der beiden muss ein Geheimnis haben, das er um jeden Preis bewahren will. Und der andere muss derjenige sein, der um keinen Preis der Welt dieses Geheimnis ergründen darf. Wenn du nun diese beiden Charaktere aufeinanderhetzt, bekommst du fast automatisch einen mörderischen Konflikt. Simenon hat auf diese Weise seine Krimis zusammengenagelt. Ich sammle seit 15 Jahren Zeitungsartikel, Reportagen über merkwürdige, abseitige, interessante Menschen, die ich auf die beschriebene Weise in den Zweikampf schicken kann. So bin ich eines Tages auf einen *Tagesspiegel*-Bericht gestoßen, in dem eine uralte Klavierlehrerin porträtiert wurde, die seit 50 Jahren im Gefängnis unterrichtet. Dieser

Georges Simenon (1903-1989), legendärer französischer Kriminalschriftsteller. 1930 erschuf er Inspektor Maigret, der ihn durch 85 Romane begleitete. Zahlreiche seiner über 400 Bücher wurden verfilmt.

VIER MINUTEN

Monica Bleibtreu (*1944) spielte an der Berliner Schaubühne, den Münchner Kammerspielen und dem Wiener Burgtheater, aber zunächst nur gelegentlich in Kino und TV. 1993 bis 1998 Professur für Schauspiel an der Hamburger Hochschule für Musik und Theater. Seit ihrem Kurzauftritt in LOLA RENNT (1998) zahlreiche Filmrollen. Grimme-Preis für die Rolle der Katia Mann in DIE MANNS (2002), Deutscher Filmpreis als beste Schauspielerin für VIER MINUTEN (2006).

Charakter hat mich nicht losgelassen. Ihr Geheimnis, das ich mir ausdachte, war die heimliche Liebe zu einer Frau, die im Zweiten Weltkrieg durch die Schuld der Klavierlehrerin in eben diesem Gefängnis hingerichtet worden war. Und ihren Konterpart fand ich dann sehr schnell in meinem Zeitungsarchiv: Eine Zeit-Reportage über eine junge, gewalttätige Borderlinerin, die als Adoptivkind eines Staatsanwalts auf dem Kinderstrich landete.

Das klingt mehr nach einer klassischen Laborsituation als nach einer lebendigen Geschichte.

Das wäre es auch geblieben, wenn da nichts Eigenes dazugekommen wäre. Entscheidend ist in einer solchen, nicht gerade vor Originalität strotzenden Geschichte, dass erstens die Charaktere vollkommen überzeugen und dass zweitens die Atmosphäre hundertprozentig stimmt. Und die Atmosphäre der Repression und Gewalt kannte ich eben nicht nur aus meiner Familie, sondern auch aus meinem ersten Internat.

Wo war dieses Internat?

In Wald-Michelbach im Odenwald, das »Schülerheim Krüger«, benannt nach der Leiterin der Anstalt, die eine ganz einzigartige Person war. Sie leitete nicht das, was man sich landläufig unter so einer Elite-Schule à la Salem vorstellte. Sondern das war ein für die Eltern sehr preiswerter Zwitter aus Kinderheim und privater Verwahranstalt. Diese in der Nachkriegszeit gegründeten Pensionen wurden dann Ende der 1970er Jahre auch verboten, als plötzlich Pädagogenschlüssel in Mode kamen und Mindestalter von Heiminsassen und so was. Frau Krüger hat Pädagogen verabscheut. Sie hat den gesamten Laden alleine geschmissen. Da lebten 40 Hauptschüler, Realschüler und ein paar Gymnasiasten in sieben Schlafsälen. Das konnte nur hemdsärmelig funktionieren. Es gibt wahrscheinlich kaum ein anderes Internat, in dem die Schüler beim Schweineschlachten helfen müssen. Im Schülerheim Krüger kam der Schlachter morgens mit der Sau in die Kellerküche, und ich als einer der älteren Schüler hab' das Schwein festgehalten, als es getötet wurde.

Der Rollenname von Monica Bleibtreu in VIER MINUTEN ist Krüger, oder?

Richtig. Das ist so was wie eine Hommage. Natürlich war Frau Krüger sehr streng, schlug auch mit einer langen Stricknadel zu, wenn ihr was nicht passte. Aber sie liebte die Künste. Vor allem die Musik, doch

Storyboard von Chris Kraus zu VIER MINUTEN

auch Literatur und nicht zuletzt die Malerei. Sie war eine zum Antifaschismus konvertierte ehemalige BDM-Führerin, deren Talente ich sehr bewunderte, aber deren Härte wir alle fürchteten. Sie gab mir ab meinem 13. Lebensjahr Zeichenunterricht. Sie empfand vielleicht auch eine Art Zärtlichkeit für mich, weil ich wie ein frisch geschlüpftes Küken in diesen Dschungel gefallen war. Und in diesem ganzen Jungskosmos aus Fußball und Dresche hat sie mir eine Welt geöffnet, die ich vorher nicht kannte.

Als ich an VIER MINUTEN saß, wurde mir immer klarer, dass diese echte Frau Krüger sehr der Klavierlehrerin ähnelte, die ich entwerfen wollte. Und noch ähnlicher zu meinen eigenen Erfahrungen erschien mir die Beziehung zwischen der Lehrerin und dieser Schülerin, eine

Beziehung, die ambivalent und schwierig war. Das ist dann der Moment, in dem du dein Unterbewusstsein anzapfen kannst, deine Erinnerung flutet dich. Als Frau Krüger vor den Dreharbeiten starb, habe ich mich entschieden, meine Erinnerungen an meine Heimleiterin und den Charakter der Kunstfigur so eng wie möglich übereinanderzulegen. Das meine ich mit biografischem Schreiben. Deshalb ist VIER MINUTEN, dessen Plot und dessen Personal auf den ersten Blick nicht das Geringste mit meinem Leben zu tun haben, aus meiner Sicht dennoch mein persönlichstes Buch geworden – und in gewisser Hinsicht eben eine Internatsgeschichte.

Wenn du sagst, du hast damals viel gezeichnet, welche Rolle spielten die Bildmedien in der Erziehung und im Unterricht?

Überhaupt keine. Null. Zeichnen war wie Lesen oder Schachspielen ein Teil des Tugendkanons des 19. Jahrhunderts. Auch eine Mozart-Sonate gehörte dazu. Aber kein Fernsehen. Es gab keine Filme in diesem Internat. Frau Krüger hat nicht nur Bild-, sondern auch Tonmedien zuweilen als »Gefäß des Bösen« bezeichnet. Dazu gehörte natürlich das Verbot von Radios und Kassettenrekordern. Comics galten als Schund. Rockmusik war Teufelswerk. Und *Raumschiff Enterprise* ging gar nicht. Man durfte höchstens einmal in der Woche eine halbe Stunde so eine Behindertenserie gucken. Die hieß, glaube ich, *Unser Walter* und drehte sich um einen Jungen mit Down-Syndrom. Das war pädagogisch wertvoll, hat aber nur dazu

Star Trek (Raumschiff Enterprise; USA 1966-69)

Unser Walter (D 1974)

Dreharbeiten zu VIER MINUTEN

geführt, dass »Du blöder Walter!« zum obszönsten Schimpfwort im Heim wurde.

Das ist ein scharfer Begriff für die visuellen Medien, »das Gefäß des Bösen«. Wie hat Frau Krüger ihre Haltung begründet, und was hat das prägend ausgelöst? Man denkt bei dieser Formulierung natürlich sofort an Paul Schrader, der auch in einer gläubigen, streng calvinistischen Familie aufgewachsen ist, in der Medien tabuisiert und Film und Fernsehen nicht zugänglich waren.

Aber diese autoritäre Haltung war doch durchaus noch üblich in der damaligen Erziehung. Kaum ein Lehrer aus der Kriegsgeneration war von den 68ern beeinflusst. Es gab viele völlig fernsehfreie Zonen bis weit in die 1970er Jahre hinein. Gerade die stark literarisierte Welt des protestantischen Bildungsbürgertums, zu dem auch Frau Krüger gehörte, hat diese Art von Medien einfach komplett abgelehnt. Da musste überhaupt nichts begründet werden. Ich erinnere mich, es gab eine große Ausnahme, als – das war 1979, wenn ich mich recht erinnere – im Fernsehen HOLOCAUST lief. Da wurde allen Kindern erlaubt, im Schülerheim vor dem uralten Schwarzweißfernseher aus Adenauers Zeiten zu sitzen und sich das anzusehen. Das war Frau Krüger ein politisches Anliegen. Wenn du so ausgezehrt bist, weil du diesen Atem des Mediums kaum kennst, und wirst nun plötzlich da reingeschmissen, dann entwickeln Bilder eine ungeheure Wucht und auch eine Aggressivität. Das Erlebnis hat mich bis heute stark geprägt.

In einer vollkommen altmodischen, literarisierten und bilderfernen Welt aufgewachsen zu sein, hat mir sehr viel später geholfen, meinen eigenen Ausdruck zu finden. Diese Bilderferne bedeutet ja nicht, dass du ohne Geschichten aufwächst, sondern nur, dass du ein Medium sehr spät für dich entdeckst. Und ich habe es wirklich erst entdeckt, als das Schülerheim Krüger geschlossen wurde. Ich musste 1980 in ein anderes Internat, an einen ganz anderen Ort, nach Künzelsau im Schwabenland. Das war auch eine Diaspora, aber da durfte man fernsehen, da durfte man ins Kino. Da war 20. Jahrhundert. Und da fand dann meine große Entdeckung des Neuen Deutschen Films statt. Das muss man sich heute mal vorstellen, dass man sich damals als 17-Jähriger auf dem Schulhof über Wim Wenders unterhalten hat.

Du hast gesagt, du hast die Medien als aggressiv empfunden, weil du nicht diese schleichende Eingewöhnung erlebt hast, sondern eine späte, eine plötzliche Konfrontation. Das hat nichts zu tun mit dem, was dargestellt wird, sondern ist eine Aggression, die dem Medium selber innewohnt. So habe ich das verstanden.

Paul Schrader (*1946) war zunächst Filmkritiker unter der Ägide von Pauline Kael. Mit seinem ersten Drehbuch YAKUZA (1975, zusammen mit Robert Towne) weckte er die Aufmerksamkeit der New-Hollywood-Regisseure. Seine Bücher für Scorseses TAXI DRIVER und De Palmas SCHWARZER ENGEL (beide 1976) schrieben Filmgeschichte. Selbst inszenierte Filme u.a. BLUE COLLAR (1978), EIN MANN FÜR GEWISSE STUNDEN (1980), AUTO FOCUS (2002).

HOLOCAUST (1979; D: Gerald Green; R: Marvin J. Chomsky)

Wim Wenders (*1945) versuchte sich nach mehreren abgebrochenen Studiengängen zunächst als Maler. Ab 1967 studierte er an der neugegründeten Filmhochschule München. Mit ALICE IN DEN STÄDTEN (1974) wurde er international bekannt. 1977 ging er in die USA, für die er eine filmische Passion entwickelte. Neben PARIS, TEXAS (1987), DER HIMMEL ÜBER BERLIN (1987) und jüngst PALERMO SHOOTING (2008) drehte er vielbeachtete Musikerdokumentationen.

Werkstattgespräch

Rosa von Praunheim (*1942) beendete sein Studium der Malerei ohne Abschluss. Sein No-Budget-Film DIE BETTWURST (1970) wurde zum Kultfilm, mit NICHT DER HOMOSEXUELLE IST PERVERS, SONDERN DIE SITUATION, IN DER ER LEBT (1970) erregte er bundesweites Aufsehen. Zahlreiche Spiel- und Dokumentarfilme, zuletzt MEINE MÜTTER – SPURENSUCHE IN RIGA (2007) und TOTE SCHWULE – LEBENDE LESBEN (beide 2007). Zeitweilig Dozent an der HFF Potsdam und der dffb Berlin.

Rosa von Praunheim

Rosa von Praunheim hat einmal diese schöne Geschichte erzählt, dass bei einer Unterhaltung über das Kino einer seiner Filmstudenten gesagt hat: »Ich gucke keine alten Filme. Die sind ja nicht mal in Farbe.« Dass das Medium die Botschaft ist und der Inhalt eine untergeordnete Rolle spielt, ist kaum besser zu illustrieren. Nicht mal der dümmste aller Literaturstudenten würde erklären: »Ich lese keine alten Bücher.« Aber die Attraktion der Bildmedien ist nun einmal die Frische, die sie suggerieren. Das meine ich mit Aggression: Bilder gehen wie durch eine Spritze intravenös unter die Augen.

Die Neurobiologen haben gerade ganz neue Erkenntnisse gewonnen und bestätigen im Grunde genau das, was du sagst. Beim Anschauen von Bildern werden durch sogenannte Spiegelneuronen die gleichen Hirnregionen gereizt und die gleichen Gehirnoperationen ausgelöst, als sei man in der Realität aktiv in das verwickelt, was man nur als im Bild Geschautes wahrnimmt.

Die Literatur dagegen braucht eine Übersetzung. Man muss die Zeichen erstmal verstehen, man muss sie nacheinander sortieren und quält sich dann durch den Sprachtrichter. Dabei wird viel Emotion abgerieben. Bilder hingegen sind so total, ihre Entschlüsselung ist so mühelos! Deshalb empfinde ich Bilder als sehr, sehr aggressiv. Man kann Wahrnehmung damit unglaublich manipulieren. Und deshalb halte ich den Film erst einmal für das aggressivste Medium, aber genau aus diesem Grund natürlich auch für das spannendste, das dramatischste, das direkteste und faszinierendste.

Du hast schon HOLOCAUST genannt, gab es noch andere Referenzen, die dich so beeinflusst haben, dass du gesagt hast, das ist etwas, was ich auch selbst machen will? Oder gab es das zu dem Zeitpunkt noch gar nicht, weil du dich in deiner Lebensgeschichte erstmal anderen Medien zugewandt hast?

Das kann man nicht so akademisch angehen, glaube ich. Da ist nichts Zielgerichtetes in meiner Entwicklung. Ich hatte nie vor, ein professioneller Geschichtenerzähler zu werden. Kann man das überhaupt vorhaben? Ich weiß es nicht. Man wird es einfach. Mir ist dieses Zielgerichtete völlig fremd.

Wenn man sich in die Situation hineinbegibt, in der man damals als junger Mensch war, dann haben einen so viele Dinge beschäftigt, es gab so viele Optionen, da stand man jeden Tag an einem Kreuzweg, wo man Entscheidungen getroffen hat in die eine oder andere Richtung. Das war bei mir nicht anders. Aber wenn man jetzt retrospektiv auf diese Zeit schaut und ich die Art sehe, wie ich heute schreibe, wie ich heute meinen Beruf betreibe, dann sind das auch Stationen, die einen Einfluss gehabt haben. Ich habe auch viel journalistisch gearbeitet für die Tageszeitung Der Abend, *für das Programmmagazin* Tip *und später für eine eigene Filmzeitschrift. Und natürlich hat diese extreme Schreibroutine und der spezielle Umgang mit der Sprache mich geprägt. Also beim* Abend *war morgens um sechs Uhr Redaktionsschluss, und ich hatte zusammen mit Lothar Lambert jeden Tag eine TV-Kolumne zu liefern. Es gab noch keine Videorekorder, das heißt, du musstest wirklich abends gucken und nachts schreiben, und die Deadline wurde ihrem Namen voll gerecht.*

Lothar Lambert (*1944), Filmemacher, Maler, Journalist. Lebt und arbeitet in Berlin. Seit den 1970er Jahren dreht er Undergroundfilme über soziale Randgruppen und das Kleinbürgertum, zum Beispiel 1 BERLIN-HARLEM (1974) oder FRÄULEIN BERLIN (1983).

Ich war in meiner Jugend einfach stark mit dem reinen Überleben beschäftigt, zumindest in psychischer Hinsicht. Da war die Kunst, die allmählich auf mich eintröpfelte, nur ein ideeller Fluchtpunkt. Ich habe aber nie gedacht, dass ich so was zu einem Beruf machen kann. Eine unbestimmte Sehnsucht vielleicht, die war schon da. Mehr nicht. Ich habe sehr viel Sport gemacht, war ein guter Handballer, hab' ein bisschen Fußball gespielt, aber in keiner Sportart hätte ich es ganz nach oben geschafft. Irgendwann musste ich einsehen, dass ich das nicht schaffen werde. Das war nicht einfach. Wenn ich mit Menschen rede, die in unserem Beruf arbeiten, dann stößt man immer wieder auf so eine Leerstelle im Leben, auf einen Mangel, der sie zu einer besonderen Wahrnehmung und zu unserem Beruf gebracht hat. Irgendwo gab es also etwas, das diese Leute in ihrem Leben nicht füllen konnten, und das füllen sie heute mit Geschichtenausdenken. Ich empfinde den Beruf des Autors, des Drehbuchautors, deshalb auch heute noch manchmal als irgendwie unangemessen, als etwas Luxuriöses. Ich weiß nicht genau, ob das wirklich ein Beruf ist, den ich ausübe. Und deshalb habe ich ihn tatsächlich auch sehr lange nicht bewusst angestrebt. Das Entscheidende war damals für mich diese existenzielle Lebenssituation. Obwohl andere Filmemacher wahrscheinlich das Gegenteil über sich behaupten würden, ist es vermutlich egal, ob ich damals HOLOCAUST gesehen habe oder BEN HUR.

BEN HUR (1959; D: Karl Tunberg, nach dem Roman von Lew Wallace; R: William Wyler)

Kann es sein, dass du bewusst Einflüsse verschleiern möchtest?

Nein. Aber ich glaube, es gibt hier ein grundsätzliches Missverständnis. Ich habe mich in meiner Jugend zwar für die Kunst öffnen können. Aber das war großen Zufällen geschuldet. Ich habe gerne gelesen, ich habe gerne gezeichnet, und ich ging gerne ins Kino. Aber das war ja damals bei allen so. Ich habe nie vorgehabt, bei einer künstlerischen Tätigkeit zu landen. Als ich mit der Schule fertig war, hatte ich ein Kind, war verheiratet und wollte Berufsoffizier werden, um meine junge Familie zu ernähren. Das unterscheidet meinen Lebensweg von vielen meiner ehemaligen Kommilitonen. Ich wurde als Zeitsoldat beim atomaren Unterstützungskommando im NATO-Hauptquartier in Heidelberg stationiert, kam zu einer amerikanisch kommandierten Einheit, die damals Tripolis bombardierte. Nur weil ich die Armee völlig beknackt fand, voll mit hirnlosen Vorgesetzten, und weil ich mit den amerikanischen GIs Dienst tat, die sich vor dem Fernseher über verbrannte libysche Zivilisten freuen konnten, wurde mir allmählich klar, auf was für eine Scheiße ich mich da eingelassen hatte. Es war ein Bruch in meinem Leben, ich habe meinen Dienst in der Bundeswehr nicht verlängert, sondern mich politisiert, stark nach links orientiert und ein Germanistikstudium in Mannheim begonnen. Ich verstehe, auf welche intellektuellen Einflüsse du hinaus möchtest. Du meinst geistige Anregungen und Vorbilder, die mich geprägt haben. Aber die gab es damals nicht. Da hätte ich Truffaut und Chabrol rauf und runter gucken können, aus mir wäre trotzdem niemals ein Autor geworden. Konrad Lorenz, der Verhaltensforscher, hat behauptet, das Leben bestehe eigentlich nur aus Zerstörungen, aber zwischen deinem 12. und deinem 16. Lebensjahr gibt es diese eine große Chance, diese einmalige Offenheit. Es ist die Zeit, in der du dich häutest. Du bist geistig beinah schon ein Erwachsener, du bist klug, aber auch noch der kindlichen Welt verhaftet. Und du begreifst existenziell zum ersten Mal, dass es außerhalb deiner Person noch einen ganz anderen Kosmos gibt. Lorenz hat dafür ein schönes Bild geprägt, indem er erzählt, sein großes Glück als Kind bestand darin, ein Mikroskop geschenkt bekommen zu haben. Dadurch hat er ein ganz anderes Universum entdeckt. Ein Pantoffeltierchen hat ihn entflammt. Etwas eigentlich Unsichtbares. Mein Mikroskop war Frau Krüger. Ich glaube, das war das Entscheidende. Nicht diese wahllose Lektüre, diese unterschiedlich langen Lieben zu den verschiedensten Literaten und Filmemachern. Vielleicht hat man gelernt, dass die Toten wichtig sind, dass man mit ihnen wie mit Lebenden kommuniziert, wenn man ihre Arbeiten liest oder betrachtet. Das vielleicht.

François Truffaut (1932-1984) begann wie Chabrol, Godard und Rohmer als *Cahiers du cinéma*-Kritiker. 1959 debütierte er mit SIE KÜSSTEN UND SIE SCHLUGEN IHN. Weitere Filme u.a.: JULES UND JIM (1970), DER WOLFSJUNGE (1978) und DIE LETZTE METRO (1980). Sein Gespräch mit Alfred Hitchcock (*Mr. Hitchcock, wie haben Sie das gemacht?*; 1962) wurde zu einem der größten Klassiker der Filmliteratur.

Claude Chabrol (*1930) brachte mit seinem zweiten Film SCHREI, WENN DU KANNST (1959) die Nouvelle Vague ins Rollen. Er ist auf Gesellschaftskrimis und den Blick hinter bürgerliche Fassaden spezialisiert und bis heute unermüdlich aktiv.

Nach der Schule bist du in die Wanderjahre gekommen, hast sehr viele verschiedene Tätigkeiten ausgeübt, mal studiert, auch wieder abgebrochen, warst im Ausland. Natürlich sammelt man da sehr viele Erfahrungen als Autor.

Ja, das klingt aber bunter und interessanter, als es tatsächlich war. Ich hatte eine Vorstellung davon, in den Journalismus zu gehen und eine funktionierende Struktur in mein Leben zu kriegen. Das hat nicht geklappt. Mit 24 Jahren wurde meine Ehe geschieden, ich hatte keinen Kontakt mehr zu meinem Elternhaus, brach mein Studium ab und konnte und wollte nicht mehr zurück in die Armee. Ich war pleite und sah keine beruflichen Perspektiven. Der Auslöser, mich dann für Film und Drehbücher zu interessieren, kam über Nacht. Das war äußerst banal. Meine Ex-Frau hatte sich in einen schnöseligen Filmer verliebt. Irgendwie hatte ich ein Drehbuch von ihm in die Hand bekommen und fand das grauenhaft schlecht. Ich war sicher, ich könnte das besser. Vielleicht wollte ich nur imponieren, vielleicht wollte ich auf diese Art meine Frau zurück. Da habe ich also in drei Nächten einen Dialogschwall heruntergetippt. Dialoge fielen mir leicht, aber das Ergebnis war dennoch ein Desaster. Ich habe das alles an die HFF nach München geschickt. Die Absage kam sofort. Ich habe mich dann regelrecht festgefressen und begonnen, mich jahrelang mit großer Ausdauer zu bewerben, und wurde überall abgelehnt. Und meine Ex-Frau kam auch nicht wieder.

Was heißt überall? Waren das alles Filmschulen?

Ja, es gab in Westdeutschland 1988 nur zwei. Das war nicht wie heute, wo du an jeder Straßenecke ein Schild findest: *Demnächst eröffnet hier eine Filmschule.* Es gab nur München und die DFFB in Berlin. Ich hab' mich in München zweimal beworben – man durfte nur zweimal –, und in Berlin dann auch. Erst nach viermaligem Anlauf wurde ich 1991 an der DFFB angenommen. In den Jahren dazwischen war ich im Ausland, habe alles Mögliche versucht, musste zwischendurch auf der Straße leben. Es war eine Zeit völliger Verzweiflung. Diese fixe Idee, dass ich nämlich Drehbuchautor bin, ohne jemals ein Drehbuch geschrieben zu haben, hat mir einen Halt gegeben. Na ja, den Halt, den einem Ideen eben geben können. Ich glaube, von Woody Allen ist der Satz: Im Leben kommts nicht auf die Pläne an, die du machst, sondern auf die Entscheidungen, die du triffst. Ich hatte mich entschieden, Autor zu sein, aber ich hatte eigentlich nie den Plan dazu.

Ich habe gerade die Aufnahmeprüfungen für den neuen Jahrgang an der Drehbuch-Akademie der DFFB hinter mir. Es ist nicht leicht, als Juror zu beurteilen, was aus jemandem werden könnte, es geht ja nicht darum, was er ist, sondern welches Potenzial jemand hat. Da weißt du auch als Auswählender, dass deine Entscheidung nicht immer gerecht sein kann.

Als Auslöser für deine Bewerbungen hast du diese Situation mit deiner Ex-Frau genannt, aber du hast dich nicht um ein Drehbuchstudium bemüht, sondern dich für Regie beworben.

Das stimmt so nicht. Es gab kurz nach der Wende noch kein Drehbuchstudium in Deutschland. Ich kannte nur die Drehbuchwerkstatt in München. Aber da hat man mich auch nicht genommen. Bei den

Woody Allen (*1935) begann seine Karriere als Stand-up-Comedian in New Yorker Nachtclubs. 1965 debütierte er als Drehbuchautor und Schauspieler mit WAS GIBT'S NEUES, PUSSY?, bei WOODY – DER UNGLÜCKS-RABE führte er 1969 erstmals Regie. 1979 schuf er in DER STADTNEUROTIKER einen Figurentyp, den er in vielen Filmen variiert hat. Er wurde dreimal mit dem Oscar ausgezeichnet und dreht bis heute regelmäßig einen Film pro Jahr, zuletzt VICKY CRISTINA BARCELONA (2008).

Werkstattgespräch

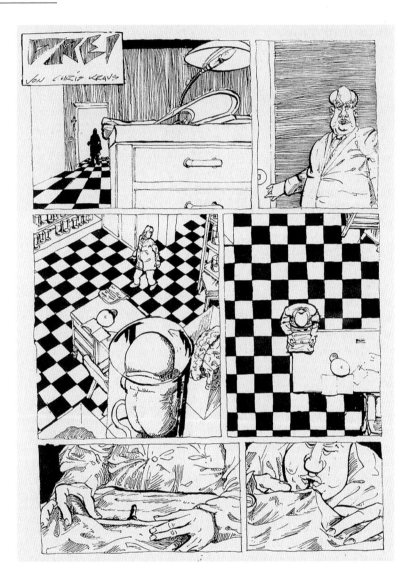

Chris Kraus' Mini-Comic
Drei

Bewerbungen an den beiden Filmschulen habe ich immer betont, ich möchte in erster Linie Autor sein, ich empfinde mich als Geschichtenerzähler. Immerhin hatte ich ja journalistisch ein bisschen was gemacht, in Stadtzeitungen, Studentenblättchen. Ich konnte aber gar nicht nachweisen, ob ich für das Fach Regie Talent habe. Ich hatte mit Film nie etwas zu tun gehabt, habe nie in einer Produktion mitgemacht, hatte kein Praktikum nachzuweisen. Ich konnte weder einen Film noch eine Fotogeschichte erstellen. Bis heute hasse ich das Foto-

Vom Salz des Lebens

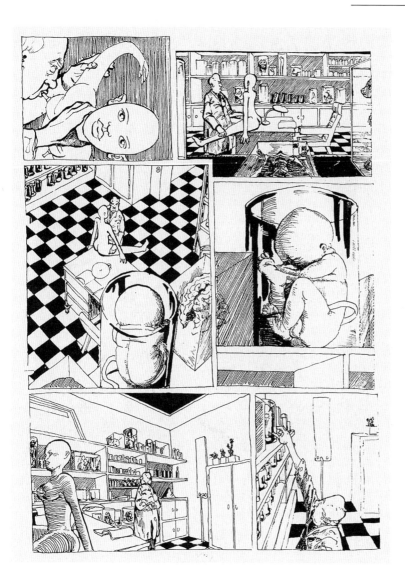

grafieren. Ich habe Zeichnungen eingereicht. An der DFFB war das 1991 noch möglich. Zu dem vorgegebenen Thema »Drei« habe ich dann eine Art Mini-Comic gezeichnet.

Wenn man diese Comicgeschichte von Dir heute sieht, hat man das Gefühl, dass da eine ganz bestimmte Haltung, ein Ton schon erahnbar ist. Da ist ein bitterer Grimm, ein Umgang mit Gewalt und Düsternis, den man in vielen deiner späteren Drehbücher wiedererkennt.

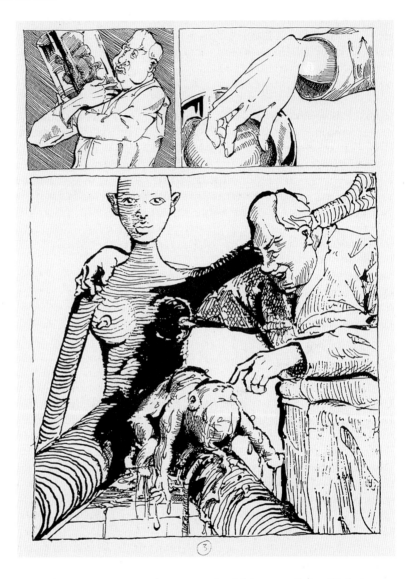

Das Thema »Drei« impliziert ja die kleinstmögliche Einheit von Familie. Papa, Mama, Kind. Dieser Komplex interessiert mich bis heute. Ich hatte das große Glück, dass ich zumindest von der Haltung her etwas Persönliches in diese Bewerbung geben konnte. Das kam mir entgegen. Die Bewerbungskommission war vor allem davon beeindruckt, dass Gorbatschow in diesem Comic auftaucht. Die hielten das für ein politisches Statement. Dabei hatte ich nur zufällig eine Fotoserie von Gorbatschow als Vorlage, weil ich nichts anderes fand.

Obwohl du dann an der DFFB als Regisseur ausgebildet wurdest und obwohl du später deine Bücher selbst verfilmt hast, bezeichnest du dich bis heute als Autor. Du bist auch an der Deutschen Filmakademie der Sektion der Autoren beigetreten und gehörst dem Verband Deutscher Drehbuchautoren an. Was ist der Grund?

Ich habe diese Priorität, die man der Regie in Deutschland einräumt, nie verstanden. Und zeitweise habe ich Regisseure regelrecht gehasst. Zum Beispiel diesen Credit *Ein Film von ...*, auf den jeder Regisseur total spitz ist. Schon aus Wut habe ich den in meinen eigenen Filmen rausgestrichen. Nur auf den Plakaten wird behauptet, dass die Filme von mir seien, weil die Verleiher drauf bestehen. Ich mache, was für den Verkauf eines Kinofilms notwendig ist, aber diesen Höherwertigkeitskomplex von vielen Regisseuren teile ich nicht. Regie wird unfassbar überbewertet. Ich bin auch heute noch der Meinung – und inzwischen inszeniere ich selbst –, dass Regieführen nicht nur ein lustvollerer, sondern eben auch ein leichterer Job ist als das Schreiben. Die Missachtung unseres Berufs in unserem Land ist schon erstaunlich. Weder in den USA noch in Frankreich gibt es diese Haltung dem Drehbuchautor gegenüber.

Hast du eine Erklärung für diese Missachtung?

Im Kinobereich gibt es da inzwischen zumindest den Versuch des Umdenkens. Das war schon mal schlimmer. Aber was ist schon der Kinobereich? In der Deutschen Filmakademie sind wir so ein verlorener Haufen von 50 Kinoautoren. Das ist nicht mal eine Busladung. In der französischen Akademie tummelt sich das Zehnfache an Autoren, Dialogschreibern, Dramaturgen. Solange zwei Drittel aller Kinofilme dieses Landes von den Regisseuren oder von Bernd Eichinger geschrieben werden, findet ein Drehbuch kulturell nicht statt. Das war einer der Gründe, warum ich irgendwann nicht mehr konnte und selbst in die Regie gegangen bin.

Von den 2.000 in Deutschland beschäftigten Drehbuchautoren arbeiten eigentlich alle beim Fernsehen, der überwältigende Teil sogar ausschließlich. Das ist die Industrie, dort sitzt das Geld. Und da spielen Formate und Sendeplätze und der Primat des Zuschauerwunsches eine so entscheidende Rolle, dass du nur ausgelacht wirst, wenn du mit biografischem Schreiben antanzt. Wenn die Redakteure die Themen, die Konflikte, das Personal vorgeben, bleibt nicht viel Platz für Hochachtung vor den Leuten, die die Drecksarbeit machen. Im Grunde genommen sind viele TV-Geschichten nur ein Vorwand, die immer gleiche Welt zu präsentieren. Ich finde es zum Beispiel erstaunlich,

Bernd Eichinger (*1949), einflussreicher Produzent, auch Regisseur und Drehbuchautor. Studium an der Münchner Filmhochschule. 1974 Gründung der Produktionsfirma Solaris, 1980 Geschäftsführer der Neuen Constantin Film GmbH. Produzent zahlreicher Erfolgsfilme (CHRISTIANE F.; 1981, DIE UNENDLICHE GESCHICHTE; 1984, DER NAME DER ROSE; 1986, DAS GEISTERHAUS; 1993 u.v.m.) Bei DAS MÄDCHEN ROSEMARIE (1996) führt er erstmals Regie, für den UNTERGANG (2004) und den BAADER MEINHOF KOMPLEX (2008) schrieb er das Drehbuch.

wie wenig in Deutschland Charaktere eine Rolle spielen in der Beurteilung von Geschichten. Das hat vermutlich mit der Überbetonung des Plots zu tun. Ein Refugium für Charaktere sind die TV-Krimis, aber sonst ist da nicht viel möglich. Als ich als Autor angefangen habe, mit Regisseuren zu arbeiten, ging es denen fast nie um die Figuren. Was ich jedoch liebe am Schreiben und was mich bei Kollegen interessiert: Wie schafft man einen Charakter? Die übertriebene Zentrierung auf Thema und Plot und vier, fünf Pseudo-Stars, auf die die Storys zugeschrieben werden, ist aber eine Vorgabe dieser funktionierenden Industrie. Wem das nicht passt, der muss entweder aufhören oder umsatteln oder Bomben schmeißen. Das Gejammer jedenfalls kann selbst ich nicht mehr ertragen, und ich jammere selbst gerne. Diese gängige Selbstzerfleischung der Drehbuchautoren macht mich einfach wahnsinnig. Ich bin nur noch aus gewerkschaftlichen Gründen und aus Selbstachtung im VDD. Aber ich weiß, du bist da aktiv.

Nicht mehr. Ich habe zwar den Verband mitgegründet und war 13 Jahre lang im Vorstand, aber schon seit 1999 bin ich nicht mehr für die Politik der Institution verantwortlich. Das Selbstbild der Autoren war schon immer ein sehr komplexes Thema. Auch aus diesem Grund habe ich begonnen, Scenario herauszugeben und eine Plattform für die Diskussion zu schaffen. Aber ich kann verstehen, dass dir die Selbstgeißelung auf den Geist geht.

Du musst als Berufsvoraussetzung das Wissen mitbringen, in diesem Produktionszusammenhang ein Wurm zu sein. Für dieses Wissen wird man relativ gut bezahlt. Oft wird behauptet, der Autor solle sich klar machen, dass er ja ein Teamarbeiter sei und sich da einfügen müsse. Aber das ist Quatsch. Als Regisseur brauche ich ein Team, eine Kamera, die mich rettet, Schauspieler, Szenografie. Als Autor brauche ich im Schreibprozess nichts und niemanden. Um zu schreiben, brauch' ich keinen Produzenten, keine Redakteurin, und einen Regisseur brauche ich auch nicht. Das Einzige, was ich brauche, ist Ruhe. Ich schreibe einen Roman genauso wie ein Drehbuch: in grenzenloser Einsamkeit. Und so geht es den meisten Autoren, die ich kenne. Sie erschaffen ja Welten aus dem Nichts. Selbst wenn sie die 324. Folge der *Lindenstraße* schreiben, gab es vorher nur die 323. Folge. Ein Filmautor fühlt sich als Erfinder der Geschichte. Ein Filmautor hat logischerweise ein Ego, das genauso gigantisch ist wie das des Regisseurs. Aber wie passt solch ein Ego in den Wurm? Diesen Konflikt kann nur jeder Einzelne für sich lösen.

Du wolltest Autor werden, bist aber als Regiestudent an die DFFB gegangen. Die Ausbildung dort ist sehr praxisorientiert, und du musstest

Lindenstraße (D 1985ff.)

dich nun mit der filmischen Apparatur aufgrund des Studiums auseinandersetzen.

Das war für mich die Hölle. Die sogenannte generalistische Ausbildung bedeutete, dass man jedes Gewerk ausüben musste. Und für meine bedauernswerten Kommilitonen war es schrecklich, von jemandem wie mir die Kamera führen zu lassen. Als ich sie das erste Mal in der Hand hatte, habe ich gezittert und sie sofort fallen lassen. Ich habe offen ausgesprochen, das ist mir alles zu technisch, ich lass' nichts Piependes und nichts technisch Kompliziertes an mich ran. Dadurch gab es natürlich viele Konflikte, denn ich wirkte dadurch erstmal wie ein Kameradenschwein. Ich habe aber immer wieder erklärt, ich will nur Autor sein.

Du hast dann ja auch noch während des Studiums sehr schnell den Sprung zum Drehbuchautor geschafft. Wie war das möglich?

Nach dem ersten Studienjahr wurde Reinhard Hauff Direktor der DFFB. Er hat viel umgekrempelt. Und dazu gehörte auch, dass er allen Regiestudenten erstmal sagte, dass sie allesamt nichtswürdige Legastheniker seien und keinerlei Talent hätten, vor allem nicht zum Schreiben. Ich mochte Hauffs provokante Art, auch wenn wir uns oft und lustvoll gestritten haben. Da ich der Einzige in meinem Jahrgang ohne Regieambitionen war und noch dazu gerne schreiben wollte, entzückte das sein Faible für Autoren. Er hat mich persönlich gefördert, besorgte mir schon 1993 meinen ersten Job bei filmpool in Köln. Ich habe die zweite Staffel von *Motzki* geschrieben, als so eine Art Ghostwriter für Wolfgang Menge. Reinhard Hauff ermöglichte mir danach, meinen ersten Frank-Daniel-Workshop zu besuchen. Der Kurs fand damals noch nicht an Filmschulen statt. Die Truppe, die da aus Los Angeles eingeflogen kam, war viel zu teuer. So einen Workshop für mich zu bezahlen war eine große Geste. Und ich bin Reinhard Hauff bis heute dafür dankbar.

Frank Daniel stand ja für eine bestimmte Schule der Dramaturgie. Inwieweit hat dich das beeinflusst? Und welche Rolle spielt das heute noch für dein Schreiben? Liest du noch Dramaturgien?

Wenn du das Glück hast, eine Dramaturgie zu finden, die deinen Anlagen entspricht, solltest du den Rest in die Tonne treten. Für mich hat Franks Ansatz so gut funktioniert, weil er alles aus dem Charakter entwickelte. Das war schon vorher für mich rein emotional klar, aber mir fehlte vollkommen das Instrumentarium. Den Zugang dazu hat er

---

Reinhard Hauff (*1939), Regisseur und Drehbuchautor. Nach abgebrochenem Studium (Literatur- und Sozialwissenschaft) wurde er Redaktions- und Regieassistent beim Fernsehen. Erster Spielfilm 1969: DIE REVOLTE. Mit MATHIAS KNEISSL (1970) revolutionierte er das Heimatfilm-Genre. 1973 gründete er mit Volker Schlöndorff die Produktionsfirma Bioskop. 1993-2005 war er Direktor der dffb. Filme u.a. STAMMHEIM (1986), LINIE 1 (1988).

Motzki (D 1993)

Wolfgang Menge (*1924), Autor und Journalist. Zunächst Auslandsreporter in Ostasien, seit Mitte der 1960er Jahre Drehbuchautor. Schrieb Fernsehgeschichte mit den Serien *Stahlnetz* (1958-68), *Ein Herz und eine Seele* (1973-76) und dem Film DAS MILLIONENSPIEL (1970). In den 1980ern Moderator der Talkshow *III nach neun*. 1993 schrieb er die vieldiskutierte TV-Serie *Motzki* zur deutschen Wiedervereinigung.

Werkstattgespräch

Frank Daniel (1926-1996). Er war zunächst Autor und Regisseur in der Tschechoslowakei, leitete die Prager Filmschule und gewann als Produzent für OBCHOD NA KORZE (Das Geschäft in der Hauptstraße; 1965; D: Ladislav Grosman, Ján Kadár, Elmar Klos; R: Ján Kadár, Elmar Klos) einen Oscar. 1968 in die USA emigriert. Etablierte u.a. für Robert Redford das Sundance Institut, war Dekan der Filmabteilung der UCLA. Als erster prominenter *script doctor* hat er über fast zwei Jahrzehnte Autoren in Amerika und Europa mit Spielregeln des Drehbuchschreibens vertraut gemacht. Seine Aura ist Legende geworden, ein Buch hat er nicht hinterlassen.

Gotthold Ephraim Lessing: *Hamburgische Dramaturgie* (Reclam 1981)

Wolfgang Kirchner (*1935), Drehbuchautor. Lebt in Berlin. Mehr von ihm in diesem Band.

mir geöffnet. Ich hab' auch die Gespräche mit ihm sehr genossen. Ich kannte bis dahin keinen Menschen, der die *Hamburgische Dramaturgie* von Lessing bei einem Glas Wein zusammenfassen konnte, bis man unbedingt aufs Zimmer gehen wollte, um mit diesem Input weiterzuschreiben. Für ihn war Lessing ein fantastischer Drehbuchautor. Es war auch erstaunlich, wie wenig herablassend Frank war. Im Gegenteil gab er jedem das Gefühl, viel talentierter als er selbst zu sein.

In der Hinsicht war Frank nicht nur Amerikaner, sondern auch so etwas wie ein buddhistisch geprägter Japaner, der sagt, wenn der Schüler nicht den Meister übertrifft, hat der Meister versagt. Mich hat immer beeindruckt, dass sein Wissen und sein Respekt mit einem ungeheuren Humor einhergingen. Ich fand sein Lachen toll und diese ständigen Hrubicek-Witze, die immer mehr waren als nur Witze, sondern gleichzeitig etwas erläutert haben über das Thema, das man gerade besprach.

Aber auch seine Leistung als Ratgeber im rein technischen Sinne fand ich phänomenal. Und sein Einfluss hat ja das Drehbuchschreiben in Deutschland auch verändert. Viele Autoren meiner Generation haben ihn oder seine zahlreichen Assistenten kennengelernt. Und selbst gestandene Autoren wie Wolfgang Kirchner oder du sind ja zu ihm gepilgert. Der einfache Hinweis auf den Unterschied zwischen Action und Activity zum Beispiel war eine Offenbarung. Oder die Erläuterung der vier verschiedenen Spannungsarten. Wann braucht man eine Überraschung, wann Geheimnis, wann Suspense, wann Tension. Ich überprüfe heute noch meine Bücher nach diesen Spannungsmodellen, von denen Frank geraten hat, dass man sie möglichst alternierend einsetzen soll. Sehr wichtig fand ich seinen Ratschlag, diese Dinge nicht unbedingt schon im unmittelbaren Schreibprozess zu planen, sondern erst danach in der Überarbeitung, wenn man als Analytiker auf seinen Text guckt, wenn man sich selbst fremd werden muss. Das sind alles Erkenntnisse, die ich fantastisch fand. Ich habe Frank Daniel aus viel größerer Entfernung erlebt als du, und trotzdem war er prägend für mich. Diese Buddha-Haltung, die er einnahm, wenn er saß, und diese raue, kaputte Stimme, die sich über die Filmvorführungen legte, waren beeindruckend.

Er wollte dafür sorgen, dass man nie wieder so Filme gucken kann wie vor der Begegnung mit ihm, weil man einen bestimmten analytischen Blick nicht mehr aufgeben kann, beispielsweise nicht mehr einfach unschuldig, unprofessionell glotzen kann.

Und das hat er erreicht!

MOTZKI

TREATMENT 1

Arbeitstitel: DIE FEUERVERSICHERUNG

Ort: Motzkis Wohnung
Zeit: Wochentag, Vormittag

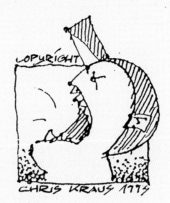

1. Edith Rosental und Gülüsan Üxknürz sitzen im Wohnzimmer und erwarten Motzki jeden Moment aus einer vierwöchigen Ostseekur zurück. Sie haben einen leckeren Käsekuchen auf den Tisch gestellt und Papierschlangen aufgehängt, um ihm zur Begrüßung eine kleine Freude zu bereiten.

2. Schon klingelt es an der Tür. Als Edith öffnet, steht ein junger Afrikaner vor ihr und redet auf sie ein, und zwar auf sächsisch. Er nuschelt, daß er der Herr Limumba sei von der Allgemeinen Feuersozietät, und die Allgemeine Feuersozietät biete Schutz und Sicherheit gerade jetzt, wo es doch des öfteren brenne in Deutschland!
Aber Edith möchte keine Feuerversicherung abschließen und sagt das Herrn Limumba. Der jedoch erkennt plötzlich in ihr seine alte Kindergärtnerin aus Leipzig: Die gute Frau Rosental, ruft er aus, die gute Frau Rosental!
Entzückt bittet ihn Edith hinein.

3. Motzki ist gar nicht entzückt. Er schleppt sich schwerbeladen die Stufen zu seiner Wohnung hinauf. In beiden Händen trägt er Koffer, aus denen schmutzige Wäsche quillt. Die Kur in Usedom war in höchstem Maße unerfreulich. Nirgends gab es Klopapier, alle Strandkörbe waren bereits morgens um sieben Uhr vermietet und es wimmelte nur so von Ossis, die

Treatment zu Motzki

Für die besondere Art seiner Präsenz spricht auch, dass er sich immer geweigert hat, sein Wissen in Schriftform zu gießen, weil er gesagt hat, das ist eine Angelegenheit von Person zu Person und etwas zutiefst Zwischenmenschliches.

Ich glaube, er hat einen großen Lustgewinn aus den Workshopsituationen gezogen. Man hatte das Gefühl, die Anwesenheit von Menschen beflügelt ihn, und man war ein Teil der Flamme. Er hat uns

Werkstattgespräch

entflammt, er hat im Grunde genommen die Hirne aller zum Brennen gebracht.

Dein erstes Kinodrehbuch ist dann für Rosa von Praunheim entstanden. DER EINSTEIN DES SEX, ein Biopic über den Sexualwissenschaftler Magnus Hirschfeld.

DER EINSTEIN DES SEX
(1999; D: Chris Kraus,
Valentin Passoni; R: Rosa
von Praunheim)

Rosa war mein Dozent an der DFFB. Sein Workshop hieß: »Was ist schöner, Sex oder Filme machen?« Jeder, der an seinem Workshop teilnehmen wollte, musste sich erstmal beim Sex filmen – das war die Bedingung. Das war so was von abgefahren an unserer im Grunde genommen unsinnlichen und vom Coolsein geprägten Akademie. Das war so ein 68er-Experiment, nur ein Vierteljahrhundert zu spät. Ich als protestantischer Klemmi fand diese Herangehensweise besonders spannend. Rosa wollte die pornografischen Eintrittsbilletts interessanterweise dann gar nicht sehen. Es war das erste Seminar mit einer Mutprobe. Und ehrlich gesagt, sind Mutproben für Autoren nicht uninteressant. Den Mut zu haben, über Grenzen zu gehen, hat uns Rosa nahegebracht. Das hat mich stark geprägt. Ihm hat gefallen, dass ich für einige Teilnehmer in der Gruppe die Bücher geschrieben habe. Und als Rosa nach einem Drehbuchautor für sein neues Projekt suchte, hat er mich um Mitarbeit gebeten.

Es war die erste Erfahrung mit der konkreten Realisierung eines Buches. Wie war da dein Verhältnis zu Rosa von Praunheim als Regisseur?

Ich liebe Rosa bis heute. Er ist eine wunderbare, fulminant neugierige Person mit einer Energie sondergleichen, dessen Großzügigkeit und Fähigkeit zur Freundschaft überraschend sein mag für viele, die ihn nur als Medienerscheinung kennen. Dass er einen trotzdem wahnsinnig machen kann, habe ich erst in dem Konflikt zwischen Autor und Regisseur erlebt, in den wir bald kamen. DER EINSTEIN DES SEX beruhte auf einer Vorlage, die überhaupt nicht funktionierte. Ich habe auf Grundlage all dessen, was ich durch Frank Daniel über Storytelling gelernt habe, das Buch komplett neu angelegt. Anfangs war Rosa begeistert. Aber der Schrecken begann, als Rosa kurz vor dem Dreh eben doch noch mal in dem Buch herumfuhrwerkte, nicht zum Vorteil des Stoffes, wie ich fand. Das war mein Ankommen in dieser merkwürdigen Realität als Autor. Wie ich ja schon gesagt habe, hassen es viele Regisseure, Charaktere aufzubauen. Vor allem bei Rosa muss immer was passieren. Er fürchtet sich, das Publikum zu langweilen. So etwas wie scheinbarer Leerlauf ist aber in jeder Geschichte sehr wichtig. Es entspricht dem Ryhthmus des Lebens, dass sich Zeit dehnt und rafft, dass unsere Wahrnehmung der Welt dadurch gegliedert wird. Und diesen Rhythmus muss eine Geschichte aufnehmen.

Man kann Geschwindigkeit nicht empfinden durch permanente Raserei, sondern nur durch Verlangsamung und Beschleunigung.

Genau. Das ist aber Leuten, die nicht Drehbücher schreiben, schwer zu vermitteln. Ich sage dann immer, ihr habt ja völlig Recht, das ist eine schwache Szene. Die muss man aber so gut wie möglich machen, denn man braucht schwache Szenen dramaturgisch, um etwas aufzubauen. Die stärksten schwachen Szenen, die ich kenne, stammen von Billy Wilder.

Scenes of aftermath oder scenes of digestion nannte Frank Daniel das. Szenen, in denen der Zuschauer emotionalen Input oder Informationen verarbeiten, verdauen kann, in denen etwas nachklingt oder ausschwingt. Wie bis du anschließend zu deinen anderen Kontakten gekommen, wie gelang der Übergang vom Studium in den Beruf?

Das war gar nicht so schwer. Mitte der 1990er Jahre begann in der Drehbuchszene der Goldrausch. Der Autorenfilm war tot, die Privatsender expandierten, die ganzen Beziehungskomödien wollten geschrieben sein. Dieser Trend war ja die Voraussetzung, dass Frank Daniel wie der Papst hier einmarschieren konnte. Drehbuchklassen entstanden in Ludwigsburg, Hamburg, bei uns in Berlin. Es wurden überall händeringend Autoren gesucht, und im Gegensatz zu heute war die Nachfrage größer als das Angebot. Was mich persönlich betrifft, hat Reinhard Hauff viele Kontakte hergestellt.

Billy Wilder (1906-2002) arbeitete zunächst als Reporter in Wien und Berlin, in Berlin begann er seine Filmkarriere; u.a. Drehbuch für EMIL UND DIE DETEKTIVE (1931). Nach Hitlers Machtübernahme emigrierte er 1934 in die USA und wurde zu einem der erfolgreichsten Drehbuchautoren und Regisseure Hollywoods, der zahllose Klassiker schuf (BOULEVARD DER DÄMMERUNG; 1950, MANCHE MÖGEN'S HEISS; 1959, DAS APPARTEMENT; 1960) und sechsmal mit dem Oscar prämiert wurde.

Friedel von Wangenheim und Ben Becker in DER EINSTEIN DES SEX

Werkstattgespräch

Marc Schlichter (*1962) studierte zunächst Schauspiel und wechselte nach einigen Rollen für Film und Bühne ins Regiefach. Studium an der dffb, danach erfolgreiche Arbeit fürs Fernsehen, Auszeichnungen u.a. für DER AUSBRUCH (1996), DER ELEFANT IN MEINEM BETT (2000) und ROTE GLUT (2000). 2004 drehte er seinen ersten Kinofilm COWGIRL.

Bernd Löhr (*1962), Kameramann (u.a. PLUS-MINUS NULL; 1998, PIGS WILL FLY; 2002, IM SCHWITZKASTEN; 2005) und Regisseur (u.a. WILDER WESTERWALD; 1995).

Andreas Kleinert (*1962), Regisseur und Autor. Regiestudium an der HFF Potsdam. Für sein Nachwendedrama WEGE IN DIE NACHT (1999) erhielt er den Deutschen Filmpreis und den Grimme-Preis. Danach zahlreiche Arbeiten fürs Fernsehen, u.a. den Mehrteiler KLEMPERER – EIN LEBEN IN DEUTSCHLAND (1999), KELLY – BASTIAN, GESCHICHTE EINER HOFFNUNG (2001) und diverse *Polizeiruf*- und *Schimanski*-Folgen. Aktueller Kinofilm: FREISCHWIMMER (2008).

Wolfgang Becker (*1945), Regisseur. Für seinen dffb-Abschlussfilm SCHMETTER-

Waren das eher Kinokontakte oder Fernsehkontakte?

Beides. Aber das Fernsehen hat mich nicht gereizt. Ich wollte fürs Kino schreiben, und damals dachte ich auch, das könnte langfristig möglich sein. Ich glaubte, dass eventuell eine Kinoindustrie in Deutschland entstehen könnte. Das Land war schließlich um 16 Millionen potenzielle Zuschauer größer geworden. In kurzer Zeit habe ich für Marc Schlichter und Bernd Löhr, für Andreas Kleinert und Wolfgang Becker an Kinostoffen gearbeitet, die es dann alle nicht ins Leben geschafft haben – jedenfalls nicht mit mir. Viele Stoffe kamen von den Regisseuren selbst, oder von den Produktionen.

Das ist eine ganz bestimmte Art und Weise des Schreibens, nicht gerade das, was die Amis writing on spec *nennen, also als Autor auf eigenes Risiko von den eigenen Ideen auszugehen. Du hast in enger Zusammenarbeit mit einem Regisseur und auch schon vorgegebenen Ideen und Themen gearbeitet. Wie war deine Funktion in diesem Zusammenarbeiten?*

Ich war die Feuerwehr. Anfangs hat das Spaß gemacht. Aber auf die Dauer ist das wie Schattenboxen, vor allem, wenn keine Filme entstanden. Im Übrigen habe ich damals zahlreiche Bücher on spec geschrieben. Sowohl SCHERBENTANZ als auch VIER MINUTEN oder mein aktuelles Regieprojekt POLL sind alle bereits in den 1990er Jahren geschrieben oder zumindest begonnen worden. Nur hat sie keiner verfilmt. Ich habe geschrieben wie ein Irrer, hatte ja auch sonst nichts zu tun. Dennoch waren diese Jahre nur ein Strohfeuer. Ich hatte zum ersten Mal durch meine Autorentätigkeit eine Art festes Einkommen, aber ich wusste gar nicht so recht, woher das Geld kam. Ich verkaufte einiges, aber es blieb alles nur Papier. Alle Projekte rannen mir durch die Finger, das war fast surreal. Als dann mein zweites Kinoprojekt LIEBESLUDER von Detlev Buck gedreht werden sollte, kamen nochmals neue Niederlagen.

Dein Name taucht im Zusammenhang mit dem Film in einigen versteckten Hinweisen auf, aber in den Credits steht er, glaube ich, nicht. Ist das richtig?

In den Credits müsste *Nach einer Idee von ...* stehen, aber es ist auch wursch. Ich hatte bei LIEBESLUDER die Kurzgeschichte geschrieben, auf der der Film basiert. Und auch eine Drehbuchfassung, die dann zerfetzt wurde.

Ich habe bei der Grundidee des Films eine große Nähe zu Fassbinders LOLA empfunden und das Gefühl gehabt, die Macher merken gar nicht, dass sie sich auf einem Grund bewegen, den jemand schon einmal auf eine ganz bestimmte Weise bearbeitet hatte. Pea Fröhlich und Peter Märthesheimer hatten das Buch zu LOLA geschrieben. Auch da gibt es diese Frau, die in die Stadt kommt und die Honoratioren aufmischt, bis hin zu der Tatsache,

Mavie Hörbiger in LIEBESLUDER

dass einer sie heiraten soll. Als ich gelesen habe, dass du daran mitgewirkt hast, war ich verwundert. Deine Stoffe sind meist radikaler, knapper und zugespitzter.

Das war ein radikaler Stoff. Und Detlev wollte auch anfangs einen radikalen Stoff. Aber dann kamen die Bedenkenträger. Nach einigem Hin und Her hab' ich den Kram dann hingeschmissen, was Detlev überhaupt nicht verstanden hat. Ruth Toma hat dann später das Drehbuch übernommen. Wir haben uns vor Jahren einmal auf einem Podium getroffen, und Ruth sagte mir, sie habe meine Kurzgeschichte nie gelesen. Sie bekam nur eine Drehbuchfassung von Detlev, die schon nicht mehr viel mit meinem Entwurf zu tun hatte.

Wie sah dein Entwurf aus?

Mich interessierte an dem Stoff diese totale kleinbürgerliche Amoralität hinter der glatten Fassade der Gesellschaft. Chabrol nicht unähnlich, aber weniger elegant, weniger Bourgeoisie. Eher dörflich. Zwei Sachen waren mir wichtig. Die erste Sache betraf den biografischen Link zu dieser Geschichte: den Ort des Geschehens. Als ich in meiner Kindheit im Schülerheim Krüger war, besuchten wir einmal einen Nachbarort. Der hieß Beerfelden. Und dort in Beerfelden steht der

LINGE (1988) erhielt er in Locarno den Goldenen Leoparden. Weitere Filme: KINDERSPIELE (1992), DAS LEBEN IST EINE BAUSTELLE (1997), GOOD BYE, LENIN! (2003). 1994 gründete er mit Tom Tykwer, Dani Levy und Stefan Arndt die Produktionsfirma X-Filme.

LIEBESLUDER (2000; D: Detlev Buck, Ruth Thoma; R: Detlev Buck)

Detlev Buck (*1962), Regisseur, Schauspieler, Drehbuchautor und Produzent, machte zunächst eine Ausbildung zum Landwirt. Begann seine Karriere als Filmemacher 1984 mit ERST DIE ARBEIT UND DANN?, danach erst studierte er 1985-89 an der Deutschen Film- und Fernsehakademie in Berlin. Regisseur u.a. von KARNIGGELS (1991), WIR KÖNNEN AUCH ANDERS (1993), MÄNNERPENSION (1996). Für KNALLHART (2006) erhielt er die Silberne Lola.

Rainer Werner Fassbinder (1945-1982): »Viele Filme machen, damit mein Leben zum Film wird«: Der wichtigste deutsche Nachkriegsregisseur drehte in 13 Jahren mehr als 40 Filme, darunter ANGST ESSEN SEELE AUF (1974), DIE EHE DER MARIA BRAUN (1979) und BERLIN ALEXANDERPLATZ (1980).

LOLA (1981; D: Pea Fröhlich, Peter Märthesheimer; R: Rainer Werner Fassbinder)

Pea Fröhlich, Drehbuchautorin und promovierte Theaterwissenschaftlerin, ab 1980 Professorin für Kreative Arbeitsformen in München. Mit Peter Märthesheimer verfasste sie unter anderem die Bücher zu Fassbinders BRD-Trilogie und den Filmen DER BULLE UND DAS MÄDCHEN (1985) und ICH BIN DIE ANDERE (2006).

Peter Märthesheimer (1937-2004), Drehbuchautor und Produzent. 1964-74 Redakteur und Dramaturg beim WDR, dort Zusammenarbeit mit Wolfgang Menge (DAS MILLIONENSPIEL; 1970; *Ein Herz und eine Seele*; 1973-76) und mit Rainer Werner Fassbinder (u.a. ACHT STUNDEN SIND KEIN TAG; 1972-73). Mit Pea Fröhlich schrieb er die Drehbücher für Fassbinders BRD-Trilogie (1979-82). Nachruf auf ihn in *Scenario 2*.

Ruth Toma (*1956), Drehbuchautorin. Für ROMEO (2001) erhielt sie den Grimme-Preis, für SOLINO (2002) den Bayerischen Filmpreis. Weitere Filme: LIEBESLUDER (2000), EMMAS GLÜCK (2006). Werkstattgespräch mit ihr in *Scenario 2*.

einzige dreischläfrige Galgen Deutschlands. Man hatte dort also im Mittelalter drei Menschen gleichzeitig hinrichten können, und die Gemeinde Beerfelden ist bis heute wahnsinnig stolz darauf. Man hat darunter einen Park angelegt, die Haken schön renoviert, und direkt unter der Stelle, wo früher die Hexen brannten, stand so ein Schild: *Dies ist eine Grünanlage und soll der Erholung und Erbauung dienen. Bitte keine Bananenschalen hinwerfen!* Das war ein großartiger *genius loci* für LIEBESLUDER. Der Galgen wurde das Zentrum der Geschichte, und das ganze Personal habe ich aus Menschen zusammengesetzt, die ich damals kannte. Dieses bäuerlich Verschlagene, gutmütig Verlogene kenne ich nur aus dem Odenwald. Deshalb konnte die Geschichte nur dort spielen. Es war ein Schock, als mir plötzlich der Produzent Claus Boje sagte: »Fantastisch, wir haben zwei Millionen Mark aus Nordrhein-Westfalen gekriegt. Wir drehen alles im Sauerland.« Für mich war das ein Ding der Unmöglichkeit, mein Buch aus dem Odenwald rauszuoperieren. Aber als Autor hält man dich ja für geisteskrank, wenn du sagst, ich werf' mich vor ein Auto, wenn das im falschen Mittelgebirge gedreht wird.

Und was war die zweite Sache, die dir wichtig war?

Die war ernster. In LIEBESLUDER geht es um einen Hallodri, der sich in eine Liebesgeschichte mit einer Magd verheddert, die das ganze Dorf erpresst. Buck hat die Hauptrolle mit Mavie Hörbiger besetzt. Sie hat sehr gut gespielt, war aber mit ihrer elfenhaften Erscheinung dennoch fehlbesetzt, weil der Charakter ihrer Figur eher so war wie das, was Hannah Herzsprung in VIER MINUTEN gespielt hat: eine sehr harte und auch gewalttätige Frauenfigur. Und zwischen ihr und dem Hallodri stand sein geistig behinderter Bruder. Dieser Bruder war die einzig positive Figur in dem Buch, weil der Bruder beide Protagonisten liebte und beim Zuschauer für Empathie sorgte. Er sollte am Ende am Galgen sterben. Aber Buck wollte nicht nur den Galgen, sondern auch den Behinderten unbedingt aus dem Film haben. Er sagte mir, er hätte im Zivildienst in der Behindertenbetreuung gearbeitet, in seinen Film kommt kein Behinderter, er wolle das nicht, basta. Kein Argument konnte da noch etwas ausrichten. Er war so unzugänglich, weil er biografisch eine Blockade hatte, und bei mir war es genauso. Ohne diese Figur wollte ich nicht weitermachen, und mit dieser Figur wollte er nicht weitermachen. Im Geschichtenerzählen spielt Ratio nicht immer die entscheidende Rolle. Man kann nicht gegen seine Überzeugung anschreiben, und man kann auch nicht dagegen aninszenieren.

Und wie ist der Konflikt ausgegangen?

Ganz klassisch. Buck hat irgendwann gesagt: »Dein Buch ist kacke. Du fährst jetzt mit mir in einem Eisenbahnabteil drei Wochen durch Deutschland.« Und ich habe gefragt: »Warum soll ich mit dir drei Wochen in ein Eisenbahnabteil?« »Ja, da kann man rausgucken, da fällt mir immer was ein, da reden wir darüber, was statt des Behinderten in den Film muss, und du schreibst das dann!« Ich habe ein paar

Claus Boje (*1958), Produzent, Verleiher und Kinobetreiber. 1984 wurde er Mitgesellschafter des traditionsreichen Berliner Kinos *Delphi*, nach dem er 1989 seinen eigenen Filmverleih benannte. 1991 gründete er mit Detlev Buck die Boje Buck Produktion, die seither Filme von Leander Haußmann (z.B. SONNENALLEE; 1998) und Buck selbst (z.B. KNALLHART; 2006) produziert.

Henry Hübchen und Corinna Harfouch in BASTA – ROTWEIN ODER TOTSEIN

Jahre später Bucks Film KNALLHART gesehen, ein echtes Meisterwerk, das ich sehr bewundere. Unglaublich mutig, auch in der Besetzung mit Jenny Elvers, in der Machart, in der Haltung zum Leben, zu den sozialen Konflikten dieses Landes. Ich glaube, zum Zeitpunkt unserer Zusammenarbeit war Detlev Buck noch nicht da, wo er eigentlich hinwollte. Und ich wollte nicht drei Wochen Eisenbahnfahren. Damit war ich draußen.

Du hast damals auch mit dem Regisseur Pepe Danquart an mehreren Projekten gearbeitet.

Für ein Fernsehdrama habe ich ihn dramaturgisch beraten. Mein dritter Kinofilm BASTA – ROTWEIN ODER TOTSEIN war dann Jahre später eine Auftragsarbeit für ihn. Ich kam auf das Projekt, als schon eine ganze Armada von Drehbuchautoren weggesegelt war, zu denen übrigens auch Frank Daniels Sohn gehörte. Pepe wurde für den fertigen Film zum Teil angegriffen, weil einige Kritiker eine Parodie auf das Gangsterfilmgenre für einen Oscar-Preisträger unangemessen fanden. Es ist lustig, dass das Wort »Klischee« bei uns so ironiefrei gehandhabt wird. BASTA ist eine Referenzkomödie, die nur funktioniert, wenn man die Vorbilder kennt, auf die sie sich bezieht. Und

Mavie Hörbiger (*1979), Schauspielerin. Erster Auftritt im TV-Film NUR FÜR EINE NACHT (1997); die Hauptrolle in LIEBESLUDER (2000) machte sie zum Star. Zahlreiche Rollen in Film, Fernsehen und Theater.

Hannah Herzsprung (*1981), Schauspielerin. 1997 erste Rolle in der TV-Serie *Aus heiterem Himmel*. 2004 hatte sie ihr Kinodebüt im Film SOLO (2005). 2007 erhielt sie den Bayerischen Filmpreis für ihre Rolle der Jenny in VIER MINUTEN und den Deutschen Filmpreis für DAS WAHRE LEBEN. Weitere Filme u.a. PINK, DER BAADER MEINHOF KOMPLEX (beide 2008), LILA, LILA (2009)

Werkstattgespräch

KNALLHART (2006; D: Zoran Drvenkar, Gregor Tressnow nach dem Roman von Gregor Tressnow; R: Detlev Buck)

Jenny Elvers-Elbertzhagen (*1972), Schauspielerin und Moderatorin. Schauspielausbildung in Berlin, Hamburg und L.A. 1996-97 Mitwirkung an der Fernsehserie Nikola (1996-2005). 2006 weibliche Hauptrolle in Bucks KNALLHART.

Pepe Danquart (*1955), Filmemacher. 1977 Mitbegründer des Kollektivs »Medienwerkstatt Freiburg«, mit dem er zahlreiche, vielfach ausgezeichnete Dokumentarfilme realisierte. Für seinen antirassistischen Kurzfilm SCHWARZFAHRER, die Adaption einer *urban legend*, erhielt er 1994 den Oscar.

BASTA – ROTWEIN ODER TOTSEIN / C(R)OOK (2004; D: Chris Kraus, Milan Dor, Pepe Danquart, Martin Daniel; R: Pepe Danquart)

Volker Schlöndorff (*1939). Mit 16 führte ihn ein Schüleraustausch nach Frankreich, wo er zehn Jahre lang blieb und Filmemacher wurde. Ab 1960 Regieassistent für Malle, Melville und Resnais. 1963 Drehbuch für DER JUNGE TÖRLESS, den er 1966 realisierte – als ersten internationalen Erfolg des Neuen Deutschen Films. Für DIE BLECHTROMMEL (1979) erhielt er den Oscar. Werke u.a. DIE VERLORENE EHRE DER KATHARINA BLUM (1975), HOMO FABER (1991), DIE STILLE NACH DEM SCHUSS (1999) u.v.m.

dazu braucht man Klischees, mit denen man jongliert. So haben wir das bei BASTA auch gehalten. Ich stehe zu dem Film, auch wenn er aus meiner sonstigen Arbeit herausfällt. Ich habe ja mit *Motzki* als Komödienautor begonnen, und ich fand es schön, wieder da anknüpfen zu können. Meine Lieblingsszene ist die, in der der Mafia-Killer Moritz Bleibtreu zufällig in einem Redaktionszimmer rumlungert. Ein armer Autor betritt nichtsahnend die Redaktionsstube, hält den Killer für einen Nachwuchsredakteur und schleudert ihm an den Kopf, was wir Autoren alle gerne einmal sagen würden. Der tödliche Fehler ist, dass er dem Killer vorwirft, Hegel-Seminare besucht zu haben.

Gab es neben der Arbeit für Pepe Danquart weitere positive Schreiberfahrungen?

Als ich Volker Schlöndorff kennenlernen durfte, war das der Beginn einer zunächst ganz außergewöhnlichen Zusammenarbeit. Schlöndorff ist sehr von der französischen Filmkultur geprägt, in der die Haltung dem Autor gegenüber schon dadurch kenntlich wird, dass man auch den Regisseur einen *auteur* zu nennt. Dass Volker diese Haltung auch auf mich, der doch mit einem sehr schmalen Werk und nahezu als Nobody aufkreuzte, ausdehnte, hat mich sehr überrascht. Man kam sich eher als Gast vor, nicht so sehr als Mitarbeiter.

Können wir über DIE BLECHTROMMEL 2 sprechen?

Natürlich können wir über DIE BLECHTROMMEL 2 sprechen.

Volker Schlöndorff hat dich damals engagiert, um an seinen großen Welterfolg anzuknüpfen und das letzte Drittel des Günter-Grass-Romans zu adaptieren, das bei der Realisierung der ersten Verfilmung noch keine Rolle gespielt hat. Gab es für dich außer dem Roman noch andere Vorgaben? Wie seid ihr vorgegangen?

Für Volker Schlöndorff war die Fortsetzung der BLECHTROMMEL ein großes Lebensprojekt. Er hatte 1978 mit seinem Drehbuchautor Jean-Claude Carrière ein weit umfangreicheres Drehbuch entworfen als das schließlich verfilmte. Der letzte, unverfilmte Teil des Romans beschreibt die Nachkriegsjahre des Oskar Matzerath im Künstlermilieu Düsseldorfs. Der Nachfolgefilm sollte nach mehreren Anläufen jetzt endlich realisiert werden. Franz Seitz, die Bioskop und natürlich auch Babelsberg selbst gaben grünes Licht für einen Drehbuchentwurf. Es gab aber von Anfang an ein ganz grundsätzliches Problem: Der Trick des ersten Films bestand darin, dass er nicht wie der Roman die Geschichte eines verwachsenen Krüppels erzählte, sondern die Geschichte eines Kindes. Das war ein genialer Einfall von Carrière. Die Kinderstimme von David Bennent, seine zerbrechliche, verletzbare Gestalt gaben der Groteske einen archaischen Schmelz, eine Poesie, die man nicht mehr wiederholen konnte. David Bennent sollte natürlich auch im zweiten Teil der Hauptdarsteller sein. Aber er war inzwischen weit über 30 Jahre alt und sah aus wie ein Bodybuilder. Er schickte uns auch den ersten Entwurf mit der Nachricht zurück, ihm käme das Wort »Zwerg« zu oft im Script vor. Auf den Zwerg hatte er keine Lust. Aber es ging ja gar nicht anders, Oskar Matzerath ist im Nachkriegsdüsseldorf von Günter Grass nun mal ein Zwerg. Es war unglaublich schwierig, das Sammelsurium von Anekdoten und Kleinstbeobachtungen, das Grass hier angehäuft hatte, in eine Filmerzählung zu übertragen. Wir haben es dennoch versucht, haben Oskarchen als Erzähler in die heutige Zeit versetzt und in eine Art Medien-Tycoon verwandelt. Wir saßen in Potsdam in dieser wunderbaren Backstein-Villa, es war ein großer Sommer, ich hab' täglich geschrieben, habe dann Volker die Sachen geschickt. Und irgendwann mussten wir zu Günter Grass.

Wie fiel die Reaktion von Grass aus?

Schon die Fahrt dahin war ein einziger Horror. Wir haben uns auf der kurzen Strecke zu Grass so verfahren, dass wir statt in Westdeutschland irgendwann am Rostocker Ostseehafen ankamen. Dann nahmen wir eine Autobahn, die nur auf der ADAC-Karte existierte, in Wirklichkeit aber eine Schotterpiste war. Schließlich standen wir eine Ewigkeit im Stau, weil vor uns ein paar Ossis aus einem Autowrack geschnitten werden mussten. Als wir schließlich in Mölln ankamen, war Grass recht verblüfft, dass wir acht Stunden gebraucht hatten für 250 Kilometer. Das war Postkutschentempo. Volker war innerlich auf hundertachtzig. Im Zusammenreißen ist er aber große Klasse. Grass wollte uns noch nicht sagen, was er von dem Buch hielt, sondern führte uns ganz gemütlich über sein riesiges Grundstück, bis die Dämmerung anbrach. Er zeigte uns Nussbäume, Quitten und Holunderbüsche, und wir taten nicht nur interessiert, sondern so, als hätten wir noch nie zuvor einen Nussbaum gesehen. Als ich schon dachte, jetzt schlägt Volker unseren Nobelpreisträger zusammen, blieb Grass vor einer riesigen Satellitenschüssel stehen, die mitten im Garten aufgestellt war. Dann sagte er: »Das ist meine neue Satellitenschüssel!« Wir starrten andächtig darauf. Grass erklärte, dass seit drei Tagen ein Laubfrosch in seiner neuen Satellitenschüssel wohne. Keine ordinäre

DIE BLECHTROMMEL (1979; D: Jean-Claude Carrière, Volker Schlöndorff, Frank Seitz, nach dem Roman von Günter Grass; R: Volker Schlöndorff)

Jean-Claude Carrière (*1931), Drehbuchautor und Schriftsteller. Er arbeitete u.a. mit Jacques Tati, Luis Buñuel, Louis Malle, Volker Schlöndorff, Andrzej Wajda, Peter Brook und Jean-Luc Godard. 1986 wurde er zum Präsidenten der neu eingerichteten *La Fémis* (Hochschule für Film und Audiovision, Paris) ernannt, die er bis 1994 leitete. Er verfasste mehrere Bücher über das Drehbuchschreiben.

Franz Seitz (1921-2006), einer der erfolgreichsten deutschen Filmproduzenten der Nachkriegszeit. In den 1950ern und 60ern zunächst auf Heimatfilme und Lustspiele spezialisiert, wurde er mit Schlöndorffs JUNGEM TÖRLESS (1966) einer der ersten Produzenten des Neuen Deutschen Films. Starkes Faible für Literaturverfilmungen (v.a. Thomas Mann), auch zahlreiche eigene Regie- und Drehbucharbeiten.

David Bennent (*1966), Schauspieler. Vor allem bekannt durch seine Rolle des Oskar Matzerath in Volker Schlöndorffs BLECHTROMMEL (1979). Er spielte an der Berliner Schaubühne und der Comédie Française in Paris und arbeitete u.a. mit Robert Wilson, George Tabori und Patrice Chéreau.

Günter Grass (*1927), Schriftsteller, Bildhauer und Maler. Sein Debütroman *Die Blechtrommel* machte ihn 1959 weltbekannt. Weitere wichtige Werke seitdem u.a. *Katz und Maus* (1961), *Der Butt* (1965), *Im Krebsgang* (2002). 1999 erhielt er den Nobelpreis für Literatur.

Botho Strauß: *Die Fremdenführerin* (dtv 1988)

Botho Strauß (*1944), Schriftsteller, Büchner-Preisträger und einer der meistgespielten deutschen Dramatiker. 1970-75 Dramaturg an der Berliner Schaubühne bei Peter Stein, seitdem freier Autor. Sein Werk ist vielfach ausgezeichnet, wegen seines kulturpessimistischen und zivilisationskritischen Einschlags aber auch umstritten. Sein *Spiegel*-Essay *Anschwellender Bocksgesang* löste eine der hitzigsten Feuilletondebatten der 1990er Jahre aus. Aktuelles Buch: *Die Unbeholfenen. Eine Bewusstseinsnovelle* (2007).

Kröte, sondern ein grüner, seltener, echter Laubfrosch. Deshalb sei auch das Programm ausgefallen. Grass' Frau Ute habe den Laubfrosch immer und immer wieder zur Seite gesetzt, aber nach einiger Zeit sei der Frosch zurückgekommen. Schlöndorff räusperte sich: »Klare Sache. Der Frosch wollte zum Film.« Ich habe gelacht. Aber Grass mag es nicht, wenn man lacht. Er selbst lacht ja auch nicht. Er sagte mir dann auch sehr schnell, dass er mein Buch völlig misslungen finde. Damit war die Adaption erledigt.

Es gibt bei einer Adaption natürlich immer die Gefahr des Scheiterns, wenn man vertraglich an eine Abnahme des Autors des vorbestehenden Werkes gebunden bist. Ich habe das mal mit einem Theaterstück, Die Fremdenführerin *von Botho Strauß, erlebt. Ich wollte das Theaterstück unbedingt für die Leinwand adaptieren. Da ich die Rechte nicht bezahlen konnte, war ich natürlich von der Abnahme durch Botho Strauß abhängig. Ich kenne also diesen Moment, wenn du vor der Tür stehst und du bist absolut auf die Zustimmung des Autors angewiesen. Im Fall von* Die Fremdenführerin *fand Botho Strauß das Drehbuch gut, doch keiner wollte anschließend das Projekt als Film finanzieren. Aber aus diesem mulmigen Gefühl der Abhängigkeit heraus habe ich dann bei Adaptionen immer darauf bestanden, dass die auftraggebende Firma die Option auf die Romanrechte bereits erworben hat und es einen entsprechenden Vertrag gibt. Wenn du frei umgehen willst mit dem literarischen Material, dann brauchst du eine solche Absicherung, sonst steht die Zukunft des Projekts immer auf der Kippe. Wenn der Autor der Vorlage sagt, mir passt das nicht, dann ist das Vorhaben sofort gestorben.*

Ich habe mich damals bemüht, irgendeine Art von Psychologie und Narration in den Stoff zu kriegen. Ich habe vor allem dazuerfunden. In der Summe wurde das dann eine Matschepampe aus Prosaresten und einer neuen Handlung. Der Produzent Franz Seitz soll nach der Lektüre getobt haben. Als sich die negativen Stimmen mehrten, rief mich Volker an und sagte: »Dein Entwurf wandert in den Papierkorb. Es gibt keinen Pseudo-Grass vom Second Unit!«

War das nicht verletzend, so was nach einer langen gemeinsamen Entwicklungszeit zu hören?

Unsere Freundschaft war damit natürlich auch perdu. Und die Tatsache, dass Volker meine erste Regiearbeit SCHERBENTANZ ablehnte, hat uns auch nicht gerade einander nähergebracht. Dennoch ist jemand wie Schlöndorff das Beste, was einem Autor in Deutschland passieren kann. Er atmet das Kino, er liebt die Literatur, er ist in der Arbeit völlig uneitel, ein eminent kluger Mensch mit einer starken Haltung. Auch wenn es für mich kein Happy End gab, bin ich froh, den Mann kennengelernt zu haben. Er war ja einer der großen Helden meiner Jugend gewesen. Und das Allerwichtigste war, dass Schlöndorff den Anstand besaß, sich für eine gute Abwicklung des Projekts einzusetzen. Wer macht das schon? Als Abfindung erhielt ich ein fürstliches Honorar. Ohne dieses Geld hätte ich niemals den Sprung in die Regie geschafft.

Wieso nicht?

Ich hatte inzwischen drei Kinder, war 36 Jahre alt. Mein Studium war vorbei. Ich hatte in einem Jahrzehnt 16 Kinodrehbücher geschrieben, von denen zwei oder drei halbe gemacht worden waren. Ich hielt das für eine katastrophale Bilanz. Nach außen hin hatte ich zwar einen Status, den ich mir von den bekannten Regisseuren lieh, mit denen ich gearbeitet hatte. Aber innerlich fühlte ich mich als Versager. Ich muss dazu vielleicht erwähnen, dass zum Beispiel VIER MINUTEN schon im Jahr 1999 produziert werden sollte, mit Anna Justice als Regisseurin und der neuen film production als Produktionsfirma. Das Projekt scheiterte sechs Wochen vor Drehbeginn. Auch SCHERBENTANZ war für einen anderen Regisseur geschrieben und drohte unterzugehen. POLL war durch die Hände von fünf Produktionsfirmen gegangen und lag am Boden. Der Abbruch des BLECHTROMMEL-Projekts hatte mir endgültig gezeigt, dass mein Traum, mich als Kinodrehbuchautor in diesem Land durchzusetzen, nicht realisierbar war. Irgendwas musste unbedingt verändert werden. Das Honorar für DIE BLECHTROMMEL machte mich für ein Jahr finanziell unabhängig. Und in diesem Jahr entschied ich mich, den SCHERBENTANZ selbst umzusetzen und somit einen neuen Anfang zu wagen. Das war deshalb möglich, weil ich mit Schlöndorffs Honorar im Rücken dem SWR praktisch ein Buch von mir schenken konnte, ohne mich zu ruinieren. Meine Bedingung war, dass ich als Regisseur eine Carte blanche bekam. Und natürlich waren die Redakteurinnen Saskia von Sanden und Susan Schulte von Gottvertrauen beseelt, als sie sich darauf einließen.

Was hattest du Susan Schulte eingereicht? War das ein Drehbuch, ein Treatment?

Es existierte bereits eine ältere Absichtserklärung von vielleicht vier oder fünf Seiten. Und dann gab es auch schon ein 150-seitiges Treatment.

Anna Justice, Regisseurin. Nach ihrer Ausbildung zur Übersetzerin schloss sie ein Regiestudium an der Deutschen Film- und Fernsehakademie in Berlin ab. Filme u.a.: ICH LIEBE DAS LEBEN (2003), NOCH EINMAL LIEBEN (2005), MAX MINSKY UND ICH (2007).

Saskia von Sanden, Redakteurin und Dramaturgin, Mitarbeit u.a. an SOPHIIIIE! (2002), DAS WAHRE LEBEN (2006) und diversen *Tatort*-Folgen.

Susan Schulte (*1943) Produzentin und Redakteurin. Langjährige Mitarbeit beim SWF-SDR, zurzeit tätig als dramaturgische Beraterin, zuletzt für Valeska Grisebachs SEHNSUCHT (2006). Sie leitet das Drama-Department des BKM.

Kannst du das im technischen Sinne noch als Treatment bezeichnen? Die normale Länge sind hier 20 bis allerhöchstens 30 Seiten. Oder war es ein Bildertreatment?

Nein. Ich nenne meine Vorarbeiten nur deshalb Treatments, weil man auf der Produktionsseite irgendwann mal dieses Wort hören möchte. Ich kann im technischen Sinne weder Treatments noch Exposés schreiben. Ich habe dazu kein Talent. Um auf eine Geschichte zu kommen, muss ich in Prosa schreiben. Natürlich habe ich jahrelang verzweifelt versucht, diesen Mangel abzustellen, habe sehr schlechte Exposés und beknackte Treatments geschrieben, um an Jobs zu kommen. Ich glaube, dass die Tatsache, dass ich so stark über den Charakter komme, es mir unmöglich macht, ihn durch den Plot zu überlisten. Selbst das Exposé von VIER MINUTEN, das ja zu einer sehr klassisch gebauten Geschichte führte, war praktisch frei von allen Wendepunkten. Das Ende wusste ich noch gar nicht und habe es poetisch vernebelt. Schon in den allerfrühesten Stadien einer Geschichte beginne ich mit Dialogen.

Kannst du etwas darüber sagen, was für dich einen guten Dialog ausmacht und wie du zu guten Dialogen kommst, wenn du schreibst?

Die Art und Weise, wie ich selbst zu Dialogen komme, hat mit meinem Verhältnis zu den Figuren zu tun. Sie müssen mir konkret vor Augen sein. Wichtig ist bei einem guten Dialog, dass das Gesagte und das Gemeinte auseinanderliegen, denn durch diese Differenz erhalten

Judith Kaufmann und Chris Kraus bei den Dreharbeiten zu VIER MINUTEN

wir Einblick in den Charakter. Sie enthüllt das Programm der Figuren, das, was sie erreichen wollen. Wenn man in einem Gespräch nur fragt, wie viel Uhr es ist, kann das sehr Unterschiedliches bedeuten. Fragt zum Beispiel ein junges Mädchen, kann es heißen, lass uns ins Bett gehen, es kann ebenso gut heißen, willst du nicht endlich abhauen. Es kann natürlich auch heißen, dass man wissen will, wie spät es ist.

Die Kommunikationswissenschaftler nennen das den Unterschied zwischen der Beziehungsebene und der Inhaltsebene des Gesagten. Und für den Prozess der Verständigung dominiert die Beziehungsebene immer die Inhaltsebene. Entscheidend ist also gar nicht, was gesagt wird, sondern immer wie.

Je besser man einen Charakter kennt, bevor man anfängt zu schreiben, umso leichter gelingen die Dialoge. Das Sprechen hat mit der ganzen Psychologie der Figur zu tun, aber auch mit der Frage, hat er in diesem Augenblick Nierensteine, muss er übermorgen zu einer Operation?

Elias Canneti hat einmal geschrieben, man müsse als Autor für seine Figuren so etwas wie eine »Sprachmaske« finden. Was zweierlei bedeuten kann. Zum einen sollte man für den Sprechenden eine individuelle Sprache finden, so wie man ihm eine Maske verpasst oder ihn in ein konkretes Kostüm kleidet. Zum anderen maskieren wir uns mit dem Sprechen auch selbst, verstecken uns möglicherweise hinter dem Gesprochenen. Das finde ich zum Beispiel typisch für die Figuren von Rohmer, die sich immer um Kopf und Kragen reden.

Wenn einem als Autor Dialoge leichtfallen, muss man natürlich aufpassen, dass man nicht ins Gequatsche kommt, dass nicht uferlos geredet wird. Ich bin wirklich ein großer Fan des französischen Kinos, aber bei Rohmer musste ich mir immer in die Fingerknöchel beißen. Was hat dieser Mann für grauenhafte Filme verbrochen, weil seine Figuren nicht für eine Sekunde den Mund halten können. Ich komme oft über die Dialoge zu Handlungen, aber gerade deshalb brauche ich im Vorfeld so ewig lange Texte, denn nur ganz allmählich schält sich die Handlung, der Plot heraus. Da verkehrt sich dann schnell ein Talent in einen Fluch, weil man das Plotbauen mühsam erlernen muss.

Kann man das Dialogschreiben trainieren?

Nur durch Beobachtung von Menschen und ihren Sprechweisen. Ich schreibe zum Beispiel Tagebuch und höre oder erinnere dabei Dialog.

Eric Rohmer (*1920), Regisseur und Protagonist der Nouvelle Vague. Studium der klassischen Literatur, danach Lehrer. Seit 1955 Kritiker für *Cahiers du cinéma*, seit 1959 Chefredakteur. Im selben Jahr kommt sein erster Film IM ZEICHEN DES LÖWEN ins Kino. Spezialist für dialogreiche Beziehungsporträts, der seine Filme gerne in Zyklen reiht, zum Beispiel *Komödien und Sprichwörter* oder *Erzählungen der Jahreszeiten*. Zuletzt inszenierte er TRIPLE AGENT (2004) und LES AMOURS D'ASTRÉE ET DE CÉLADON (2007).

Werkstattgespräch

Wir sprechen alle bruchstückhaft und bewegen uns im Reden über merkwürdige Hängebrücken, die dann auch plötzlich einstürzen können. Das Verfertigen der Gedanken beim Reden ist eine schwierige Sache. Aber es geht nicht nur um das natürliche Sprechen, ich feile und poliere natürlich auch Dialoge, damit sie eine Attraktion sind.

Wenn du Dialoge bereits in den Vorstadien des Drehbuch schreibst, sind die dann in indirekter Rede, oder wie geht das?

Ich schreibe sie auch in direkter Rede. Jedes Buch braucht Vorstadien, Skizzen. Aber wie die aussehen, ist doch völlig egal. Für den Schmetterling spielt es auch keine Rolle, wie er als Raupe aussah. Durch den in-

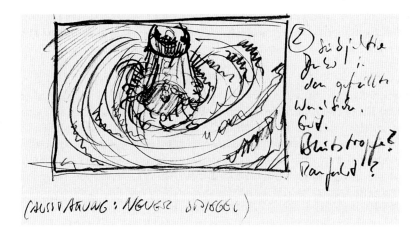

Storyboard von Chris Kraus zu SCHERBENTANZ

dustriellen Prozess des Filmemachens, vor allem aber des Fernsehens, haben sich Standards der Vorarbeit herauskristallisiert, ohne die zwar SAT.1 nicht auskommt, die den kreativen Prozess des Schreibens bei manchen Autoren aber auch völlig behindern. Frank Daniel, über den wir ja schon mehrmals gesprochen haben, hat in diesem Zusammenhang gerne die Geschichte von David Lynch erzählt. Kennst du die?

Nein.

Die ging so: David Lynch studiert Malerei an der Kunstakademie in Los Angeles. Eines Tages kommt er in das Zimmer von Frank und sagt, er habe da eine Geschichte, an der er schon lange sitze. Er würde gerne einen Film daraus machen. Können Sie helfen, Frank? Frank sagt, okay, zeig mir, was du hast. Lynch zieht einen Packen Papier hervor und legt alles auf den Tisch. Es sind 200 bunte Aquarelle, auf

David Lynch (*1946), Regisseur und Maler. Seit seinem ersten Langfilm ERASERHEAD (1977) dem Abgründigen und Abseitigen verhaftet, Werke u.a. BLUE VELVET (1986), LOST HIGHWAY (1996), MULHOLLAND DRIVE (2001). Oscarnominierung für DER ELEFANTENMENSCH (1980), Goldene Palme für WILD AT HEART (1990). Seit neuestem Vorliebe für »transzendentale Meditation«.

denen man Männer sieht mit schrecklichen Frisuren. Es gibt keinen einzigen geschriebenen Satz. Und Lynch sagt: Ich stelle es mir als Komödie vor. Und daraus ist dann ERASERHEAD entstanden.

ERASERHEAD (1977; D+R: David Lynch)

Hast du diese Arbeitsweise, dich nicht an die dramaturgisch vorgegebenen Vorstufen zu halten, auch später beibehalten?

Es geht leider nichts anders. Im Falle von SCHERBENTANZ habe ich das Treatment ja dann als Roman rausgebracht.

Was passiert, wenn man zum ersten Mal den eigenen Text am Set umsetzen muss? Am Schreibtisch kann man sich vieles ausdenken, man ist grenzenloser Schöpfer. In dem Moment, in dem die erste Klappe fällt, muss alles real werden. In diesem Zusammenhang wird dann immer der Spruch von Sam Fuller zitiert, Filmemachen sei wie Kriegführen. Wie geht es dir in diesem Moment der Wahrheit mit dem vorher Geschriebenen?

Natürlich entsteht durch den Einfluss des Teams, durch die optische Auflösung, vor allem bei der Arbeit mit den Schauspielern immer noch Neues, Unvorhergesehenes. Oder du betrittst einen Drehort, das ist zwar der Ort für die Szene, die du dir im Drehbuch ausgedacht hast, funktioniert aber plötzlich nicht mehr. Aber die Kriegssituation, die du ansprichst, hat ja eher damit zu tun, all die Wahnsinnigen um dich herum zu bändigen. Inwiefern mir das gelingt, musst du jemand anderen fragen.

Sam Fuller (1912-1997), Regisseur, Drehbuchautor und Schauspieler. Zunächst Reporter und Schriftsteller, 1949 Regiedebüt mit ICH ERSCHOSS JESSE JAMES. Zahlreiche Western und Actionfilme (u.a. LANGE FINGER – HARTE FÄUSTE; 1953, VIERZIG GEWEHRE; 1957, SHOCK CORRIDOR; 1963); wegen seiner schnörkellosen Darstellung kaputter Helden und des amerikanischen Alltags besonders unter europäischen Kinofans verehrt. 1973 inszenierte er einen *Tatort*.

Gibt es Rückwirkungen deiner Dreherfahrung auf dein Schreiben?

Sicher. Sehr schwierig ist es zum Beispiel, eine Dreiergruppe zu inszenieren. Deshalb bevorzuge ich beim Schreiben inzwischen Szenen, die man sozusagen binär auflösen kann. Protagonist versus Antagonist. Also entweder zwei Figuren in einer Szene. Oder vier. Oder sechs. Natürlich meide ich beim Schreiben möglichst Massenszenen, was sich beim realen Inszenieren auch oft als schwierig erweist. Vor allem haben wir in Deutschland nicht die Drehzeit und nicht das Knowhow wie in den USA, wo man fantastisch mit Komparsen umgehen kann. In VIER MINUTEN war die Eingangssequenz ursprünglich ganz anders geschrieben. Im fertigen Film rollt Monica Bleibtreu in Begleitung von drei Gefängniswärtern einen Klavierflügel in den leeren Gefängnishof. Wir hören nur im Ton den Protest der nicht sichtbaren Gefangenen. Im Script stand da eine von hunderten Gefangenen angezettelte Gefängnisrevolte mit Massenschlägerei. Meine Kamerafrau Judith Kaufmann hat ihr Veto gegen diese Szene eingelegt

SCHERBENTANZ

Werkstattgespräch

Judith Kaufmann (*1962), Kamerafrau. Erst Ausbildung zur Fotografin, dann Studium an der Staatlichen Fachschule für Optik und Fototechnik in Berlin. Seit 1982 Arbeit als Kamera-Assistentin, 1991 Chef-Kamerafrau. Sie erhielt als erste Frau den renommierten »Marburger Kamerapreis«. Wichtigste Filme: ERBSEN AUF HALB 6 (2004), FREMDE HAUT (2005), VIER MINUTEN (2006).

und zu Recht behauptet, sie würde unseren gesamten Drehplan aushebeln. Das habe ich beim Rewrite berücksichtigt. Judith ist in der direkten Schreibsituation unmittelbar vor dem Dreh eine Art Co-Autorin, die zwar kein Wort selbst schreibt, aber durch ihre dramaturgische Intelligenz einen erheblichen Einfluss auf die Drehfassung hat.

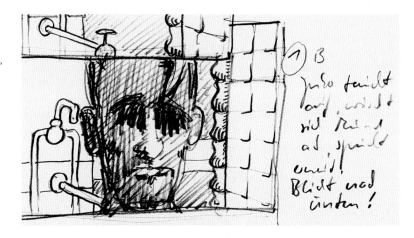

Storyboard von Chris Kraus zu SCHERBENTANZ

Bella Block (D 1994ff.)

Wir haben viel über deinen biografischen Ansatz beim Schreiben gesprochen. Wie ist das, wenn man mit vorbestehenden Figuren umgehen muss? Du hast gerade für Bella Block, die Krimireihe im ZDF, ein Buch geschrieben und auch die Regie geführt. Bei einem solchen Projekt existieren die Hauptfiguren ja bereits.

Es wäre sicher ein Problem, wenn ich mir diese Charaktere nicht aneignen wollte. Aber wie bei echten Menschen auch kennt man niemanden wirklich, man interpretiert ihn. Bei jeder Folge wird Bella Block von einem anderen Autor interpretiert. Bei mir tut sie Dinge, die sie in anderen Episoden nicht macht, weil ich sie für mich noch einmal neu erfinde. Und da nutze ich natürlich meine eigenen Perspektiven auf so eine Figur. Ich gab Bella eine gewisse Obszönität, stellte sie mir als eine verbitterte, alte, einsame Frau vor, die dem Tod, den sie sooft aus der Distanz beobachtet hat, allmählich selbst entgegentritt.

Die Reise nach China (Episode aus Bella Block; D 2008)

Es sind viele Dinge in deiner Folge Die Reise nach China anders als üblich. Eine Qualität dieses Sendeplatzes besteht ja auch gerade darin, dass Regie und Autor ständig wechseln und dass sehr eigene Handschriften möglich sind. Aber es gibt Aspekte der Figur und eine grundsätzliche Düsternis in *deiner Episode – nicht nur fotografisch, sondern auch inhaltlich – die der Reihe fremd sind.*

Es gab Leute, die das schlecht fanden – auch im Sender, auch in Sorge um die Quoten – weil Bella Block sich verändert hatte und extrem giftig war. Aber Menschen verändern sich. Warum nicht auch Filmfiguren?

Früher wäre dieser Fall mit Folter in China und seinen sehr finsteren Verstrickungen wahrscheinlich nicht möglich gewesen. Ich hatte nach meinen zwei Folgen auch einen Pharmathriller angeboten, in dem aufgrund eines Virusausbruchs die Flamingos im Zoo umkippen und die Vögel vom Himmel fallen. Durch die Gewinnsucht eines Nachtwärters, der dem Zoo tote Labormäuse als Futter verkauft, geraten Viren aus dem geschützten biologischen Forschungsbereich in den normalen Nahrungszyklus von Tieren. Und das bedroht plötzlich auch Menschen, weil das Vogelgrippevirus auf sie übergreifen kann. Da kam schon im Vorfeld die Ansage, das sei zu dunkel. Du gehst in deiner Folge sogar weiter – bis hin zur Folter, bis hin zu

Jürgen Vogel in SCHERBENTANZ

verbotenen Menschenversuchen, die durch Ausschnitte aus Handyfilmen auch konkret gezeigt werden. Das war doch eine Überraschung, dieser sehr filmische Fernsehfilm.

Ich hatte aufgrund des internationalen Erfolges von VIER MINUTEN eine gewisse Freiheit sowohl im Drehbuchbereich wie auch in der Gestaltung dieses Films. Im Übrigen habe ich ihn gedreht wie einen Kinofilm.

Du hast mal gesagt, du seist kein Stilist. Die Filme, die du selbst inszeniert hast, erwecken für mich aber den Eindruck, ständig unter einem gewissen Druck zu stehen, ich meine nicht unbedingt Exaltiertheit, aber doch einen gewissen dramatischen Druck, der permanent vorhanden ist. Kannst du dazu was sagen?

Hannelore Hoger als Bella Block in der Episode Die Reise nach China

Dazu kann ich gar nichts sagen, denn ich verstehe nicht ganz, was du meinst. Falls deine Frage darauf abzielt, ob ich mit einem übergroßen Stilwillen an die Geschichten herangehe, da kann ich nur sagen, dass ich das nicht glaube. Manieriertheit, also den Kontakt zu verlieren zu dem eigentlich zu Erzählenden, indem man es füttert mit Spielereien und Tricks, das wäre ja schrecklich.

Ich habe da gar keine Bewertung hineingelegt. Auch ein Moment von Melodramatik ist ein legitimer Stil, den man durchaus anstreben kann.

Aber ist das, was du da ansprichst, nicht einfach nur eine Haltung? Also eine Haltung des Erzählenden kann als Stil empfunden werden. Denn natürlich ist der künstlerische Ausdruck von gelebtem Leben etwas anderes als das gelebte Leben selbst. Ich liebe Überhöhungen, weil wir in der inneren Wahrnehmung unser Leben ja auch zuweilen überhöht empfinden gegenüber dem millionenfach gelebten Leben anderer Existenzen. Mir geht das jedenfalls so. Wenn ich verliebt bin, gibt es nichts Größeres auf der Welt als meine Liebe. Wenn das meiner Filmfigur passiert, suche ich eine Übersetzung meiner eigenen Erfahrungen für diese Filmfigur. Ich dehne zum Beispiel die Zeit, benutze Zeitlupen, Parallelmontagen, weil ich das von mir kenne, dass sich in entscheidenden Augenblicken die Sekunden weiten. Natürlich gibt es Regisseure, die niemals die Zeit dehnen, so wie Andreas Dresen zum Beispiel. Aber er interessiert sich zum Beispiel auch extrem für seine Charaktere, kriecht in jede ihrer Poren, nutzt nur völlig andere Stilmittel als ich, denen nahezukommen. Er gilt damit als Meister in der Darstellung der normalen Leute und scheint ästhetisch unendlich weit von mir weg. Dennoch fühle ich mich seiner Art des Filmemachens viel näher als der Art anderer Kollegen, die vielleicht ähnliche Tricks wie ich benutzen, dies aber aus rein formalen Gründen oder aus Selbstzweck tun. Alles, was ich filmisch einsetze, dient der Erzählung der Figuren. Das ist bei Dresen nicht anders, sieht nur anders aus. Wir kämpfen um unseren Blick auf Menschen. Jeder, der seine eigenen Geschichten erzählen will, muss ein Kämpfer sein, denke ich. Du musst bereit sein, dich mit Leuten anzulegen, mit all den Lächlern und Küssern im Filmgeschäft. Das ist zwar nicht der Sinn des Berufes, gehört jedoch dazu. Aber in den zurückliegenden Jahren ist so wenig von meinen Stoffen umgesetzt worden, vielleicht sollte man das also nicht als Ratschlag nehmen.

Andreas Dresen (*1963), Regisseur. Absolvent der Babelsberger Hochschule für Film und Fernsehen Konrad Wolf. Wichtigste Filme: STILLES LAND (1992), NACHTGESTALTEN (1999), HALBE TREPPE (2002), SOMMER VORM BALKON (2005), WOLKE 9 (2008). In seinen Filmen dominieren Alltag und Realität. Lebt in Potsdam.

Du bist da nicht allein. Der vorhin schon erwähnte Sam Fuller behauptete in Interviews immer, er habe 300 drehfertige Scripts in der Schublade. Wim Wenders hat einmal für ein Sonderheft der Cahiers du cinéma *alle seine berühmten Kollegen nach unrealisierten Projekten gefragt und war überrascht über die riesige Menge an Material, die er daraufhin zugesandt bekam. Wenders benutzte in diesem Zusammenhang das Bild, alle jemals geschriebenen Drehbücher sind ein gewaltig großer Eisberg. Wir nehmen nur seine Spitze wahr, die aus dem Wasser ragt. Das sind die Drehbücher, die realisiert wurden, die den Weg auf die Leinwand oder auf die Mattscheibe geschafft haben. Aber diese Spitze ragt nur aus dem Wasser, weil sie von dem viel größeren Teil unter Wasser in die Sichtbarkeit gehoben wird. Die Metapher macht deutlich, dass die nicht realisierten Drehbücher unbedingt notwendig sind, ja sogar eine existenzielle Voraussetzung für die verfilmten darstellen.*

Möglich, aber sie stellen leider keine existenzielle Voraussetzung für den Drehbuchautor selbst dar, höchstens für seine Selbstmordfantasien.

Marginalien:
*Maurice Lahde,
Isabelle Vonberg*

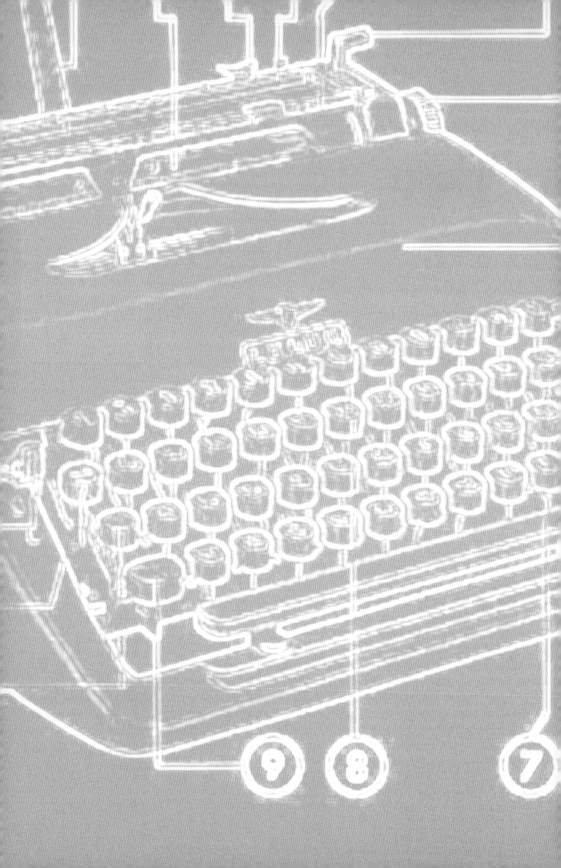

Scenario

Essays

Was bleibt, sind Geschichten
Oder wie man dazu kommt, zu denken wie ein Schwein

Von Hannes Held

Braps, sagte Rainer Kirsch und füllte Whisky in seinen Metallbecher. »Braps« sagte Rainer Kirsch immer dann, wenn er beim Vorlesen eines Gedichts ein Wort ausließ. Wir rieten dann, welches Wort der Dichter anstelle von »Braps« verwendet haben könnte. Jeden Tag begann sein Unterricht mit dem gleichen Ritual. In einem Metallbecher mischte er Whisky und Wasser, nahm einen Schluck und las ein Gedicht mit Leerstellen, die seine Studenten ausfüllten. Dann schrieben wir selbst Gedichte. Jeder trug seins vor. Rainer Kirsch war inzwischen betrunken und amüsierte sich prächtig über die unbeholfenen Sätze seiner Schüler.

Für mich begann das professionelle Schreiben mit dem Studium an der Universität der Künste Berlin (UdK). Die Dozenten, die dort im Studiengang »Szenisches Schreiben« unterrichteten, lebten vom Schreiben, und die Studenten, die dort studierten, hatten es vor. Der Druck war von Anfang an hoch. Gut war, was sich verkaufte, was Preise gewann, was gespielt wurde. Als ich anfing zu schreiben, hatten diese Gedanken keine Rolle gespielt. Nicht einmal das Schreiben hatte eine Rolle gespielt, als ich begann, Geschichten zu erfinden.

Wenn ich im meinem Bett im Kinderzimmer erwachte, war es oft schon zu spät. Meine Brüder hatten hohe Mauern errichtet, Truppen von Piraten und Feuerwehrmännern lagen in Hinterhalten oder bewachten Gebäuden. Die einzige Chance, die mir blieb, waren gepanzerte Fahrzeuge oder Flugobjekte. Jeden Morgen hatten wir das gleiche gemeinsame Ziel: aus Legosteinen eine Welt zu erschaffen. Alles war erlaubt, wenn man es erzählen konnte. Die Schlachten galten keinem Territorium, es gab am Ende keinen Sieger. Der Angriff auf die Figuren des anderen war ein Angriff auf seine Fantasie.

Oliver Bukowski war neben dem Leiter Prof. Dr. Jürgen Hofmann der ständige Dozent an der UdK. Am Anfang meines Studiums hielt er ein

Dramaturgieseminar. Es beruhte auf Gustav Freytags Theorie des modernen Dramas und behandelte die klassische Dreiaktstruktur. Um seine Worte zu erläutern, teilte Bukowski eine selbsterstellte Grafik aus, auf der zwei farbige Linien Bogen über drei Akte spannten. Die rote Linie beschrieb das Ziel des Helden, die grüne stand für sein Bedürfnis. Im ersten Akt definierte der Protagonist ein Ziel, das er über die gesamte Länge der Geschichte verfolgte. Das Bedürfnis hingegen wurde dem Helden erst im Verlauf der Handlung bewusst. Das Bedürfnis beschrieb einen charakterlichen Mangel. Wenn dieser Mangel am Ende des Dramas behoben war, hatte der Zuschauer in drei Akten die Veränderung des Protagonisten zum vollständigen Menschen erlebt.

Ich saß in dem Seminarraum zwischen meinen Kommilitonen und versuchte mich auf Bukowskis Worte zu konzentrieren. Langsam wurde mir klar, dass ich so nicht arbeiten konnte. Alles, was mir bis dahin auf dem Blatt gelungen war, funktionierte intuitiv. Mein Schreiben hatte mit einer kindlichen Lust am Erfinden von Geschichten begonnen. Durch den Umgang mit Erlebnissen, unter Einsatz von Fantasie. Nicht nach roten und grünen Kurven.

Als Kind war ich mein eigener Held. Das Haus, in dem ich lebte, war ein altes Pfarrhaus. Mitten in der Schwerter Innenstadt. Hinter dem Haus lag ein großer verwilderter Garten. Ein roter Zaun trennte den Garten von der Straße. Im Sommer bewaffnete ich mich mit Blumenspritzen. Heckenschützen verschanzten sich auf dem Balkon. Ich versteckte Wasserbomben im hohen Gras. Wenn einer den Gartenschlauch holte, wurden die anderen zu Partisanen, die überfallartig auftauchten, feuerten, um gleich darauf wieder zwischen den Büschen zu verschwinden. Im Winter hatten wir andere Beschäftigungen. Mein Lieblingsspiel fand in der Dunkelheit statt. Wir ließen die Jalousien herunter und schalteten das Licht aus. Die Dunkelheit begann, sich mit Bildern zu füllen. Der Fänger betrat den Raum. Er lauschte. Hinter Schränken und Möbeln standen die anderen. Ich hörte meine Schwester, die hinter dem Schreibtisch ihr Kichern unterdrückte. Bewegungslos lehnte ich in der Ecke der Schrankwand und hielt die Luft an. Wenige Zentimeter vor mir schlich der Fänger vorbei.

»Verteidige dich«, brüllte David Spencer und nahm eine Studentin, die gerade auf dem Weg in die Pause war, in den Schwitzkasten. Sie hat wie ein Kaninchen ausgesehen, sagte jemand später. David Spencer war Brite und kam aus einer Arbeiterfamilie aus Leeds. Neben dem Unterricht an der UdK gab er Kampfsportkurse in Gefängnissen. Davon inspiriert versuchte er, den Unterricht mit Verteidigungsgriffen aufzulockern. Die Studentin kam aus einer 68er- Familie und war nicht darauf vorbereitet, auf dem Weg zum Klo von dem kantigen Briten überfallen zu werden.

Für das Seminar hatten wir jeder ein Foto mitgebracht, von einer Person, die uns etwas bedeutete. Ich hatte das Bild meiner damaligen Freundin in der Tasche. »Etwas wenig Busen«, sagte David, als er es sah. Er selbst hatte einen Stapel von Zeitungsausschnitten dabei. David Spencer nahm das Foto von der Mutter der Studentin, die er in der Pause im Schwitzkasten gehabt hatte, und hielt es neben das Bild eines Inders. »Wie fühlt sich das an?«, fragte er. Die Studentin sollte eine Szene schreiben, in der die Mutter der Tochter den neuen Freund vorstellt. Wir sollten Konstellationen und Konflikte finden, die Spannung erzeugen. Szenen, in denen der Zuschauer mit seinen eigenen Vorurteilen, Erwartungen und Ängsten konfrontiert wird. Ich mochte diese Übungen. Sie erinnerten mich an den kleinen Elektrokasten, den ich bekam, als ich zehn wurde.

Damals dachte ich: Fernseher sind längst überholt. Von was, wusste ich nicht genau. Ich wusste nur, meine Großeltern hatten einen. Meinen Eltern hatten keinen. Ohne Fernseher wird man erfinderisch, sagten meine Eltern und schenkten mir einen Elektrokasten. Als erstes baute ich ein kleines Wattemonster. Ich setzte rote Leuchtdioden als Augen ein und verdunkelte den Raum. Dann rief ich meine Schwester. Als sie hereinkam, schloss ich den Stromkreislauf. Das Wattemonster leuchtete auf. Der Schrei meiner Schwester ging bis hinunter ins Arbeitszimmer. Das rief meine Eltern auf den Plan. Sie verboten mir, kleine Wattemonster mit leuchtenden Augen zu bauen. Im Unterricht bei David stellte ich mir vor, dass so das Schreiben funktioniert. Man drückt die richtigen Knöpfe, und der Zuschauer lacht oder weint.

»Hallo«, kreischte Anke Roeder, als sie mir im Haus der Festspiele entgegenschwirrte. »Ich hol' mir noch schnell einen Sekt.« Ich war gemeinsam mit den anderen zur Schaubühne gefahren, um eine Lesung zu hören. Anke Roeder unterrichtete uns. Sie war blass geschminkt, betonte allein ihren Mund mit grellem Lippenstift, trug schwarz gefärbte Haare und schwarze Kleidung. Als sie jung war, hatte sie als Tänzerin gearbeitet, wusste ein Kommilitone. Jetzt humpelte sie. Hinter der Scheibe sah ich, wie Anke den Platz überquerte. Ihre blinde Freundin untergehakt, einen Sekt in der anderen Hand, humpelte sie auf die Tür zu, durch die auch die Schauspieler auftreten sollten. Im Publikum wurde es still. Anke drückte ihrer Freundin den Blindenstock in die Hand und begann mit großem Aufwand zwei Sitzplätze zu organisieren. Es dauerte eine Weile, bis das Publikum merkte, dass das Stück noch nicht begonnen hatte.

Es war ein Samstagmorgen, als ich im Schlafanzug die Treppe herunter kam, um ein Honigbrot zu essen. Gerade als ich vom Flur in den Nebenflur zur Küche einbog, drangen eigenartige Geräusche an mein Ohr. Ahnungsvoll öffnete ich die Tür zum Wohnzimmer. Mein Bruder saß auf dem Sofa. Der Wohnzimmerschrank war geöffnet. In dem Schrank stand ein nagelneuer Sony-Großbildfernseher. Wie lange schon? Möglicherweise hatten es meine Eltern geschafft, das Gerät für ein paar Tage geheim zu halten. Jetzt flackerten Trickfilmeichhörnchen über die Mattscheibe. Ich war sofort süchtig. Auch meinen Vater hatte es gepackt. Neben dem Fernseher wurde ein Videorekorder angeschafft. Filme wurden aufgenommen und uns in kontrollierten Happen vorgesetzt. DER TIGER VON ESCHNAPUR. MANCHE MÖGEN'S HEISS. DER GROSSE DIKTATOR. Ansonsten blieb der Schrank verschlossen. Doch es dauerte nicht lange, bis ich das Versteck des Schlüssels ausfindig gemacht hatte. So vergingen Wochen. Nach und nach spürte ich, dass der scheinbar unerschöpfliche Fluss von spannenden Bildern einen faden Geschmack hinterließ. Vielleicht schaute ich die

DER TIGER VON ESCHNAPUR (1959; D: Werner Jörg Lüddecke, nach dem Roman von Thea von Harbou; R: Fritz Lang)

SOME LIKE IT HOT (Manche mögen's heiß; 1959; D: Billy Wilder, I.A.L. Diamond; R: Billy Wilder)

THE GREAT DICTATOR (Der große Diktator; 1940; D+R: Charles Chaplin)

Essays

A NIGHTMARE ON ELM STREET (Nightmare – Mörderische Träume; 1984; D+R: Wes Craven)

falschen Sender? Oder zur falschen Zeit? Eines Nachts schlich ich mich hinunter ins Wohnzimmer und schaute mir A NIGHTMARE ON ELM STREET an. An Schlaf war in dieser Nacht nicht mehr zu denken. Jeder Laut, jedes Dielenknarren versetzte mich in panische Angst. Als ich das Wattemonster für meine Schwester gebaut hatte, war es ein Spaß gewesen. Freddy Krüger zahlte es mir jetzt zurück.

Frank-Patrick Steckel hatte weißes Haar, einen weißen Bart und war aufgrund seiner Größe und seines Körperumfangs eine eindrucksvolle Erscheinung. Außerdem schwitzte er. Aus diesem Grund hatte er in Manier eines Boxtrainers ein weißes Handtuch um seinen Hals geschlagen, als er unseren Seminarraum betrat. Steckel holte unsere selbstgeschriebenen Theaterstücke aus der Tasche, knallte sie auf den Tisch und sagte: »Man kann jedes der Stücke inszenieren, aber mich interessieren sie nicht.« Mit diesen Worten begann ein Seminar, in dem wir Paul Celan lasen und Szenen von Barlach und Horváth analysierten. *Der arme Vetter. Geschichten aus dem Wiener Wald.* F.-P. Steckel beschäftigte die Frage nach dem Unaussprechlichen. Er fragte uns, wie ein Theaterstück dem Zuschauer das Gefühl nahebringen könnte, am Meer zu stehen. Oder in einem Wald, wo der Wind durch die Bäume geht. Ich versuchte, atmosphärisch zu schreiben.

Ernst Barlach: *Der arme Vetter* (Reclam 1986)

Ödön von Horváth: *Geschichten aus dem Wiener Wald* (Suhrkamp 2008)

Es war ein milder Abend. Der Geruch von frisch gemähtem Gras lag in der Luft. Jedes Jahr nach Silvester waren wir als Kinder losgezogen und hatten nichtexplodierte Feuerwerkskörper gesammelt. Im Keller hatten wir die Pappe aufgebrochen und das Pulver auf Zeitungspapier getrocknet. Jetzt füllten wir damit Legospielzeug und ließen es im Sandkasten explodieren. Mir piepten bereits die Ohren, aber mein Bruder hatte einen Raketenantrieb gefunden und wollte ihn ausprobieren. Meine Aufgabe war es, das Pulver mit Leuchtkugeln zu mischen. Wir stopften so viel wie möglich davon in ein Pappröhrchen. Dann baute mein Bruder den Raketenantrieb ein. »Ist zu gefährlich«, sagte ich meiner Schwester, als auch sie in den Garten wollte. Mein Bruder entfachte die Zündschnur. Wir liefen ein paar Meter und warfen uns ins Gras. Die Rakete war schwer. Sie ging ein Stück nach oben, dann zur Seite und explodierte auf dem Dach des Nachbarhauses. Wir waren begeistert und bekamen Hausarrest. Auch kein Fernsehen, sagte meine Mutter. Ich holte die alte Schreibmaschine aus dem Arbeitszimmer meines Vaters und stellte sie vor mich auf den Schreibtisch. Anstatt meine Schularbeiten zu machen, spannte ich ein Blatt ein und schob den Einzug zurück. Draußen auf dem Spielplatz saßen die älteren Jungs. Die Füße auf der Sitzfläche, die Hintern auf der Kante der Bänke, redeten sie mit dauergewellten Mädchen und zogen an ihren Zigaretten, immer bemüht, lässig zu sein. »Abendessen«, ging der Ruf meines Vaters durchs Haus. Ich stellte die Schreibmaschine zurück ins Regal und zerknüllte das leere Blatt. Vielleicht fällt mir morgen was ein, dachte ich.

Das Studium an der UdK endete mit einer Abschlusslesung. Auszüge aus unseren Abschlussarbeiten wurden von Schauspielstudenten auf der kleinen Bühne im Maxim Gorki Theater gelesen. »Ich hätte gerne ein Foto von unseren Dozenten«, sagte ich zu meinem Kommilitonen, als wir auf den Stufen vor dem Theater saßen. Hinter uns schlich Tankred Dorst durch die Halle. Er war in der Aufnahmeprüfung dabeigewesen und hatte im Laufe der Jahre zwei identische Vorlesungen gehalten. »Was machst du danach?«, fragte der Kommilitone. Ich zuckte mit den Schultern. Im Augenwinkel steuerte Tankred Dorst die Saaltür an und lief mit voller Wucht gegen einen Mülleimer. Der Eimer flog durch das Foyer und schlug zwischen den Hockern an der Bar ein. Tankred Dorst blieb stehen. Er schaute hinüber zur Bar und lauschte. Weil er niemanden sah, ging er weiter und verschwand kopfschüttelnd in der Tür des Zuschauerraums.

Die Lesung im Gorki dauerte etwa zwei Stunden. Als wir danach von unserem Studienleiter Prof. Dr. Jürgen Hofmann unsere Zeugnisse empfangen hatten, begann der wesentliche Teil des Abends: das Besäufnis im Foyer. Wir tranken Sekt auf den erfolgreichen Studienabschluss. Die Veranstaltung geriet zunehmend außer Kontrolle. Hofmann, für den ich in den letzten zwei Jahren als persönlicher Assistent gearbeitet hatte, hatte mich zuvor beauftragt, ein paar Kisten Wein zusätzlich zu besorgen. Auf der Suche nach einem Korkenzieher wurden diese Kisten nun zum Auslöser einer Verwüstung. Der Barmann wollte keinen Korkenzieher herausrücken, woraufhin Prof. Dr. Jürgen Hofmann die Frau des Intendanten wüst beschimpfte und eine der Weinflaschen an der Theke köpfte. Als wir Stunden später das Theater verließen, sah es aus wie ein Schlachtfeld. Ich folgte meinen Kommilitonen in eine Bar und bestellte Schnaps. Ich hatte für ein Off-Theater-Projekt ein Tanztheaterstück geschrieben, in Mönchengladbach und Berlin waren Texte von mir gelesen worden, und ich hatte die Visitenkarte eines zwielichtigen Verlages in der Tasche. Was blieb, war die Frage: Wie soll es weitergehen? Nachdenklich nahm ich einen weiteren Schluck von meinem Bier, während einer meiner Dozenten mit glasigem Blick versuchte, einer Studentin die Hand auf den Hintern zu legen. Ich hatte an der UdK unterschiedliche Dozenten mit unterschiedlichen Methoden kennengelernt. Niemand hatte ein Patentrezept, so viel wusste ich jetzt. Ich hatte beim Schreiben von Theaterstü-

cken immer Mühe gehabt, für meine Geschichten eine geeignete Form zu finden. Am Anfang des Studiums war es nur ein Gefühl gewesen, später war ich mir sicher. Die Bühne war geeignet, um mithilfe von Dialogen Zustände zu enthüllen oder Beziehungen offenzulegen. Ich arbeitete lieber mit Visualität, mit verknappten Szenen und lakonischen Dialogen – Stilmittel, die dem Medium Film innewohnen.

Der Anruf kam mitten in der Nacht. Kerstin Obuch, die Sekretärin der Deutschen Fim- und Fernsehakademie Berlin (dffb) für den Bereich Drehbuch, weckte mich, um mir zu sagen, dass ich die Aufnahmeprüfung bestanden hatte. Ich lag auf einer Isomatte im Zimmer eines Freundes in Kreuzberg, die Morgensonne knallte durch das Fenster, und wir beschlossen, den Tag mit einer Partie Minigolf in der Hasenheide zu beginnen. Zwei Monate Arbeitslosigkeit lagen hinter mir, bis

zum Studium vier weitere vor mir. Das Geld reichte nur mit gelegentlichen Zuschüssen meiner Eltern, und wenn ich arbeitete, wurde es direkt wieder vom Arbeitslosengeld abgezogen. Es war bitter, meine Eltern für ein weiteres Studium um monatliche Unterstützung zu bitten. Zugleich war ich erleichtert, dem Jobcenter, seinen Sachbearbeitern und den Tagen in den Wartezimmern für immer entkommen zu sein.

Das erste Seminar an der dffb hielt Martin Muser. Der Mann mit dem kahlgeschorenen Kopf und dem freundlichen Grinsen war selbst Autor und arbeitete bei Script House. Das Seminar ging zwei Wochen. Jeden Tag stellte jeder von uns eine Filmidee vor. So kamen innerhalb von zehn Tagen 100 Ideen zusammen. Am Ende machten wir ein Ranking. »Welche Ideen sind euch im Kopf geblieben?«, fragte Martin. Jeder gab seine Stimme ab. Es war interessant zu sehen, welche Stoffe etwas bei uns hinterlassen hatten und welche nicht. Eine erste Liste von möglichen Filmstoffen war entstanden. Ich sah, was meine Kommilitonen schrieben, und sie sahen, was mich interessierte.

Kleidung war wichtig. Pickel lebensbedrohlich. In die Schule zu gehen, wenn die Lieblingsjeans in der Wäsche lag, war nicht mehr möglich. Ich stand neben Stef auf dem Sportplatz des Gymnasiums und rauchte einen Joint. Auf der anderen Seite trainierten die Mädchen Weitsprung. »Ich hab' mit Nina geschlafen«, sagte Stef, als ein blondes Mädchen Anlauf nahm. Im Unterricht hatte ich Ninas Brüste betrachtet. Jetzt tat ich so, als interessierte es mich nicht.

Ich hatte mir ein Notizbuch besorgt. Manchmal hat man Sätze im Kopf, sagte ich, die schreib' ich rein. Stef lachte darüber. Dann besorgte er sich auch eins. Im Sommer wollten wir gemeinsam wegfahren. Weil unsere Eltern es nicht erlaubten, meldeten wir uns bei einer Freizeit an.

Zwei Wochen, bevor es losging, traf ich Leyla. Ich war 16, Leyla war 14. Sie war die Tochter einer türkischen Schauspielerin und eines Musikers. Wir gingen den Villigster Berg hinunter. Ich fragte sie, ob ich sie auf dem Rad mitnehmen soll. Leyla nickte. Sie saß vor mir auf der Stange, mein Kopf an ihrem Hals. Schweigend fuhren wir durch die Ruhrwiesen.

Die Jugendfreizeit ging nach Südfrankreich. Ich stieg mit Stef in den Bus. Leyla saß hinten. Sie hatte die Stöpsel ihres Walkmans in den Ohren und schaute aus dem Fenster. Als sie mich entdeckte, lachte sie und winkte. Ich versuchte lässig zu wirken und quetschte mich neben Stef auf die Sitzbank. Stef drehte sich immer wieder um und begutachtete Leyla. Nervös zog ich mein Notizbuch aus der Tasche und begann hineinzukritzeln. Stichpunktartige Beschreibungen eines Mädchens, das sich wie ein Roboter bewegt. Dieses Mädchen sollte später in abgewandelter Form in meinem Erstjahresbuch wieder auftauchen.

Nach Martin Muser kam Christina Kallas. Die gebürtige Griechin kam direkt vom Flughafen. Sie hatte blondes Haar und zog einen Rollkoffer hinter sich her, als sie die Gänge der dffb entlang nach hinten zum Seminarraum ging. Christina war müde und ihre Laune mäßig, als wir mit der ersten Schreibübung begannen. »Wichtig ist, was emotional passiert«, sagte Christina. Darauf waren die Übungen aufgebaut. Es spielt keine Rolle, ob jemand auf der Handlungsebene mit dem Daumen einen Marienkäfer zerdrückt oder seinen Widersacher tötet. Wenn wir die Gefühle der handelnden Figur verstehen, sind wir ergriffen. Wenn wir sie nicht verstehen, lässt es uns kalt. Es geht darum, den Zuschauer mitzudenken. Mit Aussparungen und Andeutungen zu arbeiten, um ihn zu fordern. Seine Fantasie anzustecken und ihn emotional zu binden. Ich fragte mich, ob da der wesentliche Unterschied zwischen Kino und Fernsehen liegt. Der Kinozuschauer ist ergriffen. Der Fernsehzuschauer fühlt sich informiert.

Das ehemalige Kloster, das Ziel unserer Freizeit, lag mitten im Wald. Nachts flogen Fledermäuse durch die hohen Gänge. Unter dem Gebäude lag ein Kellergewölbe. Stef und ich sicherten uns den Schlafraum in einem der Türme. Leyla wohnte gegenüber. Candy Factory, eine Band aus Hagen, waren ebenfalls mitgefahren. Sie sollten für die Teilnehmer der Jugendfreizeit ein paar Gigs spielen, als Gegenleistung durften sie frei dort wohnen. Stef erzählte mir, dass sie für ihren Aufenthalt in Frankreich etwa 100 Gramm Hasch dabei hatten. Am zweiten Abend wurde er im Zimmer von Candy Factory mit einer Wasserpfeife erwischt. Der Leiter der Freizeit rief eine Versammlung ein und schickte die Band nach Hause. Ich hatte andere Dinge im Kopf. Leyla befand sich immer öfter in meiner Nähe. Als wir die Kellergewölbe erkundeten, ging sie direkt neben mir. Stef schaltete das Licht aus. Einen Moment lang war es still, dann spürte ich Leylas Hand an meinem T-Shirt. Ich griff in die Dunkelheit und zog sie an mich. Meine Lippen berührten die Spange auf ihren Zähnen. Ein warmes Kribbeln strömte durch meine Brust.

In der Nacht lag ich mit Leyla auf dem Fußballplatz. Sie lag auf mir, halb auf dem Rasen. Taschenlampen begannen das Feld abzusuchen. Sie näherten sich uns. Wieder waren es die Freizeitleiter. Mein jüngerer Bruder hatte sich in unserem Turmzimmer betrunken und war daraufhin in einem Wandschrank verschwunden, um dumpfe Geräusche von sich zu geben. Die Leiter entdeckten ihn, als Stef ihn über den Klosterhof in sein Zimmer im Westflügel schleifte. Sie durchsuchten unsere Schränke und Taschen und fanden die leeren Flaschen vergangener Tage. Jetzt saß ich im Esssaal zwischen hochgestellten Stühlen und hörte mir einen Vortrag über Verantwortung an.

Alles, was sie mir erzählten, interessierte mich einen Scheiß. Ich war 16, es war Sommer. Ich hatte mein Notizbuch in der Tasche und war mit dem Mädchen zusammen, in das ich verliebt war. Ich war mit meinem besten Freund an einem Ort, wo die Nacht wie ein Tuch über den Wäldern lag, wo es Waldseen gab zum Schwimmen, wo ich in einem kühlen Klosterturm schlief, tagsüber Fußball spielte. Ich war bekifft und betrunken und wusste, dass sie mich nicht nach Hause schicken würden.

Manchmal tritt man auf der Stelle. Mein Erstjahresbuch an der dffb sollte ein 90-Minuten-Drehbuch sein. Es hieß *Kim Chi Killer* und handelte von einem 17-jährigen koreanischen Mädchen, das als Waise aus Korea zu seiner Tante in eine deutsche Kleinstadt kommt. Sie wird von ihrer Tante um ihr Erbe betrogen und flüchtet. In ihrer Verzweiflung überfällt sie eine Tankstelle und richtet ein Blutbad an. Meine Dozentin Inga Golde, eine Frau mit Muschelverzierungen am Gürtel, las das Treatment. Sie riet mir, den Plot in acht Sequenzen zusammenzufassen. Das Acht-Sequenz-Modell war jedoch darauf aufgebaut, dass sich die Hauptfigur verändert, eine Entwicklung durchmacht. Das funktionierte in *Kim Chi Killer* nicht. Die Figur entwickelt sich nicht. Der Druck von außen nimmt zu und verhindert ihre innere Entwicklung. Sie wird nur kälter. Bis zur Erstarrung. Wir besprachen die neue Treatmentfassung. Ich entschied, wieder alleine weiterzuarbeiten.

    Der offizielle Betreuer für *Kim Chi Killer* war Jochen Brunow. Er war als Ablösung für Werner Barg gekommen, einen Mann, der die Kleidung des jeweiligen Tages nach Gemütsstimmung wählte. Die letzten Wochen war er in schwarzem Kapuzenpullover und Lederjacke erschienen. Jetzt hatte der gelassener wirkende Brunow seinen Stuhl übernommen. Gemeinsam überlegten wir, was der Kern des Stoffes sei. Und was das Thema. Gewalt und Tod. Ebenso wie ich kam Brunow aus einer Kleinstadt. Er kannte die Spießigkeit und Enge. Jeder kennt jeden, jeder weiß alles, auch wenn es nicht in der Zeitung steht. Ich begann zu begreifen, warum mich die Figur in meinem Drehbuch so interessierte.

Es war der Abend nach einer Party. Wir waren zu acht und gingen durch die Ruhrwiesen zurück nach Schwerte. Einer von uns versuchte der Reihe nach die Laternen auszutreten. Die Nazis waren zu fünft oder sechst. Sie saßen auf einer Bank und warteten. Auf uns. Als Stef und ich an ihnen vorbeigegangen waren, drehte ich mich um. Leyla ging am Ende unserer Gruppe. Neben ihr lief ein Typ mit langen Haaren aus der Nachbarstadt Dortmund. Ein Nazi von gedrungener

Gestalt stand auf und schlug ohne Vorwarnung auf ihn ein. So schnell es ging, lief ich zurück. Leyla hatte angefangen, betrunken auf den Schläger einzuschimpfen. »Türkenschlampe«, hörte ich ihn sagen. Auch die anderen standen auf. Bevor ich Leyla erreichte, schlug ihr der Nazi ins Gesicht. Sie schauten mich an. Provozierend. Ich nahm Leyla an der Hand und zog sie weg. Im Krankenhaus wurde ihr eine leichte Gehirnerschütterung diagnostiziert. In den kommenden Nächten konnte ich nicht einschlafen. Ich war wütend, traurig. Rachegedanken gingen mir durch den Kopf. Am Wochenende stand ich mit 30 weiteren Leuten, bewaffnet mit Knüppeln, bei dem Kerl vorm Haus, der Leyla ins Gesicht geschlagen hatte. Bei den Nachbarn gingen die Rolläden runter. Wir klingelten Sturm. Traten gegen die Tür. Niemand machte auf. Vielleicht hätte ich mich besser gefühlt, wenn ich den Nazi verprügelt hätte, der meine Freundin verletzt hatte. Doch die Angst und die Wut, die das Gefühl der Hilflosigkeit in mir ausgelöst hatten, wären geblieben. Dagegen halfen keine Knüppel, keine Messer.

Zu wissen, wie die Welt ist, und sie nicht ändern zu können, das ist Wehmut, sagte ein Dozent an der UdK. Die UdK war gut zum Nachdenken, die dffb gut zum Schreiben, dachte ich. Zwei Wochen lang hatte die kampferprobte Fernseh- und Kinoautorin Petra Lüschow ein Seminar über Erzähltechniken gehalten. Was mir an der UdK gefehlt hatte, begann die dffb abzudecken: die handwerkliche Seite des Schreibens.

Mein Erstjahresbuch *Kim Chi Killer* nahm konkretere Formen an. Martin Muser tauchte wieder auf. Er sollte die Entwicklung der Stoffe weiter vorantreiben. Die Studienleitung gab uns ein paar Wochen Zeit, um an den Büchern zu arbeiten. Ich strukturierte meinen Tag. Gegen halb elf Frühstück, dann in die Bibliothek. Wenn die Bibliothek schloss, radelte ich durch den Tiergarten zurück zum Prenzlauer Berg. Unterwegs ein Halt an der Videothek. Zwei Filme, einen, der zu meiner Arbeit passte, und einen, der mich davon runterbrachte. Das Ziel stand fest: Tag für Tag in Erinnerung und Fantasie eintauchen und eine Geschichte kreieren, die es auf die Leinwand schafft. Nach sechs Wochen war die erste Fassung fertig.

Kai war mein Freund bei den Punks. Er war Ende 20 und lebte in einem besetzten Haus in Dortmund. Als er Hasch durch eine abgeschnittene Plastikflasche rauchte, bemerkte keiner seiner Punkfreunde, dass er einen Asthmaanfall hatte. Auf dem Weg zum Friedhof kamen mir die ersten Trauergäste entgegen. Sie hatten sich an dem nahegelegenen Supermarkt mit Bier und Schnaps ausgestattet und stolperten auf dem Kiesweg an den Gräbern entlang. Ganze Einkaufswagen voll Schnaps und Bier wurden über den Friedhof geschoben. Sie waren aus ganz Deutschland angereist. Etwa 300 Leute in Springerstiefeln und zerschlissenen Jeans. Ihre Haare waren rot und blau gefärbt, manche trugen vernietete Lederkutten mit Symbolen und Sprüchen darauf. Zwischen ihnen stand die Mutter von Kai. Sie wirkte verloren in der Menge. Bei der Predigt wurde der Pfarrer immer wieder von Zwischenrufen und Rülpsern unterbrochen. Dann wurde Erde auf den Sarg geworfen. Die ersten Nietenjackenträger tanzten ums Grab. Andere warfen Haschischstückchen hinein. Fürs Jenseits. Rentner, die an dem sonnigen Tag gekommen waren, um Gräber ihrer Angehörigen zu pflegen, warteten in sicherer Entfernung. Ich

ging nach Hause. Traurig setzte ich mich an den Schreibtisch. Draußen auf dem Spielplatz an den Holztischen hatte sich eine Gruppe junger Mütter versammelt. Kinder schaukelten oder spielten im Sand. Zögernd begann ich, meinen Freund zu beschreiben.

Wieder die klassische Dreiaktstruktur. Was ich bereits in der UdK von Oliver Bukowski gelernt hatte, wurde in dem Seminar von Oliver Schütte plötzlich konkret und anwendbar. Ich begann zu begreifen, was NEED und WANT bedeutet und warum es sinnvoll ist, seinem Protagonisten ein Ziel zu geben. Ein anderes Thema war der Subtext. Je nach Dozent gibt es drei Arten davon. Einmal handelt es sich um Subtext, wenn eine Figur etwas anderes meint, als sie sagt. Zum zweiten entsteht Subtext, wenn die Zuschauer mehr über die Situation wissen als die Figuren. Zum dritten meint Subtext das Thema, das wie ein Delfin unter der Oberfläche mitschwimmt und an dieser oder jener Stelle überraschend auftaucht. So ähnlich hat es zumindest mein Dozent Wolfgang Kirchner beschrieben.

»Herzlichen Glückwunsch«, sagte Dr. Behme, der damalige Direktor vom Ruhrtal-Gymnasium, und schüttelte mir die Hand. Ich dachte an den Leserbriefkrieg, den Dr. Behme vor wenigen Wochen gegen meinen Vater geführt hatte. Es ging um eine Predigt, die mein Vater während eines Schulgottesdienstes gehalten hatte. Er hatte dazu aufgerufen, den Wehrdienst zu verweigern und Zivildienst zu leisten. Dr. Behme hatte eine entrüstete Gegenrede gehalten und war mit einem Leserbrief an die Öffentlichkeit gegangen. Jetzt stand er schwitzend vor mir und übergab mir vor den erleichterten Blicken meiner Eltern das Zeugnis. Ich dachte an den Spanienurlaub, der vor mir lag.

Kit Hopkins unterrichtete das Schreiben von Komödien. Die zierliche Australierin lebte seit 20 Jahren in München und unterrichtete einmal

im Jahr die Drehbuchstudenten. Ziel des Seminars war es, ein Treatment für eine Komödie zu entwickeln. Dazu teilte sie eine Liste aus. The Big Questions. Wer ist die Hauptfigur? Was ist sie für ein Charakter? Unschuldig, ironisch, bösartig? Was ist ihre Motivation? Was ihr Ziel? Was tut sie, um dieses Ziel zu erreichen? Was sind die Hindernisse, die es ihr schwer machen? Was ist die Hauptspannung? Wir schauten einen Film, den Kit Ende der 1990er Jahre geschrieben hatte. Es ging um einen Gewichte stemmenden Priester, der heimlich die Ehefrau seines Bruders schwängert, um dessen Kinderwunsch zu erfüllen. Als der Priester seine Hindernisse zu allgemeiner Zufriedenheit umschifft hatte, begannen wir an unseren eigenen Stoffen zu arbeiten.

Armin, so hieß er. Ich erfuhr es bei einem Telefonat. Er war in der Klasse meiner Schwester, hatte lange blonde Haare und trug immer Schwarz. Meine Schwester erzählte mir, dass er in ein Mädchen aus der Parallelklasse verliebt gewesen war. An einem Samstagabend hatte er sich auf dem zugewachsenen Feld hinter der alten Rohrmeisterei mit einer Pistole in den Kopf geschossen. Ich lag zu der Zeit am Strand neben meiner Freundin Sina. Nach einer dreitägigen Irrfahrt mit spanischen Linienbussen waren wir in Caños gelandet. Es gab eine Straße, einen Supermarkt, eine Kneipe. An der Straße Wohnhäuser. Wir hatten am Strand unsere Zelte aufgeschlagen. Ein paar Kilometer weiter lebte eine Hippiekommune. Tagsüber bevölkerten Einheimische den Strand, nachts zogen Gestalten mit Musikinstrumenten und Schlafsäcken am Meer entlang. Meine Freunde hatten in den Dünen eine leerstehende Strandbar entdeckt und plünderten unter Sinas verhaltenen Protesten die Regale. Ich hatte mein Notizbuch auf den Knien und dachte an Armin.

Marin Martschewski war ein fester Bestandteil der Ausbildung an der dffb. Der charismatische Kettenraucher kannte jeden Feuermelder im gesamten Gebäude. Anfangs hielt er ein vierwöchiges Blockseminar über filmisches Erzählen, dann ein Dokumentarfilmseminar. Am Ende sollten wir eine Kurzdokumentation drehen. Ich versuchte einen Film über Rangierer zu machen. Als ich keine Genehmigung bei der Bahn bekam, entschied ich, keinen Film zu drehen. Martschewski zog die Augenbrauen hoch und spie Zigarettenqualm aus. »Das müssen Sie wissen«, sagte er, als ich ihm meinen Entschluss mitteilte. Von schlechtem Gewissen geplagt, nahm ich schließlich meine Kamera und klingelte bei meinen Nachbarn. Die Kameraführung war miserabel, doch Martschewski bestand darauf, das Ergebnis meinen Kommilitonen zu zeigen. Ich hatte versucht, einen Querschnitt der Bewohner meines Berliner Hinterhauses zu zeigen. Martschewski fand den Ansatz gelungen. Er versuchte mich zu überzeugen, einen Langfilm zu machen.

Wir hatten Kontakt zu der Hippiekommune aufgenommen, uns vor der Guardia Civil versteckt und auf dem Rücken liegend die Milchstraße betrachtet. Kurz vor dem Rückflug aus Spanien weckten mich streitende Stimmen. Eine davon gehörte meinem Freund. Die andere war tiefer. Ein riesiger nackter Mann, der aus dem Meer gekommen zu sein schien, stand vor unseren Zelten und versuchte, sich die abgeschnittene Armeehose meines Freundes über den Hintern zu ziehen. Ich pellte mich neben Sina aus dem Schlafsack. In meinem Kopf arbeitete der Alkohol vom Vorabend. Die anderen schnarchten im Nebenzelt. Der Schwarze war etwa zwei Meter groß, und weil ihm die Hose zu klein war, hing sein Penis vorne aus dem Schlitz. Eine spanische Familie kam mit ihrer Strandausrüstung die Treppe herunter. Mir war die Hose egal, aber mein Freund war fest entschlossen, sein fransiges Lieblingsstück zu verteidigen. Schließlich zog der Mann die Hose fluchend aus. Wüste Beschimpfungen ausstoßend, stakte er auf die Familie zu, die sich in unserer Nähe niedergelassen hatte. Die keifenden Frauen vertrieben ihn. Später hörte ich, dass vor der Küste von Caños de Meca regelmäßig Flüchtlingsschiffe aus Nordafrika kenterten.

Leipzig im Oktober war grau. Die Straßen waren breit, und das gelbe Licht der Laternen verbreitete eine trübe Gemütlichkeit. Die Innenstadt war besser saniert als jede Innenstadt im Ruhrgebiet. Die Vororte nicht. Ich hatte mich für Theaterwissenschaft eingeschrieben. Wir parkten den LKW direkt vor dem hohen Mietshaus und luden aus. Dank Sina sah die Wohnung ein paar Tage später so aus, als hätten wir dort seit Jahren gewohnt. Ich ging zu Vorlesungen und versuchte kleine Szenen für Theaterstücke zu schreiben. Dann wurde vom Leipziger Institut für Theaterwissenschaft ein Seminar »Szenisches Schreiben« angeboten. Dr. Fischborn stand als Leiter im Seminarverzeichnis. Das Seminar fasste höchstens zehn Teilnehmer. Um einen der Plätze zu ergattern, musste man sich zwei Wochen vor Beginn mit kurzen Texten bewerben. Ohne die weiteren Seminare des Tages abzuwarten, ging ich nach Hause und setzte mich an den Schreibtisch. Es war früher Nachmittag. Im Treppenhaus hing der fettige Geruch von gebratener Leber. Sina fand mich kniend auf dem Boden. Vor mir lagen ausgebreitet die Texte, die ich seit unserem Umzug nach Leipzig geschrieben hatte. Ich las ihr alles vor, dann sortierten wir die Zettel. Schließlich heftete ich zwei Kurzgeschichten zusammen und steckte sie in den Umschlag. Zwei Wochen später stand ich im Seminarraum von Dr. Fischborn. Ich war nicht der Einzige, der an dem Seminar teilnehmen wollte. Dr. Fischborn saß vor einem Stapel von Texten und ließ seinen Blick über die Studenten schweifen. Ich durfte bleiben.

Dr. Fischborn legte uns *Nighthawks* von Edward Hopper vor. Anhand des Bildes sollten wir eine Szene schreiben. Wer waren die Figuren auf dem Bild? Was dachten sie? Weitere Übungen folgten. Ein halbes Jahr später bekamen wir Zeit, um ein Theaterstück zu schreiben. Wochenlang saß ich am Schreibtisch und bastelte Szenen aneinander, die ich im Seminar geschrieben hatte. Ein Flickenteppich von Ideen. Als das Seminar begann, gab Dr. Fischborn das Stück seiner Frau, der damaligen Chefdramaturgin des Leipziger Schauspielhauses. Zwei Monate später stand der Titel meines Stückes für eine szenische Lesung im Programmheft.

Edward Hopper: *Nighthawks* (1942)

Es war kurz vor meiner Zwischenprüfung in Theaterwissenschaft, als ich den Studiengang »Szenisches Schreiben« in Berlin entdeckte. Sich auf Fluren vor überfüllten Seminarräumen herumzudrücken, um sich in Anwesenheitslisten einzutragen, gehörte in Leipzig zum Alltag. Der Gedanke, einer von zehn Studenten zu sein und sich auf das Schreiben zu konzentrieren, gefiel mir. Ich ließ mir die Bewerbungsunterlagen zuschicken.

Es war heiß. In der Nacht hatte ich kaum geschlafen. Jetzt trank ich Kaffee und wartete auf Sina. In drei Stunden sollte das Aufnahme-

Essays

Tankred Dorst

gespräch für die Universität der Künste Berlin beginnen. Die Postmoderne ist für mich ein Begriff ohne Konturen, dachte ich. Dann saß ich auf einem Stuhl vor dem Aufnahmegremium und schwitzte. Oliver Bukowski stellte mir sechs grauhaarige Männer vor, deren Namen ich nicht kannte. Einer von ihnen, ein Mann von stolzen 80 Jahren, war Tankred Dorst. Ich wischte mir den Schweiß ab und begrüßte sie. Es begann eine zähe Befragung zu den eingereichten Texten. Unter Vorbehalt nahmen sie mich auf.

Gemeinsam mit meinem Bruder machte ich den Umzug nach Berlin. Ich stand auf dem Rastplatz kurz vor Dessau, als mein Handy klingelte. Es war Leyla. Melle ist tot, sagte sie. Beim Überqueren des Dortmunder Rings von einem Auto überfahren. Fahrerflucht. Als Fünftklässler hatte ich mit ihr Händchen gehalten. Später sind wir zusammen auf Rockfestivals nach Holland gefahren. Jetzt war sie tot.

Als Sina ein halbes Jahr später nach Berlin zog, trennten wir uns. Wir saßen auf dem Boden in der Gneisenaustraße und heulten. Ich suchte mir ein Zimmer im Prenzlauer Berg. Ich brauchte Abstand, befeuerte meinen Kohleofen, schrieb. Die UdK ging vorbei, die Arbeitslosigkeit auch.

Eines der Highlights an der dffb bildete das Trio Cunningham, Schlesinger, Speck. Eine Kommilitonin behauptete später, sie würden an der Schule »Die Illuminaten« genannt. Mir waren sie nur unter dem Begriff »Die drei Musketiere« über den Weg gelaufen. Trotzdem war ich gespannt. Nachdem Tom Schlesinger mithilfe einer leeren Kaffeetasse eine Einführungsshow vorgetanzt hatte, die motivierend wirken sollte, stellte Cunningham ein Modell vor, mit dessen Hilfe man in 16 Stufen einen Filmplot entwickeln konnte. Plötzlich war ich hellwach. Das Modell baute auf die herkömmliche Dreiaktstruktur auf, aber versuchte präziser zu sein, ohne den Autor einzuschränken. Neben den Begriffen NEED und WANT gab es den MODE. Das Ziel (WANT) und das Bedürfnis des Protagonisten (NEED) kannte ich schon. MODE war neu. Es bedeutet: Der Protagonist befindet sich in einem bestimmten Modus, der es ihm ermöglicht, sein Leben durchzustehen. Dieser MODE lässt ihn auch das Ziel definieren. Das Bedürfnis steht dem MODE entgegen. Um sein emotionales Bedürfnis erfüllen zu können, muss der Protagonist seinen MODE durchbrechen und sich menschlich weiterentwickeln. Plötzlich begannen die anderen Theorien, in denen die Begriffe NEED und WANT mich früher erreicht hatten, Sinn zu ergeben. Jeder weiß, was es heißt, sich in einem Modus zu befinden. Nicht aus seiner Haut zu können. Im Film haben wir die Möglichkeit, diese Haut zu verlassen. Besser zu sein, als wir sind. Oder gerade nicht.

An der dffb lernte ich Nataly kennen. Ich zog bei ihr ein. Als sie schwanger wurde, fragte ich mich, was es bedeutet, für sein Leben Verantwortung zu übernehmen. Ich wollte mit dem Schreiben Geld verdienen. Ich wollte fähig sein, eine Familie zu ernähren. Langsam war ich bereit, den Schutzraum, den die Ausbildung mir bot, zu verlassen.

»Langsam reicht es doch auch«, sagte meine Mutter, als meine Eltern uns besuchten. Sie hatte recht. Der Weg, der mich zum Schreiben geführt hatte, war lang. Es war an der Zeit, sich darauf einzulassen. Als ich an der UdK anfing, wollte ich erfolgreich sein, Preise gewinnen, einen Verlag finden. Jetzt wollte ich ein Maß finden, sodass ich leben und arbeiten konnte. Als ich angefangen hatte, das kleine Notizbuch mit mir herumzutragen, tat ich das aus unterschiedlichen Gründen. Jetzt schrieb ich, weil es die beste Arbeit war, die ich mir vorstellen konnte. Eine Arbeit, die man nie vollständig beherrscht. In der man ständig dazulernt. In der Anstrengungen und Unsicherheiten warten, die Spaß machen, weil aus der Fantasie Figuren entspringen und mich, den Autor, mitnehmen in eine Welt, die noch unentdeckt ist.

Essays

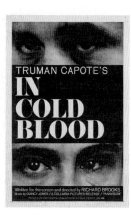

IN COLD BLOOD (Kaltblütig; 1967; D: Richard Brooks, nach dem Roman von Truman Capote; R: Richard Brooks)

Als mein letztes Seminar an der dffb begann, bekam Nataly Wehen. Das Seminar behandelte Serien und sollte ein Einstieg sein, sich auf dem Fernsehmarkt zurechtzufinden. Der RTL-Redakteur Peter Jännert hielt das Einführungsseminar. »Man muss den Zuschauer dort abholen, wo er ist«, sagte Jännert. Und, um das Profil des Senders zu verdeutlichen: »Das muss der Mann an der Wursttheke verstehen.« Ich dachte an Tankred Dorst. Er hatte während meiner Zeit an der UdK zwei Vorlesungen gehalten. Beide Male hatte er exakt die gleiche Geschichte erzählt. Damals hatte ich es auf sein Alter geschoben. Jetzt überlegte ich, ob es ihm vielleicht einfach wichtig war, dass uns diese Geschichte in Erinnerung blieb.

Sie spielte in einem russischen Dorf. Eines Tages waren die Schweine weggelaufen, sodass sich die Dorfbewohner auf die Suche nach ihnen machten. Sie suchten lange, doch sie entdeckten die Schweine nicht. Der Dorfdepp ging alleine hinunter zum Fluss. Dort fand er die Schweine. Als er sie zurück ins Dorf getrieben hatte, wollten die Dorfbewohner wissen, woher er gewusst hatte, wo die Schweine waren. Der Dorfdepp schaute sie überrascht an und sagte: »Ich habe einfach gedacht wie ein Schwein.«

Muss ich lernen, zu denken wie ein Schwein? Selbst Geschichten zu schreiben, die bleiben, das wäre schön. Immerhin gibt es schon mal *Kim Chi Killer*. IN COLD BLOOD in Schwerte, sagte Jochen Brunow bei unserer ersten Stoffbesprechung. Er hält große Stücke darauf. Ob aus dem Buch ein Film wird, muss sich zeigen.

Save the Cat
Ein tierischer Marathon

Von Wolfgang Kirchner

2. November 2007. Ich sitze im Flugzeug nach New York. Die Kabine voller Marathonläufer. Die meisten kennen sich, waren in London dabei, in Berlin, Boston, Chicago. Einstimmig wird der New-York-Marathon zum schönsten Parcours der Welt erklärt. Er geht über fünf Brücken, von denen die Verrazano Narrows Bridge mit einer Spannweite von drei Kilometern wegen ihrer Steigung gleich zu Beginn hohe Anforderungen stellt.

Auf dem engen Gang zwischen den Sitzreihen werden die neuesten Laufschuhkreationen vorgeführt. Auch meine Turnschuhe, extra luftgefedert für das harte Pflaster von Manhattan, finden Beach-

Blake Snyder: *Save The Cat! The Last Book on Screenwriting You'll Ever Need* (Michael Wiese Productions 2005)

Viki King: *How to Write a Movie in 21 Days* (Collins 1993)

Joseph Campbell: *Der Heros in tausend Gestalten* (Insel 1999)

tung. Niemand scheint daran zu zweifeln, dass ich mich am ersten Novembersonntag unter die erwarteten 38.000 Läufer mischen werde.

Ich bin unterwegs zu einem Marathon ganz anderer Art. Er findet im Bard Hall statt, einem akademischen Zentrum nahe dem Columbus Circle. Dort will ich antreten gegen elf durchtrainierte Vollprofis aus der Drehbuchbranche. Eingeladen hat uns Blake Snyder, der letzte Schrei auf dem übervölkerten Markt der Scriptlehre. Nach eigenen Angaben hat Blake mit Drehbüchern Millionen gemacht hat und ist drauf und dran, sein Vermögen durch Einkünfte aus zwei Büchern und einer Entwicklungssoftware zu vermehren, und alle drei segeln unter dem Titel *Save the Cat!*

Blake ist so gar nicht der Typ des trockenen Dozenten. Trotz niedriger Raumtemperatur trägt er keine Jacke und das Hemd über der Hose, und er strahlt permanent, aber keineswegs wie einer, der eine Heilslehre zu verkünden hat. Ein Neuerer will er nicht sein. Er bekundet seinen Respekt für Syd Field, der am Anfang der ganzen Entwicklung stand, spricht lobend von Viki King und ihrem Bestseller *How to Write a Movie in 21 Days* (unwahrscheinlich, aber Blake hat's geschafft, hat sein Skript sogar verkauft). Joseph Campbell und sein *Hero with a Thousand Faces* stehen bei Blake ganz oben, aber auch Robert McKee bekommt ein Wort der Anerkennung – vor allem wegen seiner Performance vor stets ausverkauften Sälen.

Doch was Blake immer gesucht und nie gefunden hat, ist ein Buch übers Drehbuchschreiben, in dem geredet wird, wie man in der Entertainment-Branche redet. Diese Bücher sind alle so akademisch!, lacht unser Dozent. So steril! Die behandeln Filme mit viel zu viel Ehrfurcht. Dabei sind es nichts weiter als Filme ...!

Noch etwas stört ihn an vielen Büchern übers Drehbuchschreiben: Meist sind sie geschrieben von Leuten, die nie ein Drehbuch verkauft haben ... Und die geben so merkwürdige Anregungen: Folge deinem Herzen! Oder: Bleib deiner Vision treu! Sicher ist das angebracht, wenn man in Therapie geht, sagt Blake. Ihn treibt es manchmal den Baum hinauf.

Keines dieser Bücher verrät Möchtegern-Autoren, dass sie in den ersten zehn Minuten ihres Drehbuchs eine *Save the Cat*-Szene brauchen. Eine Situation, in der der Held etwas tut, was uns zu Herzen geht: eine Katze daran hindern, dass sie vor ein Auto läuft, beispielsweise, sie von einem Baum herunterholen oder sie aus einem Brunnen retten. Okay, sagt Blake, das ist nicht cool. Das ist nicht der Kram, den Autorenfilmer mögen. Aber die Zuschauer mögen es. Wenn die sehen, wie einer etwas für jemanden tut, der in Gefahr ist, sagen sie: Der Typ gefällt mir. Würde ich auch so machen.

George Clooney in MICHAEL CLAYTON

MICHAEL CLAYTON zum Beispiel (einen Monat zuvor war der Film in New York angelaufen und ein Renner von Anfang an): George Clooney lässt alles stehen und liegen – und er hatte in einer Spielhölle in Chinatown gerade gute Karten – und rast zu einem Mandanten, der einen Fußgänger angefahren hat und weiterfuhr, ohne sich um ihn zu kümmern, ohne die Polizei zu verständigen. Das ist Michaels Job: Leuten aus der Patsche zu helfen. In einer großen Anwaltskanzlei ist er der »Janitor«, der »Ausputzer«. Worauf es dem Zuschauer ankommt: Michael tut etwas für andere. Ein Spezialist im Helfen. Leider kann Michael im entscheidenden Moment sich selbst nicht helfen – aber da stehen wir längst in seinen Schuhen, drücken ihm die Daumen, wünschen ihm das Allerbeste, hassen seine Feinde – und lieben ihn.

MICHAEL CLAYTON (2007; D+R: Tony Gilroy)

Warum, fragt Blake, haben die Macher von LARA CROFT 2 nicht vier Dollar in eine gute *Save the Cat*-Szene investiert statt 2,5 Millionen in die Entwicklung der Latexhaut von Angelina Jolie? Der Film wäre wahrscheinlich besser gelaufen. Das ist das Wohltuende an Blake: Er will weiter nichts rüberbringen als Common-Sense-Basics.

LARA CROFT TOMB RAIDER: THE CRADLE OF LIFE (Lara Croft: Tomb Raider – Die Wiege des Lebens; 2003; D: Dean Georgaris; R: Jan de Bont)

Bevor er am Samstagabend mit ein paar Freunden ins Kino geht, liest er die Kinoanzeigen vor – und glücklich der Film, für den ein kluger Mensch einen attraktiven Oneliner geschrieben hat, einen Mini-Pitch. Wenn der Pitch nichtssagend ist, sagen die Freunde sofort: »Was gibts sonst noch?«

Warum legen viele Autoren sofort mit dem Schreiben los, statt sich erst auf die Frage zu konzentrieren: Um was geht's eigentlich?

Und das ganz kurz aufzuschreiben. Einen einzigen Satz, empfiehlt Blake. Nicht mehr. Natürlich nicht irgendeinen Satz. Die Antwort sollte nach Blakes Meinung vier Komponenten enthalten.

Die erste ist Ironie. Etwas Unerwartetes, das uns an den Haken nimmt. Etwas Emotionales, das uns zusammenzucken lässt – wie wenn uns etwas juckt und wir uns kratzen müssen.

Die zweite Komponente einer guten Logline: Bildhaftigkeit. Wenn ich einen Oneliner höre, sollte vor meinen Augen sofort ein ganzer Film ablaufen. Ähnlich wie die Madeleine bei Proust bringt eine Profi-Logline in unserer Fantasie etwas zum Blühen. Und verspricht uns weitere wunderbare Eindrücke. Bei einem gelungenen Oneliner sehe ich manchmal sogar, wie der Film anfängt und endet.

Drittens sollte man aus einer Logline heraushören, auf welches Publikum die Story zugeschnitten ist – und was es kosten wird, den Film zu produzieren.

Viertens ist der beste Mini-Pitch nur halb so gut, wenn er ohne einen »Killertitel« daherkommt, sagt Blake. Der Titel sollte Ironie enthalten und das Wunder vollbringen, die ganze Story in drei, vier Worten zu erzählen. (Vor vielen Jahren gab's einen Film mit dem Titel: ICH TRAF SOGAR GLÜCKLICHE ZIGEUNER. So etwas in der Art meint Blake, wenn er von einem Killertitel spricht.)

Blake wäre nicht Blake, wenn er nicht wüsste, wie man herauskriegt, ob man eine gute Logline gefunden hat. Es gibt einen Testmarkt für Loglines, behauptet er. Ehe man seine Logline nicht gründlich getestet hat, sollte man nicht mit dem Drehbuchschreiben anfangen.

Wo testet Blake Loglines? Bei *Starbucks* in der Schlange. Während er darauf wartet, sich einen Latte Macchiato zu bestellen. Bevor er zu den Leuten ins Studio geht, spricht er mit Zivilisten, sagt Blake. Während er mit ihnen redet, schaut er ihnen in die Augen. Wenn sie weggucken, weiß er, sein Pitch hat ein Problem. Bis er sich das nächste Opfer aussucht, hat er die Logline verbessert.

Das muss man sich folgendermaßen vorstellen: Blake tippt dem, der in der Schlange vor ihm steht, auf die Schulter. »Könnten Sie mir einen Gefallen tun?« – »Was denn? Ich habe in zehn Minuten ein Pilates-Training.« – »Ich brauche nur zehn Sekunden. Ich arbeite an einer Filmidee und würde gern wissen, was Sie davon halten.« Der Typ vor ihm schaut lächelnd auf die Uhr: »Okay, zehn Sekunden ...« Wenn man einen Fremden, der's eilig hat, packt, wenn man seine Aufmerksamkeit fesselt, wenn er mehr über die Geschichte erfahren will – vermutlich hat man dann eine richtig gute Filmidee! Übrigens lernt man, sagt Blake, bei diesem Testmarketing tolle Leute kennen ...

SKUPLJACI PERJA (Ich traf sogar glückliche Zigeuner; 1967; D+R: Aleksandar Petrovic)

Dabei schadet es gar nichts, wenn der Typ bei *Starbucks* meine Geschichte schon mal gelesen oder gesehen hat. Es gibt keine neuen Geschichten – die schönsten Geschichten werden wieder und wieder erzählt. *Romeo und Julia* – war Shakespeare wirklich der Erste, der das Schicksal zweier Liebender dramatisierte, die verfeindeten Clans angehören? Der Letzte jedenfalls war er nicht. Der unvergessliche Anthony Minghella gab der alten Liebesgeschichte von den zwei Königskindern, die nicht zueinander kommen können, in seinem Film COLD MOUNTAIN einen wunderbar neuen Twist.

William Shakespeare: *Romeo und Julia* (Reclam 2002)

Klischees vermeiden – der tägliche Kampf des Drehbuchautors. Dabei sind Klischees das, was uns mit den Zuschauern verbindet. Die denken genau wie wir in Klischees. Täglich werden sie mit Klischees überfüttert. Sie kennen Hunderte von Filmen, alle nach demselben Muster gestrickt. Eigentlich spricht nichts gegen Klischees ... man muss ihnen nur einen Twist geben. Oder, wie ein Studio Executive mal zu Blake sagte: »Gib mir dasselbe, nur anders ...«

COLD MOUNTAIN (Unterwegs nach Cold Mountain; 2003; D+R: Anthony Minghella, nach dem Roman von Charles Frazier)

Fang nicht gleich zu schreiben an, rät Blake den zwölf im Bard Hall versammelten Seminarteilnehmern. Frag erst: Um was geht's in meiner Geschichte eigentlich? Und danach frag dich: Gibt es Geschichten, in denen es um Ähnliches geht?

COLD MOUNTAIN

Wenn ich beim Schreiben einer Szene feststecke, wenn ich keine Ahnung habe, wie mein Hauptcharakter sich weiterentwickeln soll, spätestens dann tue ich gut daran, aus meinem DVD-Regal ein paar Filme hervorzuholen, in denen eine ähnliche Geschichte erzählt wird. Wie haben die das erzählerische Problem gemeistert, über das ich mir gerade den Kopf zerbreche? Wie haben die es geschafft, Klischees in etwas Frisches zu verwandeln?

Alle Geschichten fallen in irgendeine Kategorie. Und jede Kategorie hat ihre eigenen Regeln, die sollte man kennen. Genre – das Wort hört ein deutscher Drehbuchautor nicht gern. Er klebt an der Idee, unter allen Umständen originell sein zu wollen, wie die Fliege am Fliegenfänger. Dabei würde er sich beim Schreiben so viel leichter tun, wenn er gelegentlich nach links und rechts schielte, um zu prüfen: Wie haben es die anderen gemacht? Hätte Tykwer beim Schreiben des PARFUMS ein wenig in Stevensons *Dr. Jekyll und Mr. Hyde* geblättert, wer weiß, in welche Richtung sich sein stumpfsinniger Grenouille entwickelt hätte ...

DAS PARFUM – DIE GESCHICHTE EINES MÖRDERS (2006; D: Andrew Birkin, Bernd Eichinger, Tom Tykwer, nach dem Roman von Patrick Süskind; R: Tom Tykwer)

Die traditionellen Genrebezeichnungen – Romantic Comedy, Fantasy, Crime, Horror etc. – helfen dem Autor nicht wirklich, findet Blake. Man soll die Genres mischen, empfiehlt John Truby. Warum nicht gleich etwas Zeitgemäßes, dem Kino und unseren Sehgewohnheiten Entsprechendes erfinden, hat Blake sich gesagt und eine eigene Genreliste zusammengestellt.

Robert Louis Stevenson: *Dr. Jekyll und Mr. Hyde* (Diogenes 1996)

Monster in the House
- ALIEN
- THE EXORCIST
- FATAL ATTRACTION

Golden Fleece
- STAR WARS
- BACK TO THE FUTURE
- SAVING PRIVATE RYAN

Out of the Bottle
- LIAR LIAR
- BRUCE ALMIGHTY
- GHOST

Dude with a Problem
- DIE HARD
- TITANIC
- SCHINDLER'S LIST

Buddy Love
- RAIN MAN
- BROKEBACK MOUNTAIN
- WHEN HARRY MET SALLY

Rites of Passage
- ORDINARY PEOPLE

Whydunit
- CHINATOWN
- THE CHINA SYNDROME
- JFK
- THE INSIDER

The Fool Triumphant
- BEING THERE
- FORREST GUMP
- AMADEUS

Institutionalized
- ONE FLEW OVER THE CUCKOO'S NEST
- THE GODFATHER
- AMERICAN BEAUTY

Superhero
- BATMAN
- BRAM STOKER'S DRACULA
- GLADIATOR
- A BEAUTIFUL MIND

Um was geht's in deiner Geschichte?, lautet die erste Frage (Blake ist immer noch bei der Logline). Eine zweite Frage schließt sich an: Um wen geht's eigentlich? Eine Idee zu kommunizieren ist viel leichter, wenn da einer ist, der sie für uns ausprobiert. Seit Homer und Aischylos erzählen die Dichter von einem, der ... meist von einem, der dringend eine Lektion lernen muss. Der Anwalt Michael Clayton muss lernen, sich nicht länger als Ausputzer zu betätigen für Leute, die ihn ausnutzen, deren Müll er entsorgt. Eigentlich könnte er mit seinem Leben zufrieden sein – in seiner Anwaltskanzlei hat er eine Nische gefunden, die ihm keiner streitig macht, in der er unbestreitbar der Beste ist. Doch leider ist es ein dreckiger, ein mörderischer Job, und in den nächsten zwei Filmstunden muss er da raus.

Mit einem solchen Helden kommt eine Logline erst richtig zum Leben. Daher rät Blake, Helden zu erschaffen, die eine Garantie sind für größtmöglichen Konflikt, die emotional den längsten Weg zu gehen haben – und die schon vom Aussehen, von ihrem ganzen Wesen her möglichst vielen Zuschauern Vergnügen bereiten (was auf George Clooney zutrifft).

Ein Schlüsselwort in Blake Snyders Lehre – er kann es nicht oft genug wiederholen – heißt *primal*. Die Handlung muss etwas Ursprüngliches haben. Reale Probleme, die wir verstehen. Etwas Einfaches, das wir nachvollziehen können: Der Held will überleben, hat Hunger, sehnt sich nach Liebe, will geliebte Menschen vor dem Schlimmsten bewahren, hat Todesangst.

Diese Ursprünglichkeit finden wir schon in den Geschichten der alten Griechen – wenn Klytemnestra ihren aus dem Krieg heimgekehrten Gatten Agamemnon im Bad ermordet, wenn Ödipus die Mutter heiratet, nachdem er den Vater getötet hat. *Primal* ist es, wenn Michael Clayton seinem alkoholkranken Bruder eine Bar einrichtet und später bei einem Kredithai für die Schulden geradestehen muss, als der Bruder Bankrott macht. *Primal* ist es, als Michael seinen besten Freund und Kollegen Arthur beschützt, da dieser wahnsinnig wird, statt ihn, wie sein Auftrag lautet, in der Psychiatrie mundtot zu machen.

Auf den ersten Blick sah es recht originell aus, als Tykwers Filmheld Grenouille sich aus Körpergerüchen sterbender junger Mädchen ein Parfum destillierte – aber war das wirklich *primal*? Geht uns Grenouilles Schicksal nicht eigentlich am Arsch vorbei?

Jetzt juckt es den Drehbuchautor, endlich mit dem Schreiben zu beginnen. Blake schüttelt den Kopf: Lass es weiter jucken! Aber du bist ganz nahe dran! Deine Logline hast du bei allen möglichen Zivilisten getestet und jedesmal noch ein wenig poliert, du hast einen Helden gefunden, der dieser Logline zum Leben verhilft – jetzt erliege nicht dem Fehler, drauflos zu schreiben, sondern mach einen Plan! Das hat Blake dem Aristoteles abgeschaut: »Die Stoffe, die überlieferten und die erfundenen, soll man, wenn man sie selbst bearbeitet, zunächst im Allgemeinen skizzieren und dann erst szenisch ausarbeiten und zur vollen Länge entwickeln ...«, so steht es in der *Poetik*. Von drei Akten hat Aristoteles nie gesprochen, Syd Field muss irgendetwas missverstanden haben. Die drei Akte helfen uns nicht weiter, sagt Blake. Wenn wir uns auf sie verlassen würden, wären wir wie Schwimmer im Ozean – zwischen den beiden *act breaks* hätten wir eine Menge offenes Wasser, viel Raum, in dem wir uns verlieren und untergehen könnten. Zwischendurch brauchen wir ein paar Inseln, damit die Strecken, die wir schwimmend zurücklegen, kürzer werden.

Blake hat 15 solcher Inseln lokalisiert. In seinem Buch *Save the Cat! Goes to the Movies* hat er mehr als 50 Welterfolge analysiert – von SAVING PRIVATE RYAN zu FATAL ATTRACTION, von ETERNAL SUNSHINE OF THE SPOTLESS MIND zu FARGO, TRAINING DAY, THE LION KING, GLADIATOR. So unterschiedlich diese Filme sein mögen, in allen hat er eine ähnliche Erzählstruktur entdeckt. Er hat die Struktur stolz *The Blake Snyder Beat Sheet* genannt. Jeden der 15 Beats hat er mit einer Seitenzahl gekennzeichnet, die der Zahl der Minuten entspricht, die ein Schwimmer beziehungsweise Autor bis zur nächsten Insel zurücklegt. Ist das ein Service ...!

Aristoteles: *Poetik* (Reclam 1982)

Blake Snyder: *Save the Cat! Goes to the Movies* (Michael Wiese Productions 2007)

SAVING PRIVATE RYAN (Der Soldat James Ryan; 1998; D: Robert Rodat; R: Steven Spielberg)

FATAL ATTRACTION (Eine verhängnisvolle Affäre; 1987; D: James Dearden; R: Adrian Lyne)

ETERNAL SUNSHINE OF THE SPOTLESS MIND (Vergiss mein nicht!; 2001; D: Charlie Kaufman; R: Michel Gondry)

FARGO (1996; D: Joel Coen, Ethan Coen; R: Joel Coen)

TRAINING DAY (2001; D: David Ayer; R: Antoine Fuqua)

THE LION KING (Der König der Löwen; 1994; D: Irene Mecchi, Jonathan Roberts, Linda Woolverton; R: Roger Allas, Rob Minkoff)

GLADIATOR (2000; D: David Franzoni; R: Ridley Scott)

1. Opening Image (1)
2. Theme Stated (5)
3. Setup (1-10)
4. Catalyst (12)
5. Debate (12-25)
6. Break into Two (25)
7. B-Story (30)
8. Fun and Games (30-55)
9. Midpoint (55)
10. Bad Guys Close in (55-75)
11. All Is Lost (75)
12. Dark Night of the Soul (75-85)
13. Break into Three (85)
14. Finale (85-110)
15. Final Image (110)

Viel gibt's an Blake Snyders Struktur nicht zu erläutern, das meiste wissen wir schon. Das erste und das letzte Bild eines Films haben stets etwas miteinander zu tun, sagt Blake, sie beziehen sich spiegelbildlich aufeinander. So kann der Zuschauer sehen, dass sich in der Geschichte etwas bewegt und verändert hat. Spätestens auf Seite 5 sollte, meint Blake, das Thema des Films klar werden. Spätestens in der 12. Minute sollte etwas Lebensveränderndes in die Story einbrechen und den Helden zum Handeln zwingen. Der 6. und der 13. Beat sind das, was bei Syd Field die Aktschlüsse sind – Wendepunkte, Übergänge.

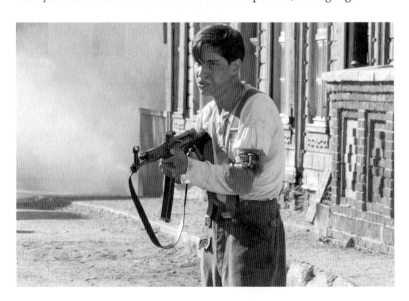

Lars Steinhöfel in DIE BRÜCKE (2008)

Aber was ist los in der 75. Minute – *All Is Lost* – und zwischen Minute 75 und 85 – *Dark Night of the Soul?*

In der 75. Minute von Tony Gilroys Film MICHAEL CLAYTON erfährt der Titelheld, dass sein Freund Arthur, der die Machenschaften eines Chemiekonzerns an die Öffentlichkeit bringen wollte, Selbstmord begangen habe. Die Anwaltskollegen versuchen Michael zu trösten, aber im Grunde ist allen klar: Ihrer Law Firm konnte nichts Besseres passieren. Nun wird Arthur den schmutzigen Deal nicht mehr verhindern, den die Anwälte zwischen Klägern und Chemiekonzern schließen wollen. *The Whiff of Death*, der Hauch des Todes. Etwas muss sterben, sagt Blake, damit der Held endlich aufwacht und handelt. Zwischen Minute 75 und 85 bricht Michael in Arthurs von der Polizei versiegelte Wohnung ein, um nach Beweisen zu suchen, denn inzwischen weiß er: Sein Freund ist keines natürlichen Todes gestorben. Doch die Polizei überrascht ihn, nimmt ihn in Gewahrsam, und niemand kann ihm mehr helfen, die Wahrheit ans Licht zu bringen. »Mein Gott, mein Gott, warum hast du mich verlassen ...?«

4. November 2007. Während im Bard Hall zwölf Autoren in fast ununterbrochenem Dauerlauf einander ihre Geschichten vortragen und an ihren Beat Sheets feilen, um sie erneut zu pitchen, trudeln Nachrichten vom New-York-City-Marathon ein. Das Rennen wird überschattet durch den Herztod eines Läufers bei Kilometer 9. Schnellste Läuferin: die Britin Paula Radcliffe. Zehn Monate zuvor hatte sie eine Tochter zur Welt gebracht ... Hin und her gerissen zwischen realen und fiktiven Niederlagen und Siegen, versuchen wir unseren Storys – mithilfe von Blake Snyder und seinem Beat Sheet – Struktur und Bedeutung zu geben. Unvergesslich bleibt mir die Geschichte einer New Yorker Autorin. Sie erzählte von einem kleinen Mädchen, das den Vater – er weiß sonst nicht, wohin mit dem Kind – bei einem Bankeinbruch begleiten muss ...

In meiner Geschichte ging es um Kindersoldaten. Schon einmal – 1959 – wurde die Story verfilmt: DIE BRÜCKE. Der Regisseur Bernhard Wicki errang mit dem Film Weltruhm. Marian Redman von Lionhearts Entertainment und Wolfgang Oppenrieder von ProSieben fanden, es sei an der Zeit, die Geschichte aufs Neue zu erzählen. Unausgeschöpftes Potenzial entdeckten wir in der Romanvorlage. Der Autor hatte als 16-Jähriger selbst auf Panzer geschossen. Das Bild eines brennenden, in Todesangst schreienden Amerikaners hat ihn sein Leben lang verfolgt. Seine besten Freunde starben unmittelbar neben ihm. Im Roman hat er eine Antwort zu geben versucht auf die Frage: Warum schossen 16-Jährige auf der Brücke von Bad Tölz – obwohl kein Erwachsener da war, der sie kommandierte – auf andere junge Männer, von denen sie wussten, sie kommen als Befreier?

DIE BRÜCKE (1959; D: Michael Mansfeld, Karl-Wilhelm Vivier, nach dem Roman von Manfred Gregor; R: Bernhard Wicki)

Manfred Gregor: *Die Brücke* (DVA 2005)

Essays

1. Opening Image	1	Der Sound deines Films – hier ertönt er zum ersten Mal. Hier etablierst du, was für eine Art Geschichte du erzählen willst. Hier feuerst du die erste Salve deines Films ab. Dies ist das Gegenstück zum Final Image.	Zwei Wochen vor Kriegsende kommt der 16-jährige Bombenflüchtling Albert in eine Kleinstadt, die vom Krieg bisher verschont blieb. Er wird bei einer Kriegerwitwe einquartiert, in deren Tochter Paula er sich auf der Stelle verliebt.
2. Theme Stated	5	Um was es im Film geht. Hier wird deiner Hauptfigur etwas Wichtiges gesagt; oft weiß sie gar nicht, *wie* wichtig es ist, um die Story zu überleben.	»Bald ist der Krieg aus«, sagt der Schüler Walter zur Lehrerin Elfie, nachdem er mit ihr im Heu geschlafen hat. »Dann darf jeder jeden lieben, wann und wo auch immer ...« Es wäre gut gewesen, wenn Walter, der am Tod seiner Kameraden schuldig wird, auf die eigenen Worte gehört hätte.
3. Setup	1-10	Auf den ersten zehn Seiten musst du uns bzw. den Leser packen, musst jede Figur in der A-Story einführen oder uns wenigstens auf sie gespannt machen.	Albert hat es schwer, unter den neuen Schulkameraden Freunde zu finden. Dass er Klavier spielt und ein ramponiertes Piano instand setzt, macht ihn bei den Mädchen beliebt. Jungs kann er mit so was nicht imponieren. Albert muss versuchen, die Anerkennung Walters zu gewinnen, des bewunderten und gefürchteten Alphatiers. Walter hat ein Verhältnis mit Elfie, der hübschen Klassenlehrerin. Irgendjemand muss die beiden verpfiffen haben, denn sie kriegen Ärger mit der Polizei.
4. Catalyst	12	Das Telegramm, das Klopfen an der Tür, du überraschst deine Frau im Bett mit einem anderen, und plötzlich weißt du, dein Leben hat sich gründlich geändert.	Walters Vater, der örtliche Parteibonze, erscheint in der Klasse, um alle 16-jährigen Jungen in die Kaserne zu beordern: Hitlers letztes Aufgebot. Albert könnte versuchen, sich freistellen zu lassen – sein älterer Bruder hat einen mutigen Einsatz beim Löschen von Brandbomben mit dem Leben bezahlt. Soll Albert, endlich in der Klasse akzeptiert, aufs Neue ein Outsider sein, sich als Drückeberger verspotten lassen?
5. Debate	12-25	Der Held zerbricht sich den Kopf: Soll er sich wirklich auf die Reise begeben? Warum muss ausgerechnet ich den Mörder meines Vaters finden?	In der Kaserne erfährt Albert, dass Walters Vater die Lehrerin denunziert hat. Der Standartenführer hat geschworen, sie nach Dachau zu bringen. Unendlicher Hass auf den Nazi-Vater prägt von nun an alles, was Walter unternimmt, und als sein Freund muss Albert mitmachen, ob er will oder nicht.
6. Break into Two	25	Wir verlassen die Thesis-Welt des 1. Akts und treten ein ins Durcheinander der Antithesis-Welt des 2. Akts. Jetzt lass es so richtig losgehen!	Alarm! Unter dem Ansturm der Amerikaner ist die Front zusammengebrochen. Sieben 16-jährige Jungen, schlecht ausgerüstet und noch schlechter ausgebildet, erhalten den Auftrag, eine Brücke gegen anrückende Panzer zu verteidigen.
7. B-Story	30	Traditionell die Lovestory. Hier spüren wir etwas vom Thema des Films.	Albert wird zum Beschaffen von Munition abkommandiert. Es gelingt ihm, Paula noch einmal zu sehen. Er könnte bei ihr bleiben, sich bei ihr verstecken, bald ist der Krieg aus. Aber es erscheint ihm unverantwortlich, die Kameraden in der größten Gefahr im Stich zu lassen.

8. Fun and Games	30-55	Hier finden wir die szenischen Knaller, die später im Trailer erscheinen. Hier versprichst du, dass du auf etwas Größeres hinauswillst.	Ein Unteroffizier soll die Jungen in den Kampf führen. Er desertiert. Sieben 16-Jährige sind auf sich allein gestellt. Hunger, Langeweile, Ratlosigkeit. In der Nacht erscheint Elfie, Walters Geliebte, im Haus des Standartenführers. Sie verspricht dem Naziverbrecher, bei amerikanischen Militärgerichten für ihn auszusagen, falls er mit der letzten Autorität, die ihm geblieben ist, die Jungen von der Brücke jagt, sie vor dem sicheren Tod bewahrt. Walter verhindert die Rettungsaktion. Der Sohn des Standartenführers hat andere Pläne …
9. Midpoint	55	Die erste Hälfte ist herum, jetzt wird aus Spaß Ernst, der Einsatz wird erhöht. Für deinen Helden wird's nun richtig heftig.	Im Morgengrauen greift ein amerikanischer Flieger an. Falsch verstandene Tapferkeit veranlasst den Jüngsten von ihnen, Siegi, nicht in Deckung zu gehen. Ein Bombensplitter reißt ihm die Halsschlagader auf.
10. Bad Guys Close In	55-75	Feindseligkeiten von innen und außen. Probleme im Team des Helden, Probleme mit dem äußeren Schurken, der dem Helden nun auf den Pelz rückt. In diesem Teil des Films wird Druck gemacht.	Walter nutzt Siegis völlig unnötigen Tod, um den Kameraden Hass und Rachegefühle einzureden, und als sich der erste amerikanische Panzer zeigt, organisiert Walter den sinnlosen Angriff. Mit einer Panzerfaust schleicht er sich in sein Vaterhaus, um von dort aus einen Panzer zu knacken – woraufhin das Haus des Standartenführers in Schutt und Asche gelegt wird. Was den Kameraden wie eine Heldentat vorkommt, ist Walters Rache am Vater – Albert durchschaut dies als Einziger. »Wir schießen nicht auf Kinder!«, hören sie von drüben. Albert will auf das Verhandlungsangebot der anderen Seite eingehen. Doch Walter knallt den amerikanischen Parlamentär kaltblütig ab.
11. All Is Lost Dark	75	Es scheint, als ob alles schiefgeht. Du spürst den Hauch des Todes – irgendetwas muss hier sterben.	Von nun an kennen die Amerikaner kein Pardon. Ein Junge nach dem anderen wird tödlich getroffen. Albert wird verletzt.
12. Night of the Soul	75-85	Mein Gott, mein Gott, warum hast du mich verlassen? Auf diesen Seiten verliert der Held alle Hoffnung.	Den wenigen übrig gebliebenen Verteidigern der Brücke geht die Munition aus. Hinter der Brüstung kauernd warten sie auf die Feinde – auf den Tod.
13. Break into Three	85	Der letzte Akt beginnt. Jetzt dauert's nicht mehr lange. Eine frische Idee, eine neue Inspiration, der Rat der Geliebten aus der B-Story – und der Held beschließt, den Kampf aufzunehmen.	Überraschend ziehen die Amerikaner sich zurück. Doch nun naht eine andere Gefahr: Deutsche Pioniere wollen die Brücke in die Luft jagen und schießen auf Walter, als dieser die Sprengung mit Waffengewalt zu verhindern sucht.
14. Finale	85-110	Die Synthese zweier Welten: Aus dem, was war, und dem, was er gelernt hat, schmiedet der Held eine neue Welt.	Unter Aufbietung seiner letzten Kräfte trägt Albert den Freund von der Brücke. Ein Rotkreuzwagen weigert sich, den Sterbenden mitzunehmen. Es gelingt Albert, ins Haus von Paulas Familie zu flüchten. Die siegreichen Amerikaner suchen ihn in der ganzen Stadt, den Werwolf, der viele ihrer Kameraden auf dem Gewissen hat.
15. Final Image	110	Das Gegenstück zum Opening Image – es beweist, dass sich etwas geändert hat. Kein Wandel ohne Kampf!	Bei einer Hausdurchsuchung deckt Paula den letzten Verteidiger der Brücke mit ihrem Körper.

Essays

DIE BRÜCKE (2008; D: Wolfgang Kirchner; R: Wolfgang Panzer)

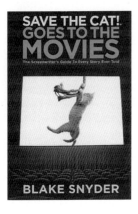

www.finaldraft.com
www.screenplay.com

Inzwischen ist mein Drehbuch verfilmt. Auf dem Münchner Filmfest im Juni 2008 hat unser Film DIE BRÜCKE seine erste Bewährungsprobe bestanden.

Am Abend des 4. November 2007 sitzen im Bard Hall zwölf erschöpfte, aber glückliche Autoren. Jedem hat Blake geholfen, seine Story mithilfe des Beat Sheets in handliche Portionen zu gliedern und die spannendsten Momente gleichmäßig über die gesamte Filmzeit zu verteilen, sodass beim Zuschauer kein Moment Langeweile aufkommt. Blake hat nicht locker gelassen, ehe sich nicht jeder von uns ein paar entscheidende Fragen stellte: Um was geht's? Um wen geht's? Ist es *primal*? Habe ich eine *Save the Cat*-Szene? So wurden schon im Vorfeld Weichen gestellt, damit der Zug auf den richtigen Schienen losbraust in Richtung Erfolg.

Blake entlässt uns nicht, ohne die Gründung einer Autorengruppe anzuregen. Die Kollegin mit der Geschichte vom Kind, das seinen Vater bei einem Bankeinbruch begleitet, übernimmt das Organisatorische. Seither treffen sich in Manhattan jeden Monat elf Drehbuchschreiber, jeder des anderen Publikum und Coach. Ich bin leider nicht mehr dabei.

Aber es gibt ja Blake Snyders Buch *Save the Cat! Goes to the Movies*. Mithilfe seiner zahlreichen detaillierten Analysen kann ich studieren, wo sich in berühmten Filmen die 15 Beats verstecken. Außerdem gibt's inzwischen eine pfiffige Software gleichen Namens. Die weist mich an, erst einen Killertitel und eine Logline zu formulieren, dann das Genre zu bestimmen und schließlich aus meiner Story die 15 Beats herauszumeißeln. Wenn ich Titel und Logline ins betreffende Fenster eingetragen und den Beat Sheet ausgefüllt habe, verwandelt sich das Bild, und auf dem Monitor erscheint etwas, das einer Pinnwand aus Kork täuschend ähnlich sieht. In vier Reihen ist dort Platz für Szenenkarten. Meine 15 Beats sind bereits als Karten über die ganze Pinnwand verteilt. Weitere Karten kann ich mir aus der Menüleiste ziehen, mit Szenenbeschreibungen und Angaben zum *Emotional Change* ausfüllen und ablegen, wo sie meiner Meinung nach hingehören. Die Karten lassen sich auf der Korkwand hin und her schieben. So kann ich prüfen, an welcher Stelle im Kontext sie die größte Wirkung entfalten. Was das Erstaunlichste ist: Sie verändern sich, je nach dem Strukturpunkt, in dessen Nähe ich sie ablege. Im Nu habe ich den gesamten Ablauf meiner Story bildhaft vor mir. Und das Ganze ist nicht entfernt so teuer wie *Final Draft* oder *Movie Magic*.

Thanks, man.

Der Ausbruch
Anmerkungen eines Drehbuchautors über sein Regiedebüt

Von Fred Breinersdorfer

Im Alter von 60 Jahren hatte ich etwas mehr als 60 Drehbücher verfasst, die verfilmt wurden, alle im Leitmedium unserer Zeit, dem Fernsehen. Mein Kinodebüt als Autor und Produzent lag gerade zwei Jahre zurück. Ich lebte, wie heute, in Berlin. Aus der von mir mitgetragenen Produktion SOPHIE SCHOLL – DIE LETZTEN TAGE hatte ich nicht unbedeutende Referenzmittel und Darlehen zur Verfügung. In dieser Situation beschloss ich den Ausbruch aus meiner bisherigen Existenz als Drehbuchautor, genauso wie ich ein gutes Dutzend Jahre zuvor aus meinem Beruf als Rechtsanwalt ausgebrochen war. Weder als Anwalt noch als Drehbuchautor hatte ich mich allerdings wie ein Gefangener auf einer Inselfestung gefühlt, der Tag und Nacht von einer Existenz ohne Gitter und in Freiheit träumt. Wer den Beruf eines Drehbuchautors in Deutschland ausübt, sitzt nicht auf einer Gefängnisinsel, er

SOPHIE SCHOLL – DIE LETZTEN TAGE (2005; D: Fred Breinersdorfer; R: Marc Rothemund)

Fred Breinersdorfer auf dem Set von ZWISCHEN HEUTE UND MORGEN

genießt bemerkenswerte Privilegien, falls er einigermaßen erfolgreich ist und seine Bücher verfilmt werden. Er kann bestimmte künstlerische Spielräume nutzen, wenn er in den üblichen Auseinandersetzungen mit Redaktion, Regie und Produktion die richtigen Argumente hat und es klug anstellt.

Man lebt, diesen gewissen Erfolg vorausgesetzt, nicht ganz unkomfortabel. Und dennoch bin ich ausgebrochen aus einer von mir als Enge empfundenen gestalterischen Beschränktheit, die das Metier des Drehbuchautors – wie ich damals dachte – zwangsläufig mit sich bringt. Aber es war nicht unbedingt Unzufriedenheit, sondern viel eher Neugier, die mich antrieb. Die Frage hat mich lange beschäftigt: Was geschieht denn konkret mit meinem Drehbuch, wenn ich die Arbeit daran abgeschlossen habe? Der alte Wunsch, einen Film in größerem Maße und intensiver gestalten zu können, als wenn man nur die Blaupause in Form des Scripts liefert, das war mein Motiv.

Weder als Drehbuchautor noch als Regisseur habe ich das jeweilige Handwerk gelernt. Statt Lehrbücher übers Drehbuchschreiben habe ich Dramen gelesen, und mit einem gewissen Stolz weise ich immer wieder gerne darauf hin, dass ich nie eines der zahlreichen Drehbuchseminare besucht habe. Die Frage war: Kann mein Do-It-Yourself-System auch bei der Regie klappen?

Zur Vorbereitung von ZWISCHEN HEUTE UND MORGEN habe ich mir Filme angeschaut, solche, die ich liebe, und Referenzfilme, die thematisch ähnlich sind, wie beipielsweise BEFORE SUNRISE, BEFORE SUNSET, LOST IN TRANSLATION, DIE BRÜCKEN AM FLUSS. Ich habe sie immer wieder vor- und zurückgespult, studiert und analysiert. In dem wichtigen Vorbereitungsprozess des Films, der detaillierten Planung des Drehs und der Postproduktion hatte ich so gut wie keine Erfahrung, sieht man davon ab, dass ich dem einen oder anderen befreundeten Kollegen gelegentlich über die Schulter geschaut habe und mir, als es mit der eigenen Regie ernst wurde, sowohl allgemein als auch zu konkreten Fragen Rat geholt habe.

Mein Erfahrungsbericht, im Hochsommer 2008 geschrieben, erhebt nun nicht etwa den Anspruch, eine theoretische Anleitung für das Regieführen zu sein. Er ist nichts weiter als die Aufzeichnung individueller Erfahrungen und Eindrücke, sehr persönlich und vor allem ohne jede Gewährleistung verfasst.

Der Einstieg

Mein Versuch, Regie zu führen, begann strenggenommen schon vor Jahren mit drängend vorgebrachten Forderungen des Drehbuchautors Fred B., der von befreundeten Redakteuren verlangte, sich mit ihm

ZWISCHEN HEUTE UND MORGEN (2008; D: Fred Breinersdorfer, Dagmar Leupold, nach dem Roman von Dagmar Leupold; R: Fred Breinersdorfer)

BEFORE SUNRISE (1995; D: Richard Linklater, Kim Krizan; R: Richard Linklater)

BEFORE SUNSET (2004; D: Richard Linklater, Ethan Hawke, Julie Delpy; R: Richard Linklater)

LOST IN TRANSLATION (2003; D+R: Sofia Coppola)

THE BRIDGES OF MADISON COUNTY (Die Brücken am Fluss; 1995; D: Richard LaGravenese, nach dem Roman von Robert James Waller; R: Clint Eastwood)

dem Experiment einer Erstlingsregie bei einem *Tatort* zu unterziehen. Die Adressaten dieser Forderung fanden es richtig, mich in die Leere laufen zu lassen. Jetzt, nach meiner Erstlingsregie für einen kammerspielartigen Kinofilm, weiß ich nicht, ob jene Kollegen mir am Ende nicht doch einen Gefallen getan haben. Denn die künstlerische und reale Logistik eines *Tatorts* frisst noch mehr Energie und Konzentration als ein Kammerspiel, sodass man fürchten muss, dass die Inszenierung am Ende zu kurz kommt und sich der Regisseur nur im Strom der Abläufe am Set treiben lässt, in der Hoffnung, das Team und die Schauspieler werden es schon richten. Genau das hatte ich aber mit meinem Regieplan nicht vor. Ich wollte ja gerade einen Film intensiver prägen, ihn genauer gestalten, als es mir als Autor möglich war.

Tatort (D 1970ff.)

Erst nach dem großen Erfolg von SOPHIE SCHOLL, meiner erstmaligen Einbindung in die Produzentenverantwortung, und den aus Zuschauerzahlen und Preisen generierten Fördergeldern wurde der Plan konkret, nun doch an eine Regiearbeit zu denken. Ich konnte durch diesen Erfolg das Projekt als Investor in eigener Sache anschieben. Und diesmal haben mich alle, mit denen ich über den Plan gesprochen habe, ermutigt, den Versuch zu wagen. Ich suchte einen geeigneten Stoff. Dabei war mir klar, dass ich ein Kammerspiel inszenieren wollte.

Als die Ermutiger das erfuhren, hörte ich sofort die ersten warnenden Stimmen: Ein Kammerspiel sei das Schwierigste, was es im Regiefach gibt. Ich bin überzeugt, dass dies eine im Allgemeinen richtige Behauptung ist. Ich persönlich zog dennoch das mit einem Kammerspiel verbundene Risiko vor, weil ich mir die Arbeit mit wenigen Schauspielern viel eher zutraute als die Inszenierung eines Films mit einem großen Ensemble. Meine Maxime war: Konzentration auf wenige Figuren und klar strukturierte Handlung und Emotionen.

Der Stoff

Neben anderen Ideen stieß ich auf Dagmar Leupolds Text *Eden Plaza*, einen Monologroman, in dem die Ich-Erzählerin Anouk einem namen-, gesichts- und sprachlosen Liebhaber in mehreren Nächten in einem Hotel von der schleichenden emotionalen Krise ihrer Ehe erzählt. In dem Text öffnet sich die Psyche einer Frau, einer nicht mehr ganz jungen Mutter von drei Kindern, die heimlich von einer anderen, neuen und emotionaleren Beziehung träumt, als es ihre inzwischen erkaltete Ehe ist. Indes, diese Ehe scheint von außen betrachtet nahezu perfekt. Anouk hat alles, was sie braucht, auch wenn die Liebe nicht mehr so brennt wie am Anfang. Wer kennt diese Erosionsprozesse nicht? So ist das Leben. Eigentlich gibt es da nicht unbedingt Anlass zu

Dagmar Leupold: *Eden Plaza* (dtv 2004)

Träumen. Aber hinter der bürgerlichen Kulisse ihres aufgeräumten Lebens fehlen Anouk doch Wärme, Liebe, Zärtlichkeit, von Leidenschaft gar nicht zu reden. Wagt sie einen das so angenehm Gewohnte zerstörenden Neuanfang mit einem anderen Mann, mit dem sie heimlich das Bett teilt? Und wer weiß, was die Zukunft bringt? Ein Hochrisikoprojekt für die Heldin.

Ich hatte Glück, dass mir der Verlag C.H. Beck die Optionsrechte an dem Roman zu Vorzugskonditionen einräumte. Zusammen mit Dagmar Leupold habe ich ihn für den Film bearbeitet. Wir haben auf meinen Wunsch hin die Handlung auf eine Nacht in einem Hotel konzentriert, dem Gesprächspartner ein Gesicht, ein eigenes Leben, eigene Träume und Wünsche gegeben. Mit dem Architekten Heiner haben wir eine Filmfigur in ähnlicher Situation wie Anouk geschaffen, einen Mann, der ähnlich träumt, aber doch ein eigenständiges Individuum ist. Ein erfolgreicher Architekt, ein Mann, der in Zusammenarbeit mit seiner tüchtigen Frau gestaltet, Räume schafft, und der ebenfalls viel zu verlieren hat. In ZWISCHEN HEUTE UND MORGEN ringen beide Protagonisten mit der eigenen Vergangenheit und Ge-

Fred Breinersdorfer mit Gesine Cukrowski

genwart, denn plötzlich scheinen ihre flüchtigen Träume eine konkrete Zukunft zu haben. Aber was geschieht, wenn die Träume wahr werden? Wenn zwei Familien daran zerbrechen?

Ein an subtilen Konflikten reicher Stoff und ein sehr modernes Stück für eine Zeit, in der das Leben mit 40 noch lange nicht zu Ende ist. Außerdem sind Liebe und Beziehung ein ebenso altes wie universelles Filmthema. Mit diesen Überlegungen konnte ich Sigi Kamml, damals noch Geschäftsführer der Odeon-Töchter Nostro Film und

Nova Film, von meiner Projektidee überzeugen. Es gab die üblichen konfliktreichen Buchbesprechungen mit Dagmar wie auch mit Sigi. Dann stand der Entschluss fest, wir wagen es. Mein Debüt startete.

Die Finanzierung

Ich muss an dieser Stelle nicht betonen, wie wichtig das Engagement eines Fernsehsenders für ein kleines Kinoprojekt ist. Der Südwestrundfunk und Arte, die ersten Sender, die wir angesprochen hatten, stiegen ein, beteiligten sich nicht nur mit Geld, sondern auch mit Anregungen und Kritik, von der Stoffentwicklung bis zum Schnitt und der Mischung. Der Grundstein der Finanzierung war damit, zusammen mit Referenzmitteln, Preisgeldern und Erfolgsdarlehen, über die ich verfügte, schnell gelegt. Alles Weitere wurde schwierig.

Es begann damit, dass Sigi Kamml die Odeon verließ. Aber, Glück im Unglück, Frank Döhmann folgte auf seiner Position, ein alter Fahrensmann in Sachen Kino, der dem Erstlingsregisseur mit viel Engagement und ebenso viel Kritik und Ironie durch die Produktion half.

Der erste Förderungsantrag beim BKM ging trotzdem in die Hose. Aus heutiger Sicht geschah dies geradezu zwangsläufig, denn wir hatten nur Besetzungsideen und keine wirkliche Besetzung. Ich würde als Förderer auch wissen wollen, auf welche Schauspieler der Regieanfänger konkret vertraut, bevor ich ihm Geld gebe. Die Ablehnung ging in Ordnung, die Begründung auch.

Nach langer Suche hatten wir eine vorzügliche Besetzung, auf die ich später noch eingehen werde, die Filmförderungsanstalt (FFA) wies uns dennoch zweimal ab. Sie trauten dem Film keinen kommerziellen Erfolg zu. Aber wer weiß das schon bei einem kleinen Arthousefilm? Ausgerechnet das Auswahlgremium der FFA? Letztlich werden im kommenden Winter die Zuschauer an der Kinokasse und später die DVD-Käufer ihr Urteil fällen. Diese Ablehnung schmerzte besonders wegen ihrer eindimensionalen Begründung.

Anders als bei Fernseh-Auftragsproduktionen, bei denen die möglichen Gelder bewilligt werden und die Produktion beginnen kann, gerät man beim Kinofilm in so einer Situation in zusätzliche Unsicherheit, die sich von der Produktion auch auf den Regisseur und die Mitwirkenden überträgt. Denn niemand kann sagen, ob das Projekt jemals zustande kommt, während gleichzeitig aber die Vorbereitungen laufen müssen. In dieser Situation wird ein Drehtermin festgelegt, an den dann alle tapfer glauben, auch wenn noch wesentliche Teile des Budgets fehlen. Die zeitlichen und kreativen Investitionen auf ein ungesichertes Projekt belasten erheblich. Wer verschwendet

schon viel Arbeit und Ideen auf potemkinsche Dörfer? Alle Beteiligten wollen verständlicherweise Planungssicherheit. Mein damaliges Stoßgebet: Lieber Gott, schmeiß' Geld runter!

Nach den Absagen von BKM und FFA planten wir, den Film nur mit den Fernsehgeldern und den Referenzmitteln zu finanzieren, wir waren entschlossen, einen kleinen Film noch kleiner zu machen, um der Bettelei bei den Gremien ein Ende zu setzen. Dass wir am Ende, teilweise erst sehr kurz vor Drehbeginn, die Förderungen der MFG Baden-Württemberg, des Medienboards Berlin-Brandenburg und des Deutschen Filmförderfonds (DFFF) erhielten, war nicht nur aus finanziellen Gründen wichtig. Alle Beteiligten waren dankbar, dass es offensichtlich außer den Sendern noch andere öffentliche Geldgeber gab, die an unser Projekt glaubten.

Als Autor denke ich nie in finanziellen Kategorien, ein Luxus, den ich für notwendig erachte, damit ein gutes Script entstehen kann. Für einen Regisseur ist dagegen einer der härtesten seine Arbeit limitierenden Faktoren das Geld. Das ist ebenso banal wie richtig. Du schreibst als Autor in dein Drehbuch »Rom brennt«, und am Ende brennt noch nicht einmal eine Kerze am Set, weil die Produktion die 100 Euro für einen Tag Brandschutz am Set nicht mehr aufbringen kann.

Kurioserweise steckt im Zwang, sich einzuschränken und zu sparen, ein erheblicher Impuls für Kreativität. Richtig ist, dass die Limits in finanzieller wie auch in sachlicher Hinsicht bei unserem Projekt ZWISCHEN HEUTE UND MORGEN zu wichtigen Denkanstößen geführt haben, die den Film bereichert haben. Ich verkneife mir an dieser Stelle allerdings die Beispiele, weil ich schon die Produzenten, die Herstellungs- und Produktionsleiter sagen höre: »Siehste, knappe Kasse macht erfinderisch.«

Gesichter

Als Autor hat man eine abstrakte Vorstellung von seinen Figuren. Meine haben fast nie ein Gesicht, aber einen Charakter, in den ich mich einarbeite. Ihn zu entwickeln, plausibel und zugleich ambivalent, also vielschichtig zu machen, ihm eine Entwicklung im Film zu geben, das ist eine der größten Herausforderungen des Drehbuchschreibers. Er formt, er gestaltet – und er kann auch ohne großen Aufwand völlig umgestalten. Die Leser der verschiedenen Fassungen folgen ihm, wenn er seine Sache gut macht, mit Interesse und Engagement. Ihre Fantasie passt sich den Vorgaben der jeweiligen neuen Fassung an.

Mit der Besetzung konkretisiert sich das Ganze, es manifestiert sich physisch. Das beginnt mit dem nicht mehr veränderbaren Äußeren der Filmfigur. Maske und Kostüm können zwar Akzente verschieben, aber nichts wirklich Grundlegendes mehr verändern. Mit der Entscheidung für eine bestimmte Besetzung legt man sich als Regisseur also extrem fest. Die Spielräume für das Casting wie für die Inszenierung sind gering, verglichen mit den Freiheiten, die der Drehbuchautor besitzt. Das Spannende dabei ist, dass durch die Auswahl der Schauspieler neue Nuancen, Farben und im Extremfall Variationen der Figuren entstehen, an die man als Autor nie dachte. Das war ein sehr aufregender, auch den Drehbuchautor in mir bereichernder Prozess, und ich kann momentan nicht sagen, was mich künstlerisch mehr reizt, die Freiheit des Autors oder die Arbeit mit den Darstellern.

Aber es war noch lange nicht so weit, dass ich mit der Schauspielerarbeit hätte beginnen können. Ich hatte den Cast ja noch nicht. Einerseits hatte ich klare Vorstellungen von der Qualifikation meiner Schauspieler, sie mussten in der Lage sein, zu zweit den ganzen Film zu tragen. Aus Sicht des späteren Vertriebs sollten sie zudem über einen guten und möglichst bekannten Namen verfügen. ZWISCHEN HEUTE UND MORGEN soll ja auch an der Kinokasse laufen. Eine Geschichte, die in der Intimität einer Nacht in einem Hotelzimmer spielt, verlangt von den Darstellern außerdem nicht nur Mut zur seelischen und charakterlichen Öffnung, sie fordert auch Körperlichkeit und Freizügigkeit. Ich wollte unter keinen Umständen mit Doubles arbeiten. Es erwies sich als gar nicht so einfach, zwei Schauspieler mit prominentem Namen zu finden, die ohne Vorbehalte und Vorgaben an die Sache herangingen.

Zudem stand mir mein eigenes Drehbuch im Wege. Es las sich – wie der Roman – viel »nackter«, als ich mir als Autor und Regisseur den Film vorstellte. Schauspielerinnen jenseits der 50, eine Altersgruppe, die mir zunächst vorschwebte, winkten ausnahmslos ab oder verlangten Kompromisse, auf die ich mich nicht einlassen wollte. Bei den Gesprächen meinte ich in dem einen oder anderen Fall feststellen zu können, dass jenseits der körperlichen Entblößung die extreme emotionale Exposition in meinem Kammerspiel die eigentliche schauspielerische Problemzone zu sein schien.

Im Frühjahr 2007 war es dann endlich so weit, wir hatten fünf Schauspieler gefunden, auf die sämtliche Kriterien zutrafen und die bereit waren, das Experiment mit mir zu wagen. In einem zweitägigen Casting bildete ich aus den fünf Darstellerinnen und Darstellern Paare in unterschiedlichen Konstellationen. Wir haben das Casting mit drei Kameras aufgezeichnet, uns die Bänder mehrfach angesehen und uns am Ende für Gesine Cukrowski und Peter Lohmeyer entschieden. Diese Besetzung garantierte für mich eine spannende Mischung aus

Charme, einer gewissen Sprödigkeit, gepaart mit intellektueller, emotionaler und körperlicher Attraktivität. Menschen, denen ich Erfolg im Alltag ebenso abnehme wie heimliche Träumerei. Gesine und Peter waren Schauspieler, die es schaffen würden, den Konflikt zwischen Vergangenheit und Zukunft, zwischen Sicherheit und Traum in allen Nuancen darzustellen und auszubalancieren. Sie haben das bravourös geschafft, und ich habe die Entscheidung für die beiden nicht eine Sekunde bereut.

Die Proben

Ein Kammerspiel hat in meinen Augen zwei Vorteile: Erstens kann man vernünftig proben und zweitens chronologisch drehen. Ich habe beide Vorteile intensiv genutzt. Vor allem die Proben waren für mich – und ich denke auch für die Schauspieler und meinen Kameramann – enorm wichtig. Ich musste ja zudem erst ins Inszenieren hineinfinden. Wenn ich noch dran denke, wie ich bei den Castings ins Schwimmen kam! Noch am Abend des Vortages habe ich mit zwei Schauspielschülern, die mir Katinka Feistl vermittelt hatte, heimlich das Casting geprobt.

Nachdem die Entscheidung für Gesine und Peter gefallen war, nahmen wir uns einen Tag Zeit für eine Sprechprobe. Und 14 Tage vor Drehbeginn nahmen wir uns eine ganze Woche Zeit, das gesamte Buch durchzuproben. Ich hatte meine Wohnung umgeräumt und in etwa der Möblierung und den Maßen der Kulisse angepasst, die in Stuttgart schon gebaut wurde. Szene um Szene haben wir durchgestellt, diskutiert, geschliffen und wiederholt. Dass wir mit wenigen Überstunden durch den Dreh gekommen sind und ein günstiges Drehverhältnis hatten, lag sicher auch daran, dass wir in dieser Probenwoche viele Debatten vorweggenommen haben und zahlreiche Fragen und Probleme klären konnten, die sonst die Arbeit am Set zeitlich wie auch atmosphärisch belastet hätten.

Rudolf Blahacek, mein Kameramann, drehte mit einer kleinen Digitalkamera jede Szene, sobald wir sie durchgestellt hatten und mit dem Ergebnis zufrieden waren. So entstand eine Art filmisches Storyboard. Beim Dreh habe ich dann jeden Abend das Pensum des nächsten Tages noch einmal in diesem Storyboard durchgesehen. Für mich als Anfänger war das eine wichtige Hilfe.

Autor vs. Regisseur

Die Erfahrungen, die ich bei meinem Regiedebüt gemacht habe, sind erwartungsgemäß ambivalent, der Prozess war keinesfalls konfliktarm. Ich brach auf in ein nicht ganz unbekanntes Land, doch der Boden der gestalterischen und filmischen Realitäten im Regiefach erwies sich als härter, felsiger und anders beschaffen, als ich annahm.

Seitdem habe ich einerseits ein noch respektvolleres Verhältnis zum Drehbuch und dessen Schöpfer – andererseits war ich von allen Leuten in meinem Team nur auf einen gelegentlich richtig wütend, den Drehbuchautor Fred Breinersdorfer. Dagmar Leupold, die Autorin der Vorlage, die einen Teil der Dialoge für das Drehbuch lieferte, will ich ausdrücklich von meiner Kritik ausnehmen. Sehr viel Zeit ging in der Vorbereitung des Films mit der Weiterentwicklung und der Anpassung des Drehbuchs drauf. Damit hatte ich nicht gerechnet, aber anscheinend ist das ganz normal. Als Autor macht man sich davon meist kein richtiges Bild.

Als Regisseur musst du ständig Entscheidungen treffen, praktisch immer in einem knappen Zeitlimit. Die meisten Entscheidungen sind definitiv und unumkehrbar. Als Autor kannst du dich vor Entschei-

Breinersdorfer mit Regieassistent Moritz A. Sachs und Kameramann Rudolf Blahacek

dungen lange drücken, deinen Laptop zuklappen und einen Kaffee trinken gehen – oder du kannst dich mit elegant-schwammigen Formulierungen oder Auslassungen vor Entscheidungen drücken, um sie bewusst dem Regisseur zu überlassen.

Für mich als Drehbuchautor war der Text des Scripts nach circa zehn Fassungen rund und in sich schlüssig. Als Regisseur dagegen merkte ich schon bei der ersten Probe, wie viel darin nicht funktionierte, wenn die Schauspieler den Text sprachen. Ich hatte beispielsweise meine liebe Not mit den oft nicht richtig durchdachten emotionalen Auf- und Abschwüngen. Die Dialogcodes, die ich als Autor liebe (in Klammern gesetzte Anmerkungen wie »schreit wütend« oder »leise,

fast zärtlich«) entpuppten sich als expressionistische Fantasiestützen des Autors Fred B., die dem Regisseur Fred B. bei der Inszenierung fast ausnahmslos im Wege standen. Ich tilgte alle in der nächsten Fassung des Buchs und staunte über das Vakuum, das diese Streichungen bei mir aus Autorensicht hinterließen. Ich musste ab diesem Punkt als Regisseur konkrete Verantwortung für die Emotionen übernehmen, sie zusammen mit meinen Schauspielern erarbeiten.

Die offensichtliche Sorglosigkeit meines Autors auch bei den Regieanweisungen und die teilweise erschreckend wenig oder schlecht durchdachten inneren und äußeren Abläufe innerhalb der Szenen waren für kurzzeitige Anfälle von Depressionen verantwortlich, einem psychologischen Erscheinungsbild, zu dem ich normalerweise nicht neige. Die mangelnde Vorstellungskraft des Drehbuchautors Fred B., was die realen Voraussetzungen des Filmemachens am Set und in der Postproduktion anbetrifft, machte mich sprachlos. Ich hatte, wie gesagt, schon öfter zugeschaut, aber es bedurfte der eigenen Praxis, um die Dimension des real Notwendigen und deswegen vorher im Buch Festzuschreibenden richtig zu erfassen.

Nun muss ich an dieser Stelle ausdrücklich den Drehbuchautor Fred B. in Schutz nehmen. Er hat in nicht weniger als zehn Fassungen mit derselben Fantasie, Energie und derselben Sorgfalt gearbeitet, die er stets für sich reklamiert. Aber seine Gestaltungskraft blieb trotzdem inszenierungsfern und damit weit von der Realität des Filmemachens selbst entfernt. Diese von mir schmerzlich empfundene Lücke zwischen Schreiben und Inszenieren wird genau die Ursache für das Gerücht sein, es gäbe eigentlich nur schlechte Drehbücher, wobei sich der Vorwurf immer nur an die Drehbuchautoren und nie gegen Regisseure richtet, die eigene Scripts verfilmen. Allerdings müssten dann folgerichtig die Regisseure die viel besseren Drehbuchautoren sein, was offensichtlich nicht stimmt.

Nach meiner Erfahrung ist eine gewisse Inszenierungsferne des Drehbuchs eine geradezu notwendige Voraussetzung für die Regiearbeit. Die Inszenierung kann nicht »vom Blatt« erfolgen, sie ist ein eigenständiger, wichtiger künstlerischer Schritt. Der Konkretisierungsprozess verlangt Veränderungen des für fertig gehaltenen Buches.

Die trügerische Freiheit des Autors

Wer ein Script verfasst, ist frei. Er kann sich Sätze für die erste Szene erlauben wie eben »Rom brennt«. Die zwei Worte erscheinen auf dem Bildschirm seines Computers, sie werden ausgedruckt. Vor den Augen und Ohren eines jeden Lesers entstehen ganz unterschiedliche Bilder und Töne vom sterbenden Rom in Flammen und Rauch, und deswegen ist alles in diesem Stadium noch inszenatorisch möglich. Eine Feuerwalze, über die sieben Hügel rasend, in weiter Totale mit ungeheurer Bilderwucht? Oder Nahaufnahmen eines verzweifelten Menschen mitten in einem kleinteilig und sorgfältig arrangierten Inferno?

Das Geschriebene wird bei der ersten Lektüre im Kopf des Lesers zur konkreten Vorstellung. Und es bleibt dennoch nur ein erstes Stadium der Visualisierung, noch meilenweit entfernt von jeder konkreten Darstellung im Film. Für die ist der Regisseur verantwortlich. Der Autor dagegen hat seine Arbeit getan, er lehnt sich zurück und sagt zum Regisseur: »Mach mal.« Und der muss machen, ob er will oder nicht. Er muss alle notwendigen Entscheidungen treffen und aus dem fantasiegeborenen Script einen konkreten Film herstellen. Damit haben die meisten Drehbuchautoren ihre Probleme. Anfangs habe ich mich regelmäßig darüber gewundert und oft genug auch geärgert, was aus meinen in aller selbstverständlichen Autorenfreiheit hingeschriebenen und von allen Beteiligten akzeptierten Sätzen gemacht wurde. Natürlich fand ich meine hinter dem Script stehende Vorstellung fast immer besser, stimmiger, filmischer. Ich brauchte ja auch nicht die lange Kette von Entscheidungen zu treffen, die zur Transformation vom Buch zum Film führte. Und nicht selten bekam der Film später von Zuschauern oder der Kritik gerade dort Lob gezollt, wo ich als Autor ihn für »abweichlerisch« und schon aus diesem Grund schlechter fand.

Ich habe am eigenen Beispiel gelernt, dass ab einem bestimmten Punkt die Gestaltungskraft des Autors erschöpft ist, er hat seine Bilder gefunden, sein Werk ist vollendet. Nun beginnt die Phase, in der der Regisseur die Bucharbeit übernehmen muss, um zu seiner Regiefassung zu finden. Denn während der Vorbereitung des Drehs hat sich das Projekt automatisch weiter konkretisiert, es sind erste Anregungen und Kritikpunkte von Seiten der Kollegen gekommen, die sich das Buch vorgenommen haben. Die Motivwahl erfordert Eingriffe, ebenso die Proben mit den Schauspielern. Dem muss der Regisseur Rechnung tragen, nicht der Autor.

Gerade deswegen bin ich der Auffassung, dass der Regisseur, weil er in dieser Projektphase die Bucharbeit übernimmt, keinesfalls automatisch Co-Autor des Drehbuchs ist.

Das Drehbuch ist Anregung, Animation, Gestaltung und Ausformung der Filmidee, sozusagen zweidimensional schwarz auf weiß, gedruckt auf dem Papier. Es ist enorm wichtig in dieser Form. Es muss gut lesbar sein, spannend, neugierig machen, anmachen. Darüber hinaus darf man nicht vergessen, das Drehbuch ist das Wirtschaftsgut, in das von Seiten der Produktion, der Sender, der Förderer und der Finanziers investiert wird. Auf der Basis des Drehbuchs fallen die künstlerischen Entscheidungen der Schauspieler und der Heads of Department.

Die Regiefassung dagegen ist nach meiner Beobachtung zum einen ein eher privates Papier des Regisseurs, Raum für Gedankenexperimente, Ausgangspunkt für kreative Spielereien. Die Regiefassung ist zum anderen etwas eher Dreidimensionales. Die dritte Dimension besteht, wenn man so will, in der Konfrontation der Fantasie mit der Aufnahmerealität, die einem am Set erwartet. Diesem Verständnis kommt der französische Begriff des »Realisateurs« am ehesten entgegen. Die Idee muss geerdet werden, muss umsetzbar werden. Ich habe mich bei meinem Film eher wie der Realisateur und weniger wie der »Director«, der taktstockschwingende Generalintendant eines Films gefühlt. Und ich glaube, das ist auch richtig so.

Es wird einem nicht gelingen, mit drei verschiedenen Kameramännern nach demselben Drehbuch einen identischen Film zu drehen; es werden immer drei unterschiedliche entstehen. Ausstattung, Szenenbild, Kostüm – ich habe als Autor nie intensiver über diese Gewerke nachgedacht, geschweige denn über den Schnitt. Der Regisseur muss auch hier konkret werden, sonst geht es nicht weiter. Wer sich für eine Person entscheidet, entscheidet sich auch für ein künstlerisches Individuum und einen bestimmten Stil. Ich habe mir deswegen sehr genau die Vitae meiner künftigen Partner und ihre Werke angesehen, bevor wir Anfragen hinausgeschickt haben.

Noch bevor die Förderungsanträge Erfolg hatten, mussten wir die Crew weiter arrondieren, ohne zu wissen, ob wir sie würden bezahlen können. Rudolf Blahacek sagte für die Kamera zu. Bettina Rickleffs vom Bayerischen Rundfunk hatte ihn mir als »Meister des Lichts« ans Herz gelegt. Und wo sie Recht hat, hat sie Recht – und darüber hinaus steht Rudolf in diesem Film für meisterhafte 35mm-Bilder von großer künstlerischer und handwerklicher Perfektion. Weil wir – trotz zuletzt doch bewilligter Förderungen – immer knapp bei Kasse waren, was für kleine Kinofilme nicht untypisch ist, waren wir bei der Besetzung der Heads of Department stark vom Entgegenkommen der Kolleginnen und Kollegen abhängig.

Als Regieassistent hatte sich Moritz A. Sachs beworben, der damals 29-jährige Altstar der *Lindenstraße*, wo er seit inzwischen 23 Jahren den Klaus Beimer gibt. Ich dachte, dass einem, der so lange am Set quasi wohnt, keiner mehr was vormachen kann. Dem war so. Dass ich am Ende doch eine hochqualifizierte und hochmotivierte Mann- und Frauschaft an meiner Seite hatte, verdanke ich nicht zu geringen Teilen dem Drehbuch (und eben nicht der Regiefassung), das die Kreativen aller Bereiche spontan zu überzeugen schien.

Lindenstraße (D 1985ff.)

Als Drehbuchautor war ich, nach den schon beschriebenen anfänglichen Irritationen, schon immer überzeugt, dass ich nicht erwarten darf, meine Drehbuchfantasie im Film so umgesetzt zu sehen, wie ich sie mir in meinem Kopf zurechtspinne. Ich war im Gegenteil darauf gespannt, was dabei herauskommt, wenn andere Kreative sich mein Script vornehmen. Ich wünsche mir als Drehbuchautor nicht den besten Regisseur, die qualifiziertesten Schauspieler, den kreativsten Kameramann, Koryphäen in Schnitt, Ausstattung, Szenenbild, Kostüm, Musik und Mischung, nur um ihnen dann kreative Schranken zu setzen (mal ganz abgesehen davon, ob solche Leute das zulassen würden). Wer sich die guten Leute, sogar die besten für einen Film wünscht, muss für sie die Räume öffnen, nicht erst als Regisseur, sondern schon als Drehbuchautor.

Ich habe diese Überlegung als Konzept für meine Regiearbeit genutzt und meinen Kollegen immer wieder gesagt, ich fühle mich wie ein Mittelfeldspieler beim Fußball. Er darf seine Mitspieler nicht zustellen, muss ermöglichen, dass sie Tore schießen, oder den Ball hinten rausbringen. Ein Mittelfeldregisseur in einem echten Team muss bereit und fähig sein, Verantwortung abzugeben, und Neugier besitzen für das, was aus seinen Anregungen entsteht. Er braucht die kreative Toleranz, sehr genau hinzuschauen, bevor er korrigierend eingreift. Die Motivation der Mitspieler zur eigenen Kreativität ist der Motor, genauer, eine konkrete Ursache für eine gute Teamleistung. Ich kann es selbst nicht beurteilen, aber ich hoffe, dass ich ein guter Mittelfeldspieler war.

Schwankender Boden

Der Zwang, die abstrakten, fantastischen Vorstellungen des Schreibers zu konkretisieren, erzeugte bei mir, dem ursprünglich so unbefangen-freien Drehbuchautor, schon sehr früh Unsicherheit. Diese schlich sich schon lange ein, bevor am Set die erste Klappe geschlagen wurde. Ich war nicht gewohnt, die unzähligen kleinen und großen Entscheidungen zeitgerecht vorzubereiten, zu treffen und sie durchzuhalten. Nicht nur finanzielle Limits und andere Sachzwänge fördern diese Unsicherheit zumindest bei einem Anfänger. Ich muss zugeben, dass ich oft damit überfordert war, die Konsequenzen meiner Entscheidungen im Detail zu beurteilen und richtig einzuschätzen. Das geht bei der Auswahl der Heads of Department los, Menschen aus Berufen, mit denen man als Drehbuchautor bisher allenfalls auf Filmpartys Kontakt hatte, und endet noch lange nicht bei der Festlegung der Kameraposition am Drehort, nachdem man die Auflösung einer Szene mit sich selbst ein Dutzend Mal und mit dem Kameramann dreimal besprochen und verändert hat. Auch wenn man durch das Okular schaut, man weiß letztlich nicht, wie die Einstellung in den Mustern aussieht.

Tückisch kann auch die trügerische Sicherheit des Anfängers sein. Ein Beispiel betraf die Farbe der Kostüme und der Dekoration, die ich zunächst einmal rein optisch mit Bettina Marx und Anette Kuhn zusammengestellt hatte. Die Ergebnisse schienen mir völlig überzeugend. Keine Spur von Skepsis beim Regisseur. Nur weil der Kameramann auf Probeaufnahmen mit unserem 35mm-Material beharrte, fanden wir heraus, dass einiges farblich nicht harmonierte. Ganz besonders krass war die Auswahl der Wandfarben für die Innendekoration im Studio, die in natura warm und ocker, in den Probeaufnahmen dagegen grünstichig und kalt wirkten. Zum Glück konnten wir rechtzeitig reagieren.

Ich habe ziemlich schnell meine Unsicherheit im Team thematisiert und um Hilfe und Beratung gebeten. Ich habe diese Appelle nie bereut, gestehe aber ein, dass es mir nicht immer leichtgefallen ist, mit dieser Unsicherheit offen umzugehen. Doch am Ende habe ich mir mit diesem Schritt die Arbeit bestimmt erleichtert.

Besonders eindrucksvoll waren für den inszenierenden Autor die künstlerischen Erfahrungen in der Postproduktion, einem Abschnitt der Filmherstellung, der zeitlich im Herstellungsablauf extrem weit von der Drehbucharbeit entfernt zu sein scheint. Ich habe festgestellt, dass man gerade beim Schnitt und bei der Musik erneut auf das Buch schaut, anknüpft an die dort deutlich werdenden künstlerischen und abstrakt-gestalterischen Intentionen. Doch das ist eine andere Geschichte.

Ein Film von ...

Ich habe als Drehbuchautor immer gegen den possessiven Credit *Ein Film von (Regisseur)* gekämpft. Ein Film ist nicht die schöpferische Leistung eines Einzelnen wie eine Fotografie, ein Gemälde oder eine Skulptur. Ich habe dem Rechnung getragen, indem ich am Ende von ZWISCHEN HEUTE UND MORGEN, unmittelbar vor dem Abspann, zwar auch ein *Ein Film von ...*-Credit eingesetzt habe. Aber dann unser ganzes Team, Schauspieler und Schauspielerinnen, Produzenten, Heads of Department, Komponist, Drehbuchautoren und Regisseur genannt habe. Wir waren ein echtes Team, alle, die an ZWISCHEN HEUTE UND MORGEN mitgewirkt haben, Gesine Cukrowski und Peter Lohmeyer, Rudolph Blahacek, Frank Döhmann, meine Heads. Danke auch den Gästen, allen voran Alexander Held und meiner Schnittmeisterin Hedy Altschiller. Till Brönner möchte ich hochleben lassen, er hat eine wunderbare Großstadtmusik mit vier emotionalen Songs für ZWISCHEN HEUTE UND MORGEN komponiert, arrangiert und gespielt.

Wenn ich früher der Meinung war, es sei jedes Autorenkollegen eigenes Plaisier, ob er Regieerfahrungen sammeln möchte oder nicht, so sage ich gut zwei Wochen, nachdem unser Film technisch fertig-

gestellt und abgenommen ist, und einige Wochen vor dessen Start im Kino: Es müsste jeder von uns Drehbuchautoren mindestens einmal in seinem Leben Regie führen. Und allen Regisseuren wünsche ich, dass sie einmal ein Script verfassen, das ein Regiekollege von ihnen verfilmt.

Ich machte mir zu Beginn meines Ausbruchs und ich mache mir jetzt keine Illusionen: Ich habe nur zwei Chancen. Die erste und die letzte. Wenn ich mit dem Regiedebüt ZWISCHEN HEUTE UND MORGEN k.o. gehe, stehe ich nicht mehr auf. Dass es in unserer Branche Menschen gibt, die sich die Hände reiben, wenn einer eine Bauchlandung macht, hat mich aber eher angespornt als entmutigt.

Das Hütchenspiel
Von regieführenden Autoren und schreibenden Regisseuren

Von Susanne Schneider

Metamorphosen I

Den Drehbuchautor umgibt permanent eine Wolke des Unglücks. Selten nur ist das geschriebene Buch so umgesetzt, wie man es sich vorgestellt hatte, und man kann rabenschwarze Stunden erleben beim Betrachten dessen, was aus dem Buch geworden ist, das man mit viel Einsatz durch die Mühlen der Stoffentwicklung gebracht hatte. Der Kern der Geschichte ist nicht getroffen, der Humor verdampft und verflogen, die Inszenierung lahmt, die Locations sind sinnentstellt

Susanne Schneider beim Dreh zu ES KOMMT DER TAG

den cineastischen Flausen des Regisseurs angepasst, kurz, die Möglichkeiten der Verfehlung sind zahllos. Was nur, so fragt man sich, ist aus meinem Buch geworden? Was ist da passiert? Ganz einfach. Ein Film! Ein Film ist daraus geworden. Das ist passiert.

Aber auch wenn es sich ganz anders verhält, wenn der ewige Traum wahr wird und man das Geschriebene zu schönstem Leben erweckt sieht, wenn man beschenkt wird durch das ganz Andere, Unerwartete, das aber noch viel mehr ins Herz der Geschichte zielt als das, was man selbst sich vorgestellt hatte, ja wovon man vielleicht sogar nicht einmal wusste, wenn also der Film über das Buch hinausreicht, auch dann weiß man nicht, was passiert ist und wodurch der Film so wurde, wie man ihn jetzt sieht.

Der Autor hat die Reiseroute entworfen, sich um die beste aller Touren bemüht, er hat nichts dem Zufall überlassen und sich um alles gekümmert. Die Reise soll großartig werden. Aber er kann nicht mitfahren. Er wird nicht Zeuge, wenn sich Fantasie in Wirklichkeit verwandelt, wenn die Visionen in seinem Kopf sich transformieren in Bilder für alle. Er ist nicht Teil der Mannschaft, die diese Metamorphose bewirkt, er sticht nicht mit in See, sondern verschwindet für die anderen hinter der Nebelbank des Vergessens.

Also weiß er nicht, warum diese oder jene Szene nicht mehr im Film ist, die sich im Buch doch so gut las, er weiß nicht, wieso Dialoge gekürzt oder umgestellt wurden, an denen er lange gefeilt hatte, er weiß nicht, warum der Regisseur sich für eine andere Schauspielerin entschied als die, ohne die er sich den Film nicht vorstellen konnte.

Er sieht das Ergebnis, und er hat nur drei Möglichkeiten: Was passiert ist, gefällt ihm, was passiert ist, gefällt ihm nicht, oder was passiert ist, ist ihm egal.

Ein Autor will verstanden werden, mehr als das, er sehnt sich nach einer Art mentaler Osmose. Der Autor wünscht sich einen Partner, er wünscht sich den Austausch und eine gemeinsame Vision, wie der Film auszusehen hat.

Der Regisseur wiederum wünscht sich jemanden, der den Stoff, für den er sich interessiert, so bearbeitet, dass er ihn sich aneignen kann. Das muss er auch, anders kann er nicht vor die Schauspieler treten, kann er sie nicht inszenieren, er muss an das glauben, was er tut, und er muss überzeugt sein, ein Buch in der Hand zu haben, das er am liebsten selbst geschrieben hätte, wenn er es nur könnte, ein Buch, das ihm und allen anderen, mit denen er arbeitet, Lust macht und für das es lohnt zu kämpfen. Der Regisseur muss das Kunststück vollbringen, den gefräßigen Akt der Einverleibung eines fremden Stoffes mit dem größten Respekt zu vollziehen, ohne sich der Vorlage sklavisch zu beugen.

Es gibt glückliche Verbindungen, beeindruckende Duette zwischen Buch und Regie, bei denen solche Fragen gar nicht erst auftauchen. Es gibt eine Form des Einvernehmens, bei der sich beide gegenseitig befruchten, kreative Tandems, die höchst erfolgreich durch die Filmlandschaft radeln. Das Gros der Autorenschaft aber ist auf der permanenten Pirsch nach Mr. oder Mrs. Right. Bei Stoffen, die einem wirklich wichtig sind, stellt sich immer sofort die Frage: Wem will ich ihn anvertrauen? Wer *kann* es? Was wird er oder sie mit meiner Arbeit anstellen?

Warum aber ist eine solche Partnerschaft, eine solche Bruderschaft im Geiste so schwer zu finden? Warum schreiben so viele Regisseure ihre Bücher selbst, und warum versuchen mehr und mehr Autoren, ihre Stoffe selbst umzusetzen?

Vornehmlich bei Originalstoffen geht es um erzählerische Integrität, um das Bewahren dessen, was einen angetrieben hat, und die Veräußerlichung der inneren Bilder, das Gestalten der filmischen Realität und nicht nur das Erstellen eines Entwurfs.

Der Autor ist dem Können des Regisseurs ausgeliefert, seinen Entscheidungen, seinem Geschmack, seiner Erfahrung, seiner Durchsetzungskraft. Er ist mitgefangen, mitgehangen. Das geht gut oder nicht, entscheidend ist, dass er keinen Einfluss mehr darauf hat, wie sich der Stoff in einen Film verwandelt. Er setzt etwas in Gang mit dem, was er schreibt, er ist im wahrsten Sinne des Wortes Urheber, Vollender ist er nicht.

Wer also will es einem Autor verübeln, diesen Zustand ändern zu wollen? Will er den Film bekommen, den er beim Schreiben im Kopf hatte, dann muss er sein warmes Plätzchen hinterm Schreibtisch verlassen und hinaus in die Kälte, auch auf die Gefahr hin, Fehler zu machen und zu scheitern. Aber es sind dann die eigenen Fehler, es ist das eigene Scheitern, so es denn eintritt. Der Autor übernimmt die künstlerische Verantwortung für die Realisierung seines Stoffes. Er setzt den Regisseurshut auf und verwandelt sich.

Metamorphosen II

Ein Weg entsteht dadurch, dass man ihn geht, hat Franz Kafka gesagt. Wie segensreich, dass man oft am Anfang des Weges nicht weiß, was einen unterwegs so erwartet, man wäre sonst schlichtweg nicht aufgebrochen.

Der Weg zu einem fertigen Film, vor allem fürs Kino, kann endlos sein, nicht selten dauert er Jahre, und keiner kann einem versichern, dass man jemals sein Ziel erreicht. Es gibt Phasen, in denen man ans Aufgeben denkt, zu ungewiss scheint der Ausgang, und man hat doch nur das eine Leben, das an einem vorüberzurasen scheint, während man mühsam wie Herzogs irrer Fitzcarraldo versucht, sein Schiff über den Berg zu ziehen.

FITZCARRALDO (1982; D+R: Werner Herzog)

Gehört man nicht zu den arrivierten Regisseuren im Lande, sondern versucht erstmals, als Autor die Seite zu wechseln, kann dieser Berg verdammt hoch sein. Die Begleitmusik zu dieser Strapaze bilden die verständnislosen Fragen von Produzenten und Redakteuren, warum um Himmels Willen man denn jetzt auch noch Regie führen wolle, es gebe doch weiß Gott genug Regisseure, aber sooo wenig gute Autoren, und aus den Gesichtern glimmt einem die Hoffnung entgegen, der Spuk nehme bald ein Ende, man werde zur Besinnung kommen, und das Projekt komme sowieso nie zustande.

Während dieser Phase wünscht sich der Typ mit dem Regisseurshut den Typen mit dem Autorenhut an die Seite, damit der emsig das Buch weiterentwickelt und die nächste Fassung erstellt, während man sich selbst anderen Aufgaben widmet und so die Gefahr vermeidet, zu seiner eigenen Monokultur zu werden. Das Projekt würde dennoch weiter gedeihen, bis die Stunde geschlagen hat und das Geld zusammengescharrt ist, um wirklich und wahrhaftig den Film zu drehen.

Iris Berben, Sebastian Urzendowsky und Katharina Schüttler in ES KOMMT DER TAG

Aber man ist allein, man muss selber schreiben, auch wenn es gerade kein Aas interessiert und kein Lichtlein am Ende des Tunnels leuchtet. Niemals aufgeben! heißt das Motto, wenn einem zum Beispiel just eine Förderung weggebrochen ist oder man immer noch auf das Go des Senders wartet und überhaupt die ganze Welt von ignoranten, risikoscheuen Idioten bevölkert scheint, die nur an die juvenilen Aus-

würfe der Filmhochschulen glauben oder an den ranzigen Schmelz der Routine.

Man wird sehr ungerecht in solchen Zeiten.

Und man würde sie nicht durchstehen, wenn man nicht wenigstens ein oder zwei unerschütterliche Verbündete hätte, die den steinigen Pfad mitmarschieren und sich das Gelingen der Operation auf die Fahnen geschrieben haben so wie man selbst, die moralische und logistische Aufbauarbeit betreiben, Lösungen finden und auch nach Rückschlägen den Glauben an das Projekt nicht verlieren. You never walk alone.

Paralell zu dieser Phase beginnt die Verwandlung der Idee in Materie. Man ist gezwungen, so zu tun, als ob es den Film in jedem Fall geben wird, egal wie viel Geld zur Realisierung noch fehlt. Ein Produzent, der so zäh wie man selbst das Ziel verfolgt, der mit seiner Zeit und mit Geld ins Risiko geht, ist unabdingbar. Kalkulationen werden erstellt und wieder verworfen, je nach Stand der Dinge, man schraubt die unterste Grenze, womit der Film überhaupt noch zu realisieren ist, bis zur Schmerzgrenze weiter hinunter und lebt vom Prinzip Hoffnung, dass es so schlimm schon nicht kommen wird.

Man setzt sich einen Termin für den Drehbeginn und macht sich auf die Suche nach denjenigen, die das Buch zum Leben erwecken sollen.

Man sucht seine Zaubertruppe.

Man verbringt viel Zeit vor dem DVD-Player, betrachtet die Arbeit von Schauspielern, Kameraleuten, Ausstattern, und man betrachtet sie mit anderen Augen als sonst. Diese Menschen gehören nicht zur Writer's World. Man ist ihnen bislang nur auf Partys begegnet, auf Festivals und Premieren oder bei Bekannten, man fand sie nett oder nicht und hatte nichts beizutragen, wenn sie von ihren Abenteuern bei Dreharbeiten erzählten, man teilte keine Arbeitserfahrung mit ihnen.

Jetzt werden sie zu denjenigen, die entscheidend zum Gelingen des Films beitragen sollen. Sucht man sich einen Kameramann mit Erfahrung, der einen durch die unbekannten Gewässer der Auflösung lotst? Oder sucht man den hochbegabten, unkonventionellen Anfänger, der sich für das Projekt zerfleischen würde, weil es eine Chance für ihn bedeutet? Der Erfahrene kann den Neuling ins Messer laufen lassen, wenn er will, mit dem Unerfahrenen kann man beim Dreh im Chaos versinken. Wer passt zu mir, zum Projekt? Man muss sich verstehen, Sympathie spielt eine große Rolle, ist aber nicht alles. Es braucht auch den Widerstand und die kreative Reibung.

Jetzt werden die Weichen gestellt. Der mit dem Autorenhut hat eine Meinung zu dem, was er sieht und hört, der mit dem Regisseurshut muss Entscheidungen treffen.

Autoren sind Teamplayer, trainiert im Aufnehmen von Meinungen und Argumenten. Nach Buchbesprechungen marschieren sie zurück in ihr Kämmerlein und setzen um, was ihnen eingeleuchtet hat. Hat ihnen etwas nicht eingeleuchtet und setzen sie es deshalb nicht um, können sie davon ausgehen, dass der Regisseur es beim Dreh tun wird, wenn er es unbedingt so haben will. Geht es schief, ist der Autor nicht verantwortlich. Seine Verantwortung hört da auf, wo die Realisierung des Buches beginnt.

Der Regisseur tut gut daran, ebenfalls Meinungen und Argumente aufzunehmen und genau zuzuhören. Er holt sich Ratschläge ein, aber die Entscheidung liegt bei ihm, in seiner Verantwortung. Je nachdem, wie sie fällt, wird das den Film prägen. Genau das hatte der Typ mit dem Autorenhut gewollt, aber es hat seinen Preis.

Autor sein ist ein einsames Geschäft, heißt es. Das ist falsch, zumindest im Sinne Walter Benjamins, der Einsamkeit als ein reflexives Phänomen beschrieb, man ist es nämlich nur in Bezug auf andere, die man als nicht einsam ansieht. Ansonsten ist man alleine. Der Autor also verrichtet seine Arbeit alleine, aber er ist deshalb nicht einsam, wenn man dieser Definition folgt.

Der Regisseur jedoch kann ziemlich einsam sein, obwohl und gerade weil er ständig von Menschen umgeben ist, ständig im Zentrum des Geschehens, speziell beim Drehen. Aber niemand überblickt so wie er das gesamte Projekt und kann einschätzen, was die Dinge in ihrer Konsequenz bedeuten. Der Produzent hat das große Ganze im Auge, ist nicht immer vor Ort, die einzelnen Departments haben ihre jeweiligen Bereiche, Schauspieler haben ihre eigenen Probleme, der Regisseur aber hat mit allen zu tun, bei ihm laufen die Fäden zusammen. Eine bestimmte Szene ist beispielsweise für innen geschrieben, aber außen wäre sie viel schöner, hätte viel mehr Atmosphäre. Der Wetterbericht sagt 50 Prozent Regenwahrscheinlichkeit voraus. Alle schauen auf den Regisseur, und die Produktion malt mit Grabgesängen die Konsequenzen an die Wand, wenn der Dreh nach draußen verlegt wird und es dann regnen sollte.

Was also tun? Wie dem Autor bleibt auch dem Regisseur oft nichts anderes, als auf seine innere Stimme zu hören, seinem Instinkt zu vertrauen und sich dem zu verschreiben, was für die Geschichte am besten ist. Doch das Risiko des Autors ist überschaubar, die Korrektur seiner Irrtümer kostenfrei, das Risiko des Regisseurs hat Folgen und kostet, wenn's schief geht, meistens Geld.

Nicht durch unsere Entdeckungen, durch unsere Ahnungslosigkeit bewegen wir uns sicher durchs Leben, hat mal jemand gesagt. Hier ist der Autor, der gerade Regisseur geworden ist, vielleicht sogar besser dran als der alte Hase, dem es schon etliche

Drehtage verregnet hat und der genau weiß, was das heißt. Der Autor, der Regisseur geworden ist, kann sich zwar denken, was das bedeutet, aber er hat es noch nicht erlebt, also ist er wie ein Kind, das einfach das schönere Spielzeug haben will. Natürlich dreht er draußen.

Der erstaunlichste Teil der Metamorphose, in der die Raupe Drehbuch sich in den Schmetterling Film verwandelt, findet während des Drehs statt, das ist der eigentliche Reality-Check. Und während dieser Phase der Arbeit ist von entscheidendem Vorteil, wenn es der Autor ist, der Regie führt, denn er kann jederzeit reagieren. Der Regisseur bemerkt, dass eine Szene nicht so funktioniert, wie der Autor sie schrieb, die Schauspieler haben eine bessere Idee, der Kameramann macht eine Anregung, der Drehplan kann nicht eingehalten werden, weil das Pensum zu hoch ist und man kürzen muss. Viele Faktoren spielen eine Rolle, wenn in letzter Minute Änderungen am Buch vorgenommen werden müssen. Also muss sich der Regisseur beim Dreh immer wieder den Autorenhut aufsetzen und nach der optimalen szenischen Lösung suchen.

Die Regisseurin beim Drehbuchstudium mit Katharina Schüttler

Egal wie groß der Stress ist, egal ob die Probleme am Set gerade ins Uferlose wachsen, es macht nichts, man wird sie bewältigen. Entscheidend ist: Der Autor weiß, warum am Buch Änderungen vorgenommen werden müssen, und er ist es, der sie vornimmt. Ein Dialog, den er beim Schreiben für immens wichtig hielt, wird plötzlich überflüssig, weil das Spiel der Schauspieler viel besser ausdrückt, was erzählt werden soll. Eine Location ist nicht zu bekommen, also muss die Szene für ein anderes Setting umgeschrieben werden. Und so weiter.

Der Autor ist Teil des Prozesses, und nichts geschieht über seinen Kopf hinweg. Er wird nicht genau den Film bekommen, den er beim Schreiben im Kopf hatte, denn es geht nicht ohne Kompromisse, ohne Einschränkungen. Meist sind sie finanzieller Natur, oder der Schauspieler, den er unbedingt haben wollte, ist bereits anderswo engagiert, oder man bekommt nicht so viel Geld, wie man ursprünglich dachte. Aber für eines wird er sorgen, koste es, was es wolle: dass die Essenz dessen, worum es ihm beim Schreiben ging, erhalten bleibt, gestärkt wird und zum Tragen kommt. Sie wird bereichert durch das, was seine Partner beisteuern, und er wird feststellen, dass sie aufgrund ihrer Erfahrung manchmal besser wissen als er, wie man seine erzählerische Absicht zum Klingen bringt. Und wenn der Typ mit dem Regiehut es richtig angestellt hat, dann ist eine Truppe am Werk, die nur eines will: einen guten, einen sehr guten Film machen.

Hier, trotz aller auftretenden Schwierigkeiten, trotz aller Ohnmachtsgefühle, die den Regieneuling manchmal beschleichen, und obwohl er sich ab und an vorkommt, als rausche ein ICE über ihn hinweg, liegt die Quelle tiefer Befriedigung. Deshalb hat man sein warmes Plätzchen hinterm Ofen verlassen und steht schlotternd vor Kälte morgens um fünf an irgendeiner Landstraße oder auf dem schäbigen, nach Urin stinkenden Rastplatz einer Autobahn. Man sieht seine Geschichte wachsen und werden, man ist Teil des Entstehungsprozesses, man gestaltet ihn.

Forscher haben herausgefunden, dass wir Stress nicht empfinden, weil wir zu viel arbeiten. Stress entsteht, wenn wir das Gefühl haben, die Kontrolle über unser Leben zu verlieren und den Dingen hilflos ausgesetzt zu sein. In diesem Sinne ist die Arbeit des regieführenden Autors kein Stress, auch wenn er 18-Stunden-Tage zu bewältigen hat und über Monate hinweg Dauereinsatz zeigen muss. Was den Autor antreibt, das Erzählen von Geschichten, kann er als Regisseur fortsetzen, es ist dieselbe Arbeit mit anderen Mitteln.

Metamorphosen III

Es ist eine Binsenweisheit, dass ein Film dreimal entsteht: beim Schreiben, beim Drehen und beim Schnitt. Sind die Aufregungen des Drehs vorbei, die letzte Klappe gefallen, kommt der Autor zum ersten Mal wieder in vertraute Gefilde: Es ist die Abgeschlossenheit und Ruhe des Schneideraums. Genau wie er beim Schreiben sitzt da einer allein am Tisch, arbeitet vor sich hin, probiert dieses und jenes, schiebt hin und her, zunächst ohne bei seinen Versuchen beobachtet zu werden.

Susanne Schneider mit Team bei Außenaufnahmen im Elsass

Schneiden ist wie Schreiben, nur sind die Versatzstücke größer. Es ist, als habe man nur einen bestimmten Baukasten mit Worten zur Verfügung. Es geht nicht alles, aber es geht erstaunlich viel.

Und auch hier, bei dieser letzten Phase, macht man die erstaunliche Entdeckung, dass nicht alles so funktioniert, wie man dachte. Was man beim Schreiben, beim Drehen im Kopf hatte, stellt sich, Material geworden, nochmal anders dar und muss neu auf seine Wirkung überprüft werden. Auch erfahrenen Regisseuren geht das so, es ist eben nicht alles plan- und vorhersehbar. Manches, was man beim Dreh schon ahnte, bewahrheitet sich, und man ärgert sich, dass man nicht gleich reagierte, die Szene nochmal drehte oder anders inszenierte. Anderes wiederum funktioniert, in einen leicht anderen Kontext gestellt, erstaunlich gut.

Ein guter Cutter ist ein Geschenk, genauso wie ein guter Kameramann. Gut meint hier nicht die reine Handwerklichkeit, die ist austauschbar. Gut meint, dass einer in den Kern der Geschichte schauen kann, dass er sie beherzt zu seiner eigenen macht, dass sein Antrieb gleich getaktet ist und er auch ohne viel Worte genau weiß, was gemeint ist. Gut meint, dass man sich auch kritisch auseinandersetzt im Wissen, der andere will dasselbe und man sucht gemeinsam nach dem besten Weg.

Der Schnitt ist die einzige Phase, in der beide Hüte gleichzeitig getragen werden, Regisseur und Autor sind eins. Man kürzt, stellt um, erfindet neu, das Material steht auf dem Prüfstand. Ungenauigkeiten des Buches treten beim Schnitt noch einmal gnadenlos zutage, der Autor schwört sich, beim nächsten Buch wirklich alle weichen Stellen auszumerzen. Der Autor und der Regisseur sind sich einig, was sie erzählen wollen, und danach richten sich ihre Entscheidungen im Schneideraum. Auch das ist ein schmerzvoller Prozess, der Regisseur hängt an bestimmten Szenen, weil sie fantastisch gespielt sind, der Autor, weil sie gut geschrieben sind. Es nützt nichts. Meint man es ernst, muss man derlei Eitelkeiten über Bord werfen.

Manche Szenen möchte der Regisseur loswerden, weil er sie nicht richtig inszeniert hat, aber der Autor weist ihn darauf hin, dass diese Szene dramaturgisch unverzichtbar ist. Wie beim Schreiben stellt man auch beim Schneiden fest, wie unerwartet weit man den Komprimierungsprozess treiben kann, ohne dass die Geschichte Schaden nimmt. Nein, der Autor hat nicht genau den Film, den er sich beim Schreiben vorgestellt hat. Ist alles gut gegangen, hat er einen besseren. Ist es nicht gut gegangen, weiß er warum.

Er hat einen Prozess durchlaufen, der ihn Demut gelehrt hat und Dankbarkeit gegenüber seinen Mitstreitern, und er wird feststellen, dass er nun gnädiger über Filme der Kollegen urteilt als bislang. Er weiß um die Zwänge und Nöte des Prozesses, er ist mit der normativen Kraft des Faktischen kollidiert. Er sieht die Arbeit des Regisseurs mit anderen Augen, ebenso auch seine eigene. Wenn ihm bei seinem nächsten Buch alle versichern sollten, wie genial und wunderbar es ist, so wird er doch wissen, dass er »nur« das Fundament zum fertigen Film gelegt hat. Das ist eine unverzichtbare und eine große Menge, aber eben nicht alles.

Selbst wenn viele Autoren die Ambition, Regie zu führen, gar nicht verspüren und die Zusammenarbeit mit einem Regisseur durchaus schätzen, sollten regieführende Autoren so selbstverständlich werden wie schreibende Regisseure. Die Geschichte zeigt, dass wunderbare Filme dabei entstehen können.

Man muss nicht immer beide Hüte tragen wollen, man ist nicht unbedingt immer der beste Regisseur für den Stoff, den man schreibt. Aber einen Stoff von Anfang bis Ende erzählen zu können ist eine Erfahrung, die ich jedem Autor wünsche.

Mit Dank an meine wunderbare Truppe von ES KOMMT DER TAG

ES KOMMT DER TAG (2009; D+R: Susanne Schneider)

Die Kamera als Federhalter
Immer mehr amerikanische Drehbuchautoren wechseln ins Regiefach

Von Lars-Olav Beier

Paul Haggis bei den
Dreharbeiten zu
IN THE VALLEY OF ELAH

Er sitzt auf einem Stuhl, wippt nervös mit dem Knie und faltet die Hände. Ein leichter Schweißfilm liegt auf seiner Stirn. Der Mann ist ein werdender Vater, der unruhig auf die Geburt seines Kindes wartet. Er ist einer der glücklichsten Menschen auf dem ganzen Planeten – und der unglücklichste zugleich. Denn er muss das Baby, noch bevor es zur Welt kommt, zur Adoption freigeben. Er hat es gezeugt; ausgetragen und aufgezogen wird es von anderen. Aber daran mag er nicht denken in diesem Moment. Denn der Mann ist ein Drehbuchautor und sitzt in einem Filmstudio, dem Kreißsaal des Kinos. Er heißt Charlie Kaufman, und gerade nehmen sehr viele sehr hektische Men-

Die Kamera als Federhalter

schen um ihn herum die Verfilmung seines Drehbuchs *Being John Malkovich* in Angriff. Da tritt ein junger Mann zu ihm und sagt: »Wir drehen gleich. Würden Sie bitte den Set verlassen?« Kaufman blickt den Mann ungläubig an, dann geht er widerwillig aus der Halle, irrt über das Gelände des Studios und fragt sich: Was habe ich hier verloren?

Autoren müssen draußen bleiben in dem Film, in dem der Drehbuchautor Charlie Kaufman von seiner professionellen Passion erzählt, dem Schreiben für die Leinwand. In ADAPTATION, inszeniert vom Regisseur Spike Jonze, der bereits Kaufmans Drehbuch zu BEING JOHN MALKOVICH verfilmt hatte, spielt Nicolas Cage den Autor Kaufman, dessen Haare schon dünn werden, weil er sie sich viel zu oft über das Erfinden von Geschichten und Figuren gerauft hat, dessen Bauch sich wölbt, als ginge er nicht nur geistig, sondern auch körperlich schwanger mit seinem neuen Projekt. Der Zuschauer, der Kaufman bei der Adaption eines Romans über Orchideen zusieht, wird Zeuge der schweren Geburt. »Keine Waffen, kein Sex, keine Schmonzette« lautet die Devise des Filmhelden Kaufman in ADAPTATION, doch die Blumen des Romans bringen seine Fantasie lange nicht zum Blühen. Dann schließlich findet er die Lösung: in Waffen, Sex und einer Schmonzette. Da begreift der Zuschauer: Vater werden, das ist schwer, in Hollywood noch um so mehr. Und danach soll man das Kind einfach weggeben?

Gewiss wurde der Autor Kaufman, 1958 in New York geboren, niemals vom fünften, sechsten oder siebten Regieassistenten des Sets verwiesen wie der Filmheld Kaufman in ADAPTATION. Nicht nur Spike Jonze vertraute er gleich zweimal Verfilmungen seiner Drehbücher an. Für den Regisseur Michel Gondry schrieb Kaufman HUMAN NATURE und ETERNAL SUNSHINE OF THE SPOTLESS MIND) – wie Jonze kümmerte sich auch Gondry liebevoll um die Ausgeburten seiner Fantasie. Kaufmans Arbeit wurde nicht nur gewürdigt, sondern gefeiert und mit Preisen überhäuft. Er gewann den Oscar für ETERNAL SUNSHINE (zusammen mit Michel Gondry und Pierre Bismuth, die beide einen Credit für ihre Mitwirkung bei der Entwicklung der Story haben). Zuvor war Kaufman für BEING JOHN MALKOVICH und ADAPTATION bereits zweimal für Academy Awards nominiert gewesen. Er war der heimliche Star seiner Filme, der mit bizarren Ideen Hollywoods Erzählkonventionen zu revolutionieren schien. Kaufman konnte sich die Regisseure aussuchen, sie mussten sich seiner Drehbücher als würdig erweisen. Und doch wuchs in ihm der Wunsch, selbst derjenige zu sein, der seine Kinder eines Tages aus dem Haus lässt. 2007 inszenierte er sein erstes Drehbuch: Sein Kino-Regiedebüt SYNECDOCHE, NEW YORK erzählt von einem Theaterregisseur (gespielt

ADAPTATION (Adaption; 2002; D: Charlie Kaufman; R: Spike Jonze)

BEING JOHN MALKOVICH (1999; D: Charlie Kaufman; R: Spike Jonze)

Charlie Kaufman

HUMAN NATURE (2001; D: Charlie Kaufman; R: Michel Gondry)

ETERNAL SUNSHINE OF THE SPOTLESS MIND (Vergiss mein nicht; 2004; D: Charlie Kaufman; R: Michel Gondry)

SYNECDOCHE, NEW YORK (2007; D+R: Charlie Kaufman)

von Philipp Seymour Hoffman), der sein eigenes Leben nachinszeniert
– und damit nach Jahrzehnten noch nicht fertig ist, weil er im wahrsten Sinne des Wortes sein eigener Autor ist und seine Geschichte bis zum Totenbett immer wieder umschreiben muss.

Die doppelte Staatsangehörigkeit

Kaufman ist nur einer von vielen amerikanischen Drehbuchautoren, die in den letzten Jahren ins Regiefach wechselten. Stephen Gaghan, 1965 in Kentucky geboren, der für sein Drehbuch zum Drogen-Epos TRAFFIC den Oscar erhalten hatte, inszenierte nach seinem Regiedebüt ABANDON den Oscar-prämierten Politthriller SYRIANA. Paul Haggis, der 1953 im kanadischen Bundesstaat Ontario zur Welt gekommen war und seit den 1970er Jahren als Autor für zahlreiche TV-Serien gearbeitet hatte, erhielt 2004 eine Oscar-Nominierung für das beste adaptierte Drehbuch (MILLION DOLLAR BABY) und reüssierte schon im Jahr darauf bei den Academy Awards als Regisseur des besten Films (CRASH). Tony Gilroy, 1956 in Manhattan geboren, hatte Robert Ludlums Romane um den CIA-Agenten Jason Bourne für die Leinwand adaptiert, bevor er 2007 den Justizthriller MICHAEL CLAYTON nach eigenem Drehbuch inszenierte. Alan Ball, 1957 in Georgia geborener Autor von AMERICAN BEAUTY, führte 2008 bei der Verfilmung von Alicia Erians Roman *Towelhead* über die Jugend einer jungen Muslimin in den USA Regie. Guillermo Arriaga, 1958 in Mexico City zur Welt gekommen, war für seine Drehbücher zu den von Alejandro González Iñárritu inszenierten Filmen AMORES PERROS und BABEL vielfach preisgekrönt worden, bevor er im September 2008 auf den Festspielen von Venedig sein Regiedebüt THE BURNING PLAIN vorstellte – und damit den Oscar-nominierten Autoren Scott Frank, Susannah Grant und John August folgte, die ebenfalls vom Schreibtisch hinter die Kamera gewechselt waren.

»Ein großes Jahr für die doppelte Staatsangehörigkeit« kommentierte im März 2007 die *Los Angeles Times* die neue Flut von Autoren-Regisseuren im amerikanischen Film. Tatsächlich haben es wohl noch nie zuvor in der Geschichte Hollywoods so viele Drehbuchautoren in so kurzer Zeit über den zweiten Bildungsweg zur Regie geschafft wie in den letzten fünf Jahren. Dabei waren Berufswechsel wie diese in Hollywood jahrzehntelang gar nicht vorgesehen. Im extrem arbeitsteiligen System der Filmproduktion, das die großen Studios in den 1930er und 1940er Jahren perfektionierten, bekamen Quereinsteiger nur selten eine Chance. Ein Autor, der sein eigenes Buch inszeniert, war so exotisch wie ein Ingenieur, der in die Montagehalle geht, um das Auto zusammenzuschrauben, das er entworfen hat. In Hollywood

---

TRAFFIC (2000; D: Stephen Gaghan; R: Steven Soderbergh)

ABANDON (2002; D+R: Stephen Gaghan)

SYRIANA (2005; D+R: Stephen Gaghan)

MILLION DOLLAR BABY (2004; D: Paul Haggis; R: Clint Eastwood)

CRASH (L.A. Crash; 2004; D: Paul Haggis, Bobby Moresco; R: Paul Haggis)

MICHAEL CLAYTON (2007; D+R: Tony Gilroy)

AMERICAN BEAUTY (1999; D: Alan Ball; R: Sam Mendes)

Alicia Erian: *Towelhead* (Simon & Schuster 2008)

TOWELHEAD (2007; D+R: Alan Ball)

AMORES PERROS (2000; D: Guillermo Arriaga; R: Alejandro González Iñárritu)

BABEL (2006; D: Guillermo Arriaga; R: Alejandro González Iñárritu)

THE BURNING PLAIN (2008; D+R: Guillermo Arriaga)

Rachel Abramowitz: *A Big Year for On-Screen Dual Citizenship*. Los Angeles Times (18.3.2007)

Philipp Seymour Hoffman in SYNECDOCHE, NEW YORK

herrschte ein hochindustrielles Kastenwesen: »Hier in Amerika sind selbst die Gebäude spezialisiert«, erzählte Billy Wilder. »Gebäude nur für Rechtsanwälte, Medical Buildings für Ärzte oder eben *Writers' Buildings* für Autoren.« Der Autor bekam seine Stoffe, der Regisseur seine Drehbücher, der Star seine Rollen – und das Studio kontrollierte den gesamten Herstellungsprozess.

Billy Wilder in: Neil Sinyard/Adrian Turner: *Billy Wilders Filme* (Spiess 1980, S. 18)

»Die Studios wollten damals nicht, dass die Autoren auf den Set kamen«, erzählte der Drehbuchautor und spätere Regisseur Richard Brooks. »Drehbuchautoren haben die Angewohnheit, ständig zu fragen: ›Warum ändert ihr das? Warum ändert ihr mein Buch?‹ Dann hieß es meistens: ›Bleib lieber zu Hause und schau dir den Film an, wenn er fertig ist.‹« Billy Wilder schimpfte gar: »Viele Regisseure können nicht lesen. Das hat mich so geärgert, dass ich mir gesagt habe: ›Wenn die so blöd sind, musst du selbst Regisseur werden.‹« Doch in Hollywoods Studiosystem war ein Autor, der Regie führen wollte, um sein Drehbuch vor fremden Übergriffen zu bewahren, ein Querulant, vielleicht sogar ein Rebell, in jedem Fall eine potenziell zersetzende Kraft. So gelang es nur wenigen Autoren wie Wilder, Brooks, Preston Sturges oder John Huston, als Regisseur Karriere zu machen. Erst in den 1950er und 1960er Jahren, als die Studios immer mehr an Macht verloren, löste sich auch die strikte

Richard Brooks im Gespräch mit Gerhard Midding und Lars-Olav Beier. In: Filmbulletin (2/1987, S. 28)

Sinyard/Turner: *Billy Wilders Filme* (a.a.O., S. 19)

Arbeitsteilung zwischen Drehbuchschreiben und Regieführen nach und nach auf.

Für die Regisseure des New Hollywood, für Martin Scorsese, Steven Spielberg, Brian De Palma oder Francis Ford Coppola, war es bei ihren Anfängen in den 1960er Jahren schon fast selbstverständlich, dass sie ihre Drehbücher selbst schrieben (oder zumindest maßgeblich daran mitwirkten) und sie danach in Szene setzten. Später arbeiteten sie mit Autoren wie Paul Schrader zusammen (er schrieb TAXI DRIVER für Scorsese oder OBSESSION, mit Robert Towne (er half Coppola beim THE GODFATHER-Drehbuch und schrieb für Hal Ashby SHAMPOO) oder mit Lawrence Kasdan (er entwickelte mit Spielberg das INDIANA JONES-Abenteuer RAIDERS OF THE LOST ARK und für George Lucas das STAR WARS-Sequel THE EMPIRE STRIKES BACK). Es ist wohl kein Zufall, dass diese Autoren nach dem Ende der New-Hollywood-Ära, als die Studios die kreativen Freiheiten der Regisseure, Autoren und Schauspieler wieder einschränkten, ins Regiefach wechselten.

Ende der 1970er und Anfang der 1980er Jahre debütierten in Hollywood eine ganze Reihe renommierter Autoren als Regisseure: 1978 führte Schrader bei der Milieustudie BLUE COLLAR Regie, 1981 reüssierte Kasdan mit dem Film noir BODY HEAT und drehte Oliver Stone, der zuvor das Drehbuch zu Alan Parkers Drogen-Thriller MIDNIGHT EXPRESS geschrieben hatte, den Horrorfilm THE HAND. 1982 stellte Towne seine erste Inszenierung PERSONAL BEST vor und Barry Levinson, der als Autor für die Regisseure Mel Brooks und Norman Jewison gearbeitet hatte, seinen Regie-Erstling DINER. Die Autoren traten aus dem Schatten ihrer Regisseure, die in den 1970er Jahren erstmals in der Geschichte Hollywoods größere Stars geworden waren als die Schauspieler. Ein Spielberg-, Scorsese- oder Coppola-Film war eine Marke – und der Autor, der ihn geschrieben hatte, galt nur als Hilfskraft zum Geniestreich. Doch Kasdan, Towne, Stone oder Levinson wollten mehr sein und fingen an, Regie zu führen. Einige von ihnen hatten zudem das Ziel, persönlichere Geschichten zu erzählen als die, für die Hollywood sie bislang beauftragt und reich entlohnt hatte: Levinson etwa von seiner Jugend in Baltimore, Stone von seinen Erfahrungen in Vietnam.

Endlich auf dem Fahrersitz

Ein ähnlicher Autor, der nach großen Erfolgen im Genrekino zur Regie wechselte, um Seitenarme des Mainstreams zu erkunden, ist im heutigen Hollywood Tony Gilroy. Er hatte unter anderem an dem Blockbuster ARMAGEDDON mitgeschrieben, bevor er 2002 zusam-

---

TAXI DRIVER (1976; D: Paul Schrader; R: Martin Scorsese)

OBSESSION (Schwarzer Engel; 1976; D: Paul Schrader; R: Brian De Palma)

THE GODFATHER (Der Pate; 1972; D: Francis Ford Coppola, Mario Puzo; R: F.F.C.)

SHAMPOO (1975; D: Robert Towne, Warren Beatty; R: Hal Ashby)

RAIDERS OF THE LOST ARK (Jäger des verlorenen Schatzes; 1981; D: Lawrence Kasdan; R: Steven Spielberg)

THE EMPIRE STRIKES BACK (Das Imperium schlägt zurück; 1980; D: Leigh Brackett, Lawrence Kasdan; R: Irvin Kershner)

BLUE COLLAR (1978; D: Leonard Schrader, Paul Schrader; R: Paul Schrader)

BODY HEAT (1981; D+R: Lawrence Kasdan)

MIDNIGHT EXPRESS (12 Uhr nachts; 1978; D: Oliver Stone; R: Alan Parker)

THE HAND (Die Hand; 1981; D+R: Oliver Stone)

PERSONAL BEST (1982; D+R: Robert Towne)

DINER (1983; D+R: Barry Levinson)

ARMAGEDDON (1998; D: Jonathan Hensleigh, J.J. Abrams, Robert Roy Pool, Tony Gilroy, Shane Salerno; R: Michael Bay)

men mit William Blake Herron mit dem Drehbuch zu THE BOURNE IDENTITY die Grundlage für das erfolgreichste Thriller-Franchise des neuen Jahrtausends schuf. Doch schon beim zweiten Teil der Serie, THE BOURNE SUPREMACY, überschrieb der Regisseur Paul Greengrass das Drehbuch von Gilroy mit seiner eigenen Handschrift. Er inszenierte genau in dem gleichen nervös pulsierenden, von Handkamera, Reißschwenks und sehr kurzen Einstellungen geprägten Stil seines vorherigen Films BLOODY SUNDAY, für den er 2002 bei der Berlinale den Goldenen Bären erhalten hatte. Das extrem erfolgreiche Sequel THE BOURNE SUPREMACY wurde zum Inbegriff des modernen Actionfilms – und Greengrass galt nun als Autorenregisseur, der Hollywood erobert hatte. Viele Regisseure ahmten Greengrass nach – sogar der durch sein konzentriertes Drama MONSTER'S BALL bekannt gewordene Regisseur Marc Forster bei seinem James-Bond-Film QUANTUM OF SOLACE. Im Vergleich dazu ging Gilroys Leistung unter.

THE BOURNE SUPREMACY und dessen Nachfolger THE BOURNE ULTIMATUM sind Filme, die ihre Drehbücher als Treib-Stoff für eine frenetische Inszenierung verbrennen, die niemals innehalten, sondern von Anfang bis Ende hyperventilieren. In Gilroys Regiedebüt MICHAEL CLAYTON dagegen ist schon in den ersten Bildern ein ganz anderer erzählerischer Atem zu spüren. Die Kamera erkundet nachts die leeren Räume einer großen Anwaltskanzlei in zumeist statischen Einstellungen. Aus dem Off ist die Stimme eines Mannes zu hören, der erst 20 Minuten später zu sehen sein wird. Er ist offenbar selbst Anwalt und steigert sich gerade in eine Schimpftirade über seinen Berufsstand hinein, redet von einer »Patina aus Scheiße«, während die Kamera die edle Einrichtung der Kanzleiräume zeigt und einem Büroboten folgt, der einen kleinen Wagen mit Akten über die Flure schiebt. »Nun ist es so weit«, sagt der Mann aus dem Off schließlich und spricht einen anderen Mann namens Michael an, der aber weder zu sehen noch zu hören ist. In dem Augenblick schiebt der Bote den Aktenwagen in einen Raum, in dem zahllose Anwälte fieberhaft arbeiten.

Von Beginn seines Films an arbeitet Gilroy an der Entschleunigung des Thrillers. MICHAEL CLAYTON wirkt in vieler Hinsicht wie ein Gegenmodell zu den BOURNE-Filmen: Die physische Aktion ist auf ein Minimum reduziert, das Innenleben der Figuren wird langsam entfaltet, der Held ist kein Mann der Tat, sondern des Wortes. Doch Michael Clayton, gespielt von George Clooney, ist nicht mal ein guter Anwalt. »Ich bin der Ausputzer«, sagt er selbst über seinen Job in der Kanzlei. »Je weniger Schweinerei entsteht, desto weniger muss ich wegräumen.« Nun soll Clayton einen Kollegen und guten Freund, der plötz-

THE BOURNE IDENTITY (Die Bourne Identität; 2002; D: Tony Gilroy, William Blake Herron, nach dem Roman von Robert Ludlum; R: Doug Liman)

THE BOURNE SUPREMACY (Die Bourne Verschwörung; 2004; D: Tony Gilroy, nach dem Roman von Robert Ludlum; R: Paul Greengrass)

BLOODY SUNDAY (D+R: Paul Greengrass)

MONSTER'S BALL (2001; D: Milo Addica, Will Rokos; R: Marc Forster)

QUANTUM OF SOLACE (Ein Quantum Trost; 2008; D: Paul Haggis, Neal Purvis, Robert Wade; R: Marc Forster)

THE BOURNE ULTIMATUM (Das Bourne Ultimatum; 2007; D: Scott Z. Burns, George Nolfi, Tony Gilroy, nach dem Roman von Robert Ludlum; R: Paul Greengrass)

Tony Gilroy

lich die kriminellen Machenschaften eines Lebensmittelkonzerns publik machen will, statt ihn vor Gericht zu verteidigen, wieder zur Räson bringen. Und weil Clayton weiß, dass er dies nicht schaffen wird, wirkt Clooney in diesem Film ausnahmsweise nicht cool und lässig, sondern gerät einige Male außer sich, er grinst nicht schelmisch, wie man es von ihm kennt, sondern sieht meist sorgenvoll, bisweilen gar verzweifelt um sich. Die letzte Einstellung des Films zeigt ihn minutenlang auf dem Rücksitz eines Taxis, gedankenverloren blickt er aus dem Fenster. Wohin er fahren wolle, fragt ihn der Fahrer. Clooney zückt einen 50-Dollar-Schein und sagt: »Irgendwohin.« Den Fahrer, der kaum zu sehen ist, spielt Gilroy selbst. Seht her, sagt er damit, nun habe ich auf dem Fahrersitz Platz genommen, und die Stars vertrauen mir blind.

George Clooney in
MICHAEL CLAYTON

Zitiert nach: Abramowitz:
A Big Year (a.a.O.)

    Bei der Oscar-Verleihung 2008 wurde Gilroy für MICHAEL CLAYTON gleich zweimal nominiert: als Autor und als Regisseur. Dabei hatte er fünf Jahre lang hart um seinen ersten Regie-Job kämpfen müssen. So lang musste er in Hollywood antichambrieren, um einen zugkräftigen Star für das Projekt zu gewinnen. »Dass Stars so kapriziös sind, machte es noch schwieriger«, beklagte er. »Man muss lange warten, bis sie lesen, was man ihnen schickt, selbst als bekannter Autor.« Nachdem ein Investor einen Teil des eher bescheidenen Budgets von rund 25 Millionen Dollar für MICHAEL CLAYTON bereitgestellt hatte, bekam Gilroy einen Termin bei George Clooney. Zwei Jahre zuvor hatte der Star Gilroys Drehbuch noch abgelehnt.

Nun sagte er zu – nicht zu seinem Schaden. Denn für MICHAEL CLAYTON sollte Clooney später seine erste Oscar-Nominierung als bester Hauptdarsteller erhalten. Was mag seine Meinung über die Zusammenarbeit mit Gilroy geändert haben? Vielleicht die Tatsache, dass Clooney 2006 als bester Nebendarsteller ausgezeichnet worden war – für SYRIANA, das Regiedebüt von Drehbuchautor Stephen Gaghan.

Autoren, Stars und Star-Autoren

Es ist auffällig, dass Filme, die auf Drehbüchern von Haggis, Kaufman, Gaghan oder Arriaga basierten, ihren Darstellern überdurchschnittlich viele Oscars und Oscar-Nominierungen einbrachten: Hilary Swank gewann die begehrte Trophäe für die beste Hauptrolle als Boxerin in MILLION DOLLAR BABY, in Nebenrollen wurden Benicio del Toro für TRAFFIC, Morgan Freeman für MILLION DOLLAR BABY und Chris Cooper für ADAPTATION ausgezeichnet; Nominierungen erhielten Meryl Streep und Nicolas Cage für ADAPTATION, Adriana Barraza und Rinko Kikuchi für BABEL sowie Kate Winslet für ETERNAL SUNSHINE OF THE SPOTLESS MIND. Diese Bilanz macht deutlich, dass Schauspieler ihre Auszeichnungen oft mehr ihren gut geschriebenen Rollen verdanken als der Darstellerführung ihrer Regisseure. So konnten Haggis, Kaufman, Gaghan und Arriaga die Stars mit ihren Drehbüchern anlocken und sie zudem dazu bewegen, für den Bruchteil ihrer üblichen Gage zu arbeiten; mit den Stars zum Billigtarif überzeugten die Autoren dann ihre Geldgeber, ihnen die Regie anzuvertrauen. »Ich hatte am Ende mehr Stars als die meisten großen Studio-Produktionen«, erzählt Haggis stolz über sein Regiedebüt CRASH. Dabei kostete der Film die für Hollywood-Verhältnisse geradezu lächerliche Summe von nur 6,5 Millionen Dollar – und spielte weltweit 100 Millionen ein.

Im Gegensatz zu einem Autor wie Gilroy spürten Kaufman, Haggis, Gaghan und letztlich auch Arriaga ihre wachsende Macht in der amerikanischen Filmindustrie sehr deutlich. Sie konnten sich nie ernsthaft darüber beklagen, ihre Arbeit werde nicht angemessen gewürdigt. Sie wurden selbst zu Stars, insbesondere Kaufman wird in Hollywood kultisch verehrt: Nachdem Haggis den Oscar für CRASH gewonnen hatte, galt es als Sensation, dass er unmittelbar danach als Autor am neuen Bond-Film CASINO ROYALE mitwirkte. Die Qualitäten des 007-Spektakels wurden dann nicht zuletzt ihm zugeschrieben – vom Regisseur Martin Campbell sprach kaum jemand. Und als Arriaga sich 2006 beklagte, sein Regisseur Iñárritu versuche, sich in der Vordergrund zu spielen, nachdem ihr gemeinsamer Film den Regiepreis

Zitiert nach: Stephen Farber: *A Half-Dozen Ways to Watch the Same Movie*. The New York Times (13.11.2005)

CASINO ROYALE (2006; D: Neal Purvis, Robert Wade, Paul Haggis, nach dem Roman von Ian Fleming; R: Martin Campbell)

Arriaga in einem Interview mit Ángel Guirra-Quintana. In: Financial Times (18.4.2006)

bei den Festspielen von Cannes gewonnen hatte, wirkte er reichlich larmoyant. »Ich bin kein Lohnschreiber«, hatte er schon wenige Wochen vorher kundgetan. »Ich mag die auktoriale Kontrolle.« Die jedoch kann kein Drehbuchautor für sich beanspruchen – es sei denn, er führt auch Regie.

Dass den Drehbüchern von Kaufman, Gaghan und Arriaga mehr Aufmerksamkeit zuteil wird als denen von Kasdan, Levinson oder Stone in den 1970er und frühen 1980er Jahren, hängt auch damit zusammen, dass bei ihnen die erzählerische Struktur in den fertigen Filmen viel stärker durchscheint. Die Sprünge zwischen verschiedenen Realitätsebenen in den Büchern von Kaufman, die Verknüpfung zahlreicher Erzählstränge in Gaghans TRAFFIC oder die wahrhaft weltumspannende Dramaturgie von Arriagas BABEL – das Drehbuch tritt in diesen Filmen nicht hinter die Inszenierung zurück, sondern unübersehbar hervor wie ein Außenskelett. Statt klassische Genremuster zu variieren, wollen die heutigen Star-Autoren Hollywoods Erzählweisen selbst grundlegend verändern. Ihre Geschichten sind oft so komplex, dass jeder Regisseur, der sich nicht ganz und gar in ihren Dienst stellt, um sie zu erzählen, scheitern muss. Ist der Regisseur also nur ausführendes Organ seines Autors? Warum sollte der Autor dann Regisseur werden wollen? Zumal, wenn er zwei oder drei Millionen Dollar pro Drehbuch erhält? Oder 300.000 Dollar, um eine Woche lang die Arbeit eines anderen Autors zu polieren?

Guillermo Arriaga

Zitiert nach: Abramowitz: *A Big Year* (a.a.O.)

»Wenn ich schreibe«, erklärt Kaufman seine kreative Arbeit, »weiß ich oft nicht, wohin sich die Dinge entwickeln. Ich mag den Prozess. Daher kommt es mir ganz natürlich vor, mich in Richtung Regie zu entwickeln.« Tatsächlich wird ein Autor, der seinem Regisseur das Drehbuch in die Hand gibt und sich dann zurückziehen muss, mitten aus dem Entstehungsprozess eines Film gerissen. Das jedoch musste wohl gerade Kaufman so gut wie nie erleiden. Bei fast allen Filmen, die nach Drehbüchern von ihm entstanden, war er zugleich auch Produzent – und konnte die Weiterentwicklung seiner Arbeit bis in den Schneideraum begleiten und beeinflussen. Zudem holen immer mehr Regisseure ihre Autoren an den Set, damit sie gegebenenfalls noch während der Dreharbeiten Änderungen an Szenen und vor allem an den Dialogen vornehmen können. Der Drehbuchautor, den William Goldman einst als »asoziales Wesen« bezeichnete, ist also schon lange nicht mehr zum trostlosen Dasein in seiner einsamen Schreibstube verdammt, wie Kaufman es in ADAPTATION beschreibt. Gerade bei den komplexen Geschichten, die Kaufman, Gaghan, Haggis und Arriaga erfinden, sind Drehbuch- und Regiearbeit kaum klar zu trennen, greift der Autor oft zwangsläufig der Inszenierung vor.

Schöpfer eines eigenen Universums

Der Grund, warum diese Autoren dennoch den dringenden Wunsch verspürten, bei ihren Drehbüchern selbst Regie zu führen, könnte eher darin liegen, dass jeder von ihnen ein ganz eigenes Universum schaffen wollte. Gaghan will dem Zuschauer in SYRIANA das weltweite Ölgeschäft möglichst allumfassend zeigen; Haggis möchte in CRASH erklärtermaßen »ganz Los Angeles« darstellen, durch alle sozialen Schichten und Ethnien hindurch; Arriaga wollte mit BABEL einen globalen Film machen, in dem der Schuss eines marokkanischen Hirtenjungen das Leben vieler Menschen von Mexiko bis Japan verändert – er zerstritt sich mit seinem Regisseur, weil er sich nicht nur als Autor, sondern als Schöpfer des Films wähnte. In seinem Regiedebüt THE BURNING PLAIN konnte er dann als alleiniger Herr über das Schicksal seiner Figuren walten: Er erzählt eine amerikanisch-mexikanische Familiengeschichte über zwei Länder und drei Generationen hinweg und springt dabei nach eigenem Gutdünken durch Raum und Zeit. Kaufman schließlich zeigt in SYNECDOCHE, NEW YORK, wie sein Held seine eigene Welt mit Straßen, Häusern und Wohnungen in einer riesigen Lagerhalle nachbaut. Gaghan, Haggis, Arriaga und Kaufman sind Götter ihrer eigenen Welten – und tun sich dementsprechend schwer, andere Götter neben sich zu dulden.

Einige von ihnen hatten als Autoren zudem die Erfahrung machen müssen, dass die einzelnen Episoden und Fragmente ihrer komplexen Geschichten keineswegs Teile eines Puzzles sind, die nur rich-

THE BURNING PLAIN

tig zusammengesetzt werden müssen. Je mehr Erzählstränge ein Drehbuch hat, desto wichtiger wird die Arbeit am Schneidetisch, desto mehr Varianten können dort durchgespielt werden, desto mehr Änderungen gegenüber der ursprünglichen Szenenfolge werden dort oft vorgenommen. Letztlich erschafft hier erst die Montage die Welt des

Matt Damon in SYRIANA

jeweiligen Films – oft viel stärker als bei linearen, einsträngigen Erzählweisen. Doch im Schneideraum entscheidet meist der Regisseur, manchmal der Produzent, aber so gut wie nie der Autor. Gaghan, der nach eigenen Aussagen 19 Jahre lang an seinem TRAFFIC-Projekt gearbeitet hatte, um ein »komplettes Bild« vom Drogenhandel zwischen Mexiko und den USA zu zeigen, und dann zusehen musste, wie dieses Bild vom Regisseur Soderbergh zerlegt und neu zusammengesetzt wurde, wollte bei SYRIANA selbst das erzählerische Mosaik fertigstellen. Musste eine Figur geopfert werden, wollte er darüber entscheiden, sie eigenhändig töten. So landete bei SYRIANA ein ganzer Erzählstrang mit der Schauspielerin Michelle Monaghan auf dem Boden des Schneideraums: »Es war der fünfte Strang«, erzählt Gaghan. »Doch der hätte den Film nicht bloß 20 Prozent verwirrender gemacht, sondern 20 Mal verwirrender!«

Gaghan in einem Interview auf www.cinematical.com/ 2005/12/02/interview-stephen-gaghan-director-and-writer-of-syriana

Tatsächlich wirkt SYRIANA gegenüber TRAFFIC wie die nächste Evolutionsstufe der gleichen filmischen Erzählweise: TRAFFIC spielt in zwei Ländern, SYRIANA auf vier Kontinenten. In TRAFFIC begegnen sich die Figuren aus den verschiedenen Episoden oft nur peripher und zufällig (wenn etwa die von Catherine Zeta-Jones gespielte Frau eines amerikanischen Drogenbarons und der von Benicio del Toro verkörperte mexikanische Polizist einander beim Grenzübertritt passieren); in SYRIANA werden die Erzählstränge unaufhörlich verknüpft und zu einem dichten Netz sich wechselseitig beeinflussender Handlungen verwoben. In TRAFFIC werden die Welten für den Zuschauer überdeutlich getrennt, gelb getönt sind die meisten der mexikanischen Episoden, blau die meisten der amerikanischen, manchmal, wenn sich die Menschen von beiden Seiten der Grenze begegnen, verzichtet der Film auf die farbliche Zuordnung; in SYRIANA dagegen vertraut die Regie darauf, dass die Figuren und ihre Lebensräume klar genug gezeichnet sind, statt Farben über ihnen auszugießen. In TRAFFIC spürt der Zuschauer oft die guten Absichten und den aufklärerischen Impetus der Filmemacher, vor allem dann, wenn ausgerechnet der oberste Drogenbekämpfer der USA (gespielt von Michael Douglas) erfahren muss, dass seine eigene Tochter süchtig ist; in SYRIANA dagegen werden die inneren Konflikte den Figuren weniger oktroyiert, sondern weit stärker aus den politischen und wirtschaftlichen Zusammenhängen entwickelt, in die sie geraten.

Am Ende von SYRIANA ist das Bild eines CIA-Agenten zu sehen, der von einer Rakete seiner eigenen Landsleute getötet wurde, während die letzten Worte eines islamistischen Selbstmordattentäters zu hören sind, der gerade einen Öltanker im arabischen Golf in die Luft gejagt hat – durch diese Bild-Ton-Montage werden zwei Todfeinde postum vereint. Tatsächlich vertreten Filme wie TRAFFIC, SYRIANA, BABEL und CRASH mehr oder weniger offensiv eine bestimmte Ideologie: Indem sie alles daran setzen, jeder ihrer Figuren gerecht zu werden, werben sie für Toleranz gegenüber Menschen anderer Ethnie, anderen Glaubens, anderer National- und Schichtenzugehörigkeit. Immer wieder betonen sie, was die Menschen über alle Unterschiede und Grenzen hinweg verbindet. Sie sind Propagandafilme für die gute Sache. Dies ist grundsätzlich nicht unsympathisch und muss auch nicht zum Problem werden, solange sich die Sicht auf die Welt aus den Figuren und ihren Geschichten entwickelt – und nicht, genau umgekehrt, auf einmal Repräsentanten der Weltsicht des Autors durch die Handlung marschieren.

Propagandafilme für die gute Sache

CRASH etwa zeigt den Zuschauern, wie Paul Haggis die Dinge sieht. »Ich glaube, wir müssen kollidieren, um überhaupt etwas zu spüren«, sagt gleich zu Beginn ein von Don Cheadle gespielter Polizist – und wird damit zum Lautsprecher seines Autors und Regisseurs. In CRASH stößt eine Afroamerikanerin in ihrem Auto mit einem anderen Wagen

Stephen Gaghan mit George Clooney

Essays

Thandie Newton und Matt Dillon in CRASH

zusammen und überschlägt sich, ein weißer Polizist rettet sie in letzter Sekunde aus dem brennenden Wrack – es ist genau der gleiche, der sie wenige Tage zuvor bei einer Straßenkontrolle einer erniedrigenden Leibesvisitation unterzogen hatte. Zwei Schwarze kommen aus einem Restaurant, einer von ihnen schimpft darüber, dass sie von der schwarzen Bedienung weit schlechter behandelt worden seien als die weißen Gäste, dann zückt er plötzlich eine Waffe und überfällt ein Paar auf der Straße. Eines der beiden Opfer ist der Generalstaatsanwalt von Los Angeles, der sich bislang vehement für die Rechte der Schwarzen einsetzte. Das andere Opfer ist seine Frau, eine übellaunige Rassistin, die bei jeder Gelegenheit ihre mexikanische Haushaltshilfe drangsaliert – bis diese ihr nach einem gefährlichen Sturz von der Treppe gerade noch rechtzeitig zu Hilfe eilt. Ein Mann wird in CRASH erschossen, versehentlich, von einem redlichen Polizisten, der bisher alles versuchte, Konflikte ohne Gewalt zu lösen.

In CRASH herrscht die Diktatur der Ambivalenz: In einem 105 Minuten langen Crash-Kurs bläut Haggis seinen Zuschauern ein, dass alle Menschen zwei Seiten haben und sich das Gute mit dem Bösen immer mischt. Ist eine Figur anfangs brutal, muss sie am Ende mutig sein; ist sie zunächst gelassen, muss sie später wütend werden; sucht sie die Schuld erst immer bei den anderen, lernt sie Reue und Demut; ist sie friedliebend, muss sie zur Waffe greifen. Die Figuren sind Demonstrationsobjekte, um möglichst viele Varianten von Rassen- und Klassenkonflikten durchzuspielen. Die Dramaturgie gleicht einem multikulturellen Staffellauf durch Los Angeles, bei dem die Figuren meist zweimal aufeinandertreffen, um jeweils gegensätzliche Gesichter von sich zeigen zu können. Der Film wird mit zunehmender Dauer berechenbarer, weil die Komplexität selbst immer mehr zum Schema und am Ende gar zum Klischee wird. Doch der große Publikumserfolg des Films und die vielen Preise, die CRASH gewann, zeigen auch, dass Haggis einen Nerv traf: In einer von Konflikten und Kriegen, von Hass und Gewalt geprägten Zeit artikulierte er klar und deutlich die Sehnsucht nach Versöhnung. CRASH ist filmgewordenes Wunschdenken. Doch hätte ein anderer Regisseur den Autor Haggis davon abgehalten, seiner Generallinie so strikt zu folgen, wäre CRASH vermutlich ein besserer Film geworden.

Interessanterweise griff Haggis 2007 in seiner zweiten Regiearbeit IN THE VALLEY OF ELAH (zu dem er nach einem realen Fall auch das Buch schrieb) auf eine klassische Erzählweise zurück und machte aus seiner Hauptfigur, einem Sergeant der US-Army (gespielt von Tommy Lee Jones), der den Tod seines aus dem Irak heimgekehrten Sohnes aufzuklären versucht, einen Detektiv in eigener Sache. Statt auf sein Figurenensemble herabzublicken wie in CRASH, erzählt Haggis IN THE VALLEY OF ELAH komplett aus der Sicht des Sergeants, der

IN THE VALLEY OF ELAH
(Im Tal von Elah; 2007;
D: Paul Haggis, nach einer
Reportage von Mark Boal;
R: Paul Haggis)

IN THE VALLEY OF ELAH mit
Charlize Theron und Tommy
Lee Jones

Essays

Paul Haggis mit Charlize Theron

lernen muss, sein Land und seinen Sohn mit ganz anderen Augen zu sehen. Der Zuschauer teilt hier nicht die Allwissenheit des Autors wie in CRASH, sondern die Unwissenheit des Helden, der die Wahrheit sucht und ratloser ist als je zuvor, nachdem er sie gefunden hat. So wurde Haggis' IN THE VALLEY OF ELAH zum ruhigsten, eindringlichsten und bewegendsten Film, den Hollywood bislang über den Irakkrieg gedreht hat – auch deshalb, weil er nie behauptet zu wissen, wie es ist, im Irak zu kämpfen. Nur visuelle Fragmente vom Krieg bekommt der Zuschauer zu sehen – zu einem Gesamtbild fügen sie sich nie zusammen.

Auch Kaufman nimmt in SYNECDOCHE, NEW YORK ganz und gar die Weltsicht seines Helden ein, doch findet man den bizarren Humor und die verspielten Einfälle, die BEING JOHN MALKOVICH und ADAPTATION auszeichneten, in seinem Regiedebüt relativ selten. Es wäre allerdings zu einfach, den Grund hierfür allein darin zu suchen, dass diesmal Kaufman selbst und nicht Jonze Regie führte. Schon Kaufmans Drehbuch zu ETERNAL SUNSHINE OF THE SPOTLESS MIND war ernsthafter, schwermütiger als die beiden Vorgänger. SYNECDOCHE, NEW YORK ist eine Meditation über die Kreativität und das Altwerden, eine elegische Fantasie, die sogar noch persönlicher wirkt als ADAPTATION, in dem Kaufman sich selbst porträtierte. Es lässt sich nur spekulieren, ob ihm und den anderen Autoren Regisseure als ausgleichende Temperamente und Korrektive eigener Marotten fehlten. In Arriagas erster Regiearbeit THE BURNING PLAIN häufen sich die Unglücksfälle, die der Autor seinen Figuren schon in seinen früheren

Maria Bello und Summer Bishil in TOWELHEAD

Drehbüchern für Iñárritu aufzuerlegen pflegte, wieder in fast groteskem Ausmaß. Hätte ein anderer Regisseur hier mäßigend gewirkt? Allen Ball betrachtet das Leben in den Vorstädten der USA in seinem Regiedebüt TOWELHEAD mit dem gleichen scharfen Blick wie in seinem Drehbuch zu AMERICAN BEAUTY, doch sein eigener Film ist bewegender, weil er sich stets in die Figuren einfühlt, statt sie bloßzustellen. Konnte er erst ohne den Regisseur Sam Mendes seinen Figuren durchgehend so nahe kommen?

Die Regiedebüts von Ball, Kaufman und Arriaga trafen 2008 bei ihren Premieren auf dem Sundance-Festival, in Cannes und Venedig auf eher verhaltene Reaktionen. Auch an der Kinokasse taten sie sich bislang schwer: Balls TOWELHEAD spielte in den USA weniger als 500.000 Dollar ein, Kaufmans 20-Millionen-Dollar-Produktion SYNECDOCHE, NEW YORK im ersten Monat nach seinem Start weniger als eine Million, kam aber aufgrund seiner geringen Kopienzahl auf einen außergewöhnlich guten Zuschauerschnitt pro Leinwand. Arriagas THE BURNING PLAIN lief noch nicht in den USA an. Auf der anderen Seite taten sich die Regisseure Jonze und Iñárritu nicht leicht, ohne ihre Stammautoren Kaufman und Arriaga auszukommen: Sechs Jahre brauchte Jonze nach ADAPTATION, um einen weiteren Film zu drehen. Sein neues Werk WHERE THE WILD THINGS ARE, dem der Regisseur gegenüber Kaufmans Angebot, SYNECDOCHE, NEW YORK zu inszenieren, den Vorzug gegeben hatte, wird voraussichtlich erst im Oktober 2009 ins Kino kommen. Mehr als drei Jahre nach BABEL wird BIUTIFUL, der neue Film von Iñárritu, anlaufen: Ende Dezember 2009. Wie Jonze schrieb auch er an seinem neuen Film als Co-Autor mit. So wie die Autoren erfahren müssen, was es heißt, allein für ihre Filme verantwortlich zu sein, müssen die Regisseure lernen, ohne ihre rechte Hand auszukommen.

Dass die Autoren bei ihren Regiearbeiten höchst unterschiedlichen Erfolg hatten, ist wenig überraschend, denn sie konfrontieren ihre Zuschauer mit den düsteren Seiten des American Way of Life: mit dem alltäglichen Rassismus (CRASH und TOWELHEAD), dem rigiden Kapitalismus (SYRIANA und MICHAEL CLAYTON) oder den Versehrungen des Irak-Krieges (IN THE VALLEY OF ELAH). Sie erzählen gewalttätige Liebes- und Familiengeschichten (THE BURNING PLAIN), sie handeln von Zerfall und Tod (SYNECDOCHE, NEW YORK). All diese Filme muten ihrem Publikum eine Menge zu. Aber sie stellen zurzeit, inhaltlich wie formal, die Avantgarde des amerikanischen Erzählkinos dar.

Summer Bishil, Alan Ball

WHERE THE WILD THINGS ARE (Wo die wilden Kerle wohnen; 2009; D: Spike Jonze, Dave Eggers, nach dem Buch von Maurice Sendak; R: Spike Jonze)

BIUTIFUL (2009; D: Alejandro González Iñárritu, Armando Bo, Nicolás Giacobone; R: Alejandro González Iñárritu)

Scenario

Journal

Zeitreisen
Ein Journal

Von Peter Schneider

Randnotizen:
Hans Helmut Prinzler

Peter Schneider: *Rebellion und Wahn. Mein '68* (Kiepenheuer & Witsch 2008)

5. Januar

Ein Buch ist fertig, wenn die vereinbarte Deadline um mindestens vier Wochen überschritten und der Text nach mindestens drei Drohungen, er könne nicht mehr erscheinen, wenn er nicht in spätestens zwei Stunden im Verlag eintreffe, abgeschickt ist. In diesem präzisen Sinn ist mein neues Buch *Rebellion und Wahn* nun also fertig – ich habe die Trennung von Text und Autor gerade vollzogen. Jetzt fürchte ich, dass die Deadline vom Verlag wegen dringender Verbesserungen noch einmal verlängert wird. – Schon die Ankündigung des Buches hat viele Einladungen ausgelöst, die ich erst einmal blind angenommen habe. 2008 wird ein Reisejahr werden. Hätte man einen von uns 1968 gefragt, ob wir uns vorstellen könnten, unsere Rebellion 40 Jahre später ein ganzes Jahr lang zu feiern und noch einmal Revue passieren zu lassen, wir hätten lauthals gelacht. Nicht von ungefähr hieß es: »Trau keinem über 30!« Inzwischen sind wir selbst damit gemeint. Und wir lachen ja auch heute, wenn auch viel zu leise. Eigentlich sind es die Anti-68er von Schirrmacher bis Sarkozy mit ihrer ungestillten Wut auf '68, die die Fackel von '68 am Brennen halten.

25. Januar

Es gibt noch ein anderes größeres Projekt, das in diesem Jahr das Licht der Welt erblicken, genauer gesagt beleuchtet und belichtet werden soll. Seit obszön vielen Jahren brüte ich mit Michael Ballhaus, der das Projekt initiierte, und mit einem von ihm gewonnenen deutschen Produzenten über einem Drehbuch über Antonio Vivaldi. Ich weiß nicht, wie viele Fassungen ich geschrieben habe – die Jahre und die Fassungen gingen, das Papier und der Autor wurden grauer, ich hätte in dieser Zeit die Geburt eines dritten Kindes feiern und es einschulen können, aber das *Vivaldi*-Projekt kam nicht vom Fleck. Jahr für Jahr stand *Vivaldi* auf einem Zettel des Produzenten, aber nie auf einer ernsthaften Ankündigung. Im Jahre 2006 stieg Volker Schlöndorff ein, mit dem ich eine neue Fassung erarbeitete, die allen, die sie lasen, gefiel. Oder eben doch nicht ganz. Denn auch nach diesem Anlauf hatte der Produzent immer andere Projekte auf dem Zettel, die wichtiger waren. Das neue Drehbuch wurde zwar übersetzt und hinausgeschickt, es meldete sich auch hin und wieder ein Interessent – die meisten Adressaten allerdings antworteten gar nicht –, aber es gab keine entschiedene Initiative des Produzenten. Zeitmangel, Angst vor einem Film, der einmal nicht in Berlin spielt, Horror vor dem internationalen Parkett, nagende und nicht erklärte Zweifel am Drehbuch, am Regisseur? Wer klare Antworten auf solche Fragen erwartet, sollte den Beruf wechseln. Inzwischen erfuhr ich, dass sich zwei weitere *Vivaldi*-Projekte in den internationalen Film-Pipelines stauen. Eines davon, das bedrohlichere, weil es bereits im Herbst 2007 in Venedig gedreht werden sollte, bekümmerte mich besonders, weil es mit einer starken europäischen Besetzungsliste aufwartete, darunter Gérard Depardieu als Papst und Joseph Fiennes als Vivaldi. Ausgerechnet an den Hauptdarsteller von SHAKESPEARE IN LOVE hatte ich in aller Unschuld beim Verfassen der ersten Drehbuchversion auch gedacht. – Das Projekt von Future Films störe ihn nicht im Mindesten, hatte mir der Produzent gesagt, wir würden »unseren *Vivaldi*« trotzdem machen – einen europäischen *Vivaldi* eben. Meinte er: einen kontinentaleuropäischen *Vivaldi*? Denn Future Films, so ergab meine

Das Filmjahr 1968 in Deutschland

Ausgewählte Filme des Jahres 1968 (Premieren in der BRD und in der DDR, chronologisch) und einige Ereignisse. In der Bundesrepublik gehen 1968 179 Millionen Zuschauer ins Kino, 89 bundesdeutsche Spielfilme haben ihre Premiere. In der DDR gehen 101 Millionen Zuschauer ins Kino, es werden 14 neue DEFA-Spielfilme uraufgeführt. Im Fernsehen werden zahlreiche neue ausländische Filme gezeigt.

1. Januar
In der Bundesrepublik tritt das Filmförderungsgesetz in Kraft. Für jede verkaufte Kinokarte muss jeder Kinobesitzer 10 Pfennig in einen Fonds abführen. Von diesem Geld erhalten Produzenten einen Grundbetrag für einen neuen Film, wenn ein vorausgegangener in zwei Jahren mindestens 500.000 DM Verleiheinnahmen erzielt hat. Zur Organisation des Ganzen wird die »Filmförderungsanstalt« (FFA) mit Sitz in Westberlin gegründet.

SHAKESPEARE IN LOVE
(1998; D: Marc Norman, Tom Stoppard; R: John Madden)

Journal

4. Januar
ZUR SACHE, SCHÄTZCHEN
(D: Werner Enke, May Spils;
R: May Spils). Eine 24-Stunden-Geschichte aus Schwabing. Martin, Schlagertexter und Möchtegern-Philosoph (gespielt von Enke), wird 25 Jahre alt. Er schwadroniert mit seinem Freund Henry (Henry van Lyck) über das Leben, kriegt Ärger mit der Polizei und bändelt mit der Badeschönheit Barbara (Uschi Glas) an. Kritiker erinnert die Komödie an Philippe de Broca. Speziell für die Dialoge gibt es im Juni einen Deutschen Filmpreis. ZUR SACHE, SCHÄTZCHEN ist mit mehr als drei Millionen Zuschauern der erste Publikumserfolg des Jungen Deutschen Films.

GOODBYE BAFANA (2007; D: Greg Latter; R: Bille August)

ZUR SACHE, SCHÄTZCHEN

Internet-Recherche, war keineswegs eine amerikanische, sondern eine englische Firma, und England war und ist und bleibt ein – wenn auch verdächtiges – Mitglied der EU.

Rückblende

Im vergangenen Herbst hatte der Autorenstreik der amerikanischen Drehbuchautoren begonnen. Selten war ich mit einem Streik so solidarisch gewesen wie mit diesem. Es kam zu einer jener seltenen und glücklichen Verbindungen zwischen Solidarität und Eigeninteresse, wie sie kein Büttenredner besser hätte erfinden können. Und zwar so:

Der Zufall wollte es, dass Michael Ballhaus denselben Agenten hat wie Joseph Fiennes. Also hatte Fiennes with compliments *von eben diesem Agenten die englische Fassung meines Drehbuchs erhalten. Und er hatte Ballhaus gestanden – ich verkürze hier mehrere transatlantische Handy-Gespräche auf das mir mitgeteilte Ergebnis –, dass ihm mein Drehbuch entschieden »ausgereifter« erscheine als das von Future Films. Außerdem deutete Fiennes an, dass er bisher nur eine Zusage gemacht, aber keinen Vertrag mit Future Films unterschrieben habe. Der Zufall wollte weiter, dass mein Produzent gerade einen Film von Bille August, GOODBYE BAFANA, koproduziert hatte, der auf der Berlinale 2007 gezeigt wurde. Es war ein Film über die Gefängnisjahre von Nelson Mandela auf Robben Island, in dem Joseph Fiennes einen anfangs ignoranten und rigiden Wärter spielt, der sich immer mehr auf Mandelas Seite schlägt. Der Film wurde in Berlin ziemlich verrissen – ich fand ihn eher eindrucksvoll, vor allem gefiel mir, wie überzeugend Joseph Fiennes die Rolle eines Mannes spielte, der aus Überzeugung die Seiten wechselte. Was aber am wichtigsten war: Fiennes, der von Future Films vorgesehene Vivaldi, wurde während der Filmfestspiele in Berlin von meinem Produzenten und seinen Leuten betreut.*

Was kann man von einem Produzenten erwarten, dem das Glück den Hauptdarsteller eines Konkurrenzprojekts, das das eigene Projekt vernichten kann, an einen Tisch der Paris Bar führt? Einen Hauptdarsteller wohlgemerkt, der sich auch noch als potenzieller Überläufer angeboten hatte? Man würde erwarten, was ich erwartet habe und was vermutlich auch Joseph Fiennes erwartet hat: dass der Gastgeber diesem Mann ein Angebot macht, das er nicht ablehnen kann.

Aber Produzentenhirne und die Hirne von Drehbuchautoren denken in Bahnen, die sich wahrscheinlich auch im Unendlichen nicht treffen. Es hatte kein Angebot gegeben. Joseph Fiennes sei nicht der Richtige, hörte ich später, und der Mandela-Film ein Flop. Das stimmte ja. Aber ist es klug und gerecht, einen Schauspieler lediglich nach den Kritiken und Einspielergebnissen seines letzten Films zu bewerten? Ein Autor wie ich, der mehr als einmal das Schicksal von Fiennes erlitten hat, kann gar nicht anders, als sich gegen solche angeblich »ehernen Marktgesetze« zu wehren. Umso erstaunter war ich, als ich wenige Tage später von meinem Produzenten angerufen wurde.

Mein Produzent folgt einer eigenartigen Politik, was die Kommunikation mit Geschäftspartnern wie mir betrifft: Er antwortet grundsätzlich nicht auf E-Mails oder auf Ansagen auf seinem Anrufbeantworter. Wenn er aber – sagen wir nach drei Wochen – plötzlich anruft, fragt er ganz schüchtern, ob er gerade störe, während man sich wie im Himmel fühlt und denkt: Womit habe ich dieses Glück verdient!

Ob ich mir vorstellen könne, fragte der Produzent, das Drehbuch zusammen mit Bille August noch einmal umzuschreiben?

Mit Bille August, dem Regisseur des gefloppten Mandela-Films?

Mein erster Gedanke war, dass ich vielleicht die Strategie meines Produzenten nicht verstanden hatte. Womöglich hatte er ja Joseph Fiennes um seine Mitwirkung gebeten und von diesem gehört, dass Bille August der von ihm bevorzugte Regisseur für das Vivaldi-Projekt sei. Und dieser hatte, dazu befragt, womöglich geantwortet, dass er zwar gerne den Vivaldi-Film machen würde, aber Joseph Fiennes nicht für den richtigen Hauptdarsteller halte. Von einer gewissen Höhe des Budgets an verfließt die Grenze zwischen Solidarität und Überlebenswillen. Nach einem Flop macht sich jeder der Überlebenden seinen eigenen, sich selber schonenden Reim auf die Gründe dafür.

Mein zweiter Gedanke galt dem bis dato vorgesehenen Regisseur, meinem Freund Volker Schlöndorff. Wusste er bereits von der neuen Entscheidung des Produzenten? Es war dessen, nicht meine Sache, dem bisher vorgesehenen Regisseur davon Mitteilung zu machen. Andererseits: Wie konnte ich Volker, falls er nicht unterrichtet war, unter die Augen treten und ihm verheimlichen, was ich wusste?

Ich war nach Kopenhagen geflogen, hatte einen angenehmen und produktiven Tag mit Bille August verbracht, der einige eklatante Fehler im Drehbuch gefunden hatte und mich mit einigen seiner Vorschläge überzeugte – und arbeitete das Drehbuch um.

Wieder ein paar Tage später rief mein Produzent mich neuerlich an. Er habe gerade einen großartigen Film von Volker Schlöndorff gesehen – ULZHAN – DAS VERGESSENE LICHT – und seine Meinung revidiert. Ob ich mir vorstellen könne, den Film doch mit Schlöndorff zu machen? – Wie sollte ich mir das nicht vorstellen können, fragte ich, schließlich hatte ich mit dem genannten Regisseur bestens und zur allgemeinen Zufriedenheit zusammengearbeitet!

Eigentlich, überlegte ich hinterher, hatte das Verfahren meines Produzenten, einen Regisseur hinter seinem Rücken ab- und wieder- einzusetzen, entschiedene Vorteile. Denn in diesem Fall hatte er sich gleich zwei unangenehme Prozeduren erspart: seinem Regisseur erst abzusagen und ihn danach

5. Januar
MIT EICHENLAUB UND FEIGENBLATT (D+R: Franz-Josef Spieker). Diesmal heißt Werner Enke Jürgen und möchte Fallschirmjäger werden. Aber die Musterungskommission erklärt ihn für wehruntauglich. Die anschließende Satire zieht Bürgertum, Medizin und Militär durch den Kakao. Jürgen lässt sich in einem Sanatorium auf Vordermann bringen, wird von einer mannstollen Offiziersgattin protegiert, bekommt den Weltschmerz und springt von einem Turm. Aber die Feuerwehr hat schon das Sprungtuch aufgespannt. Spiekers zweiter Film nach WILDER REITER GMBH (1967) will komischer sein, als er ist.

ULZHAN – DAS VERGESSENE LICHT (2007; D: Jean-Claude Carrière; R: Volker Schlöndorff)

6. Januar
2 ODER 3 DINGE, DIE ICH VON IHR WEISS (1967; D+R: Jean-Luc Godard). Eine 24-Stunden-Geschichte aus dem Leben einer Frau. Sie verdingt sich als Gelegenheitsprostituierte und fährt am Morgen aus der Pariser Peripherie in die Stadt. Ihre Stationen sind eine Kleiderboutique, ein Café, ein Stundenhotel, ein Friseur, eine Autowerkstatt, wieder ein Hotel, wieder ein Café. Nach Hause zurückgekehrt, versorgt sie ihren kleinen Sohn und geht mit ihrem Mann zu Bett. Marina Vlady ist Juliette, die Frau. Die deutsche Premiere des Films findet im Dritten Programm des Bayerischen Rundfunks statt. Ins Kino kommt der Film im November.

18. Januar
DIE CHINESIN (1967; D+R: Jean-Luc Godard). Die dominante Farbe des Films ist Rot. Sein Motto steht als Slogan an einer Wand: *Wir müssen verschwommenen Gedanken klare Bilder entgegenstellen*. Fünf junge Studenten gründen in Paris eine Kommune und versuchen, Maos Thesen in die Praxis umzusetzen. Die Hauptfigur ist Véronique, eine Bürgertochter und politische Träumerin. Sie studiert Philosophie, arbeitet an der Theorie der Arbeiterklasse und begeht am Ende ein Attentat. Godard nennt DIE CHINESIN »das Ende eines Beginns« und heiratet die Hauptdarstellerin Anne Wiazemsky.

für eine neuerliche Zusage zu gewinnen. Nur: Was war mit dem anderen Regisseur – mit Bille August?

Im Mai 2007 war der Produzent mit seinen Leuten nach Cannes gereist mit dem ausdrücklichen Versprechen, das Vivaldi-Projekt dort groß anzukündigen. Wer jedoch in Cannes einen Vivaldi-Film groß ankündigte, war Future Films – von einer großen oder kleinen Anzeige seitens meines Produzenten war nichts zu sehen. In dieser Zeit hatte ich Bille August angerufen. Er war mit Joseph Fiennes befreundet und wusste vielleicht Näheres über den Stand des Konkurrenzprojekts. Außerdem wollte ich klarstellen, dass ich meinen Teil der Arbeit – die zwischen uns verabredete Umarbeitung des Drehbuchs – längst erledigt hatte. An seiner Reaktion merkte ich, dass er immer noch auf die – offenbar nie in Auftrag gegebene – Übersetzung wartete und erst recht nichts davon wusste, dass er als Regisseur längst abgemeldet war. Ich hielt es nicht für meine Aufgabe, ihn davon zu unterrichten. Aber ich schämte mich – anstelle eines anderen.

Als ich jemanden aus dem von Cannes zurückgekehrten Produzenten-Team endlich an der Strippe hatte, wurde mir beschieden: Es sei wirklich schade! Die Finanzierung des Future-Films-Projekts sei zu 80 Prozent gesichert. Jetzt könne man unseren Vivaldi-Film leider nicht mehr machen. Vorher hatte sich die Verhaltensregel für diesen vorhersehbaren Unfall ganz anders angehört.

Auch wenn man gut bezahlt worden ist – mein Produzent versicherte bei jeder Gelegenheit, er habe noch nie für ein Drehbuch so viel Geld hinlegen müssen wie für meines –, fällt es nicht leicht, eine Geschichte zu begraben, an der man seit gut sechs Jahren gearbeitet hat. Der »rote Priester« aus Venedig war mir mitsamt seinem Asthma und seinen Waisenmädchen, für die er seine unsterblichen Konzerte schrieb, in all den Jahren ans Herz gewachsen. Ich sah ihn, den ersten Musik-Diktator der Geschich-

18. Januar
Der Produzent Horst Wendlandt wird vom Hauptverband Deutscher Filmtheater mit einer speziellen Goldenen Leinwand ausgezeichnet. Das ist die Belohnung für 25 Edgar Wallace-Filme, die in den westdeutschen Kinos viel Kasse gemacht haben. Genauer gesagt kamen mehr als 72 Millionen Zuschauer.

Antonio Vivaldi, Zeichnung von 1724

te, mit seinen musizierenden »Töchtern« bei der Arbeit, im Streit mit der Leiterin des Waisenhauses und mit der Kirche, die damals gerade eine konservative Revolution einleitete und an ihm ein Exempel statuieren wollte. Ich suchte sein Asthma zu kurieren, bekam selber Atembeschwerden, verteidigte ihn gegen seine dominante Mutter und gegen die Inquisition, war mit ihm beim Papst-Besuch im Vatikan – und hörte die ganze Zeit, erst auf CDs, dann nur noch im Kopf – seine Musik. Ich begrub Vivaldi – ich verfluchte das Projekt und meinen Produzenten. Nie mehr, schwor ich mir und den überstrapazierten Zuhörern meiner Endlos-Geschichte, würde ich auch nur eine Seite Drehbuch schreiben.

Und dann das Wunder, nein, zwei: Future Films brachte die fehlenden 20 Prozent der Finanzierung nicht zustande und konnte folglich im Herbst 2007 nicht mehr drehen. Freunde aus dem Studio Babelsberg sagten mir, dass im Jahre 2008 in England und den USA wahrscheinlich überhaupt nicht mehr gedreht werden könne – dank des Autorenstreiks der amerikanischen Kollegen.

Bisher – wenn es um die Streiks der Bahn, der Berliner Verkehrsbetriebe, der Fluglotsen und anderer, mir ferner Berufsgruppen gegangen war,

19. Januar
Bambi-Verleihung in München. Senta Berger und Heinz Rühmann sind die beliebtesten deutschen Darsteller. Eine Kritiker-Jury vergibt Bambis für künstlerische Leistungen: an DIE CHINESIN von Godard und ex aequo an 48 STUNDEN BIS ACAPULCO (1967) von Klaus Lemke und CHRONIK DER ANNA MAGDALENA BACH von Jean-Marie Straub. Straub nimmt den Bambi an. Straub! Einen Bambi!

25. Januar
JET GENERATION
(D: Eckhart Schmidt, Roger Fritz; R: Eckart Schmidt). Amerikanische Millionärstochter verliebt sich in deutschen Modefotografen, der im Verdacht steht, ihren Bruder ermordet zu haben. Schmidts Debütfilm orientiert sich am US-Kino und folgt der Maxime seines Regisseurs: »Ich filme lieber ein nacktes Mädchen als Problemgerede.«

26. Januar
DER ZWEITE ATEM (1966; D+R: Jean-Pierre Melville) Ein großer Coup soll den Beginn eines neuen Lebens ermöglichen. Aber der Gangster »Gu« (Lino Ventura) gerät zweimal in eine Falle. Erst in die des Ermittlers (Paul Meurisse), aus der er sich befreit, dann in die der konkurrierenden Ganoven, die ihm seine Ehre nehmen wollen. Am Ende ist Gu tot, das Geld verloren, aber die Gangsterehre wiederhergestellt. Nach einem Roman von José Giovanni. Vom Original (150 Minuten) bleiben in Deutschland allerdings nur 117 Minuten übrig.

war ich immer nur der Leidtragende von Streiks gewesen und hatte meinen Ärger allenfalls mithilfe des in den 1960er Jahren erlernten Solidaritätsreflexes heruntergeschluckt. Plötzlich war es anders. Zum ersten Mal war ich der potenzielle Nutznießer eines Streiks und wünschte meinen Kollegen in Amerika ein grenzenloses Durchhaltevermögen und die Kraft, sich möglichst bis zum Ende des Jahres 2008 auf keine faulen Kompromisse einzulassen.

Folglich war ich am 28. November 2007 zum Solidaritätsstreik am Brandenburger Tor und blickte zusammen mit nicht ganz so glücklichen Kollegen gelöst in die Kameras. Die Sonne schien, es war für die Jahreszeit erstaunlich warm – wenn das die Klimakatastrophe ist, dann her mit ihr! Beim Umschauen dachte ich: Eigentlich fehlen nur die Kaschmir- und Kamelhaar-Mäntel, die Armani-Anzüge und die Kaviar-Häppchen, mit denen die New Yorker Autoren ihren Streik inszenierten. Mir hatte dieses elitäre Streikgehabe nicht missfallen: Es ging schließlich nicht um einen Aufschrei der Ärmsten der Armen, sondern um den legitimen Anteil der schreibenden Zunft an einem Milliardengeschäft. Allerdings hatten sich Passanten in New York derart verstört über diesen Luxusstreik geäußert, dass die Streikenden dann doch ihre Parkas und verschlissenen Jeans aus den Schränken holen mussten, um wenigstens optisch dem traditionellen Bild einer streikenden Gewerkschaft zu entsprechen. In Berlin brauchte es einen solchen Hinweis auf den Streik-Anstand nicht.

28. Januar

Ich versuche zu rekapitulieren, was Volker von seinem letzten Gespräch mit unserem Produzenten bei einem von seinen raschen Rundgängen um den See vor seinem Haus erzählte – normalerweise braucht er für die Strecke, die wir in eineinhalb Stunden bewältigten, 20 Minuten, allerdings ohne dabei das Schicksal eines Films zu besprechen. Volker hatte seine Regieoption für Vivaldi gekündigt. Das Drehbuch, hatte er gesagt, sei in der letzten gemeinsamen Bearbeitung im August 2006 fertig gewesen, im September habe dann die englische Übersetzung vorgelegen. »2006 ist nichts passiert, 2007 ist nichts passiert, und ich bin so gut wie sicher, dass auch 2008 nichts passieren wird. Ich stehe nicht mehr zur Verfügung.«

In einem Winkel seines Herzens hatte er doch auf einen empörten Widerspruch des Produzenten gehofft. Statt ihm jedoch ins Wort zu fallen, habe der gesagt: »Du hast ja völlig recht. Ich weiß auch nicht, wie man dieses Ding zum Laufen bringen soll. Und übrigens: Ich nehme dir deine Kündigung nicht im Geringsten übel.«

Manchmal gibt es nichts Schlimmeres als das völlige Einverständnis mit einer Ankündigung, die als Provokation gemeint war. Volker hatte in zwei Jahren nicht den Schatten eines Vertrags gesehen und seine Mitarbeit am Drehbuch ohne jede finanzielle Vor- oder Nachleistung erbracht. Bei allem Zweckpessimismus – mit dieser Antwort hatte er nicht gerechnet.

Und dies, nachdem sich durch den Streik der amerikanischen Autoren und das Scheitern des Konkurrenzprojekts nach vielen verschlafenen Jahren plötzlich wieder ein Fenster für unseren *Vivaldi* geöffnet hatte! Der Produzent glaubte offenbar nicht mehr daran. Nun gut, zum Glauben war er nicht verpflichtet, aber warum wehrte er alle Versuche von Schlöndorff, Ballhaus und anderen Interessenten ab, ihm das Projekt abzukaufen? Seit drei Jahren versuchten Carl Woebcken und Christoph Fisser vom Studio Babelsberg, denen ich bei einer Begegnung in der israelischen Botschaft meine *Vivaldi*-Geschichte erzählt hatte, meinem Produzenten das Projekt abzukaufen. Sie waren immer abgeschmettert worden. Welcher Idee, welchem Geschäftsinteresse folgte er, wenn er an einem Projekt, für das er nichts mehr tat, trotzdem festhielt? Immerhin hatte er einiges investiert – die bisher an mich gezahlten »exorbitanten« Drehbuchkosten, außerdem Übersetzungen, Gutachten und Bürokosten – und musste diese für einen mittleren Betrieb nicht unwesentlichen Investitionen eigentlich verloren geben. Was in aller Welt hinderte ihn, das unbetreute Kind für einen guten Preis zur Adoption freizugeben?

Als Autor neigt man dazu, alle Entscheidungen rund um ein Drehbuch auf sich und auf die Qualität der eigenen Arbeit zu beziehen. Vielleicht handelt es sich hier um eine narzisstische Selbstüberschätzung. Vielleicht geben ganz andere Entscheidungen den Ausschlag, die wenig oder nichts mit dem Drehbuch zu tun haben: etwa die Konkurrenz mit einem anderen Interessenten, dem man das Projekt nicht gönnt, etwa die Frage, ob ein *Vivaldi*-Film zum Programm und zum Image der Firma passt, etwa die Überlegung, ob der Produzent sich auf dem internationalen Parkett zu Hause fühlt oder nicht. Mit Gewinn- oder Verlust-Überlegungen allein lässt sich das Hinhalten und Zögern eines Produzenten nicht erklären. Ich muss wohl doch einen Fachmann für Produzentenseelen fragen.

3. Februar

In diesen Tagen rief der Produzent mich an und fragte, ob er störe. Ich verneinte. »Ich hoffe, du hast nichts dagegen, wenn wir dein Drehbuch jetzt an das Studio Babelsberg verkaufen. Die haben einfach mehr Zeit dafür als ich.«

So trocken, wie es mir in diesem Augenblick möglich war, erwiderte ich: »Einverstanden.«

---

1. Februar
ICH WAR NEUNZEHN (D: Wolfgang Kohlhaase, Konrad Wolf; R: Konrad Wolf). Ein als Kind emigrierter Deutscher kehrt 1945 als Rotarmist in die Heimat zurück. Es fällt ihm schwer, sich hier als Befreier zu fühlen. Einerseits ist dieser Film ein autobiografisches Konrad-Wolf-Drama, andererseits weist er über dessen individuelle Erfahrungen hinaus. Jaecki Schwarz spielt den Leutnant Gregor, Jenny Gröllmann ein deutsches Mädchen.

1. Februar
OSWALT KOLLE: DAS WUNDER DER LIEBE (D: Oswalt Kolle; R: F.J. Gottlieb). Der bundesdeutsche Chefaufklärer behandelt zwei Fälle: Einem sexuell unerfahrenen jungen Ehepaar wird die Scheu voreinander ausgeredet, und einem vielbeschäftigten Ehemann, der seine Frau vernachlässigt, wird die Rückkehr ins Schlafzimmer schmackhaft gemacht. Die Sexszenen sind blau und rot eingefärbt, sie wirken dadurch etwas unscharf. Im November folgt bereits der zweite Kolle-Film.

16. Februar
LEBEN ZU ZWEIT (D: Gisela Steineckert; R: Herrmann Zschoche). In der DDR wird früh geheiratet und schnell geschieden. Da liegt es nahe, eine Standesbeamtin und ihre 16-jährige Tochter zu Protagonistinnen eines Films zu machen, der sich als Komödie mit Fragen der Liebe und Ehe herumschlägt. Marita Böhme ist die Mutter.

Journal

Dreharbeiten zu
NEGRESCO**** – EINE
TÖDLICHE AFFÄRE

16. bis 18. Februar
Bei der zweiten Hamburger Filmschau werden 140 neue deutsche Filme gezeigt. Die Filmemacher stimmen über die Preisvergabe selbst ab. Es gewinnt DER WARME PUNKT von Thomas Struck. Hamburg wird für zehn Jahre zum Zentrum des experimentellen und dokumentarischen Films.

17. Februar
BESONDERS WERTVOLL (D+R: Hellmuth Costard). Ein 11-Minuten-Film, der sich über das höchste deutsche Filmprädikat lustig macht. Er zitiert die Sittenklausel des Filmförderungsgesetzes und lässt sie durch einen Penis sprechen, der später auch noch in die Kamera ejakuliert. Am Ende ertönt ein Furz. So viel Geschmacklosigkeit ruft nach Zensur. Costards Film, in Hamburg uraufgeführt, sprengt im April den Rahmen der Oberhausener Kurzfilmtage.

5. Februar

Der Deal mit dem Studio Babelsberg ist unterzeichnet, rechtzeitig vor der Berlinale. Ich schöpfe wieder Hoffnung.

Auszug aus meinen *Vivaldi*-Notizen

Der Priester mit dem roten Haar und mit dem Asthma, geboren 1677 in Venedig. Dreimal muss er die Messe wegen eines Anfalls abbrechen.

Als bald 50-Jähriger lernt er die 17-jährige Anna Giraud und ihre Schwester Pauline kennen und nimmt sie in sein Haus. Entweder hat er mit einer etwas, mit beiden oder mit keiner.

Der Geigenvirtuose, der Musikliebhaber/innen aller Klassen mit seinen Kadenzen bezaubert. Kein schöner Mann, Hakennase, zu lange Oberlippe, eingefallene Brust, großer Charme, geizig, unterwürfig, aber auch selbstbewusst.

Vater Geiger und Barbier, Antonios Bruder aus Venedig deportiert, wegen Schlägerei, Antonio muss die Priesterlaufbahn einschlagen, die einzige Chance zum Aufstieg.

Sein Arbeitsplatz für die längste Zeit seines Lebens – das Ospedale della Pietà, ein Heim für Waisenmädchen. Einige rühmen ihre Schönheit, JJ Rousseau ist von ihrer exorbitanten Hässlichkeit gerührt, sieht eine Blinde, eine Lahme, eine Einäugige etc. Es gibt aber auch Gerüchte über Liebesdienste dieser Mädchen. Die vier Ospedales Venedigs wetteifern um das Privileg, dem neuen päpstlichen Nuntius eine Geliebte aus dem eigenen Haus zuführen zu dürfen. Auch Berichte über Prostitution, Gondeln mit Freiern, die nachts anlegen. Venezianer, die eine fromme und weltscheue Frau suchen, holen sie aus dem Ospedale bei den sonntäglichen Besichtigungen – einer Art Peepshow im 18. Jahrhundert.

Vivaldi formt aus seinen Mädchen die besten Musikantinnen ihrer Zeit, Fürsten und Könige kommen nach Venedig, um das Mädchenorchester zu hören. Die Musikerinnen spielen alle, auch die für Männer vorgesehenen Instrumente: Jagdhorn, Becken, Trommel, Kontrabass. Auch die männlichen Singstimmen – also Bass, Bariton, Tenor – werden von den Mädchen gesungen. Beliebt als Lehrer Eunuchen oder eben Priester, die »den Schwanz in der Hose lassen«.

Das Ospedale della Pietà wird im 14. Jahrhundert von einem Franziskanermönch gegründet. Aufgabe: verwaiste und ausgesetzte Kinder aufzunehmen. (In Venedig arbeiteten in Vivaldis Zeit – bei einer Einwohnerschaft von 225.000 – etwa 15.000 Prostituierte. Der Senat vertrat die kuriose Theorie, die Syphilis sei auf die sogenannte Sodomie – den analen Geschlechtsverkehr zwischen Männern – zurückzuführen, und begünstigte »aus Gründen des Volksgesundheit« ausdrücklich die Prostitution). Noch drei weitere solche Ospedales in Venedig, die zeitweise jeweils 6.000 Kinder beherbergen. Seit Mitte des 17. Jahrhunderts sind es nur noch Mädchen. Im Ospedale della Pietà landen die Mädchen aus den besseren Familien, denn die reichen Patrizier geben nicht nur ihre unehelichen Kinder, sondern auch ihre Töchter dort ab, um sich die hohe Mitgift bei der Verheiratung zu sparen. Zu Vivaldis Zeiten tritt der ursprüngliche Charakter eines Konvikts zugunsten des Konservatoriums zurück. Die männlichen Lehrer – Organisten, Chordirigenten, Violinlehrer – werden von einer Aufpasserin während der Lehrstunden überwacht, damit die guten Sitten nicht verletzt werden.

Aber der Schein trügt. Zeitweise verwandeln sich einige der Klöster in regelrechte Bordelle, Zuhälter führen den Nonnen auf den Gondeln Kundschaft zu. Ausgerechnet die Pietà hat den schlechtesten Ruf. »Die Nonnen erkennen als einzigen Vater die Liebe an«, vermerkt ein Chronist. Mädchen werden an berufsmäßige Kupplerinnen verkauft, das Lärmen junger Patrizier stört die Stille der Klöster. »Ich schwöre Ihnen, nichts ist so angenehm wie der Anblick einer jungen und hübschen Nonne in ihrem weißen Kleid und mit einem Granat-Blumenstrauß über dem Ohr«, schwärmt ein französischer Kenner. Vivaldis zeitweiliger Ruf als Eunuch eine Schutzbehauptung. Die besten unter den Schülerinnen genießen im Kloster Privilegien: privilegiate del Coro. Sie dürfen das Institut verlassen und ihre Kunst andernorts, etwa auch auf Opernbühnen zu Gehör bringen. Alle kennt man nur nach dem Vornamen – der Nachname wird zum Schutz der Familien verschwiegen. Statt des Nachnamens wird die musikalische Funktion zugefügt: Lucieta della viola, Maddalena del violino etc. Sie werden die besten Solistinnen der Zeit – eine wichtige Einnahmequelle für die Waisenhäuser, die einen guten Teil ihres Etats aus den Auftritten ihrer Eleven speisen.

Als berühmter Violin-Virutose hat Vivaldi Zugang zu den besten Familien Venedigs und tritt dort bei Privatkonzerten auf. 1707 lädt ihn Graf Ercolani, kaiserlicher Gesandter in Venedig, zu einem Violinwettstreit mit Giovanni Rueta, dem Protegé des Kaisers, in seinen Palast.

Vivaldis eigentliche Karriere: Opernkomponist. Die Opern werden während des Karnevals gegeben, man trinkt und raucht während der Darbietungen, alle Besucher tragen Kostüme und Masken. Die Opern werden von adligen Familien produziert, die in Konkurrenz um die besten Sänger und Musiker stehen. Vivaldi behauptet, 94 Opern geschrieben zu haben, einige davon in fünf Tagen. Die Patrizier gehen mit ihren Mätressen in die Oper, in die enorm teuren Logen. Man lärmt und lacht, wirft Lichtstumpfen und Orangenschalen auf das Volk im Parterre, spuckt auf einen kahlen Schädel, das lange Bein der Mätresse mit dem roten Schuh, das über den Balkon baumelt. Eine große Rolle spielt das Bühnenbild. Die Bühnenbilder sind fantastisch und surreal, man erfreut sich an dem Trompe-l'œil, etwa an einem Elefanten auf der Bühne, der sich in eine Armee von Soldaten verwandelt, Geistererscheinungen, einstürzende Gebäude, Naturkatastro-

17. Februar
In Westberlin beginnt der Internationale Vietnam-Kongress. Die politische Erregung schwappt aus dem Audimax der Technischen Universität auf die Straße über. Die Polizei wird aktiv.

22. Februar
NEGRESCO**** – EINE TÖDLICHE AFFÄRE (D: Max Zihlmann, Klaus Lemke; R: Klaus Lemke). Ein ehrgeiziger Fotograf will in die Jet-Set-Welt aufsteigen und erlebt einen tiefen Fall. Die Reise geht von Berlin nach Nizza (Traumvilla am Meer) und endet im Engadin. Es wird Auto gefahren und Wasserski, im Jet geflogen und im Hubschrauber, Roulette gespielt und geflippert, Coca-Cola getrunken und viel fotografiert. Nicht mit der Schärfentiefe von BLOW UP (1966), aber mit Eleganz an der Oberfläche. In den Hauptrollen: Ira Fürstenberg und Gérard Blain.

1. März
ICH BIN NEUGIERIG (GELB) (1967; D+R: Vilgot Sjöman). Lena, eine junge Arbeitertochter, befragt Menschen auf der Straße: Ist Schweden noch ein Sozialstaat? Ist der Vietnamkrieg nicht eine Schweinerei? Lena ist außerdem neugierig auf sexuelle Varianten. Sie hatte schon 23 Liebhaber, und wir sind dabei, wenn sie sich mit dem 24. in einem Lotterbett, einem kahlen Zimmer oder auf dem Geländer des königlichen Schlosses amüsiert. Der Film wird von der FSK nur gekürzt freigegeben.

1. März
DIE STUNDE DES WOLFS (D+R: Ingmar Bergman). Unter den Bergmans ist dies der vielleicht vergrübeltste. Es geht um Todesfurcht, Aberglauben und Wahnsinn eines Künstlerpaares, gespielt von Liv Ullmann und Max von Sydow. Psychodrama, Albtraumcollage, dunkelster Bergman.

1. März
DER FREMDE (1967; D: Suso Cecchi D'Amico, Georges Conchon, Emmanuel Roblès; R: Luchino Visconti). Eine Camus-Verfilmung. Ein Algerienfranzose (Marcello Mastroianni), lethargisch, atheistisch, undurchschaubar, begräbt seine Mutter, verbindet sich mit einem Mädchen (Anna Karina), erschießt in einer Panikattacke einen Araber und wird dafür zum Tode verurteilt. Unter Viscontis Filmen eher ein Misserfolg.

Antonio Vivaldi: *Siroe Re di Persia* (1727)

Antonio Vivaldi: *Farnace* (1727)

phen. Zwischen den Akten spielt Vivaldis sächsischer Konkurrent und Freund Pisendel ein Violinkonzert, auch Vivaldi tut das mit einigem Degout gegen die Halbwelt des Theaters.

Kardinal Tommaso Ruffo von Ferrara will eine konservative Kulturrevolution durchsetzen. Er erlässt ein Edikt gegen den Karneval. Danach ist den Geistlichen das Tragen von Masken und der Aufenthalt bei Gauklern

und Scharlatanen aller Art verboten, ebenso die Teilnahme an bestimmten Ausschweifungen wie Bällen, Festen und Gelagen. Der »rote Priester«, der Opern schreibt und mit zwei Frauen durch die Gegend reist, ist das ideale Ziel für Ruffos Kulturrevolution. Vivaldis Oper Siroe Re di Persia und Farnace werden zwar noch aufgeführt, sind aber Misserfolge, wahrscheinlich werden sie von Ruffos Anhängern niedergeschrieen. Vielleicht sind sie auch einfach schlecht. Vivaldis Abstieg beginnt.

Vivaldi darf bei Strafe seiner sofortigen Verhaftung nicht zur Premiere nach Ferrara reisen, in Venedig wird er nicht mehr gespielt, seine Musik wird vergessen. Er verkauft zu immer niedrigeren Preisen seine Konzerte an die Pietà, gibt seine Wohnung auf, verlässt Venedig und kehrt nie mehr dorthin zurück. Aber auch am kaiserlichen Hof in Wien fasst er nicht Fuß, weil der Kaiser – einer seiner Gönner – gerade gestorben ist. Vivaldi stirbt, erhält – wie W.A. Mozart 50 Jahre später – ein Armenbegräbnis in Wien. Erst durch Johann Sebastian Bachs Bearbeitungen von etwa 20 Vivaldi-Konzerten wird Vivaldi – in der zweiten Hälfte des 19. Jahrhunderts – von Musikologen wieder erwähnt. Die eigentliche Wiederentdeckung beginnt erst im Jahre 1926: Der Rektor eines verarmten Salesianer-Klosters in der Lombardei will seine musikalische Bibliothek verkaufen, um Geld für die nötigen Dachreparaturen aufzutreiben. Professor Alberto Gentili von der

Universität Turin entdeckt, dass sich unter den verstaubten Bänden 14 Partituren mit unbekannten Kompositionen Vivaldis befinden.

Er kauft die Sammlung und übergibt sie der Nationalbibliothek in Turin. Vivaldis Weltruhm setzt erst nach 1945 ein, als die Rundfunkstationen der Welt seine Musik in die Welt schicken. 200 Jahre nach seinem Tod wird der vergessene Komponist der Vier Jahreszeiten zum meistgespielten klassischen Komponisten aller Zeiten.

Antonio Vivaldi: *Le quattro stagioni* (1725)

8. Februar

Natürlich bin ich wieder einmal zur Eröffnung der Berlinale nicht eingeladen worden, obwohl schon zwei von mir geschriebene Filme auf der Berlinale das Licht der Welt erblickten, einer sogar zur Eröffnung. Sehr wohl eingeladen waren aber meine Agentin und alle meine Kritiker. Was solls. Ich hatte bereits eine Einladung nach Rom angenommen und saß in Erwartung meiner Penne arrabiata mit einer Zigarette in meinem Lieblingsrestaurant in der Sonne, während sich die rauchende Berliner Prominenz ein paar Stunden später in der Kälte auf irgendeinem 20 Quadratmeter großen Balkon zusammendrängen würde.

Natürlich war ich neugierig, was das Studio Babelsberg für den *Vivaldi* bezahlt hatte – genauer, was mein Drehbuch den Käufern wert gewesen war. Ich hatte die beiden Studiobosse schon seit der ersten Begegnung vor drei Jahren ins Herz geschlossen. Sie sind begeisterungsfähig, sagen, was sie denken und handeln, und entscheiden rasch. Aber kaum war der *Vivaldi* in ihren Händen, zeigte sich ein neues Problem. Sie erklärten mir, dass sie dem Film nur in einer

8. März
ENGELCHEN ODER DIE JUNGFRAU VON BAMBERG (D: Franz Geiger, Marran Gosov; R: Marran Gosov). Katja, 19-jährig und noch jungfräulich, möchte in München endlich ihre Unschuld verlieren. Aber die jungen Männer einer Münchner WG kriegen Angst vor der Zielstrebigkeit des Mädchens. Das ist schwer nachzuvollziehen, weil man sich damals in Gila von Weitershausen sofort hätte verlieben müssen.

12. März
KALTBLÜTIG (1967; D+R: Richard Brooks). Zwei jugendliche Kriminelle bringen eine Familie um, werden von der Polizei verfolgt und gefasst, gestehen die Tat, werden zum Tode verurteilt. Die detaillierte Darstellung der Morde und der Hinrichtung gilt zu dieser Zeit noch als Tabubruch. Nach einem Roman von Truman Capote.

Journal

14. März
HEROIN (D: Gerhard Bengsch; R: Heinz Thiel, Horst E. Brandt). Rauschgifttransfer durch die DDR. Zollkommissar Peter Zinn schleust sich in einen internationalen Schmugglerring ein, bringt die Gangster hinter Schloss und Riegel und säubert die Transitstrecke zwischen der Adria und Berlin. DEFA-Star Günther Simon, einst Ernst Thälmann, spielt den einsamen Ermittler mit konventionellem Gestus.

aufwändig produzierten, internationalen Fassung Chancen gäben. Sie wollten einen großen Film daraus machen, der unbedingt auf Englisch gedreht werden müsse.

Volker Schlöndorff und ich hatten vor dem Verkauf eine italienische Variante favorisiert. Europäische Geschichten, so Volkers Theorie, würden sich in Europa, aber auch in den USA und England nur durchsetzen, wenn sie kompromisslos europäisch seien. Es sei kein Nach-, sondern im Gegenteil ein Vorteil, wenn der *Vivaldi*-Film in der Originalsprache gedreht werde.

Inzwischen hatte Volker eine Verbindung zu dem italienischen Produzenten Renzo Rossellini zustande gebracht, der von dem Projekt begeistert war und bereits nach dem Konto fragte, auf das er die Kosten für das Projekt überweisen solle. Auch den *rising star* des jungen italienischen Films, Elio Germano, hatte Volker bereits auf *Vivaldi* neugierig gemacht.

Eine schöne, mir aus alten Tagen bekannte Italienerin, neben der ich zufällig auf dem Rückflug aus Italien saß – inzwischen war sie Agentin einer großen amerikanischen Firma, die weltweit Filme kauft und verkauft – sagte mir, während sie immer wieder den schmalen Träger ihres ausgeschnittenen Merino-Pullovers zurückschob: »Lass dich auf keinen Fall mit den Italienern ein. Der Film kommt nie zustande!«

Durch die Strategie der Babelsberger geriet ich in ein neues Dilemma. Ich hatte ihnen mehrfach gesagt, dass mein Wunschkandidat für die Regie Volker Schlöndorff sei. Sie hatten mir geantwortet, dass sie diese Option durchaus erwägen würden; aber sie komme nur für einen »kleinen« Film mit einem Budget bis zu zehn Millionen Euro in Frage. Für den großen Film, den sie anstrebten, komme mein Kandidat leider nicht in Betracht, und das wisse er. – Warum nicht? Nun, seit mindestens zehn Jahren hatte Volker Schlöndorff zwar diesen oder jenen Preis gewonnen, aber keinen großen, international erfolgreichen Film mehr gedreht. Mit ihm lasse sich ein großer Etat nicht finanzieren. So rau seien nun einmal im Filmgeschäft die Sitten.

Dabei hatte Volker Schlöndorff seine Kündigung gegenüber dem alten Produzenten auch deswegen ausgesprochen, um diesem die endgültige Trennung von dem Projekt zu erleichtern. Er hatte den ersten Speer geworfen, um die unberührte, inzwischen stark gealterte Jungfrau namens *Vivaldi* zu befreien. Sollte er jetzt unbekränzt nach Hause gehen?

Meine Bauchschmerzen führen mich zu einer neuen Überlegung. Konnte ich meine Unterschrift unter den Verkauf des Drehbuchs nicht an die Bedingung knüpfen, dass Volker Schlöndorff der Regisseur sein würde? Das Drehbuch gehörte mir längst nicht mehr. Hätte

DIE BRAUT TRUG SCHWARZ

ich etwas Derartiges versucht, dann hätten Woebcken und Fisser es nicht gekauft. Ohnehin entscheiden Drehbuchautoren nicht, wer der Regisseur ist, jedenfalls nicht Charlottenburger Drehbuchautoren wie ich. Einer der beiden Studiobosse sagte mir, als ich ihm meine Wünsche und meine Skrupel mitteilte, klipp und klar: »Das ist nicht deine Entscheidung, halte dich da raus, und laß mich den *bad boy* machen.«

16. März

Seit ein paar Jahren bekomme ich per Post zwei große Kisten mit den Jahresproduktionen der Film- und Buch-Branche. In der Frühjahrskiste liegen die rund 40 von einer Vorauswahl-Jury gesichteten Filme, die die deutsche Filmakademie an ihre über 1.000 Mitglieder zwecks Abstimmung für die Lolas verschickt. In der Herbstkiste finde ich die 250 Neuerscheinungen der italienischen Verlage, die ich als Juror im Preiskomitee des Literaturpreises Grinzane Cavour bis zum Jahresende lesen soll, um meine Kandidaten für den Preis zu benennen. Die italienische Kiste hat einen Vorzug: Schon wegen ihres absurden Volumens liegt das korrupte Prinzip von Kulturpreisen dieser Art offen zutage. Natürlich kann kein Juror 250 Bücher lesen, er kann allenfalls die Klappentexte anlesen; dann sondert er allenfalls 20 Bücher aus, vertraut dabei dem Echo von halbwegs bekannten, meist falsch erinnerten Namen in seinem Gedächtnis und den Einflüsterungen von Freunden – Lies X und Y! Den Rest kannst du vergessen! –, blättert in ihnen herum, wirft noch einmal zwölf von ihnen an die Wand und liest dann endlich sechs oder sieben der überlebenden Autoren zu Ende – um zu seinem »zweifelsfreien Urteil« zu kommen. Ebenso beunruhigend ist eine andere Erfahrung. Die Überschwemmung meiner Wohnung mit Büchern und Filmen verändert unaufhaltsam mein Verhältnis zur filmischen und literarischen Produktion. Bücher und Filme, die einem in derart seuchenhaften Ansammlungen ins Haus geschickt werden, werden zusehends etwas Bedrängendes, Heuschreckenartiges, eine Art Müll, von dem man sich befreien will.

Die deutsche Filmkiste ist im Vergleich zur italienischen Bücherkiste seriöser, weil sie nur rund 40 Titel enthält, die man an 20 oder 30 Abenden bewältigen kann. Aber wie viele Akademiemitglieder schauen sich tatsächlich das ganze Angebot an? Natürlich folgt die individuelle Auswahl auch hier den benannten Prinzipien: dem Hörensagen über einen Film, den Urteilen der Freunde, dem Bekanntheitsgrad der Namen. Es wäre fair, wenn das Formular für die Stimmabgabe eine – freiwillige – Rubrik enthielte, in der der Stimmberechtigte ankreuzt, wie viele Filme aus der Auswahl er gesehen hat.

22. März
DIE BRAUT TRUG SCHWARZ (D: François Truffaut, Jean-Louis Richard; R: François Truffaut). Wenn es 1968 schon keinen neuen Hitchcock-Film gibt, dann wenigstens eine Hommage. Ein Bräutigam wird eher aus Versehen erschossen. Die Braut (Jeanne Moreau) ermittelt die fünf Täter und tötet einen nach dem anderen: gnadenlos, aber variabel in den Werkzeugen. Nach dem Roman von William Irish.

22. März
IN DER HITZE DER NACHT (1967; D: Stirling Silliphant; R: Norman Jewison). In einer Kleinstadt im amerikanischen Süden geschieht ein Mord. Der Verdacht fällt auf einen Farbigen, der auf der Durchreise ist. In Wahrheit arbeitet der aber als Polizeidetektiv und kann zur Ergreifung des Täters viel beitragen. Kriminalfilm mit antirassistischer Tendenz. Sidney Poitier und Rod Steiger sind die brillanten Hauptdarsteller.

29. März
COUNTDOWN: START ZUM MOND (D: Loring Mandel; R: Robert Altman). Altman kommt mit seinem 1966 gedrehten Film der amerikanischen Mondlandung (Juli 1969) knapp zuvor, lässt ihn aber unhappy enden. Der Astronaut Lee (James Caan) erreicht zwar sein Ziel, aber die Rückholtechnik versagt. So stirbt er dort oben genauso wie die vor ihm gelandeten sowjetischen Kollegen. Science-Fiction im Reportagestil.

31. März bis 6. April
14. Internationale Kurzfilmtage in Oberhausen. Festivalleiter Hilmar Hoffmann lässt sich durch Hellmuth Costards BESONDERS WERTVOLL in eine Falle locken: Er glaubt, den Film verbieten zu müssen, um politisch mit dem Festival zu überleben, aber dafür boykottieren die meisten westdeutschen Filmemacher die Veranstaltung und führen ihre Filme stattdessen in der Bochumer Uni vor. Die ausländischen Gäste solidarisieren sich mit Hoffmann. Die anwesenden Kritiker mäkeln über das Wettbewerbsprogramm.

3. April
IN DER FREMDE. Dokumentarfilm von Klaus Wildenhahn. Beobachtungen auf einer Baustelle im Emsland. Chronologie der Arbeit an einem Silo, öde Feierabende, Spannungen um den Polier. Das Publikum in Oberhausen ist ungeduldig und lässt den Film durchfallen. Später wird er ein Klassiker des deutschen Dokumentarfilms.

4. April
DIE LÜMMEL VON DER ERSTEN BANK (D: Franz Seitz; R: Werner Jacobs). Erster Teil: ZUR HÖLLE MIT DEN PAUKERN. Mit Theo Lingen und Gila von Weitershausen. Die Schule wird zum Serienerfolg. Bis 1972 entstehen sieben Teile. Sie tragen dann Titel wie ZUM TEUFEL MIT DER PENNE, HURRA DIE SCHULE BRENNT oder WIR HAUN' DIE PAUKER IN DIE PFANNE. Antiautoritärer Ulk vom Fließband. Die Kinos sind voll.

Nachdem ich die Bücherkiste des letzten Jahres irgendwie bewältigt und meine Kandidaten aus der Filmkiste neben dem Videorekorder aufgestapelt hatte, kümmerte ich mich erst einmal um mein neu erschienenes Buch. Ich hatte ja gesagt: Es wird ein Reisejahr.

12. April

In Chapel Hill (North Carolina) war ich als keynote speaker eingeladen und in einem vorzüglichen Hotel untergebracht. Kaum hatte ich mein Luxuszimmer betreten, griff ich nach meiner Zigarettenschachtel. Ich hatte seit ungefähr drei Tagen nicht mehr geraucht. Ich öffnete das Fenster und zündete mir bei offenem Fenster eine American Spirit an. Und weil das Rauchen so heftig verboten war und die Zigarette so gut wie lange nicht mehr schmeckte, rauchte ich gleich noch eine hinterher. Es dauerte nicht einmal zwei Zigarettenlängen, als es an meine Zimmertür klopfte. Ich warf das kaum angerauchte Wertstück aus dem Fenster, wahrscheinlich auf das Dach einer der glänzenden, unter meinem Fenster parkenden Limousinen, die – nach meinem Dafürhalten – mit ihrem enormen Benzinverbrauch in weit größerer Erklärungsnot waren als ich mit meiner zweiten Zigarette nach drei Tagen. Eine ältere Philippinin – offenbar die Oberaufseherin über die Zimmermädchen – stand vor der Tür. Ich öffnete die Tür nur halb, da ich bereits in Unterhosen war und mich gleich duschen und mir die Zähne putzen wollte, um mich von den Spuren meines Lasters zu befreien. Sie wolle nur wissen, ob ich mich wohlfühle und ob alles in Ordnung sei, sagte sie. Ich erklärte, dass alles in der Tat in bester Ordnung sei, und wollte die Tür schon zudrücken, als sie mit ihrer zierlichen Nase mehrfach und deutlich hörbar die Luft einsog. Das Verb »schnüffeln«, das ich nur noch in übertragenem Sinn kannte, wurde mir plötzlich in seiner ursprünglichen Bedeutung bewusst: Es handelte sich um eine Tätigkeit der Nase. Ob hier »jemand« geraucht habe, fragte die Aufseherin. Vielleicht jemand, erwiderte ich beherzt, vielleicht mein Vorgänger, aber jedenfalls nicht ich – und drückte die Türe zu.

Als ich frisch geduscht und mit geputzten Zähnen aus dem Hotel ging, rief mich der Empfangschef an den Tresen. Etwas stimme mit meiner Kreditkarte nicht, meinte er, ob ich eine andere hätte. Ich war überrascht. Ich hätte mit derselben Kreditkarte eben noch in New York eine Rechnung beglichen, erwiderte ich, aber ich könne ihm auch eine andere geben. Während er die ihm gereichte Karte in den Schlitz seiner Maschine einführte, kam er zum Anlass seiner Frage. »We had a report«, sagte er – in meinem Zimmer sei geraucht worden. Dies sei aber ein Nichtraucherhotel.

Ich entschloss mich zum offensiven Bekennen. In der Tat, sagte ich, ich hätte bei offenem Fenster eine Zigarette geraucht, und danach, weil sie so gut schmeckte, noch eine zweite, die ich allerdings nicht habe zu Ende rauchen können, weil ich gestört worden sei. Es war, als hätte ich soeben einen Sexualmord gestanden – es fiel dem Empfangschef schwer, sich zu fassen. Immer noch freundlich erklärte er dann, dass im Zimmer neben mir eine schwere Asthmatikerin wohne, die aus der Klinik zur Erholung in das Hotel gezogen sei. Die Frage, wie der Zigarettenrauch aus meinem Fenster aus dem Freien wieder in das – offenbar offene – Fenster meiner Nachbarin gefunden hätte, verkniff ich mir. In dieser Sache ist der Rekurs auf aerodynamische Gesetze nicht angebracht.

Erst später begriff ich, wie gut ich in meinem Luxushotel behandelt worden war. Die anderen Konferenzteilnehmer, die in einem billigeren Hotel untergebracht waren, erzählten mir, dass in ihren Zimmern eine unmissverständliche Warnung angebracht war: Rauchen verboten. Bei Zuwiderhandlung 250 Dollar Strafe.

In North Carolina ist es inzwischen so weit gekommen, dass die Leute auch im Freien nicht mehr rauchen. Die rauchenden Studenten von Chapel Hill – eine winzige, aber gesellige Minderheit – erzählten mir, sie dürften nur noch in 15 Meter Entfernung von den Gebäuden der Uni rauchen. Was war die Begründung, wollte ich wissen, und warum nicht in zehn oder 50 oder 100 Meter Entfernung? Und wie misst der Raucher eigentlich diesen Sicherheitsabstand? Genügt es, die Schritte zu zählen? Sie lachten nur über meine Fragen und gaben mir Feuer.

14. April

Das Thema »Rauchen in den USA« hält mich im Griff. In Boston lief ich mit meiner Tochter, die in Harvard einen Freund besuchte, bei strahlendem Sonnenschein eine der belebten Kneipenstraßen ab. Viele Gäste saßen an den Tischen auf der Straße, keiner rauchte. Auch hier galt offenbar die 30-Meter-Regel; in Berkeley, so erfuhr ich, soll das Rauchen inzwischen überhaupt verboten sein – drinnen, draußen und auch in virtuellen Räumen. Niemand konnte mir in Boston auf meine Frage nach einem wissenschaftlichen Grund für das Rauchverbot im Freien eine Antwort geben, ja die Frage selbst schien Misstrauen auszulösen. Offenbar wird das Rauchen hier, egal wo, als eine Krankheit angesehen, vergleichbar der Pest oder der Vogelgrippe. Inzwischen gibt es ganze Wohnanlagen, die ausschließlich für Nichtraucher bestimmt sind. Wie überwacht man in einer solchen Anlage die Einhaltung der Regel? Mit Fühlern und Kameras in jedem Zim-

5. April
WIR LASSEN UNS SCHEIDEN (D: Rudi Strahl, Kurt Belicke; R: Ingrid Reschke). Eheprobleme in Ostberlin: Der Korrepetitor Johannes und die Korrektorin Monika sind sich über die Erziehung ihres achtjährigen Sohnes Manni weitgehend uneinig. Für Manni hat das vor allem Vorteile. Die Eltern bewegen sich auf eine Scheidung zu, bleiben dann aber doch zusammen. Weil das für Manni besser sei. Herrmann Zschoches LEBEN ZU ZWEIT (themenähnlich, gestartet im Februar) hatte das bessere Drehbuch.

10. April
Oscar-Verleihung in Hollywood. Sie ist wegen der Ermordung von Martin Luther King um zwei Tage verschoben worden. Fünf Oscars (darunter der für den besten Film) gehen an IN DER HITZE DER NACHT. Der Oscar für den besten nicht englischsprachigen Film ist eine Verbeugung vor dem jungen tschechoslowakischen Film: LIEBE NACH FAHRPLAN von Jiří Menzel. Alfred Hitchcock bekommt einen Ehren-Oscar.

IN DER FREMDE

Journal

17. bis 23. April
PILOTEN IM PYJAMA. Vierteiliger Dokumentarfilm von Walter Heynowski und Gerhard Scheumann. Die beiden DDR-Dokumentaristen haben in Nordvietnam gefangengehaltene US-Piloten interviewt. Die Filmemacher spielen in den Verhören Ankläger und Richter. Verteidiger darf es dabei nicht geben. Die Methode gilt als manipulativ, aber wirksam. Der Film, ausgestrahlt im DDR-Fernsehen, ist ein Präzedenzstück in der Dokumentarfilmgeschichte.

Tom Hayden: *The Port Huron Statement: The Vision Call of the 1960s Revolution* (PublicAffairs 2005)

3. Mai
PLANET DER AFFEN (D: Michael Wilson, Rod Serling; R: Franklin J. Schaffner). Überraschung für eine amerikanische Raumschiffbesatzung: Auf einem (scheinbar) entfernten Planeten sind die Affen intelligenter als die Menschen. Mit solchem Aktions- und Gedankenspiel sind auch die Kinozuschauer zu entzücken: Sie verlangen nach mehr und kriegen schnell vier Fortsetzungen.

mer? Am Ende ist man wohl doch auf die Kollaboration eines freundlichen Nachbarn angewiesen, der einen Rückfalltäter, der sich auf seinem Balkon eine Zigarette anzündet, bei der Hausverwaltung anzeigt. Eine neue Zeit zeigt sich am Horizont, eine Art sanfter, vom Konsens abgesegneter Diktatur. Im Zeichen globaler Gefahren wie Terrorismus, Klimawandel, explodierender Gesundheitskosten können eifrige Bürokraten praktisch jede Repressalie ohne weitere Begründung durchsetzen – denn was sie beschließen, geschieht ja zum Wohl des Bürgers, das Überleben der Gattung, ja des Planeten steht auf dem Spiel. Jede noch so absurde Verordnung kommt mit der Anmaßung daher, eine drohende Katastrophe abzuwenden. Es ist eine ideale Zeit für Retter und Erlöser – und für eifrige Ordnungshüter und Denunzianten.

15. April

Fast hätte ich über diesen Irritationen den Anlass meiner Reise nach Boston zu erwähnen vergessen. Im Goethe-Institut in Boston kam es zu einer spannenden Begegnung mit Tom Hayden, den man in Deutschland vor allem als den zweiten Ehemann von Jane Fonda kennt – bevor sie mit dem CNN-Chef durchbrannte. Tom Hayden war eine der wichtigsten Stimmen der amerikanischen Bürgerrechtsbewegung und hatte mit einem hellsichtigen, eher poetisch als politisch formulierten Manifest, dem *Port Huron Statement*, das er mit 22 Jahren schrieb, den amerikanischen SDS mit ins Leben gerufen. Man kann ihn getrost als den Rudi Dutschke der USA bezeichnen – mit einer entscheidenden Abweichung. In Haydens Streitschrift

ging es vor allem um die Bürgerrechte der Schwarzen, um schwarze und weiße Armut in den USA und das verfehlte Gleichheitsversprechen der amerikanischen Verfassung – die Begriffe »Sozialismus« und »Revolution« kamen in seinem Text nicht vor. Während der

Vietnamproteste 1968 war er als einer der Chicago Seven zusammen mit Abbie Hofmann und Jerry Rubin verhaftet worden und verbrachte eineinhalb Jahre im Gefängnis. – Nach kurzer Zeit nahmen wir unserem Moderator die Initiative aus der Hand und stellten uns gegenseitig Fragen. Wie kam es, wollte ich von Hayden wissen, dass die amerikanischen Rebellen ihre Väter, die doch als Befreier vom Faschismus aus dem Zweiten Weltkrieg heimkehrten, mit denselben antiautoritären Fragen konfrontierten, wie die Kinder der Nazi-Generation es mit ihren Vätern taten? – Schon wahr, erwiderte Hayden, im Krieg seien die Väter in der Tat Helden und Befreier gewesen. Aber sobald sie wieder zu Hause waren und die Tür hinter sich geschlossen hatten, sei es mit der Freiheit vorbei gewesen. Wenn er seiner Freundin beim Abschied am Gartenzaun auch nur einen verstohlenen Kuss gegeben habe, sei er hinterher verprügelt worden. – Wie es geschehen konnte, wollte Hayden von mir wissen, dass sich so viele von uns in Berlin nach einem gloriosen Aufbruch und eindrucksvollen Vietnam-Protesten in kommunistische Parteien und in den Antiamerikanismus verirrten? – Wir hätten den Sozialismus neu erfinden wollen, sagte ich, dabei habe der deutsche Hang zur Ideologie, vor allem die ideologische Verdächtigung und Ablehnung jedes Reformismus eine Rolle gespielt, allerdings hätten wir immer zwischen dem amerikanischen Volk und der amerikanischen Regierung

17./18. Mai
Das 21. Filmfestival in Cannes wird abgebrochen. Studenten- und Gewerkschaftsdemonstrationen, die zum Generalstreik in Frankreich führen, dringen lautstark und handgreiflich in die Filmveranstaltung ein. Tausend französische Filmschaffende solidarisieren sich mit dem Streik und fordern ein Ende des Festivals. Sie werden angeführt von Jean-Luc Godard und François Truffaut, die auch noch gegen die Entlassung des Cinémathèque-Chefs Henri Langlois protestieren. Die Jurymitglieder Roman Polanski, Monica Vitti und Louis Malle treten zurück. Alain Resnais, Richard Lester und Miloš Forman ziehen ihre Filme aus dem Wettbewerb zurück. Vom einen auf den anderen Tag ist Schluss in Cannes.

24. bis 26. Mai
Zweite Hofer Filmtage. Hellmuth Costard und Jean-Marie Straub versuchen, einem ZDF- und einem BR-Filmteam die Kameras abzuschwatzen, damit das Kinopublikum damit den ersten »nicht-autoritären« Film drehen kann. Aber das misslingt. Die Prager Filmakademie FAMU ist zu Gast in Hof. Und Straub ruft zum Protest dagegen auf, dass sein Film CHRONIK DER ANNA MAGDALENA BACH kein Prädikat bekommen hat. Begründung: schlechte Tonqualität. Der Protest bleibt folgenlos.

25. Mai
Am Ende der fünften Bundesligasaison wird der 1. FC Nürnberg (der »Club«) deutscher Fußballmeister.

13. Juni
DER EISKALTE ENGEL (1967; D+R: Jean-Pierre Melville). Jeff Costello ist ein Profikiller mit schönem, ausdruckslosem Gesicht und rituellen Gesten: Zum Töten streift er sich weiße Handschuhe über und bringt seine Hutkrempe in Position. Als er in eine Sackgasse gerät, inszeniert er seinen eigenen Tod, indem er sich von der Polizei erschießen lässt. Melville meditiert über Töten und Sterben. Alain Delon ist ihm dabei kongenial behilflich.

21. Juni
HEISSER SOMMER (D: Maurycy Janowski, Joachim Hasler; R: Joachim Hasler). Elf Mädchen aus Leipzig und zehn Jungen aus Karl-Marx-Stadt erleben einen nicht nur lustigen Urlaub an der Ostsee. Es singen Frank Schöbel und Chris Doerk. Der Film erlebt nach der deutschen Einigung ein nostalgisches Revival.

DER EISKALTE ENGEL

unterschieden, denn alle unsere Kampfformen hatten wir ja von der Bürgerrechtsbewegung in den USA abgeschaut. – Hayden wirkte nicht zufrieden.

Auf die Frage, was in den USA von '68 geblieben sei, war er um eine Antwort nicht verlegen. Die »Obama-Bewegung«, erwiderte er ohne Zögern. Es sei die mächtigste politische Bewegung, die er in seinem Leben in den USA gesehen habe. Gleichgültig, wer der nächste Präsident der USA werde, diese Bewegung werde nicht mit den Wahlen enden. Die wichtigste Leistung Obamas sei schon jetzt, dass er eine ganze Generation für eine neue Politik gewonnen und begeistert habe.

In unserem kleinen Hotel unterhielten wir uns dann noch lange über Alten-Kommunen in den USA und in Europa. Wenn ich eine annehmbare Kommune gefunden hätte und daran dächte, in sie einzuziehen, solle ich ihm Bescheid geben.

16. April

In der New York Times las ich, der Anführer des Streiks der amerikanischen Autoren habe zwei Leidenschaften: Filme und soziale Gerechtigkeit. Mit der Gerechtigkeit in einer amerikanischen Autorengewerkschaft ist es allerdings nicht einfach: Die Mitglieder müssen gewaltige Einkommensunterschiede aushalten. Es wird geschätzt, dass zwei Drittel der Mitglieder im Jahr weniger als 1.000 Dollar verdienen. Die Bedrohung Hollywoods durch den Streik ging vor allem von dem oberen Drittel aus, womöglich nur von dem Zehntel, das zwischen 100.000 und ein paar Millionen Dollar im Jahr verdient. Umso eindrucksvoller bleibt der Zusammenhalt der amerikanischen Autoren und der mit ihnen streikenden Schauspielerstars. Die Studios brachten es offenbar fertig, die Wall Street – trotz eines geschätzten Verlusts von drei Milliarden – davon zu überzeugen, dass der Streik der Autoren keinerlei wirtschaftlichen Schaden verursacht habe.

Was die Einkommen angeht, spielten auch die bestbezahlten Hollywood-Größen allenfalls in der B- oder C-Liga. Jeder der drei erfolgreichsten Hedgefonds-Manager – darunter der Kapitalismuskritiker George Soros – hat sein persönliches Einkommen im Jahr 2007 um etwa drei Milliarden Dollar verbessert. Soros ist der Unterhaltsamste unter diesen Ganoven: Der amerikanische Kapitalismus, wiederholt er bei jeder Gelegenheit, sei zum Untergang verurteilt, ja eine Menschheitskatastrophe. Aber er verstehe das Spiel nun einmal besser als die meisten und spiele deswegen immer wieder mit. Selten hat jemand aus einem tiefen moralischen Leiden am Kapitalismus so viel Profit gezogen.

18. April

Die einstweilen beste Konferenz über 1968 fand in Rom im erst kürzlich von Renzo Piano erbauten Auditorio statt. Die gewaltigen, an Riesenschildkröten erinnernden Gebäude machen dem Meister der leichten und luftigen, gleichsam zum Abheben und Fliegen bestimmten Architektur alle Ehre. Allerdings sind die Sitze im großen Konzertsaal enger als bei der Alitalia, und die Herrentoiletten zeichnen sich durch eine neuen Willen zur »Diskretion« aus, der besonders in Italien absurd erscheint. In Pianos Edelbau gibt es plötzlich kein Pissoir mehr, stattdessen abschließbare Einzeltoiletten, immerhin mit intakten Deckeln. Der bei weitem hygienischste Teil der italienischen Toilettenkultur war aber immer das Pissoir gewesen. Stattdessen jetzt nur noch drei Toiletten für 1.500 Besucher? »Warum haben sie die Pissoirs abgeschafft?«, stöhnte ein Mitwartender vor den drei besetzten Türen, »den letzten Vorteil, der uns Männern noch geblieben ist!«

In Erinnerung ist mir das öffentliche Gespräch mit Bernardo Bertolucci geblieben. Er fuhr im Rollstuhl auf die Bühne. Eine verfehlte Operation, hatten mir schon am Abend zuvor ein paar Bekannte erzählt, die sich alle als intime Weggefährten vorstellten. Bertolucci hatte einen Bandscheibenvorfall erlitten, ein in seinem Alter durchschnittliches Männer-Gebrechen, und hatte sich für eine Operation entschieden. Und ausgerechnet ihn traf das Schicksal: Er ließ sich vom besten und teuersten Chirurgen dieser Branche operieren und wurde von ihm für immer gelähmt.

Bertolucci hielt den Rollstuhl auf der Mitte der Bühne an und setzte sich mit dem Gesicht zum Publikum. Da ich ganz vorn saß, konnte ich sein Mienenspiel beobachten; ich sah, dass er hin und wieder, fast unmerklich, seine Füße bewegte. Offenbar war er immer noch in der Lage, sie ohne Zuhilfenahme seiner Arme leicht nach außen oder nach innen zu drehen.

Er gehöre einer Zwischengeneration an, begann er. Zu jung, um ein Kriegsheimkehrer zu sein, zu alt, um sich den 68ern zuzurechnen. Vieles habe ihn an dieser Bewegung angezogen, und er meine die Bewegung im ganz wortwörtlichen Sinn: den Dauerlauf in den Straßen, die Passionen, die sich in den erhitzten Gesichtern ausdrückten. Aber schon die Plakate und erst recht die Spruchweisheiten im roten Buch hätten ihn abgestoßen.

Er erzählte von seinen ersten Erfahrungen mit dem Kino. Davon, dass er in den Filmen von Fellini zum ersten Mal den Ton als ein Kunstmittel entdeckt habe, der bei Pasolini nur eine Rolle als Geräuschkulisse spielte. Mit Pasolini hatte er am Drehbuch von ACCATTONE gearbeitet und war mit ihm zu den Drehorten gefahren. Auf

---

21. Juni bis 2. Juli
Internationale Filmfestspiele Berlin. Die politischen Störungen halten sich in Grenzen: DFFB-Studenten bewerfen bei einer Diskussion im Audimax der TU Alexander Kluge, Edgar Reitz und Enno Patalas mit Eiern. Den Goldenen Bären gewinnt der schwedische Film RAUS BIST DU von Jan Troell, bei dem es um die Konflikte eines Lehrers, also um Autorität und Freiheit geht.

25. Juni
LEBENSZEICHEN (D+R: Werner Herzog). Der deutsche Fallschirmjäger Stroszek (Peter Brogle) führt 1942 auf der griechischen Insel Kos einen individuellen Krieg. Sonne, Hitze und die archaische Natur provozieren seinen Ausbruch aus der Lethargie. Zwei Tage hält er eine kleine Stadt in Atem. Herzogs Debütfilm gewinnt bei der Berlinale einen Sonderpreis für die erste Spielfilmregie und beim Deutschen Filmpreis ein Filmband in Silber. Die Karriere des Regisseurs kann beginnen.

ACCATTONE (1961; D+R: Pier Paolo Pasolini)

Journal

LA COMMARE SECCA (1962; D: Pier Paolo Pasolini, Bernardo Bertolucci, Sergi Citti; R: Bernardo Bertolucci)

AMORE E RABBIA (Liebe und Zorn; 1969; D: Carlo Lizzani, Bernardo Bertolucci, Pier Paolo Pasolini, Jean-Luc Godard, Marco Bellocchio; R: Marco Bellocchio, Bernardo Bertolucci, Jean-Luc Godard, Carlo Lizzani, Pier Paolo Pasolini, Elda Tattoli)

einer dieser Fahrten habe Pasolini ihn zu seinem Produktions- oder Regie-Assistenten ernannt – zu Bertoluccis Schreck, denn er habe, so Bertolucci, zu diesem Zeitpunkt noch keine Ahnung von Regie und Produktion gehabt. Pasolini tröstete ihn – er selber habe technisch auch keine Ahnung. Es sei ein großes Privileg gewesen, mit Pasolini jeden Morgen zum Drehort zu fahren – mit Pasolini am Steuer seines Alpha Julia –, er habe ihm von seinen nächtlichen Träumen erzählt und davon, wie er seinen letzten Traum an diesem Tag in den Film einbauen wolle. Bertoluccis ersten Film LA COMMARE SECCA, der prompt auf einer Erzählung Pasolinis basierte, habe Pasolini mit dem Einwurf kritisiert: sehr schön, aber viel zu viele Landschaftsbilder. Bertolucci sei von dieser Kritik völlig überrascht gewesen, ja er habe sich geradezu vernichtet gefühlt, tatsächlich habe er erst später herausgefunden, dass er sich – anders als Pasolini – mit seinen Film-Bildern eher wie ein Maler verhalte. Nachträglich müsse er aber einräumen, dass er Pasolinis Kritik etwas abgewinnen könne.

Am lustigsten dann seine Erzählung von den Filmfestspielen 1968 – erst in Venedig, dann in London. Pasolini habe in Venedig darauf gedrungen, dass diejenigen, die bereits im Saal waren, das Recht hätten, die angekündigten Filme auch zu sehen. Jean-Luc Godard war anderer Meinung und begab sich mit Bertolucci auf das »Gegenfestival«, wo mehr oder weniger dieselben Filme gezeigt wurden. In London dasselbe Spektakel. Godard weigerte sich, seinen neuen Film LIEBE UND ZORN dort zu zeigen. Irgendein Filmgewaltiger wollte ihn vom Gegenteil überzeugen. Ein Begleiter flüsterte Godard ins Ohr, dass der Betreffende ein großer Kapitalist sei. Da drehte sich Godard, der schon im Gehen begriffen war, zu dem Gemeinten um und verabreichte ihm eine schallende Ohrfeige. Hinterher, so Bertolucci weiter, hätten Godard und er in einem Edelrestaurant gesessen und sich angeschwiegen. Jeder habe versucht, die Ohrfeige irgendwie zu verarbeiten, aber keiner von beiden habe Lust gehabt zu reden.

Zum Schluss gab Bertolucci doch noch ein politisches Statement ab. Die Wahrnehmung der Welt in Italien sei durch einen gewissen Medienzaren derart manipuliert und banalisiert worden, dass sich dieser Medienzar und seine korrupte Truppe im öffentlichen Raum inzwischen wie Fische im Wasser bewegen könnten. Die Italiener seien durch Berlusconis Fernsehen konditioniert und nicht mehr in der Lage, frei zu denken. Er wehre sich besonders dagegen, dass zwei Begriffe aus dem öffentlichen Diskurs verschwunden seien: die Begriffe »Utopie« und »Kommunismus«.

Zum Schluss langer Applaus für eine nationale Ikone. Noch einmal betonte Bertolucci, er sei nicht gekommen, um eine Theorie vorzutragen, sondern um ein paar Geschichten zu erzählen. Fast entschuldigte er sich dafür, dass er sich an sein Vorhaben doch nicht ganz gehalten hatte.

21. April

Zum Abschluss der Konferenz ein aufregendes Gespräch zwischen Adam Michnik aus Polen, Paul Berman aus den USA, Dany Cohn-Bendit aus Frankreich/Deutschland und Fernando Savater aus Spanien. Jeder erzählte von seinen eigenen Erfahrungen. So ergab sich ein komplexes Bild von den unterschiedlichen Motiven der 68er-Bewegungen, die ja dennoch einem gemeinsamen Impuls zur Rebellion gefolgt waren. Seine Generation sei die erste Generation in Polen gewesen, meinte Michnik, die keine Angst gehabt habe. Allerdings sei es idiotisch gewesen, keine Angst zu haben. Natürlich hatte sich der Gewaltapparat der Kommunisten nicht verändert, und die Rebellen hatten ihm nichts entgegenzusetzen als ihre Entschlossenheit und ihren Mut. Und auf einen weiteren Unterschied wies er hin: In Polen und in der CSSR hätten die Rebellen versucht, mit dem Vokabular der kommunistischen Nomenklatura – also durchaus in der Tradition von Marx und Lenin – die neuen Forderungen und Hoffnungen auf mehr Demokratie auszudrücken. Niemand forderte freie Wahlen; man sprach vom »Sozialismus mit menschlichem Antlitz« beziehungsweise von einem »freieren, demokratischen Sozialismus«. Die Kritik an der kommunistischen Diktatur sei notgedrungen systemimmanent geblieben. Die Linken im Westen dagegen seien im Besitz der Freiheit und der Demokratie gewesen, die ihre östlichen Mitstreiter erstrebten, aber die Westler wollten unbedingt das System, das ihre Freiheitsrechte garantierte, überwinden und eine »wahre« sozialistische Gesellschaft erschaffen. 1989 drifteten dann die beiden Revolten endgültig auseinander. Die 68er in Osteuropa hatten den ersten Anstoß zu jener tektonischen Veränderung gegeben, die zum Einsturz der kommunistischen Regime führte. Für viele Linke im Westen jedoch bedeuteten der Fall der Mauer und der Siegeszug des Kapitalismus das Ende ihrer Hoffnungen.

Paul Berman erklärte das Schicksal der amerikanischen Linken aus der Immigrationsgeschichte der USA. Er nannte drei Daten als Leitfaden seines Vortrags: 1848, 1968 und 1989 – drei revolutionäre Schübe mit weltweiter Ausstrahlung. 1848 seien die Industriegesellschaften durch die Forderung nach Demokratie und sozialen Reformen erschüttert worden; 1968 durch eine Kulturrevolution und die Idee eines freiheitlichen Sozialismus; 1989 durch die Befreiung von den kommunistischen Diktaturen. Von Anfang an sei die amerikanische Linke durch die Emigranten aus Europa entscheidend geprägt

26. Juni
ZWEI FREUNDINNEN (D: Claude Chabrol, Paul Gégauff; R: Claude Chabrol). Eine Dreiecksgeschichte – mondäne Frau (Stéphane Audrant), junge Wilde (Jacqueline Sassard), reicher Architekt (Jean-Louis Trintignant) – endet tödlich: die Mondäne wird von der Wilden erstochen. Es bleibt offen, ob nun eine Zweierbeziehung möglich wird. Unter Chabrols Bourgeoisieentlarvungen eine der frühesten und besten.

29. Juni
WEEK-END (1967; D+R: Jean-Luc Godard). Ein blutiges Roadmovie. Eine Reise durch die Abgründe der bürgerlichen Gesellschaft, die im Kannibalismus endet. Von der harmlosen Karambolage steigert sich das Panoptikum über Stau, Unfälle, Leichen, Vergewaltigung und Mord zu einem Ende unter Terroristen, deren Leitspruch heißt: »Man kann die Scheußlichkeiten der Bourgeoisie nur durch noch mehr Scheußlichkeiten überwinden.« So sitzt die weibliche Hauptfigur am Ende vor einer Fleischportion und wird über die Zutaten informiert: »Wir haben das Schwein mit den Resten der englischen Touristen gemischt, und es ist auch noch ein Stück deines Mannes dabei.« Godards Schlusstitel heißt: *Ende der Geschichte. Ende des Kinos.*

30. Juni
CHRONIK DER ANNA MAGDALENA BACH (D: Jean-Marie Straub, Danièle Huillet; R: Jean-Marie Straub). Natürlich kein Biopic, sondern eine sehr spezielle Annäherung an die Bach-Family. Musik wird erarbeitet und dokumentiert. Wir hören sie und sehen ihre Herstellung. Hinzu kommen die Widerstandsakte eines Komponisten gegen die Mächtigen. Straubs Film polarisiert bei der Berlinale. Zwischenruf: »Bach ist doch kein Hampelmann!« Dazu wird er von Gustav Leonhardt auch in keinem Moment gemacht. Man muss in einem Straub-Film natürlich seine Kinogefühle reduzieren.

CHRONIK DER ANNA MAGDALENA BACH

worden. In den Jahren des Kalten Kriegs seien viele Flüchtlinge aus den Ostblockländern in die USA gekommen – als Kalte Krieger oder auch als linke Antikommunisten. Viele von ihnen seien nicht gegen, sondern für den Vietnamkrieg gewesen. Der amerikanische SDS habe mit dieser antikommunistischen Tradition gebrochen, und so hätten sich beim Parteitag der Demokraten in Chicago 1968 zwei feindliche Fraktionen der Linken gegenübergestanden.

Im Irakkrieg hätten sich dann wieder – jetzt in Gestalt der Neocons – die antikommunistischen 48er gegen die 68er durchgesetzt.

Savater konzentrierte sich auf das Problem des ETA-Terrorismus und die von ihm mitinitiierte Bürgerbewegung gegen die ETA. Er sprach von den Gefahren, denen sich die Anführer dieser Bürgerbewegung bis heute ausgesetzt sehen: Viele können sich nur unter Begleitschutz aus dem Haus bewegen und müssen mit ständigen Todesdrohungen leben.

Dany Cohn-Bendit stellte sofort den Bezug zwischen '68 und dem heutigen Italien her. »Vergesst '68!«, rief er und lieferte gleich die Anwendung seines neuen Slogans mit: »Wenn wir uns Italien heute ansehen, wo der größte Räuber zum Bürger Nummer 1 ernannt worden ist, dann müssen wir zugeben, dass wir verloren haben, sowohl politisch wie kulturell.« Sofort kam Stimmung auf im Saal, das meist grauhaarige Publikum brach in stürmische Beifallsrufe auf, für einen Augenblick schien es, als würden alle gleich aufstehen und noch einmal im Laufschritt durch die Straßen ziehen. Aber wohin? Dany war um die geeignete Adresse nicht verlegen. Es gebe in dieser Stadt eine totalitäre Institution, in der Freiheit und Demokratie immer Fremdwörter geblieben seien – den Vatikan.

An diesem Punkt kam es zum Schlagabtausch zwischen Cohn-Bendit, Berman und Michnik. Michnik erinnerte an die hilfreiche Rolle der katholischen Kirche bei den zehnjährigen Protesten von Solidarnosc. Ohne den Schutz des Papstes und der polnischen Bischöfe hätte es diese Bewegung und wohl auch den Fall der Mauer nicht gegeben. Die Kirche sei heute eine positive und zivile Kraft. Cohn-Bendit verwies auf die ständigen Einmischungen des Vatikans in den italienischen Wahlkampf und dessen menschenfeindliche Sexualpolitik in Afrika, die sogar Aidskranken den Gebrauch von Präservativen verbiete. »Yes, the Vatican kills in Africa«, sagte er mit seiner immer noch schneidenden Agitatoren-Stimme. Danach brach der Streit erst richtig los. Nachdem sie eine Lanze für den Vatikan gebrochen hatten, verteidigten beide, Berman wie Michnik, auch noch den Irakkrieg. Cohn-Bendit widersprach: »Was ihr – Berman und Michnik – nicht verstanden habt: Bush, Cheney, Rumsfeld sind moderne Bolschewiken, die glauben, jedes Problem auf der Welt mit Indoktrination und militärischer Gewalt lösen zu können.« Berman hielt Cohn-Bendit entgegen, dass er den Krieg zwar rechtzeitig und brillant kritisiert habe, aber nie einen Vorschlag habe hören lassen, wie man denn anders und wirkungsvoller mit Diktatoren und Massenmördern wie Saddam Hussein verfahren solle. Die Sanktionen der UN etwa, die von vielen europäischen und namentlich deutschen Firmen unterlaufen wurden, hätten nur zur Aushungerung der Zivilbevölkerung geführt, aber nicht einen Augenblick lang zur Schwächung der Machthaber. Dany widersprach mit dem Argument, eine militärische Aktion sei legitim, wenn sie gegen einen aktuell stattfindenden Genozid wie den von Saddam Hussein gegen die Kurden gerichtet sei – zehn Jahre später sei sie wenig glaubwürdig. Aber hatte die UNO – siehe Ruanda – jemals rechtzeitig eingegriffen?, hielt man ihm entgegen. Im Gespräch an der Bar gestand mir Dany später, dass er auch kein Rezept anzubieten habe.

25. April

Zum ersten Mal bei der Verleihung des Deutschen Filmpreises dabei. Zwei frühere Gelegenheiten hatte ich verstreichen lassen, und auch diesmal blieb ich nicht bis zum Schluss. Bereits beim Einlass erfährt der Gast, was er wert ist. An den Tischen, an denen die Karten ausgegeben werden, wird er von freundlichen Damen darüber unterrichtet, ob er von den Herren der Sitze für einen reservierten Sitz in Block A oder B vorgesehen ist oder mit einem der nicht nummerierten Massensitze in Block C oder D vorliebnehmen muss. Das Ritual ähnelt dem beim Besteigen eines Großraumflugzeugs: Die Reisenden der ersten Klasse und der Businessklasse werden rasch und unauffällig von den Economy-Reisenden getrennt. Seien wir fair: Irgendeine Einteilung bei einer derartigen Massenveranstaltung muss es geben. Nur, nach welchen Kriterien vollzieht sie sich? Jedem Passagier eines Transatlantik-Flugs ist klar, dass die Reisenden der ersten Klasse für ihre besseren Sitze gezahlt haben. Deswegen findet sich der Rucksacktourist mit seinem Hockgrab in den hinteren Reihen und seinem Käsebrötchen ab – im Zweifelsfall hat er 3.000 Euro gespart. Beim Filmfest herrschen andere Regeln. Hier entscheidet nicht der Geldbeutel über die Sitzordnung, sondern etwas anderes. Aber was? Schon beim Anstehen vor den Kartentischen fiel mir auf, dass einige der Einlass begehrenden Paare sich die Zeit mit entspannten Geplauder vertrieben und dann in die Blöcke A und B entschwanden. In der Regel waren es Politiker, Filmfunktionäre und Fernsehredakteure, nur in Ausnahmefällen erkannte ich diesen oder jenen Star. Alle Drehbuchschreiber, die ich kannte, und auch das Gros der Akademiemitglieder

2. Juli
STUNDE DER WAHRHEIT (D+R: Orson Welles). Ein reicher, mächtiger Kaufmann (Welles) arrangiert die Zeugung eines Erben durch einen Seemann und eine Prostituierte (Jeanne Moreau). Dann stirbt er. 60-Minuten-Film in Farbe, produziert für das französische Fernsehen. Ein Alterswerk, in dem man einige Spuren von CITIZEN KANE (1941) entdecken kann. Die Kino-Uraufführung findet zum Abschluss der Berlinale statt.

2. Juli
VOR DER REVOLUTION (1964; D: Gianni Amico, Bernardo Bertolucci; R: Bernardo Bertolucci). Italienische Studentenbewegung: Fabrizio aus Parma, bürgerlich erzogen, will sich emanzipieren: Er tritt der Kommunistischen Partei bei und geht eine heftige Verbindung mit seiner jungen Tante ein. Aber eigentlich fühlt er sich am wohlsten in der Oper und im Kino. Premiere in der ARD zur Primetime. In die deutschen Kinos kommt der Film erst 1992.

Journal

12. Juli
SPUR DES FALKEN (D: Günter Karl; R: Gottfried Kolditz). Gojko Mitic ist der Dakotahäuptling »Weitspähender Falke«, der sich erfolgreich gegen weiße Bodenspekulanten zur Wehr setzt. Unter den ostdeutschen Indianerfilmen ist dies einer der besten. In Westdeutschland bekommt er den Titel BRENNENDE ZELTE IN DEN SCHWARZEN BERGEN. Das will natürlich niemand sehen.

19. Juli
DIE NICHTEN DER FRAU OBERST (D+R: Erwin C. Dietrich). Eine Nymphomanin (Kai Fischer) verkuppelt ihre frühreifen Nichten mit zweien ihrer Liebhaber. Wenn es sexuell über die FSK-Grenzen hinaus zur Sache geht, schwebt die Kamera über Parklandschaften, Berge oder das Mittelmeer. Ein Erfolgsfilm, der sich auf Guy de Maupassant beruft und sofort eine Fortsetzung nach sich zieht.

DER UNTERGANG (2004; D: Bernd Eichinger; R: Oliver Hirschbiegel)

standen, wie es auf der Einladung ausdrücklich gefordert wurde, partnerlos in der Schlange und fanden sich dann auf den Hinterbänken wieder. Nach der Sitzverteilung zu schließen, sind die Politiker und ihr Anhang, ihre Sekretärinnen und auch ihre Hausmeister entschieden wichtiger für die deutsche Filmwirtschaft als die Kreativen.

Barbara Schöneberger, fand ich, spielte ihre Rolle als naiver Trampel und Fettnäpfchen-Treter zunächst erfrischend und gekonnt; leider behielt sie dann im Verlauf des Abends ausgerechnet das ungünstigste von ihren drei Kostümen – das steife, urwaldgrüne und aufdickende Taftkleid den ganzen Abend an. Ihre persönlichen Einlagen verblüfften eher durch einen imponierenden Mut zur Peinlichkeit als durch Witz. Immerhin gelangen einige Treffer – die Bemerkung etwa, dass man in den USA nach dem erfolgreichen Start von Eichingers UNTERGANG nun auf den zweiten Teil warte. An dieser Stelle fehlte nur der Nachsatz, dass Eichinger bereits mit seinem Baader-Meinhof-Film am »Untergang II« arbeitete. – Ich hatte einen Platz in der letzten Reihe gefunden. Unheimlich war, dass ich, wenn meine Reihe etwa bei der Ehrung der im letzten Jahr Verstorbenen oder des Ehrenpreisträgers Alexander Kluge aufstand, ein irritierendes Vibrieren des Stahlgerüsts unter den Sitzen verspürte. Unwillkürlich dachte ich an die Warnung von Herzspezialisten im Fernsehen, die genau dieses Gefühl unter den Füßen als Alarmzeichen vor einem bevorstehenden Kollaps deuten. Ich brachte es nicht über mich, den jungen Mann neben mir – wahrscheinlich ein Drehbuchschreiber – zu fragen, ob er dasselbe Vibrieren unter seinen Füßen spüre.

Meine Teilnahme erregten zwei Gestalten auf der Bühne, ein schwarzer Tänzer und seine weiße Partnerin, die bei jeder Phrase des von Bläsern dominierten Orchesters wie aufgezogene Puppen Tanzbewegungen ausführten. Diese Bewegungen bestanden eigentlich nur darin, dass beide am Anfang eines Taktes gleichzeitig ihren rechten Arm ausfuhren und ihn bei Taktende wieder einzogen. Vor allem den beiden einzigen Streichern des Orchesters galt meine Sympathie: Ich sah sie den ganzen Abend lang wild auf ihren Instrumenten herumstreichen, aber nicht ein Ton, nicht einmal Kratzer war unter dem ohrenbetäubenden Tutti der Bläser zu hören. Als Sohn eines Dirigenten aufgewachsen, habe ich die Bläser immer für die Barbaren jedes Orchesters gehalten, weil sie, einmal losgelassen, mit schierer Lautstärke die Kunst der Streicher überdröhnen können. Ja, sie konnten es auch diesmal.

Die Drehbuchpreise! Stefan Aust, der Verkünder der Nominierungen, versuchte die damit verbundene Ohrfeige für alle Profi-Drehbuchautoren zu wattieren. Offenbar hätten die nominierten Autoren – dem Beispiel Billy Wilders folgend – nichts dem Zufall überlassen wollen und die Regie ihrer Werke lieber selber in die Hand genommen. Aus dieser Ansage musste man eigentlich schließen, die Nominierten seien Drehbuchautoren, die sich zu Regisseuren ihrer eigenen Bücher aufgeschwungen hätten. In Wirklichkeit war es umgekehrt. Die Nominierten waren: Fatih Akin, Doris Dörrie und Ralf Westhoff – kurz und gut ausgewachsene Regisseure, die ihre Drehbücher lieber selbst geschrieben hatten, statt sie irgendwelchen selbsternannten Profis zu überlassen. Die Botschaft war schwer zu überhören: Drehbuchautoren, verkriecht euch! Ihr seid so überflüssig wie die beiden Streicher im Blasorchester.

14. August
TATIS HERRLICHE ZEITEN (1967; D: Jacques Tati, Jacques Lagrange, Art Buchwald; R: Jacques Tati). Monsieur Hulots Erlebnisse in gestylten Häusern, gläsernen Bürobauten, raffinierten Ausstellungsarchitekturen und noch nicht ganz fertigen Nobelrestaurants sind satirische Gratwanderungen durch die normierte Moderne. Gefilmt in Todd-AO, also sehr hoch und sehr breit.

20./21. August
Einmarsch der Warschauer-Pakt-Truppen in Prag. Das Ende eines Frühlings, der kurzfristig auch dem tschechoslowakischen Film zu Weltgeltung verhalf. Milos Forman, Frank Daniel und Ivan Passer emigrieren nach Hollywood, Vera Chytilová, Jirí Menzel und andere, die in der ČSSR bleiben, können ihre Arbeit nicht fortsetzen.

27. August bis 7. September
Filmfestival in Venedig. Enno Patalas behauptet zwar in der *Filmkritik*, das Festival habe gar nicht stattgefunden, weil der Leiter, Luigi Chiarini, wichtige Filme abgelehnt hatte, Pasolinis TEOREMA gegen dessen Willen vorführen ließ und die Polizei holte, als es Proteste gab. Aber das Festival fand tatsächlich statt und endete mit einem deutschen Erfolg.

Journal

AUF DER ANDEREN SEITE
(2007; D+R: Fatih Akin)

30. August
DIE ARTISTEN IN DER ZIR-
KUSKUPPEL: RATLOS (D+R:
Alexander Kluge). Im »Re-
formzirkus« der Unterneh-
merin Leni Peikert (Hannelore Hoger) soll die Fantasie
vor dem Leistungsprinzip
rangieren. Das geht natürlich schief. Der Titel des
Films wird künftig oft zitiert. Und Alexander Kluge
gewinnt mit seinem zweiten
Spielfilm den Goldenen
Löwen in Venedig.

30. August
DIE GRÜNEN TEUFEL (D:
James Lee Barett; R: John
Wayne, Ray Kollegg). Episoden aus dem Vietnamkrieg,
gefilmt wie ein Western.
Das treibt Demonstranten
vor die wenigen Kinos, die
es wagen, den Film zu pro-
grammieren. Er verschwin-
det schnell vom Spielplan.

DIE ARTISTEN IN DER ZIR-
KUSKUPPEL: RATLOS

Die Filmausschnitte, die zur Begründung der Nominierungen gezeigt wurden, waren allenfalls geeignet, die Kunst des Notwendigen und des Verzichts auf jeden Sprachwitz zu beweisen. Im Fall von Fatih Akins AUF DER ANDEREN SEITE wäre Dialogkunst ohnehin fehl am Platz gewesen, weil sich die Figuren meist im Zwischenreich von zwei Sprachen bewegen, die sie nur halb beherrschen. Es ist wahr, der Dialog stellt nur eine, und nicht die wichtigste Dimension eines Drehbuchs dar. Dennoch erinnerte mich die Huldigung an die Stummelsprache von Regisseuren, die ihre Drehbücher selbst geschrieben hatten, an die Zeit des sogenannten Autorenkinos, das ja in Wahrheit ein Regisseurskino war.

Bemerkenswert war der Drehbuchpreis für Fatih Akin. Denn er hatte bereits den Europäischen Filmpreis und den Preis für »das beste Drehbuch« in Cannes bekommen. Allerdings für ein Buch, das entschieden anders war als dasjenige, das er dann verfilmt hatte. Denn sein vielfach preisgekröntes Drehbuch, erzählt Akin in einem Interview mit Birgit Glombitza, habe sich beim Drehen keineswegs bewährt. Er hatte während der Entwicklung des Buches den mexikanischen Autor Guillermo Arriaga besucht, dessen Arbeiten mit dem Regisseur González Iñárritu ihn stark beeindruckt hatten. Nach Arriagas Ratschlägen hatte er dann ein Drehbuch mit kompliziert verschränkten, zeitgleich ablaufenden Handlungssträngen geschrieben. Als Akin jedoch den Rohschnitt des Films sah, erfasste ihn ein Grausen vor der Leblosigkeit der Charaktere und der Konstruiertheit der Handlung. Sein Cutter nahm den Film wieder auseinander, entflocht die Stränge und folgte einem eher traditionellen chronologischen Erzählmuster. Für diese Leistung hatte Akin ihm dann seine ersten beiden Drehbuchpreise gewidmet. Aber alles Widmen half nicht: Akin musste nun auch noch den Berliner Preis für sein Drehbuch bekommen. Immerhin erhielt sein Cutter Andrew Bird die Lola für den besten Schnitt.

Noch bevor das Fest begann, verließ ich das Palais am Funkturm und lief unter einem klaren Sternenhimmel über den vereinsamten roten Teppich. Wie ruhig es hier draußen war! Nicht einmal Taxis warteten auf mich.

27. April

Ich kenne Akins ursprüngliches Drehbuch nicht. Aber ich sah mir seinen Film zu Hause noch einmal an. Er gefiel mir auch beim zweiten Anschauen. Aber eigentlich, dachte ich, verdient Akin einen Preis für die Leistung, ein erstaunlich konstruiertes, manchmal geradezu plumpes Drehbuch in einen anrührenden und poetischen Film verwandelt zu haben – und dies, obwohl man ständig und überdeutlich die Strippen sieht, an denen er seine Figuren führt.

Die Geschichte fängt kraftvoll an mit dem alten Türken Ali in Bremen, der sich nach dem Tod seiner Frau die türkische Hure Yeter als Ersatzfrau kauft. Ich wäre dieser schrägen Geschichte einer gekauften Ersatzehe mitten im aufgeklärten Westen gern länger gefolgt. Aber sie dient nur als Anlass für die Einleitung einer Suche, die den ganzen Film beherrscht. So behält man von der Hure Yeter eigentlich nur im Gedächtnis, dass sie eine Tochter hat, von der sie nicht weiß, wo sie steckt. Nachdem die Hure der Geschichte diesen Dienst erwiesen hat, muss sie rasch verschwinden, denn die Geschichte will woanders hin. Aber wie wird Akin sie los? In einem Streit schlägt der besoffene Alte seiner gekauften Frau ins Gesicht; drehbuchgehorsam fällt sie nach einem einzigen Schlag mit dem Schädel auf eine Tischkante – und ist tot. Das Schicksal der Leiche interessiert Akin dann nicht weiter, ihre Aufgabe als Auslöser für den nächsten Schritt in der Geschichte ist erfüllt. Denn jetzt schlägt sich der Sohn des versoffenen Alten auf die Seite der Getöteten und übernimmt deren Mission: die Suche nach der verlorenen Tochter. Aber muss dieser Sohn ein deutscher Literaturprofessor sein? Er muss es wohl schon deswegen, weil er damit an den Helden von Orhan Pamuks Roman *Schnee* erinnert. Und der Zufall will es, dass die verlorene Tochter der ermordeten Prostituierten in einer seiner Vorlesungen sitzt. Das alles funktioniert wie im Märchen – Personen, die sich unbedingt begegnen müssen, finden sich –, auch wenn es jeder Wahrscheinlichkeit ins Gesicht schlägt. Aber müssen wir auch noch schlucken, dass die Tochter eine in der Türkei gesuchte Terroristin ist, die sich sofort nach ihrer Flucht nach Deutschland in eine Literaturvorlesung verirrt? Wir müssen es, und – das ist Akins Kunst – wir tun es. Zufällig ist die Terroristin gleich nach ihrer Ankunft einer deutschen multikulturellen Schwärmerin begegnet, die die »politisch Verfolgte« mit nach Hause nimmt und durchfüttert. Prompt beginnt eine lesbische Geschichte zwischen der türkischen Tatfrau und der deutschen Träumerin. Am interessantesten, weil am wenigsten vorhersehbar, ist die Szene zwischen der Mutter der Träumerin – Hanna Schygulla – und der türkischen Kämpferin, die schockiert darüber ist, dass sie ausgefragt und kritisiert wird. Natürlich sucht die Terroristin nach diesem Verhör das Weite, natürlich solidarisiert sich die deutsche Schwärmerin mit der Tatfrau, und natürlich kommt – man hört die Gelenke des Drehbuchs wieder einmal knacken – eine Polizeistreife vorbei, die dem Liebesidyll ein Ende macht.

Die Verschränkungen, die zu weiteren »zufälligen« Begegnungen in Istanbul führen, sind nach dem Motto erzählt: Es passiert, was nach dem Willen des Drehbuchautors unbedingt passieren muss. Die Aus-

5. September
MORGENS UM SIEBEN IST DIE WELT NOCH IN ORDNUNG (D: Johanna Sibelius, Eberhard Keindorff; R: Kurt Hoffmann). Nach dem Bestseller von Eric Malpass. Ein Familientohuwabohu aus der Perspektive eines Sechsjährigen. Also ein Film für die ganze Familie. Soweit sie in dieser Formation noch ins Kino geht.

Orhan Pamuk: *Schnee* (Fischer 2007)

6. September
DIE REIFEPRÜFUNG (1967; D: Calder Willingham, Buck Henry; R: Mike Nichols). Nach der schulischen Reifeprüfung muss der junge Benjamin (Dustin Hoffman) auch sexuell graduiert werden. Dafür übernimmt Mrs. Robinson (Ann Bancroft) die Verantwortung. Aber dann kommt deren hübsche Tochter Elaine (Katherine Ross) in die Quere, und die ganze Geschichte gerät außer Kontrolle. Mike Nichols hat den Film allerdings so gut im Griff, dass er für seine Regie mit dem Oscar ausgezeichnet wird.

Journal

11. September
2001: ODYSSEE IM WELTRAUM (D: Stanley Kubrick, Arthur Clarke; R: Stanley Kubrick). Vier Jahre dauern Vorbereitung, Dreh und Postproduktion dieses Films, der schließlich mehr als 10 Millionen Dollar kostet. Die Reaktionen nach der Premiere im April '68 sind eher negativ. 2001 wird erst im Lauf der Jahre zu einem eigenen Mythos und einem Klassiker des Science-Fiction-Genres.

13. September
DIE ENTE KLINGELT UM ½ 8 (D: Roy Evans, Paul Hengge, Riccardo Ghione; R: Rolf Thiele). Ein Wissenschaftler (Heinz Rühmann) kommt irrtümlich ins Irrenhaus und bringt mit seinem Scharfsinn die Anstalt durcheinander. Paradigmatisch fürs alte westdeutsche Kino. Aber erfolgreich.

20. September
ICH LIEBE DICH, ICH LIEBE DICH (D: Jacques Sternberg; R: Alain Resnais). Eine tragische Liebesgeschichte wird zum Testfall für eine Zeitmaschine. Zwischen den Zeiten stellen sich die Fragen nach Liebe, Sehnsucht, Tod, Erinnerung und Bewusstsein. Am Anfang stirbt Caterine. War es wirklich ein Unfall? Am Ende ist auch Claude tot. Er bringt sich selbst um. In der Versuchsanordnung gibt es auch ironische Momente.

weisung der Kämpferin, der Streit der Mutter mit der Tochter, die Verurteilung der Terroristin in der Türkei folgen diesem Muster. Die deutsche Multikulti-Schwärmerin reist ihrer türkischen Freundin nach – und trifft in Istanbul auf den Literaturprofessor, der dort inzwischen einen deutschen Buchladen betreibt und ebenfalls nach der Tochter der Konkubine seines Vaters sucht. Der Professor bietet seiner Besucherin ein Zimmer in seiner Wohnung an – die gemeinsame Suche, von der beide allerdings nichts wissen, führt sie zusammen. Die deutsche Freundin besucht die Terroristin im Gefängnis, hört dort von einer Pistole, die auf irgendeinem Dach versteckt ist. Sie findet das belastende Beweisstück sofort an dem angegebenen Ort – nie geht etwas schief, nie kommt etwas dazwischen, nie verirrt sich jemand – und nimmt es an sich. Und wie es nun einmal in Istanbul so ist, wird ihr auf dem Rückweg von einer Kinderbande die Handtasche entrissen. Die Überfallene lässt sich ihre Handtasche ohne jeden Widerstand, sozusagen drehbuchhörig, entreißen, rennt dann den kindlichen Dieben hinterher, findet sie, mit der Pistole spielend, auf einem Schutthaufen – und wird erschossen. Waren wir Zuschauer an dieser Stelle überrascht oder gar erschüttert?

Sollen wir gar nicht, denn ihr Tod löst eine neue Suche aus: die Suche der deutschen Mutter nach ihrer Tochter, die zum Literaturprofessor und zur Terroristin im türkischen Gefängnis führt.

So weit, so vorhersehbar. Aber woran liegt es, dass der Film mich dennoch immer wieder in Bann schlägt? Es sind die bilderstarken Szenen, die Akin in seiner überkonstruierten Erzählung gelingen – etwa die beiden Särge, die sich auf der Gangway begegnen (der Sarg des verstorbenen Ali, der in die Türkei ausgeflogen wird, der Sarg der erschossenen Tochter, deren Leiche nach Deutschland gebracht wird); die Mutter der Erschossenen, die in einem geheimnisvollen Zimmer in Istanbul liegt und ein zweites Leben beginnt. Und sicher betört auch mich Akins Versprechen, dem westlichen Zuschauer »die andere Seite« jener viel beschworenen multikulturellen Wirklichkeit zu zeigen, von der er keine Ahnung hat. Ein Versprechen allerdings, das weitgehend ein Versprechen bleibt. Denn »die andere Seite«, die Akin in Szene setzt, ist eine, die vor allem die Projektionen des westlichen Zuschauers bestätigt und ihn an keiner Stelle überfordert.

4. Mai

Nach einer Lesung in der Humboldt-Universität – ich war von einer Studentenorganisation namens SDS eingeladen worden, die der Partei »Die Linke« angehört – entstand ein Streit zwischen mir und den paar Zuhörern. Ich hatte behauptet, die Polizei sei seit den 1960er

Jahren entschieden demokratischer geworden. Großer Verdruss bei den jungen Mitgliedern des wiederauferstandenen SDS. Offenbar hatte ich mit meiner Bemerkung gegen ihr Feindbild verstoßen: undenkbar, dass die Berliner Polizei zu irgendeinem Zeitpunkt noch undemokratischer gewesen sein könnte, als sie in den Augen meiner Gesprächspartner heute ist. Ich verwies darauf, dass die damaligen Polizeiführer ihre Ausbildung unter der Naziherrschaft absolviert hatten – keine Chance. Es durfte einfach keine autoritärere, brutalere Polizei in Deutschland gegeben haben als jene, die dem neuen SDS gegenüberstand. Bedurfte es tatsächlich, fragte ich, der Behauptung, in einem quasi-faschistischen Staat zu leben, um sich zum Protest zu motivieren? Wie man sich – nach dem Kollaps der realsozialistischen Länder – immer noch das Ziel einer sozialistischen Gesellschaft auf die Fahnen schreiben könne, als wäre nichts passiert? Natürlich werde es dereinst einen neuen, wirklich revolutionären Sozialismus geben, war die Antwort. Mit meinem Einwand, es gebe doch genügend auf der Hand liegende Übel des derzeitigen Kapitalismus – das Verschwinden der Mittelklasse, die zunehmende Kluft zwischen Arm und Reich, die viel zu geringe Zahl von technisch gebildeten Akademikern, die Verschulung der Universität durch die sogenannten Bologna-Initiative –, die sich ohne Berufung auf eine fragwürdige Utopie jetzt und hier bekämpfen ließen, erzeugte nur überlegenes Kopfschütteln. Innerhalb des Systems lasse sich keines dieser Übel korrigieren – es bedürfe eines Systemwechsels, ja einer Revolution. Du lieber Himmel, dachte ich hinterher, müsst ihr wirklich alle unsere Dummheiten von vor 40 Jahren wiederholen? Was treibt junge Intellektuelle immer wieder dazu, von Revolution und Systemwechsel zu reden, obwohl diese Optionen geschichtlich widerlegt sind? Weil nur ein radikales Versprechen »die Massen« begeistert, auch wenn es noch so falsch ist?

27. September
LIEBE UND SO WEITER (D+R: George Moorse). Zwei Paare – ein spießiger Chemiestudent und eine verträumte Cellistin, ein aufmüpfiges APO-Mädchen und ein naiver Revolutionstheoretiker – bilden in München eine WG in einem nur durch eine Pappwand halbierten Einzelzimmer. Typisierungen und Wohnungsnot sorgen für Zuspitzungen. Vera Tschechowa und Vadim Glowna, Claudia Bremer und Rolf Zacher sind die Protagonisten. Sie kommen nicht immer zur Sache.

7. Mai

An der Justus-Liebig-Universität in Gießen fand eine Retrospektive zu einigen Filmen über Terrorismus statt. Unter anderem wurden STAMMHEIM, DIE BLEIERNE ZEIT und MESSER IM KOPF gezeigt – und zwar die zum »Jubiläumsjahr« neu editierten DVDs dieser Filme mit vielen Kommentaren und Materialien.

Die Veranstalter wunderten sich darüber, dass MESSER IM KOPF, im Vergleich zu anderen Filmen zum Thema, fast ohne voreilige Schuldzuweisungen und politische Parteinahmen auskomme. Der radikale Sozialarbeiter Volker werde ebenso erbarmungslos kritisiert wie der fanatische Polizist Scholz. Im Mittelpunkt stehe die Wahrheitssuche eines durch einen Kopfschuss schwer verletzten Naturwissen-

STAMMHEIM – DIE BAADER-MEINHOF-GRUPPE VOR GERICHT (1986; D: Stefan Aust; R: Reinhard Hauff)

DIE BLEIERNE ZEIT (1981; D+R: Margarethe von Trotta)

MESSER IM KOPF (1978; D: Peter Schneider, Reinhard Hauff; R: Reinhard Hauff)

7. bis 12. Oktober 17. Mannheimer Filmwoche. Es wird lebhaft diskutiert, aber das Festival bleibt demonstrationsfrei. Rosa von Praunheim zeigt seinen ersten Film mit dem schlichten Titel VON ROSA VON PRAUNHEIM, Jean-Marie Straub den Kurzfilm DER BRÄUTIGAM, DIE KOMÖDIANTIN UND DER ZUHÄLTER, in den ausländischen Filmen dominieren politische Themen, drei Kurzfilme von Adolf Winkelmann werden mit dem Josef-von-Sternberg-Preis ausgezeichnet, und David Loeb Weiss erhält einen Dukaten für den langen Dokumentarfilm NO VIETNAMESE EVER CALLED ME NIGGER. – Es gibt vier neue deutsche Filme, die keinen Preis erhalten, aber viel Aufmerksamkeit: BIS ZUM HAPPY-END (D: Hans Stempel, Martin Ripkens; R: Theodor Kotulla). Ein Zehnjähriger versucht, hinter die Familiengeheimnisse seiner Eltern zu kommen. BÜBCHEN (D+R: Roland Klick). Ein Neunjähriger bringt ohne Motiv seine kleine Schwester um. Der Vater vertuscht die Tat. EINE EHE (D+R: Hans-Rolf Strobel, Heinrich Tichawsky). Einem Städtebauer ist der Beruf wichtiger als die Frau. Das führt zur Scheidung, also zur Befreiung der Frau. NEUN LEBEN HAT DIE KATZE (D+R: Ula Stöckl). Drei reale Frauen und eine imaginäre auf der Suche nach Veränderung. – Alle diese Filme sind Debüts. Sie gehen thematisch und/oder formal Risiken ein. Sie haben keinen kommerziellen Erfolg.

schaftlers, der sich den politischen Zuschreibungen – »Polizeiopfer« beziehungsweise »Messerstecher« – und dem Sog der sich beschleunigenden Gegensätze widersetzt. Warum ich die Perspektive eines Helden gewählt habe, der sich keiner Seite zuordnen lasse und sich monomanisch für seine eigene Wahrheit interessiere? – Ich berichtete von zwei Erfahrungen, die mich beim Verfassen des Drehbuchs inspiriert hatten. Als der Student Benno Ohnesorg von dem Polizisten Kurras am 2. Juni 1967 erschossen wurde, verbreiteten Polizeilautsprecher noch in derselben Nacht die »Nachricht«, ein Polizist sei von einem Studenten erstochen worden. Erst am folgenden Morgen wurde bekannt, dass es sich umgekehrt verhielt: Der Student Benno Ohnesorg war ohne erkennbaren Anlass von einem Polizisten erschossen worden. In seinem Fall ließ sich leicht nachweisen, dass es sich keineswegs um einen militanten Aktivisten handelte, von dem sich ein Polizist hätte bedroht fühlen können. Aber wenn es anders gewesen wäre, fragte ich mich damals, wenn das Opfer des schießwütigen Kurras doch ein Messer in der Hand gehabt hätte – hätte irgendeiner von uns – etwa als Zeuge – diesen Umstand zugegeben? Er wäre als Verräter, als Handlanger der Polizei dagestanden. Noch deutlicher wurde mir dieser Mechanismus bei den Reaktionen – und Demonstrationen – nach dem Tod von Ulrike Meinhof. Wer damals auch nur ernsthaft erwog, Ulrike Meinhof könne vielleicht wirklich Selbstmord verübt haben, stellte sich damit auf die andere Seite der Barrikade, bekannte sich als Teil des »Schweinesystems«. Die Frage nach dem inneren Zustand von Ulrike Meinhof, nach ihrer persönlichen Verzweiflung durfte einfach nicht gestellt werden. Diese Indienstnahme eines Individuums und seiner Geschichte durch die Politik hat mich immer wieder beschäftigt. Ab einem gewissen Punkt ist die Version – sei es die der Polizei oder die der extremen Linken – immer mächtiger als die individuelle Wahrheit. »Sie sind doch gar nicht mehr aktuell!«, sagt der Polizist Scholz zu Hoffmann, der immer noch wissen will, was ihm eigentlich passiert ist.

Exkurs über die 68er, die Medien und das Kino

Die 68er, alle noch in fernseherlosen Haushalten aufgewachsen, waren in ihrer Wahrnehmung der neuen Kommunikationsmittel durch die radikalen Fragestellungen von Adorno und Marcuse geprägt. Anfangs sind sie den Kamerareportern des Fernsehens mit einem geradezu islamistischen Misstrauen begegnet. Schon Leute mit Fotoapparaten waren ihnen verdächtig und wurden instinktiv der Staatsmacht beziehungsweise ihren Spitzeln zugeordnet – umso mehr galt dieses Vorurteil Leuten, die sich den Demonstranten mit den damals noch klobigen Kameras näherten. Zu diesem

Generalverdacht trug die Vorstellung bei, dass stehende oder bewegte Bilder gleichsam automatisch zur Bildung von Hierarchien führen, weil sie gar nicht anders können, als Einzelne aus der Masse herauszulösen. Nach dieser Logik war allenfalls die Totale erträglich, die Nahaufnahme im Prinzip konterrevolutionär. Die ersten Dokumentaristen der Bewegung mussten ihre Geräte denn auch sowohl gegen die Polizei wie gegen die Demonstranten verteidigen. Das galt erst recht für die Kameraleute des Fernsehens, obwohl nicht wenige von ihnen mit den Rebellen sympathisierten. Wer es für wichtiger hielt, einen Polizisten beim Prügeln zu fotografieren, als dem Verprügelten zu Hilfe zu kommen, war dem Verdacht ausgesetzt, dass er für die falsche Seite arbeitete.

Das änderte sich in den Tagen nach dem tödlichen Schuss auf Benno Ohnesorg. Plötzlich wurde klar, dass Fotos und bewegte Bilder eine stärkere Aussagekraft besitzen als noch so beredte Zeugen. Wohl kein Foto hat mehr zur Popularisierung der Protestabewegung beigetragen als jenes, das den tödlich getroffenen Ohnesorg neben der knienden, fassungslos aufblickenden Friederike Haussmann zeigt, die Ohnesorgs Kopf hält. Das überall abgedruckte und ausgestrahlte Bild ging um die Welt. Die Unterstellung, dass der technische Apparat – Fotoapparat oder Kamera – ganz von selber eine falsche, im Prinzip voyeuristische Haltung gegenüber der Wirklichkeit ausdrücke, wich der Einsicht, dass es durchaus darauf ankam, wer den Apparat in wessen Interesse und Auftrag bediente.

Die ersten, die sich die neuen Medien bewusst zunutze machten, ja regelrecht mit ihnen spielten, waren die Mitglieder der Kommune 1. Sie waren es auch, die erkannten, dass die Bildmacht innovativer Protestformen und -aktionen entscheidend zur Verbreitung ihrer Inhalte beitrug. Im Vergleich zu den eckigen, von einer Zentrale hergestellten Plakaten der Arbeiterbewegung und der Demonstrationen gegen die Notstandsgesetze kamen die neuen Mittel des Protests, die die Kommune 1 von der Hippie- und Provo-Bewegung abschaute, einer ästhetischen Revolution gleich. Die Gesinnung wurde in neue optische Signale übersetzt – Luftballons, Seifenblasen, Puppen, Schah- und andere Masken gehörten bald zum neuen Handwerkszeug. Die bildträchtigen Darstellungsformen des Protestes traten – nicht immer zum Vergnügen des SDS, dessen Flugblätter oft einer Übersetzung ins Deutsche bedurften – zusehends in Konkurrenz zu den Texten. Die Frisuren, die Kleidung, die halbbekleidet oder nackt gegebenen Interviews verselbständigten sich zu den Erkennungszeichen der Gegenkultur.

Dem Kino gegenüber waren die Ansprüche bescheidener, um nicht zu sagen anspruchslos. Ästhetisch war die ganze Generation geprägt und verdorben durch die amerikanischen Western, die damals noch dem Schema folgten: »Good guy meets bad guy. Bad guy turns worse. Showdown!« Niemand empörte sich dagegen, dass die Helden auch Indianer abschossen, wenn sie ihnen im Vollzug ihres Programms – »Ich habe da noch eine

10. Oktober
ABSCHIED (D: Egon Günther, Günter Kuhnert; R: Egon Günther). Eine DEFA-Literaturverfilmung. Der Roman von Johannes R. Becher erzählt von der Identitätssuche eines jungen Mannes im wilhelminischen Vorkriegsdeutschland. Der Sohn konservativer Eltern verweigert den Kriegsdienst. Günther aktualisiert den Stoff durch moderne Bilder. Assoziationen zum Studentenprotest sind beabsichtigt und funktionieren erstaunlich gut.

11. Oktober
BARBARELLA (D: Terry Southern, Brian Degas, Claude Brulé, Clement Wood, Tudor Gates; R: Roger Vadim). Die Agentin aus dem Jahr 40.000 jagt einen *bad scientist* und lernt auf ihren Flügen zwischen den Planeten, dass Liebe auch mit Zärtlichkeit verbunden sein kann. Vadim schickt Jane Fonda durch Weltraumlyrik, Sadismus (die »Lustorgel«) und Schwerelosigkeit bis zum Kitsch eines blinden Engels.

ABSCHIED

Rechnung offen!« – im Weg waren. Die meisten von uns erlebten diese Filme, die wir schon als Halbwüchsige in unseren jeweiligen Provinzkinos gesehen hatten, als einen wunderbaren Zeitvertreib und als eine Flucht aus dem deutschen Alltag. Der Western war das Eintrittstor in eine Welt, in der es Weite, spektakuläre Sonnenuntergänge, Pferde und todesmutige, einsame Helden gab, aber keine Hausmeister mit Nazi-Vergangenheit. Niemand nahm sie als verharmlosende Abbilder einer historischen Wirklichkeit ernst. Man durchschaute und genoss die Rituale dieses Genres und das unerbittliche Gesetz der Wiederholung. Politische Analysen dieser Filme galten als abgeschmackt und waren bis in die 1970er Jahre verpönt. Eine meiner ersten Veröffentlichungen hatte den Titel Vom Nutzen des Klischees und feierte den Western gerade wegen seines Mutes zur Wiederholung und zur Schablone. »Gerade in seinem Verzicht auf Neuigkeit«, schrieb ich 1965, »beweist der Western seinen Charakter. Wo verwandte Ausdrucksformen rastlos nach neuen Inhalten drängen, da begnügt er sich mit jenen mikroskopischen Verschiebungen der alten Thematik, wie sie ein neues Gesicht in alter Jacke, ein altes Pferd auf neuem Hügel bieten.«

In Lederjacken und mit einer lückenlosen Filmografie des Western im Kopf betraten wir die neuen Filmhäuser mit ihren Breitleinwänden. Vielleicht waren wir die erste Generation von Intellektuellen, die durch ihren schieren, massenhaften Andrang den Anspruch des neuen Mediums verteidigten, eine Kunstform zu sein – auch das Kinogehen wurde damals ja zu einer Form des Protests, die sich von der Schlips-Kultur der Theater- und Opern-Abonnenten absetzte. Die Krimis von Melville und die Eddie-Constantine-Filme erlaubten uns einen eher glatten Übergang vom Western zur europäischen Filmkunst. Mit solchen Vorbildern vor Augen war es leicht, die Edgar-Wallace-Verfilmungen von Vohrer und die Sing- und Tanzfilme des Peter Kraus und der steppenden Valente-Geschwister mit einem überlegenen Lächeln abzutun – das war schwerfälliger deutscher Unterhaltungskram. Weniger leicht war es, unsere zwischen Faszination und Ekel flirrende Zustimmung zu den James-Bond-Filmen zu bewältigen. Zwar schlugen diese Filme allen linken Glaubensbekenntnissen ins Gesicht, denn sie feierten ja nicht das Kollektiv, sondern den einsamen Helden, der mit Tollkühnheit, Charme und technischer Brillanz die Welt von den Machenschaften der Bösen errettete. Aber da war dieses münchhausenhafte Augenzwinkern von *Sean Connery*: Machte er sich nicht selber über seine unmöglichen Erfolge lustig? Mit einem intellektuellen Taschenspielertrick konnte man das anstößige Vergnügen an den James-Bond-Filmen sogar als raffinierte Kritik am Kapitalismus feiern: Sean Connery entlarve den bürgerlichen Mythos des Einzelkämpfers, indem er seine Fähigkeiten ins Absurde treibe und ironisch breche! Hatte er sich nicht einem Journalisten gegenüber als Kommunist bekannt? Und auf die Frage, wie er es fertigbringe, als Kommunist mit einem Rolls-Royce herumzufahren, geantwortet: Er verstehe den

---

Peter Schneider: *Vom Nutzen des Klischees. Betrachtungen zum Wildwestfilm.* In: *Sprache im technischen Zeitalter* (13/1965)

12. bis 27. Oktober
Olympische Sommerspiele in Mexico City. Die DDR nimmt erstmals mit eigener Hymne und eigener Flagge an den Spielen teil. Sie gewinnt neun Goldmedaillen, die Bundesrepublik fünf.

14. November
DIE TOTEN BLEIBEN JUNG
(D: Christa Wolf, Joachim Kunert; R: Joachim Kunert). Nach dem Roman von Anna Seghers. Ein Panorama deutscher Geschichte von der Novemberrevolution bis zum Ende des Zweiten Weltkriegs, fokussiert auf Klassenauseinandersetzungen: Arbeiter, Bauern, Kapitalisten, Adlige, Offiziere, einfache Soldaten. In 106 Minuten bleiben den 75 Darstellerinnen und Darstellern wenig Zeit und Raum, 27 Jahre deutscher Geschichte plausibel zu machen.

Kommunismus eben so, dass dann nicht nur er, sondern jeder mit einem Rolls-Royce herumfahren werde! Natürlich musste man marxistisch gebildet sein, um das Kritische an den James-Bond-Filmen zu bemerken.

Eine ganz andere und neue Art der Erregung erzeugten dann die Filme des italienischen Neorealismus, die frühen Meisterwerke von Fellini, die Nouvelle Vague und die experimentellen Vorstöße des französischen Kinos mit Godard, Truffaut, Rivette und unbegreiflich vielen anderen. Hier setzte plötzlich die vermeintlich längst überwundene und von Bert Brecht verbotene »Einfühlung« wieder ein – hier schieden sich die Geister und nicht selten auch die Paare. Wer bei JULES UND JIM, bei AUSSER ATEM, bei NUR DIE SONNE WAR ZEUGE, bei HIROSHIMA, MON AMOUR, bei SCHIESSEN SIE AUF DEN PIANISTEN bei VIVA MARIA an der falschen Stelle lachte oder – schlimmer noch – an der richtigen Stelle nicht lachte, war gestorben. Liebespaare, die eben noch eng umschlungen in den Sesseln der für solche Filme zuständigen Filmkunstkinos gesessen hatten, trennten sich am Kinoausgang wortlos und für immer. Urteile über Filme wurden, was sie vielleicht nie zuvor gewesen waren: Identitätsmerkmale, Glaubensbekenntnisse, die über das Wohl und Wehe von Wohngemeinschaften und Freundschaften entschieden.

Die ersten deutschen Filme, die bei den 68ern vergleichbare emotionale Wirkungen freisetzten, sind nach meiner Erinnerung Fassbinders ANGST ESSEN SEELE AUF, Kluges ARTISTEN IN DER ZIRKUSKUPPEL: RATLOS, von Praunheims NICHT DER HOMOSEXUELLE IST PERVERS, SONDERN DIE SITUATION, IN DER ER LEBT, und die frühen Filme von Wim Wenders gewesen. Aber ich fürchte, das aufrüttelnde Manifest von Oberhausen, das »Opas Kino« den Krieg erklärte, hat das Bewusstsein der meisten 68er kaum erreicht.

Wir, die späteren Rebellen, waren zwar für jeden Umsturz der Verhältnisse zu haben, aber nicht besonders neugierig auf ästhetische Revolten.

22. Juni

Beim Umtrunk nach einer Lesung in Libice bei Prag konnte ein deutscher Diplomat nicht länger an sich halten. Er sei wirklich dankbar, dass ich gekommen sei, meinte er mit gebremster Liebenswürdigkeit. Denn dank meiner Ausführungen hätte nun auch der Letzte von den jungen Leuten, die mich hörten, endgültig begriffen, was für eine monströse, völlig überflüssige und widerwärtige Angelegenheit die 68er-Rebellion gewesen sei. Sind Sie sicher, fragte ich ebenso liebenswürdig, ich hätte ganz andere Reaktionen erlebt. Was ihn eigentlich immer noch so an dieser geradezu antiken Rebellion aufrege. – Er habe damals, erwiderte er und redete sich immer mehr in Rage, als neugieriger, völlig unbeteiligter Student eine sogenannte Informa-

---

JULES UND JIM (1962; D: François Truffaut, Jean Gruault, nach dem Roman von Henri-Pierre Roché; R: François Truffaut)

À BOUT DE SOUFFLE (Außer Atem; 1960; D+R: Jean-Luc Godard)

PLEIN SOLEIL (Nur die Sonne war Zeuge; 1960; D: René Clément, Paul Gégauff, nach dem Roman von Patricia Highsmith; R: René Clément)

HIROSHIMA, MON AMOUR (1959; D: Marguerite Duras; R: Alain Resnais)

TIREZ SUR LE PIANISTE (Schießen Sie auf den Pianisten; 1960; D: François Truffaut, Marcel Moussy, nach dem Roman von David Goodis; R: François Truffaut)

VIVA MARIA! (1965; D: Louis Malle, Jean-Claude Carrière; R: Louis Malle)

ANGST ESSEN SEELE AUF (1974; D+R: Rainer Werner Fassbinder)

DIE ARTISTEN IN DER ZIRKUSKUPPEL: RATLOS (1968; D+R: Alexander Kluge)

NICHT DER HOMOSEXUELLE IST PERVERS, SONDERN DIE SITUATION, IN DER ER LEBT (1971; D: Martin Dannecker, Rosa von Praunheim, Sigurd Wurl; R: Rosa von Praunheim)

17. Oktober
ROSEMARIES BABY (D+R: Roman Polanski). Rosemarie hat einen Schauspieler zum Mann, eine schwere Schwangerschaft, geheimnisvolle Nachbarn, einen Arzt, dem sie nicht vertraut, und den wachsenden Verdacht, dass sie und ihr Kind Teil einer Satansverschwörung sind. Nach der Geburt steigert sich der Albtraum, und niemand weiß schließlich, was Vision und was Wirklichkeit ist. Realistisch gefilmt mit Mia Farrow und John Cassavetes als den möglichen Eltern eines seltsamen Babys. Wirklich ein »Kultfilm«.

18. Oktober
COOGANS GROSSER BLUFF (D: Dean Riesner, Howard Rodman, Herman Miller; R: Don Siegel). Clint Eastwood spielt den Deputy Coogan aus Arizona, der einen gefangenen Gangster aus New York abholen soll. Die Spielregeln des Westerners und der Großstadtpolizei sind schwer aufeinander abzustimmen. Für Eastwood eine wichtige Station in seiner Karriere. Seinen New Yorker Kollegen spielt Lee J. Cobb.

tionsveranstaltung an der Uni in Bonn über den Vietnamkrieg besuchen wollen. Aber beim Eintritt habe man ihm einen Solidaritätsbeitrag von 50 Pfennig für den Vietcong abverlangt. – Ich bekundete ihm mein ehrliches Bedauern für diese Zumutung und war schon bereit, ihm das damals erpresste Eintrittsgeld mit 50 Cents aus meinem Portemonnaie zu erstatten. Aber meine Zustimmung brachte ihn nur noch mehr auf. Es sei doch alles in allem eine totalitäre, faschistoide Bewegung gewesen, die nur Schaden angerichtet habe, ereiferte er sich, und wollte auch dieses Urteil von mir bestätigt haben.

Da sah ich mir meinen Gesprächspartner näher an – ein unauffälliger, von seiner Bedeutung durchdrungener Beamter mit Pensionsanspruch im Anzug und mit Krawatte, der mir jetzt mit hochrotem Kopf gegenüberstand. Wahrscheinlich ärgerte er sich selber darüber, dass es wegen 50 Pfennig vor 40 Jahren derart mit ihm durchgegangen war und er seine erlernte diplomatische Contenance verloren hatte. Aber er konnte offenbar nicht anders, und ich konnte nun auch nicht mehr anders – die alten Reflexe setzten sich durch. »Wissen Sie, was ich glaube?«, sagte ich. »Sie sind immer ein Anpasser gewesen und konnten es nicht aushalten, dass es damals Kommilitonen gab, die sich aus einer Karriere wie der von Ihnen angestrebten gar nichts machten. Und offenbar können Sie es immer noch nicht aushalten!« Er drehte sich weg und ging, ohne sich zu verabschieden.

Wenn man die bekennenden Anti-68er bei den viel zu vielen Talkshows und Podien sieht, drängt sich der Eindruck auf, dass sie damals eine enorme Kränkung erlitten haben, die sie bis heute nicht verwunden haben. Worin genau bestand diese Kränkung? Erklärt sie sich so einfach, wie es eine der drei stattlichen, gut gelaunten, immer noch kampflustigen 68erinnen nach einer Veranstaltung in Hamburg formulierte: »Allerdings, wir haben damals über die Stränge geschlagen, und das gewaltig. Aber wir waren frecher und mutiger als die anderen, wir hatten mehr Spaß als die anderen, und wir sahen einfach besser aus! Punkt!« – »Das klingt ja nach Rassismus«, bemerkte ich. – Die drei Damen lachten fröhlich.

7. Juli

Die Nachricht, dass Detlef Michel von seinem Amt als Delegierter der Sektion Drehbuch in der Filmakademie zurückgetreten ist, beschäftigt mich. Detlef war der ebenso treue wie unwahrscheinliche Repräsentant der Drehbuchautoren seit Beginn der Filmakademie – unwahrscheinlich, weil wohl kaum ein anderer so leise auftrat und so wenig repräsentativ wirkte wie er. Ich kannte ihn noch aus den Jahren der 68er-Bewegung. Damals war er einer der Mitbegründer der Kommune 1 gewesen, aber später nie in dieser Kapazität gewürdigt worden – wahrscheinlich, weil er auf diesen wie auf andere Titel keinen Wert legte, und weil ihm die Kommune wohl nie verziehen hatte, dass er nach ein paar Monaten Kommune-Leben Reißaus genommen und zu seiner Mutter in Bayern geflüchtet war. Später war ich ihm immer wieder auf dieser oder jener Demonstration, auf dieser oder jener Gründungsversammlung begegnet. Wir kannten und grüßten uns, ohne uns wirklich zu kennen, wie es damals die Regel war – Vorname und Dabeisein genügten. Aber mit Detlef entstand etwas anderes. In den ideologiesüchtigen 1970er Jahren begrüßten wir uns, immer noch ohne uns zu kennen, als Kampfgefährten einer Disziplin, die es nie zu einem Programm, zu einer Vereins- oder Parteizugehörigkeit brachte: als rebels without a cause, als Leute, die sich zwar in diese oder jene Gruppe verirrten, aber nicht mehr geeignet waren, sich auf Dauer einer Ideologie zu verschreiben. Und jetzt hatte Detlef, der immer etwas heisere, inzwischen erstaunlich disziplinierte und E-Mail-freudige Anführer von ein paar Dutzend dauererregten Drehbuchschreibern, die so viel Zeit und Energie in ihre meinungsstarken Mails investierten, dass man sich fragte, wann sie eigentlich ihre Drehbücher schrieben, die Klamotten hingeschmissen? Was war passiert?

Der Vorstand der Akademie, in dem Detlef eine Stimme geltend machen konnte, hatte beschlossen, Vertreter neuer Berufsgruppen – der Verleiher, der Kinobesitzer, der Filmkritiker und des BMK – in die Jury über den deutschen Filmpreis aufzunehmen. Ein Vorgang, so schien es Detlef, der nicht nur den Grundregeln des Vereinsrechts, sondern vor allem dem Geist einer Akademie widersprach. Natürlich kann ein Tennisverein beschließen, die Hersteller von Tennisplätzen und von Tennisbällen in den Verein aufzunehmen und ihnen Stimmrechte über die weitere Gestaltung seiner Anlage einräumen. Aber kann er dies tun, ohne seine zahlenden Mitglieder – alle mehr oder minder begabte, aktive Tennisspieler – zu befragen? Umso mehr muss dieses Bedenken im Falle einer Akademie gelten. Die Deutsche Filmakademie war als ein Verband der Kreativen des Gewerbes gegründet worden. Eine solche Akademie ist ihrem Wesen nach ein exklusiver und elitärer Club, der nur denen offen steht, die sich bei der Herstellung eines Films Verdienste erworben haben. Sie hat sich der Aufgabe verschrieben, im Namen ihrer produzierenden Mitglieder – frei von den Vorgaben der Filmwirtschaft und ihrer Lobbyisten – ästhetische und filmpolitische Maßstäbe zu setzen, das Publikum für ihre Sicht der Filmkunst zu interessieren und die Entscheidungen ihrer Jury gegenüber der Öffentlichkeit zu vertreten.

Tatsächlich hatten und haben ja die anderen, vom Vorstand zugeladenen Gruppen jede Menge Raum, ihre Meinungen und Interessen

12. November
Ein Aufklärungsfilm verbindet Politik und Kino. Für den Film HELGA (uraufgeführt im September 1967) erhält die Bundesministerin für das Gesundheitswesen, Käte Strobel, als Auftraggeberin der Produktion eine Goldene Leinwand, weil mehr als drei Millionen Zuschauer ins Kino geströmt sind. Mit so viel Interesse für einen sexualpädagogischen Lehrfilm hatte niemand gerechnet.

HELGA

18. November
TAUSENDSCHÖNCHEN –
KEIN MÄRCHEN (1966; D:
Vera Chytilová, Ester Krumbachová, R: Vera Chytilová). Zwei Mädchen gegen den Rest der Welt. Sie sind verrückter, verfressener und destruktiver als Max und Moritz. Surreale Komödie, allegorisches Lehrstück und ein Schlüsselfilm des tschechoslowakischen Frühlings, gedreht 1966. Der Film hat in der ARD Premiere, ins Kino kommt er erst 1969.

21. November
HAUPTMANN FLORIAN VON DER MÜHLE (D: Werner W. Wallroth, Joachim Kupsch; R: Werner W. Wallroth). Die DEFA professionalisiert ihre Unterhaltung. Manfred Krug mischt als betrogener Exhauptmann und Müller den Wiener Kongress auf. Der erste 70mm-Spielfilm der DDR, ein großer Publikumserfolg.

außerhalb der Akademie darzustellen und Einfluss auf den deutschen Film zu nehmen: Es gibt den Preis der Filmkritiker, den Preis der Kinobesitzer, den Preis der Verleiher und einen Publikumspreis. Die Filmkritiker können sich praktisch jeden Tag und jede Woche im deutschen Feuilleton äußern. Warum also die Trennung zwischen

den Kreativen und den Verwertern und Geldgebern aufweichen und Letzteren in der Akademie Mitspracherechte einräumen, die sie außerhalb der Akademie längst haben und auch wahrnehmen? Es war doch immer klar, dass sie über das Wohl und Wehe eines Films entscheiden können, egal was eine deutsche Filmakademie dazu sagt. Muss ein Film, der über fünf Millionen Zuschauer mobilisiert, unbedingt auch noch die Weihen einer deutschen Filmakademie erhalten? – Kein Zweifel, es gibt Filme mit solchen Einspielergebnissen, die jeden Kunstpreis verdienen. Erfolg auf dem Markt sollte nicht automatisch als Beweis für mangelnde ästhetische Qualität gelten, wie es nicht selten im Feuilleton der Fall ist. Und vielleicht war es der Verdruss über diesen falschen Automatismus, der die Idee der Erweiterung der Jury hervorbrachte. Aber diese Diskussion sollte innerhalb der bestehenden Akademie ausgetragen werden. Sie muss weiterhin das Recht wahrnehmen können, sich für einen Film zu entscheiden, der vielleicht nur ein kleines Publikum erreicht, aber Maßstäbe für die Filmschaffenden und die Filmkunst setzt.

Der Versuch, die große Jury einzuführen, rührt an die Substanz der Akademie.

Umso erstaunlicher, dass außer Detlef keine der im Vorstand vertretenen Sektionen sich gegen diesen Vorstoß gewehrt hat. Entsprechend heftig fiel dann die Reaktion der Mitgliederversammlung vom 7. Juli 2008 in Berlin aus. Von den rund 60 Anwesenden votierten alle ohne Ausnahme für die Einberufung einer offenen Aussprache und eine Abstimmung der Mitglieder über die Einführung einer großen Jury. Der Einwand eines Vorstandsmitglieds, es müsse erst einmal geprüft werden, ob eine Abstimmung über diese Frage überhaupt mit den Satzungen der Akademie zu vereinbaren sei, war kurios. Einmal angenommen, die Satzung erlaube es dem Vorstand, eine solche, den Geist der Akademie verletzende Neuerung gegen den Willen ihrer Mitglieder durchzusetzen, könnte man daraus eigentlich nur schließen, dass nicht nur mit dem Vorstand, sondern auch mit der Satzung etwas nicht stimmt.

23. September

Eine meiner Gewohnheiten besteht darin, dass ich mir mit Filmen, die man unbedingt und noch bevor sie in die Kinos kommen, gesehen haben muss, Zeit lasse. Also habe ich eine Einladung zu einer der vielen, hochexklusiven Voraufführungen des Baader-Meinhof-Films nicht wahrgenommen. Ich hatte einen Trailer gesehen, der hauptsächlich aus Geschrei und Schießereien bestand. In vielen Kritiken wurde die besondere Realitätsnähe der neuen Adaption des Baader-Meinhof-Stoffes gerühmt. Aber wer für sich in Anspruch nimmt, in Form einer »Doku-Fiction« endlich die »wahre«, die von politischen Interpretationen und Parteinahmen freie Version einer Geschichte zu erzählen, verrät damit nur, dass er sich über die Voraussetzungen seiner Arbeit nicht Rechenschaft abgelegt hat. Unvermeidlich ist jede Nacherzäh-

November
11. Leipziger Filmwoche mit 137 Filmen aus 32 Ländern, die sich dezidiert mit politischen Themen beschäftigen: dem Vietnamkrieg, der Entwicklung des Sozialismus, dem Hunger in der Welt und dem Rückblick auf geschichtliche Prozesse. Die größte Anerkennung erhalten Joris Ivens für seinen Vietnam-Report DER 17. BREITENGRAD und Roman Karmen für die Dokumentation über den Spanischen Bürgerkrieg GRANADA, GRANADA, OH MEIN GRANADA.

DER BAADER-MEINHOF-KOMPLEX (2008; D: Bernd Eichinger, nach dem Buch von Stefan Aust; R: Uli Edel)

27. November
TEOREMA (D+R: Pier Paolo Pasolini). Ein geheimnisvoller Gast bringt eine Mailänder Industriellenfamilie aus dem Gleichgewicht. Die Mutter wird zur Nymphomanin, die Tochter muss in die Anstalt, der Sohn fühlt sich zum Actionpainter berufen, der Vater verschenkt seine Fabrik an die Arbeiter, und das Dienstmädchen lässt sich lebendig begraben. Bei der Rezeption dieses bildgewaltigen Werkes wird Herbert Marcuse ins Spiel gebracht, aber auch die Utopie von einem christlichen Marxismus. Papst Pius IV. missbilligt den Film.

Dezember
In der Zeitschrift *Filmkritik* geht Enno Patalas mit den Regisseuren Alexander Kluge (DIE ARTISTEN IN DER ZIRKUSKUPPEL: RATLOS), Theodor Kotulla (BIS ZUM HAPPY-END) und Hans-Rolf Strobel (EINE EHE) ins Gericht. Er vermisst in ihren Filmen Gefühle und visuelle Sinnlichkeit. Die Überschrift *Die toten Augen* meint die Augen der Regisseure.

13. Dezember
DAS DSCHUNGELBUCH (1967; D: Larry Clemmons, Ralph Wright, Ken Anderson, Vance Gerry, R: Wolfgang Reitherman). Amerikanischer Animationsfilm aus dem Disney-Studio und einer seiner erfolgreichsten. Mowgli, das Menschenkind unter Tieren, erobert alle Herzen.

lung von Ereignissen, und sei sie noch so sorgfältig recherchiert, eine Interpretation dieser Ereignisse. Allein die Entscheidung der Filmemacher, sich auf die Taten der Täter – auf ihre 34 Morde also – zu konzentrieren, läuft selbstverständlich auf eine Interpretation und auf ein politisches Statement hinaus. Eine solche Entscheidung kann – in Absetzung von bisherigen Adaptionen – durchaus legitim sein, aber sie für die »Wahrheit« zu erklären, ist entweder frech oder naiv. In einer Geschichte, die in Wirklichkeit zehn Jahre umfasst, gab es unvermeidlich viel Leerlauf, viel Ratlosigkeit, viel Warten und Nicht-Weiterwissen. Die Entscheidung für die »Action«, für eine unablässige Folge von Mordtaten, ermöglicht die Inszenierung spektakulärer Schießdramen – aber auch Realitätsnähe? Man tut den Filmemachern wohl nicht Unrecht, wenn man ihnen unterstellt, dass sie vor allem auf den Unterhaltungswert der Baader-Meinhof-Geschichte setzten – und diese Spekulation dann mit noblen Titeln wie »Wahrheit«, »Realitätsnähe«, »Zerstörung des Mythos« schmückten.

Aber auch die Auswahl der Protagonisten und ihrer von allen Kritikern gerühmten Darsteller impliziert eine Interpretation und Parteinahme. Warum überhaupt die Baader-Meinhof-Geschichte zum x-ten Mal – nur diesmal angeblich besonders »realitätsnah« und von erstklassigen Schauspielern repräsentiert – aus der Perspektive der Täter erzählen? Wenn nicht alles täuscht, werden die ballernden Heldinnen und Helden des Baader-Meinhof-Dramas – ähnlich wie es Hollywood mit so vielen *bad guys* der amerikanischen Geschichte im Western vorgemacht hat – einen neuen Mythos erzeugen.

Vor einem Jahr las ich auf Italienisch das bewegende Buch von Mario Calabresi, dem Sohn des Ermittlungsrichters Luigi Calabresi, der Anfang der 1970er Jahre zum Symbolfeind der radikalen Linken in Italien wurde. Angeblich war der Anarchist Guiseppe Pinelli, während er von Calabresi verhört wurde, aus einem Fenster im vierten Stock des Mailänder Polizeipräsidiums »gefallen worden«. Der Name Calabresi erschien damals zwischen unzweideutigen Hass- und Mordparolen auf den Mauern und Wänden Italiens. Tatsächlich wurde der Ermittlungsrichter Calabresi dann am 17. Mai 1972 von zwei Unbekannten ermordet, die Täter sind nie zweifelsfrei ermittelt worden. Aber in den Sektionen der noch jungen linksradikalen Organisation *Lotta Continua* knallten damals die Sektkorken. Inzwischen steht fest, dass Calabresi, der keineswegs nur gegen Anarchisten, sondern auch gegen die Mafia ermittelte, gar nicht im Zimmer war, als es zu Pinellis »Fenstersturz« kam. Calabresis Sohn Mario, der heute für die linksliberale Zeitung *Repubblica* aus den USA berichtet, erzählt in seinem Buch in einer Folge von leisen Szenen, welche Katastrophe dieser absurde Mord für seine Familie und ihn bedeutete. Inzwischen haben sich auch in Deutschland die Kinder der Opfer der RAF-Morde zu Wort gemeldet. Ein Film aus ihrer Perspektive würde selbstverständlich genauso wenig »die Wahrheit« erzählen können wie die Eichinger-Produktion, aber er würde, falls er denn gelänge, eine in der Tat neue und fällige Diskussion anstoßen und der faszinierten Fixierung auf die Täter ein Ende bereiten.

TEOREMA

Brauchen wir im Jahre 2008 wirklich eine neue Debatte über den Baader-Meinhof-Komplex? Hat diese Gruppe, die – anders als die Brigate Rosse in Italien – nie mehr als ein paar Dutzend Aktive und ein paar 100 Helfer in ihren Reihen zählte – wirklich die Grundfesten der Bundesrepublik Deutschland erschüttert? Das war wohl schon damals eine Medien-Übertreibung. »Sechs gegen 60 Millionen« – mit dieser Formel riet Heinrich Böll zur Mäßigung, als er »freies Geleit« für Ulrike Meinhof forderte. Prompt wurde er von der *Bild*-Zeitung als »Sympathisant« an den Pranger gestellt.

So viel steht nach 30 Jahren fest: Die RAF hat keinerlei politisches Erbe hinterlassen, niemand beruft sich auf sie, niemand will es ihr nachmachen. Angefangen von der Initiationsaktion der Baader-Befreiung bis hin zu dem Versuch der »zweiten Generation« im Jahre '77, die »Stammheimer« freizupressen, drehten sich alle Aktionen der RAF um den eigenen Bauchnabel. Es gab keine einzige Aktion, die über die Gruppe und das Ziel ihres Selbsterhalts hinaus verwiesen hätte. Die einzigen, die eine neue Debatte über diese Verirrung brauchen, sind offenbar die Filmemacher, die Stefan Austs vortreffliches Buch mit enormem Aufwand verfilmt haben und ihren teuren Film nun verkaufen müssen. Erstaunlich bleibt, mit welcher Chuzpe einige deutsche Meinungsmacher diesen Anstoß zu einer überflüssigen Debatte zu ihrer Herzensangelegenheit gemacht haben.

15. Oktober

Gibt es endlich ein letztes Wort zu Vivaldi? Wie schon seit Jahren höre ich in dieser Sache nur vorletzte Worte. Inzwischen haben die Babelsberger ihre Vision vom großen internationalen Vivaldi-Film begraben. Bleibt die kleinere italienische Option. Natürlich brauchen wir keine Debatte über Antonio Vivaldi. Wir brauchen nicht einmal einen Film über Antonio Vivaldi. Aber wie jeder bescheidene Drehbuchautor wette ich, es wäre ein wunderschöner und mitreißender Film, ein Film, der gar nicht schiefgehen kann, ein Welterfolg. Es muss ihn nur jemand anpacken. Ende Oktober oder in fünf Jahren weiß ich mehr.

19. Dezember
YELLOW SUBMARINE. Britischer Animationsfilm von George Dunning (D: Lee Minoff, Al Brodax, Jack Mendelsohn, Erich Segal, Roger McGough). Die bösen Meanies besetzen Pepperland – und die Beatles werden zu Befreiern. Das ist mit viel Musik verbunden, mit Collagen, Fotomontagen und dem Zeichenstil von Heinz Edelmann.

Konklusion für den westdeutschen Film des Jahres 1968: Das Bett, in dem körperbewusst geliebt wird, spielt eine viel größere Rolle als die Straße, auf der politisch bewusst demonstriert wird.

scenario

Backstory

*Splitter einer
Geschichte des
Drehbuchs*

Beruf: Drehbuchautor

Von Jacques Fieschi

Fliegende Schriften

Welchen künstlerischen Stellenwert soll man dem Drehbuch zuschreiben? Dank seiner genauen Bestimmungen, was die Typografie und die Breite der Ränder angeht – es ist gar zu einer speziellen Disziplin für Schreibkräfte geworden –, hat es den gleichen Umfang wie ein Buch. Doch es ist ein unveröffentlichtes, nicht anerkanntes Buch.

Manchmal werden Drehbücher allerdings doch veröffentlicht, etwa in der Zeitschrift *L'Avant-Scène du Cinéma* oder in jenen französischen und amerikanischen Editionen, die den mit Szenenfotos versehenen Dialogtext wiedergeben und so an Épinals Bilderbögen aus dem 19. Jahrhundert erinnern. Aber das geschieht nur, wenn der Film selbst ein Erfolg wird oder von besonderem künstlerischem Wert ist. Dann wird das Drehbuch zu einer hübschen Zugabe für das Publikum oder einer zusätzlichen Quelle für die kritische Arbeit des Forschers. Manchmal erscheinen auch Romanversionen von Filmen – beispielsweise von einigen Filmen Ingmar Bergmans, der Antoine-Doinel-Zyklus von François Truffaut, HERZFLIMMERN, DIE SCHWESTERN BRONTË, meist in einem flüchtigen, ziemlich armseligen Stil geschrieben, frei von jedem literarischen Anspruch. Übrig bleibt das Skelett einer romanhaften Erzählung, die abseits aller anderen Gattungen steht. In dieser rudimentären Erzählform ist bisweilen auch noch eine Sehnsucht nach dem Theater zu spüren.

In einigen sorgfältig ausgearbeiteten Drehbüchern – ich denke an das vorzügliche zu ZWEI MANN, EIN SCHWEIN UND DIE NACHT VON PARIS von Jean Aurenche und Pierre Bost – liest man genaue psychologische Hinweise für die Dialoge, etwa: »*Martin, sehr verächtlich*: Na, kommst du?« Diese Anweisungen sind der Versuch, den eigenen Absichten größeren Nachdruck zu verleihen. Das Geschriebene bleibt bestehen, heißt es. Aber die Filmkunst widerspricht dieser Lebensweisheit. Das Drehbuch ist ein unentbehrliches und zugleich heikles Glied in einem Arbeitsprozess, der sich erst in der Bewegung der Bilder vollendet. In der Tat kommt es während Dreharbeiten vor, dass eine im Drehbuch enthaltene Szene versetzt oder gar gestrichen wird.

LE SOUFFLE AU CŒUR (Herzflimmern; 1971; D+R: Louis Malle)

LES SŒURS BRONTË (Die Schwestern Brontë; 1979; D: Pascal Bonitzer, André Téchiné)

LA TRAVERSÉE DE PARIS (Zwei Mann, ein Schwein und die Nacht von Paris; 1956; D: Jean Aurenche, Pierre Bost, nach einer Erzählung von Marcel Aymé; R: Claude Autant-Lara)

Plötzlich verändert die Stimme des Schauspielers den Sinn einer Replik oder rückt eine banale Bemerkung unverhofft in ein neues Licht. Manchmal gehen die Dialoge – wie in einigen Filmen von Max Ophüls – in einem akustischen Teppich unter, gehen mit dem tänzerischen Taumel der Inszenierung eine unauflösliche Verbindung ein.

Aus den Selbstzeugnissen oder Lebenserinnerungen von Drehbuchautoren klingt meist die gleiche Enttäuschung heraus: Sie beklagen fahrlässige Abweichungen, Verrat oder gar Zensur ihrer Bücher. Etliche Talente, die sich fortwährend betrogen fühlen, verwandeln sich bald lieber in mittelmäßige Jasager; so verrinnt manche vielversprechende künstlerische Kraft im Sande. Natürlich kann man beim Lesen eines Drehbuchs durchaus auch die ihm eigenen, spezifischen Qualitäten entdecken; in der dramatischen Struktur oder der Tiefe der Figuren. Ein Drehbuch existiert auch »an sich«. Aber es scheint, als würde es am Ende schließlich doch hinweggefegt. Wie viele farblose oder unsinnige Geschichten wurden von der Inszenierung geadelt, und wie viele gute Drehbücher im Gegenzug von ihr entstellt!

TEOREMA von Pier Paolo Pasolini ist eine kraftvolle Fabel, die schon vor den Dreharbeiten vollendet scheint. Ihre Realisierung bestätigt gleichsam die Wucht des von ihr vereinnahmten Entwurfs. Joseph L. Mankiewicz' CLEOPATRA lässt erahnen, dass der Regisseur einige intelligente Entscheidungen getroffen hat – mal abgesehen von einer gewissen Rhetorik à la Shakespeare –, indem er etwa seinen antiken Helden keinerlei emotionale und psychologische Existenz zubilligt, sondern ihre Reden/Dialoge strategisch, wie die Figuren einer historischen Schachpartie, einsetzt. Eine leblose Inszenierung jedoch, die sich ihrer visuellen Möglichkeiten nicht bewusst ist, löst beim Zuschauer ein merkwürdiges Unbehagen aus. Ist es ein schlechter Film? Keiner weiß es. Das Drehbuch aber war gut ...

TEOREMA (1968; D+R: Pier Paolo Pasolini)

CLEOPATRA (1963; D: Joseph L. Mankiewicz, Ranald MacDougall, Sidney Buchman; R: Joseph L. Mankiewicz)

Allerdings sind die oben genannten Regisseure gleichzeitig Drehbuchautoren. Bei ihnen sind beide Disziplinen in einer Person vereint. Denn viele Autoren wechseln rasch hinter die Kamera: Mankiewicz, Pasolini, Preston Sturges, Ettore Scola mit Erfolg; Michel Audiard, Henri Jeanson, Ben Hecht, Clifford Odets und Daniel Taradash haben sich hingegen schwer in dem neuen Metier verirrt.

Schwankende Identität

Bekanntlich war einer der Einwände der Nouvelle Vague gegen ihre Vorväter die Übermacht des Drehbuches im französischen Kino. Die Vertreter der Autorenpolitik machten sich über die »Schreiberlinge« lustig und feierten den Eigensinn der *mise en scène*; im Namen einer gewissermaßen zerstörerischen Inspiration, einer subjektiven künstlerischen Laune. Ein weiterer Schlag gegen den Status des Drehbuchautors, der dadurch aus dem Pantheon der Urheber ausgeschlossen wurde! Selbst wenn er ihn bewohnt hätte, dann nur selten allein: Im klassischen Hollywoodsystem wurden Drehbücher, wegen mannigfacher Unstimmigkeiten und Korrekturen, oft von Hand zu Hand gereicht. Und manchmal ist es schon verblüffend, den Vorspann italienischer Filme zu lesen: Fünf oder sechs Personen haben da am Buch mitgearbeitet.

Seit den 50er Jahren haben sich einige dieser Exzesse gelegt. Auch der Drehbuchautor genießt heute ein gewisses Ansehen. Angesichts der künstlerischen Rücksichtslosigkeit der Inszenierung, jener gigantischen Spielzeugeisenbahn (»Ein Regisseur muss nicht unbedingt sehr intelligent sein«, François Truffaut), erscheint der Drehbuchautor oft als das Gewissen des Films, ein stiller Treuhänder dessen, worum es in dem Werk eigentlich geht. Auf der schwarzen Liste in Hollywood standen weit mehr Drehbuchautoren als Regisseure, die sich in diesem 20. Jahrhundert als engagierte Künstler verstanden. Die amerikanische Linke wurde damit gleichermaßen entmachtet wie geadelt.

In der kinematografischen Form verwebt sich eine Vielzahl von Unwägbarkeiten, die weder der theoretische Diskurs noch das Unge-

»Les scénaristes« vu par Paul Gendrot: Ausriss aus dem Text von Jacques Fieschi in Cinématographe, Nr. 53

stüm der Autorentheorie jemals wird disziplinieren können. Ein Dialog kann ebenso wie ein Bild ganz filmisch, leinwandspezifisch sein. Ehre, wem Ehre gebührt: Geben wir also dem Kaiser, was des Drehbuchautors Jeanson ist, denn bei seinem berühmten »Atmosphère, atmosphère«-Dialog in HÔTEL DU NORD bleibt Regisseur Marcel Carné, der die Szene etwas platt auf einer Brücke im Freien inszeniert hat, wenig eigener Gestaltungsraum.

Einige Drehbuchautoren waren die eigentlichen Erfinder kinematografischer Bewegungen. In Deutschland gab es Carl Mayer; schon lange vor seiner Zeit bei Murnau. In Italien Cesare Zavattini, dessen ästhetische Entscheidungen die neorealistische Revolution viel stärker geprägt haben als diejenigen, die De Sica getroffen hat – Unmittelbarkeit der natürlichen Schauplätze, die Übereinstimmung von filmischer und Realzeit. In Frankreich hat Jacques Prévert den poetischen und burlesken Tumult seines literarischen Universums, in der Abkehr vom Surrealismus, auf der Leinwand heimisch gemacht.

Über die Zusammenarbeit zwischen Prévert und Carné wurde schon oft debattiert. Man glaubte bisweilen, eine innere Spaltung ihrer gemeinsamen Arbeit zu entdecken, eine Rivalität gar, die den Streit um das Kino treffend zusammenfasst: Wer ist wofür verantwortlich in diesen Werken, deren Bilder und Dialoge sich derart in das Gedächtnis aller Franzosen eingeschrieben haben? Wagen wir eine These: DER TAG BRICHT AN scheint mir in seiner grafischen Präzision eher das Verdienst von Carné als das von Prévert zu sein, während KINDER DES OLYMP weit stärker auf dem Glanz und Pathos der Sprache beruht. Aber wem würde bei dieser absurden Preisverleihung also welche Ehrung zuteil?

Selbst so rätselhafte Gebilde wie die großen Hollywoodstudios – die sämtliche Aufgaben in einem System der Unterdrückung trennten und gegeneinander ausspielten, um so eine verborgene Essenz des Stoffes hervorzubringen –, selbst die großen Studios lassen es gelegentlich zu, dass in der Arbeit eines Drehbuchautors ein thematischer Zusammenhang erkennbar wird. In drei von Howard Koch verfassten Filmen kreist die Handlung um einen verhängnisvollen Brief: DER BRIEF (Wyler), BRIEF EINER UNBEKANNTEN (Ophüls), und THE 13TH LETTER (Preminger), sein Remake von DER RABE. In den harmonischsten Fällen der Zusammenarbeit von Autor und Regisseur – John Ford und Frank S. Nugent, Kenji Mizoguchi und Yoshikata Yoda – bringt eine komplexe Alchimie jene erhabene Reife hervor, die sowohl DER SCHWARZE FALKE wie YÔKIHI auszeichnet.

Es gehört zum seltsamen Wesen des filmischen Schaffens, dass sich dabei Talente manchmal nur zusammenschließen, um dann ihre

HÔTEL DU NORD (1938; D: Jean Aurenche, Henri Jeanson; R: Marcel Carné)

LE JOUR SE LÈVE (Der Tag bricht an; 1939; D: Jacques Prévert, Jacques Viot; R: Marcel Carné)

LES ENFANTS DU PARADIS (Kinder des Olymp; 1945; D: Jacques Prévert; R: Marcel Carné)

THE LETTER (Das Geheimnis von Malampur / Der Brief; 1940; D: Howard Koch, nach dem Stück von W. Somerset Maugham; R: William Wyler)

LETTER FROM AN UNKNOWN WOMAN (Brief einer Unbekannten; 1948; D: Howard Koch, nach der Erzählung von Stefan Zweig; R: Max Ophüls)

THE 13TH LETTER (1951; D: Howard Koch, nach der Erzählung von Louis Chavance; R: Otto Preminger)

LE CORBEAU (Der Rabe; 1943; D: Louis Chavance; R: Henri-Georges Clouzot)

THE SEARCHERS (Der schwarze Falke; 1956; D: Frank S. Nugent, nach dem Roman von Alan Le May; R: John Ford)

YÔKIHI (1955; D: Yoshikata Yoda, Matsutarô Kawaguchi, Masashige Narusawa, Qin Tao; R: Kenji Mizoguchi)

LA TORTUE SUR LE DOS
(Die Schildkröte auf dem Rücken; 1978; D: Luc Béraud, Claude Miller; R: Luc Béraud)

individuellen Qualitäten zu verleugnen: die von dem Geschriebenen gelähmten Regisseure und die Autoren, die bei der Inszenierung außen vor bleiben. DIE SCHILDKRÖTE AUF DEM RÜCKEN von Luc Béraud führt vor, wie sich diese Ambivalenz verwandeln lässt. Nachdem der Film ein trostloses, aber auch komisches Bild schöpferischer Machtlosigkeit entworfen hat, lässt er die immer noch weißen Seiten des Drehbuchs hinter sich zurück, um tausend Spuren einer unerreichbaren Freiheit zu verfolgen.

Einige historische Bezugspunkte: Der Stummfilm

In den Anfängen des Kinos improvisieren dessen Wegbereiter, die sich darum bemühen, die Grundsteine einer neuen Kunst zu legen, noch oft. Gleichzeitig macht sich der Wille breit, das Kino in den großen literarischen Mythen zu verankern. Daher gibt es eine wahre Flut von Adaptionen. Hollywood beginnt früh damit, Drehbuchautoren zu verpflichten. Aber das Drehbuch von DIE GEBURT EINER NATION (einem dreistündigen Film aus dem Jahr 1915) beispielsweise besteht nur aus einer knappen Synopsis. David W. Griffith vertraut auf die Kraft der Imagination, die sich von den konkreten Problemen bei der Inszenierung leiten lässt.

THE BIRTH OF A NATION
(Die Geburt einer Nation; 1915; D: D.W. Griffith, Frank E. Woods, nach Werken von Thomas F. Dixon Jr.; R: D.W. Griffith)

Im Laufe der 20er Jahre setzen sich Zwischentitel durch und werden immer raffinierter: im Stil des Groschenromans (Thea von Harbou), literarisch bis zum Schwülstigen (Griffith, Abel Gance, Marcel L'Herbier), romanhaft (Frances Marion, die über die Drehbuchabteilung von MGM herrscht), ironisch (Anita Loos), epigrammatisch (Ernst Lubitsch). Andere wiederum lehnen Zwischentitel radikal ab (Carl Mayer in seinen Kammerspielen). Die sowjetischen Regisseure – insbesondere Sergej Eisenstein – stützen sich demgegenüber als Meister der Montage ausschließlich auf knappe, poetische Entwürfe und konstruieren die filmische Erzählung gewissermaßen erst nach den Dreharbeiten.

Mot d'auteur: Geschliffene Formulierung, aus der man eher Intentionen und Stil des Autors heraushört als das Temperament der sprechenden Figur.

Wisecrack: Witzige, spöttische Bemerkung, Stichelei. Diese Stilfigur findet sich vor allem bei den vielen Reportern, die Hechts Bücher bevölkern.

Das gefilmte Theater

Mit der Revolution des Tonfilms überflutet das gefilmte Theater die Kinowelt. Dutzende von Theaterstücken werden, kaum verändert, adaptiert und dann uninspiriert und steif auf die Leinwand gebracht. Doch rasch setzt sich ein genuin filmischer Dialogstil durch, der direkter ist und stärker auf das soziale Leben lauscht, zugleich aber einige bühnenspezifische Aspekte bewahrt: das *mot d'auteur* bei Jacques Prévert und Jeanson in Frankreich oder der *wisecrack* bei Ben Hecht in Amerika.

Die Adaption

Das Kino hat in der Regel mehr Glück mit der Verfilmung bedeutungsloser Romane als mit der literarischer Meisterwerke, die, wie man weiß, oft schwerfällig adaptiert werden: Emily Brontës *Sturmhöhe* von Ben Hecht, Stendhals *Rot und Schwarz* von Aurenche und Bost sowie Tolstois *Krieg und Frieden* durch Sergej Bondartschuk. Heutzutage scheint das Genre der Romanverfilmung mitunter zugunsten der Inszenierung anderer literarischer Formen zurückzutreten, wie etwa bei Eric Rohmer, der mit DIE MARQUISE VON O... eine Kleist-Novelle adaptiert und mit PERCEVAL LE GALLOIS einen Versroman von Chrétien de Troyes verfilmt hat.

Die Nouvelle Vague

Als Reaktion auf den Drehbuchstil der französischen »Tradition der Qualität« setzt die Nouvelle Vague auf die Kunst der Improvisation, auf ein offeneres Arbeitsprinzip, wobei der Dialog mit Zitaten und privaten Anspielungen aufgeladen wird. Während Godard weiterhin an der Dekonstruktion der Erzählung festhält, legt Truffaut zunehmend Wert auf eine sorgfältigere, rigorosere Drehbucharbeit, wie die Komplexität des Drehbuchs von EIN SCHÖNES MÄDCHEN WIE ICH und von DER MANN, DER DIE FRAUEN LIEBTE belegen; er greift bisweilen sogar auf das altbewährte *mot d'auteur* zurück. Jacques Rivette hingegen entwickelt eine ganz eigene Methode, bei der er den Schauspieler über eine Handlung/Erzählung improvisieren lässt, deren sämtliche Handlungselemente dem Regisseur selbst noch nicht endgültig klar sind. Diese Methode bedient sich einer klassischen Vorlage (Balzac in OUT 1) oder lehnt sich an sie an (Racine in L'AMOUR FOU, Henry James in CÉLINE UND JULIE FAHREN BOOT), sie scheint jedoch letztlich aus den Unwägbarkeiten des Drehens zu entstehen, folgt einer geheimen Notwendigkeit der Präsentation. Dies verleiht dem Film einen verführerischen Hauch der Unvollkommenheit und stellt zugleich die Sehgewohnheiten des Zuschauers in Frage.

Jacques Fieschis historischer Abriss aus dem Jahre 1979 endet hier. Danach schrieb er die Geschichte des Drehbuchs in Frankreich mit eigenen Szenarien weiter.

Übersetzung: Dagmar Jacobsen, Gerhard Midding

WUTHERING HEIGHTS (Stürmische Höhen; 1939; D: Ben Hecht, Charles MacArthur; R: William Wyler)

LE ROUGE ET LE NOIR (Rot und Schwarz; 1954; D: Jean Aurenche, Pierre Bost, Claude Autant-Lara; R: C.A.-L.)

WOJNA I MIR (Krieg und Frieden; 1967; D: Wassili Solowjow, Sergej Bondartschuk; R: S.B.)

LA MARQUISE D'O... (Die Marquise von O... ; 1976; D+R: Eric Rohmer)

PERCEVAL LE GALLOIS (1978; D+R: Eric Rohmer)

UNE BELLE FILLE COMME MOI (Ein schönes Mädchen wie ich; 1972; D: Jean-Loup Dabadie, François Truffaut; R: F.T.)

L'HOMME QUI AIMAIT LES FEMMES (Der Mann, der die Frauen liebte; 1977; D: Michel Fermaud, Suzanne Schiffman, François Truffaut; R: F.T.)

OUT 1, NOLI ME TANGERE (1971; D: Suzanne Schiffman, Jacques Rivette; R: J.R.)

L'AMOUR FOU (1969; D: Marilù Parolini, Jacques Rivette; R: J.R.)

CÉLINE ET JULIE VONT EN BATEAU (Céline und Julie fahren Boot; 1974; D: Juliet Berto, Eduardo de Gregorio, Dominique Labourier, Bulle Ogier, Marie-France Pisier, Jacques Rivette; R: J.R.)

Nachbemerkung: Retour en arrière

Titelblatt von Cinématographe, *Nr. 53*

»Kein Weg zurück!« Interview mit Jochen Brunow zu Entstehung und Geschichte des VDD. In: Script, Winter 2006, S. 6-12 (nachzulesen unter www.drehbuchautoren.de/Script/scriptonline0406.pdf).

POLICE (Der Bulle von Paris; 1985; D: Jacques Fieschi, Maurice Pialat, Catherine Breillat, Sylvie Danton, nach einer Erzählung von Catherine Breillat; R: Maurice Pialat)

Neben den *Cahiers du cinéma* und *Positif* gehört auch die Zeitschrift *Cinématographe* zu der reichen filmkulturellen Tradition, um die wir Frankreich so oft beneiden. Bereits im Jahre 1979 – zu einer Zeit also, als es in Deutschland, oder genauer der BRD, kaum ein Bewusstsein für die Bedeutung des Drehbuchs und seiner Autoren gab – widmete die Zeitschrift eine ganze Ausgabe den *scénaristes*. Die Herausgeber wollten ausbrechen aus dem unaufhaltsam vorwärts drängenden Fluss der Bilder, den sie üblicherweise analysierten. Sie wollten ausbrechen aus der »Linearität«, die Filmbilder suggerieren. Sie wollten sich »jenem Gebiet der kinematografischen Schöpfung widmen, das scheinbar nur als sensibles Glied einer künstlerischen Kette existiert«. Schon damals wollten sie daran erinnern, »dass der Film, bevor er zum glitzernden Filmstreifen der Erzählungen und Träume wird, das Ergebnis einer langwierigen Diskussion ist, deren Ergebnis festgehalten ist auf einem beschriebenen Blatt Papier, das versehen mit vielen Anmerkungen schließlich im Zuge der Realisierung des Films zerknüllt wird.«

Der Prozess, der in der BRD erst sieben Jahre später, nach einer Reihe kritischer Artikel zur Qualität der westdeutschen Drehbücher und nach einem Symposium im Literarischen Colloquium am Wannsee, 1986 zur reichlich verspäteten Gründung des Berufsverbandes der Drehbuchautoren führte, beginnt in Frankreich viel früher. Die Zeitschrift *Cinématographe* wendet sich in ihrer Nummer 53 ab von Murnau und Hawks und stattdessen Carl Mayer und Borden Chase zu. Ihre kritische Arbeit besteht nicht nur in einigen Essays, sondern auch in der Präsentation eines historischen Lexikons und einer Reihe von wichtigen Namen, mit denen sie an eine damals noch wenig beachtete und wenig bekannte Disziplin erinnert. Neben den schon genannten porträtiert sie unter anderem Paul Schrader, Michel Audiard, Suso Cecchi d'Amico, Jean-Claude Carrière und Pascal Bonitzer.

Autor des voranstehenden Artikels, der aus dieser Ausgabe von *Cinématographe* ausgewählt wurde, ist Jacques Fieschi, seinerzeit einer der Herausgeber der Zeitschrift und seitdem als Drehbuchautor bekannt geworden. Sein erstes Drehbuch schrieb er für Maurice Pialats POLICE, es folgte eine erfolgreiche, meist mehrmalige Zusammenarbeit mit renommierten Regisseurinnen und Regisseuren wie Claude Sautet, Nicole Garcia, Anne Fontaine, Benoît Jacquot oder Olivier Assayas. 2006 führte Fieschi zum ersten Mal selbst Regie.

Jochen Brunow

Cinematic

Literatur, geschrieben wie ein Film: Vladimir Nabokov

Von Michael Töteberg

Sirin verkauft seinen Schatten, oder: Szenen aus dem Kinoleben eines russischen Emigranten

Sue Lyon in LOLITA

Russland lag in Berlin: Vertrieben von den Bolschewisten, hatte der Strom der Emigranten hier sein Sammelbecken gefunden. Rund um den Nollendorfplatz gab es eine russische Kolonie, eine abgeschlossene Community, mit eigenen Geschäften, Pensionen, Lokalen, Clubs und Restaurants. »Es riecht nach Russland«, berichtete Andrej Belyj in seinem Buch *Eine Wohnung im Schattenreich* (1924). »Und hört man doch einmal deutsch, ist das Staunen groß: Wieso? Deutsche? Was haben die in ›unserer‹ Stadt zu suchen?« 360.000 Russen lebten 1923

Andrej Belyj: *Im Reich der Schatten. Berlin 1921 bis 1923* (Insel 1987). Hier zitiert nach Dieter Zimmers Nachwort in: Vladimir Nabokov: *Maschenka. Gesammelte Werke, Band 1* (Rowohlt 1999, S. 177)

Die wichtigste Publikation zu diesem Thema: Dieter E. Zimmer: *Nabokovs Berlin* (Nicolai 2001)

in Berlin. Einer davon war Vladimir Nabokov, im vorigen Sommer nach Berlin gezogen, um sich um die Familie zu kümmern: Einige Monate zuvor war sein Vater bei einer politischen Versammlung in der Philharmonie, Bernburger Straße in Kreuzberg, Opfer eines Attentats rechtsradikaler Monarchisten geworden. Wladimir Nabokoff sen., ein Liberaler, lebte im Exil als Publizist: Zu dieser Zeit gab es in Berlin, dem Zentrum der Emigration, zahlreiche russische Buchhandlungen, Verlage und Zeitschriften, sogar eine russische Tageszeitung, *Rul*, an der Ullstein beteiligt war und er als Mitherausgeber wirkte. Hier publizierte auch der Sohn seine ersten Verse, unter dem Pseudonym Sirin, denn der junge Mann wollte nicht mit seinem alten Herrn verwechselt werden. Er schrieb keine Leitartikel, er wollte Dichter werden.

Obwohl seine Gedichte bald auch gesammelt als Buch herauskamen, leben konnte Nabokov von den Honoraren für seine Verse nicht. Wie alle Emigranten machte er dies und das, kurz: alles, was etwas Geld brachte. *Rul* belieferte er nicht nur mit Poemen, sondern ersann für das Blatt auch Kreuzworträtsel und Schachprobleme. Er gab Stunden als Sprachlehrer (Englisch und Französisch, beide Sprachen beherrschte er perfekt) und auf dem Tennisplatz, wo er ebenfalls eine gute Figur machte. Mehr schlecht als recht schlug er sich durch, davon erzählt sein erster, autobiografisch grundierter Roman *Maschenka*, im Herbst 1925 in der Motzstraße geschrieben und im Jahr darauf bei Slowo, einem in der Markgrafenstraße residierenden russischen Verlag, veröffentlicht.

Vladimir Nabokov: *Maschenka. Gesammelte Werke, Band 1* (Rowohlt 1999)

»Als er im vorigen Jahr nach Berlin gekommen war, hatte er sofort Arbeit gefunden und bis zum Februar mehrere verschiedene Tätigkeiten ausgeübt«, erfährt der Leser auf den ersten Seiten des Romans über den jungen Exilrussen Ganin. Er arbeitete in der Fabrik, als Kellner, als Händler, der in Kommission allerlei Waren, von Brillantine bis Brillanten, an den Mann zu bringen versuchte. »Nichts war unter seiner Würde; mehr als einmal hatte er sogar seinen eigenen Schatten verkauft, wie es so viele von uns tun. Mit anderen Worten: Er fuhr in den Vorort hinaus, um dort als Filmstatist zu arbeiten – in einem Jahrmarktsschuppen, wo das Licht mit geheimnisvollem Zischen aus den riesigen Kristalllinsen der Scheinwerfer hervorschoss, die wie Kanonen auf die Menge der Statisten gerichtet waren und sie zu leichenhafter Grellheit ausleuchteten. Sie feuerten eine Salve von mörderischer Helligkeit, die das farbige Wachs der erstarrten Gesichter beschien und dann plötzlich mit einem Klick erlosch; aber noch lange danach glühten in den kunstvollen Kristallen rote, ersterbende Sonnenuntergänge – unsere menschliche Scham. Das Geschäft war unter Dach und Fach, und unsere anonymen Schatten gingen hinaus in alle Welt.«

Nabokov 1925 in Berlin

Auch Nabokov verdingte sich als Komparse in der boomenden Filmindustrie. Russen-Filme waren Mode, entsprechend groß war der Bedarf, und so etablierte sich ab 1920 in Berlin die sogenannte Russen-Börse, die Statisten und Kleindarsteller vermittelte. In den zeitgenössischen Drehberichten liest man oft von einer Edelkomparserie besonderer Art: Verarmte Adelige aus ehemals bester Gesellschaft schlüpften in Babelsberg für die Zeit der Filmaufnahme in ihre alten Rollen. Neben den Avantgardefilmen aus der frühen Sowjetunion, deren Vertreter oft für ein paar Jahre in Deutschland arbeiteten, kamen unzählige deutsche Produktionen, die mit dick aufgetragenen Klischees und klebriger Sentimentalität die russische Seele beschworen, in die Kinos. Die »dämonische Leinwand« wurde beherrscht von Doppelgängern und Obsessionen, dem Einbruch imaginärer Traumwelten in die Wirklichkeit; bruchlos ließ sich Dostojewski mit dem deutschen Expressionismus kreuzen, zum Beispiel in Robert Wienes RASKOLNIKOW: Die Besetzung war komplett russisch, das Dekor hatte der Architekt Andrej Andrejew CALIGARI nachempfunden. Auch die Exilrussen nutzten die Konjunktur, sie verfilmten die bekannten Sujets noch einmal: *Die Brüder Karamasow, Pique Dame, Der Kurier des Zaren* und immer wieder Geschichten um Rasputin und Anastasia.

Auf das ihm vertraute Filmmilieu warf Nabokov einen satirischen Seitenblick in seinem Theaterstück *Der Mann aus der UdSSR*, uraufgeführt am 1. April 1927 in einem Saal in der Bellevuestraße. Der vierte Akt spielt im Studio, vollgestellt mit Requisiten und Dekorationen, darunter die Zwiebeltürme einer Bilderbuchkirche, eine Balalaika und eine halb aufgerollte Karte Russlands; der Regieassistent dirigiert per Megafon das Komparsenheer. Unter ihnen ist Baron Taubendorf, den der Zuschauer gleich zu Beginn als Bedienung in einem Kellerlokal kennengelernt hat. »Abends spiele ich hier den Garçon, tagsüber bin ich Statist beim Film. Zur Zeit drehen sie eine blödsinnige Geschichte aus dem russischen Leben.« Von der Handlung weiß er nichts Genaues – »Jedenfalls ist es ein Stoff aus der russischen Revolution. Und natürlich ist eine Liebesgeschichte hineinverwoben.« So hat auch Marianna eine Rolle bekommen, wozu Taubendorf anmerkt: »Bloß spiele ich Masse und bekomme zehn Mark, sie jedoch spielt die Nebenbuhlerin und bekommt 50.«

Die Filme, in denen Nabokov als Statist mitwirkte, dürften nicht mehr zu eruieren sein. (Im Berlin jener Tage erschienen gleich zwei russische Filmzeitschriften, von denen aber kein Exemplar mehr erhalten ist.) Aber wir wissen, was er empfand, als er seinem Schatten wiederbegegnete, aus der literarischen Verarbeitung in *Maschenka*.

Ganin geht mit zwei Freundinnen ins Kino. Zunächst gibt es einen stummen Reklameblock, Werbung für Klaviere, Kleider und

---

Die russische Filmemigration ist erst spät ins Blickfeld der Filmhistoriker geraten. Vgl. Oksana Bulgakowa (Hg.): *Die ungewöhnlichen Abenteuer des Dr. Mabuse im Lande der Bolschewiki* (Freunde der Deutschen Kinemathek 1995); Jörg Schöning (Hg.): *Fantaisies russes. Russische Filmmacher in Berlin und Paris 1920-1930* (edition text + kritik 1995)

RASKOLNIKOW (1923; D+R: Robert Wiene, nach dem Roman von Fjodor Dostojewski)

DAS CABINET DES DR. CALIGARI (1920; D: Hans Janowitz, Carl Mayer; R: Robert Wiene)

Vladimir Nabokov: *Der Mann aus der UdSSR. Gesammelte Werke, Band 15.1: Dramen* (Rowohlt 2000, S. 607)

Die Ullstein-Ausgabe von Maschenka *unter dem Titel* Sie kommt – kommt sie?

Nabokov 1922 mit Swetlana Siewert (Mitte) und ihrer Schwester Tatjana auf dem Weg zum Tennisplatz

Parfüms, dann setzt das Orchester ein, und das Lichtspiel beginnt. Ein Melodrama läuft ab und treibt auf den Höhepunkt zu: Eine Primadonna, die in einem früheren Leben einen Menschen getötet hatte, steht auf einer Opernbühne und spielt eine Mörderin, bricht dann, von der Erinnerung an den grausigen Vorfall heimgesucht, tot zusammen. Die Kamera schwenkt in den Zuschauerraum: Die Opernbesucher klatschen begeistert, sie halten dies für eine besonders ergreifende Darstellung. Ganin, im Kino, erblickt sich selbst (seinen Schatten) unter dem Publikum im Film. Sie hatten damals im Atelier gedreht, auf Kommando applaudiert und dabei auf ein Gerüst zwischen Scheinwerfern gestarrt. »Auf der Leinwand hatte sich dieser kalte Schuppen jetzt in einen behaglichen Zuschauerraum verwandelt: Sackleinen wurde zu Samt, die Horde von Armenhäuslern zu einem Opernpublikum.« Sein Ebenbild auf der Leinwand verschwindet im grauen Kaleidoskopgewimmel anderer Gestalten, dann ist die Kamera wieder bei der Schauspielerin, die überaus kunstreich die tote Primadonna gibt. Verwirrt, von einem seltsamen Schamgefühl überwältigt, kann Ganin nicht weiter dem Filmgeschehen folgen.

Auf dem Heimweg vom Kino sinniert er darüber, dass sein Schatten nun von Leinwand zu Leinwand durch die Welt streifen wird. In der Pension, die komplett an Emigranten vermietet ist, wo »sieben verlorene Schatten aus Russland wohnten, kam ihm das ganze Leben wie solch ein Stück Filmaufnahme vor, bei der die gleichgültigen Statisten nicht das Mindeste von der Geschichte wussten, in der sie mitspielten«.

Die Russen lebten in Berlin in einer Parallelwelt, mit der Alltagsrealität der Metropole kamen sie kaum in Kontakt. Sirin beteiligte sich rege am literarischen Leben der russischen Kolonie, trat bei Clubabenden und in Dichterzirkeln auf, wirkte als Autor und Schauspieler an Revuen und Kabarettveranstaltungen mit. Trotzdem lebte er in einer hermetisch abgeschlossenen Welt, unter einer Käseglocke. So wie sein Romanheld Ganin, dem die anderen Pensionsgäste als »die Gespenster seines Traumlebens im Exil« erscheinen, führte er eine unwirkliche Existenz, war nie in Berlin angekommen. »Nur sein Schatten hauste noch in Frau Dorns Pension; er selbst hingegen war in Russland und durchlebte seine Erinnerungen, als ob sie Wirklichkeit wären.« Obwohl überaus sprachbegabt, unternahm Nabokov nichts, um sich die deutsche Sprache anzueignen: Assimilieren wollte er sich nicht. *Maschenka* wurde übersetzt und als Fortsetzungsroman in der *Vossischen Zeitung* gedruckt, doch um Verbindungen zum deutschen Literaturbetrieb bemühte er sich nicht. 15 Jahre lebte Nabokov in Berlin, ohne je den Kreis der russischen Emigranten zu verlassen. Von der zeitgenössischen Kultur außerhalb dieser Enklave nahm Nabokov keine Notiz – mit einer Ausnahme: dem Kino.

Er war ein passionierter Kinogänger, der Stummfilmgrotesken ebenso liebte wie Kriminalgeschichten. Nicht die luxuriösen (und teuren) Filmpaläste besuchte der Emigrant, sondern das Kintopp um die Ecke, wo er, wie Joseph Hessen, der Chefredakteur von *Rul*, verwundert bemerkte, »über die dümmsten amerikanischen Filme Tränen lachte«. Seine Kinoerlebnisse haben vielfältige Spuren hinterlassen in den Romanen und Erzählungen, die Sirin in seiner Berliner Zeit veröffentlichte. »Im Kino stellte eine Schauspielerin mit einem kleinen schwarzen Herzen anstelle von Lippen und mit Augenwimpern wie die Speichen eines Regenschirmes eine reiche Erbin dar, die ein armes Büromädchen darstellt.« Reale Filmtitel und Darstellernamen sind selten; einmal wird Conrad Veidt, gelegentlich die Garbo erwähnt. Nabokov erfindet lieber Stars (wie den Schauspieler Hess in *König Dame Bube*) und stattet sie mit fiktiven Filmografien aus. Umgekehrt sah *Maschenka*, als der Ullstein-Verlag das Buch unter dem Titel *Sie kommt – kommt sie?* in seiner billigen Eine-Mark-Reihe herausbrachte, wie ein Filmroman aus: Den Umschlag zierte ein Foto der Schauspielerin Gerda Maurus, zur Verfügung gestellt von der Ufa. Gegen eine Verfilmung hätte der Autor nichts gehabt, ganz im Gegenteil. Sergej Bertenson, der nun in Hollywood arbeitende ehemalige Direktor des Moskauer Künstlertheaters, vermittelte einen Kontakt zum (russischstämmigen) Lewis Milestone, dem Produzenten und Regisseur von IM WESTEN NICHTS NEUES. Verschiedene Pläne und Projekte, Adaptionen seiner Romane und Erzählungen, aber auch Originalstoffe wurden besprochen. Bertenson notierte nach einem dieser Treffen in seinem Tagebuch über Nabokov: »Er war davon sehr begeistert. Er sagte mir, er bewundere das Kino zutiefst und schaue sich Filme mit großer Aufmerksamkeit an.«

Kino prägte den Alltag, bestimmte das Bild der Stadt. »Ein Lichtspieltheater wurde an der Ecke gebaut, und das brachte Leben in die Umgebung.« Die kleinen Ladenmädchen gingen ebenso ins Kino wie der gut situierte Bürger: Ihre Träume, die großen Gefühle und menschlichen Dramen entliehen sie der Leinwand, um der Leere und Monotonie ihrer eigenen banalen Existenz zu entkommen. Mochten die industriell gefertigten Illusionen auch noch so klischeehaft und verlogen sein, sie verfehlten nicht ihre Wirkung. »Als sie das Kino verließen, waren seine Augen gerötet, und er räusperte sich, leugnete aber, geweint zu haben.« Zwei Stunden Ablenkung und Zerstreuung in einer Welt, die sonst nur Rationalität und Routine kennt. Geborgte Emotionen, zu haben für den Preis einer Eintrittskarte, die jedoch als »flüchtige Bewusstseinsschimmer« ein Amalgam mit der »Wirklich-

Zitiert nach: Boris Nossik: *Nabokov. Die Biographie* (Aufbau 1997, S. 218)

Vladimir Nabokov: *König Dame Bube. Gesammelte Werke, Band 1* (Rowohlt 1999)

ALL QUIET ON THE WESTERN FRONT (Im Westen nichts Neues; 1930; D: George Abbott, Maxwell Anderson, Del Andrews, nach dem Roman von Erich Maria Remarque; R: Lewis Milestone)

Zitiert nach: Brian Boyd: *Vladimir Nabokov. Die russischen Jahre 1899-1940* (Rowohlt 1999).

Nabokov: *König Dame Bube* (a.a.O, S. 249)

Vladimir Nabokov: *Lushins Verteidigung. Gesammelte Werke, Band 2* (Rowohlt 1992, S. 221)

keit« (ein Begriff, den Nabokov stets in Anführungszeichen setzte) eingehen.

»Kino« diente Nabokov als Folie für die Metaphorik des Lebens oder schlicht für sinnfällige Vergleiche (»ein schwarzer Nieselregen, der flimmert wie ein sehr alten Filmstreifen«). Vor allem ließ er sich vom Kino inspirieren für seine Geschichten. *König Dame Bube* (1928) liest sich wie Film noir: Franz, ein junger Mann aus der Provinz, zieht nach Berlin, wo sein Onkel Dreyer, ein vermögender und egozentrischer Kaufhaus-König, ihn unterstützt. Dessen frustrierte Ehefrau Martha beginnt mit Franz eine Affäre und stiftet den Liebhaber an, ihren Mann zu beseitigen. Ihre Mordfantasien werden gespeist aus dem Kino: »Die Tür zum Salon würde offen stehen. Von der Schwelle aus würde er ein halbes Dutzend Mal schnell hintereinander schießen, wie das in amerikanischen Filmen gemacht wird.« Es kommt anders als geplant: Der Mord wird in letzter Minute verschoben, weil Martha noch den Abschluss eines Geschäfts ihres Mannes abwarten will, um ihr prospektives Erbe noch zu vergrößern. Der Tod holt am Ende Martha; Dreyer und Franz bleiben als verstörte Hinterbliebene zurück.

<small>Nabokov: *König Dame Bube* (a.a.O, S. 419)</small>

König Dame Bube, in Berlin spielend, aber auf russisch geschrieben, kam wieder in einem Emigrantenverlag heraus, wurde ebenfalls übersetzt und von Ullstein publiziert. Sollte der Autor aber auf einen Filmvertrag spekuliert haben, so wurde er enttäuscht. 40 Jahre später, 1968, überarbeitete Nabokov seinen Roman für die amerikanische Erstausgabe. »Er polierte den Anfang auf und pointierte die filmische Banalität der Handlung, als wolle er sie einem geistlosen Produzenten schmackhaft machen«, moniert der Nabokov-Biograf Brian Boyd. Dieses harsche Urteil sei dahingestellt, richtig ist, dass der Autor das Kino-Motiv als einen der roten Fäden im Textgewebe deutlicher werden ließ. Und er gönnte sich einen kleinen Spaß, seine Rache an der Filmindustrie. Franz bezieht ein möbliertes Zimmer in einer Seitenstraße, an der Ecke wird ein Filmtheater gebaut. Während die Romanzeit vergeht, erleben wir, wie der Bau des Glaspalastes voranschreitet. Zwischendurch trifft Dreyer zufällig eine ehemalige Geliebte, sie hat ihn kürzlich im Theater gesehen, wo ein Stück mit dem Titel *König Dame Bube* gespielt wurde. Gegen Ende wandert Dreyer durch eine ihm unbekannte Gegend der Stadt, es ist das Viertel, wo Franz wohnt. Das neue Großkino ist inzwischen fertig, die Einweihung steht unmittelbar bevor. Ein riesiges Plakat wirbt für die Eröffnungspremiere: *König Dame Bube*, denn das Theaterstück ist verfilmt worden. Auf »geistlose Produzenten« wartete Nabokov nicht länger, er verwirklichte sich seinen Wunschtraum in der Romanfiktion.

<small>Boyd: *Vladimir Nabokov* (a.a.O., S. 714)</small>

Für die Filmbranche, »diesen geheimnisvollen, astrologischen Betrieb, wo Skripte gelesen und Sterne gesucht werden«, hatte er seitdem nur noch Spott übrig, und man trifft sie am Rande in so manchem Roman, »die flotten, schnell sprechenden, wichtigtuerischen Hochstapler, die sich über die Philosophie der Leinwand, den Geschmack der Masse oder die Intimität der Filmkamera verbreiteten und dabei gar nicht übel verdienten«. *Lushins Verteidigung* (1930) kreist

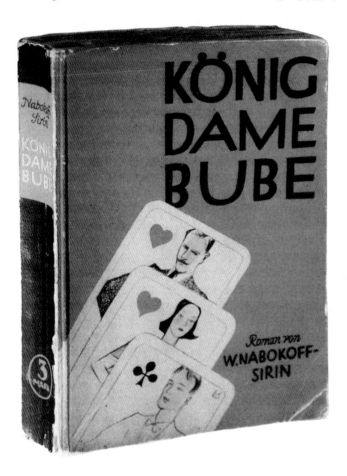

um ein gefährdetes Schachgenie, das seiner Obsession abgeschworen hat. Einst hat ein gewissenloser Impresario ihn durch die Städte der Welt gehetzt und nahezu in den Wahnsinn getrieben, bis seine Frau ihn vor diesem Gauner Dr. Walentinow schützte. Am Ende wird Lushin zur Veritas-Filmgesellschaft bestellt, ihm wird eine Rolle angeboten, doch als er in das Zimmer des Direktors gerufen wird, sitzt ihm niemand anderer als Dr. Walentinow gegenüber. Der Mann hat eine Idee, den Stoff für ein Melodrama. »Das Drehbuch ist von mir. Stell dir vor, mein lieber Junge, ein junges Mädchen, hübsch und temperamentvoll, in einem D-Zug-Abteil. Auf einer Station steigt ein junger Mann zu. Aus guter Familie. Und nun wird es im Zug Nacht. Sie schläft ein, und im Schlaf sitzt sie ganz aufgelöst da. Ein wunderschönes, junges Mädchen. Der junge Mann – du kennst die Art, knackvital, aber absolut keusch – verliert den Kopf. In einer Art Trance stürzt er sich auf sie. (Walentinow sprang auf und tat, als ob er sich schwer atmend auf jemanden stürzte.) Er spürt ihr Parfüm, ihre Spitzenunterwäsche, den blühenden jungen Körper ... Sie wacht auf, schüttelt ihn ab, schreit. (Walentinow presste die Faust an den Mund und machte Glotzaugen.) Der Schaffner, die Mitreisenden kommen herbeigeeilt. Er wird verurteilt und kriegt Zuchthaus. Seine alte Mutter besucht das junge Mädchen und fleht es an, ihren Sohn zu retten. Das Drama des Mädchens. Die Sache ist nämlich die, dass sie sich vom ersten Augenblick an – dort im Zug – in ihn verliebt hatte, dass sie vor Leidenschaft siedet.« Wie die Geschichte weitergeht, wir ahnen es ...

Auf dem Umschlag der russischen Erstausgabe von *Camera obscura* (1933) ist der Titel auf einem Filmstreifen gedruckt. Die filmische Rhetorik wird in diesem Roman zum bestimmenden Stilmittel. Die Geschichte wird, wie der Pitch für einen Filmstoff, vorweg im ersten Absatz erzählt. »Es war einmal ein Mann, der hieß Albinus und lebte in der deutschen Stadt Berlin. Er war reich, angesehen und glücklich; um eines jungen Mädchens willen verließ er eines Tages seine Frau; er liebte; wurde nicht geliebt, und sein Leben endete in einer Katastrophe.«

Das Mädchen, das ihm zum Verhängnis wird, heißt Margot und ist Platzanweiserin in einem Kino mit dem Namen *Argus*. Margot ist »verrückt auf Kino« und träumt davon, ein Filmstar zu werden. »Sie stand im Dunkel gegen eine Wand gelehnt und sah Greta Garbo zu.« Albinus dagegen, ein Mann mit Kunstgeschmack – der nur zufällig ins Kino gekommen ist, um eine Stunde Wartezeit zu überbrücken – arbeitet an einem Essay, um »eine seiner Lieblingstheorien darzulegen, die die relativen Meriten des Stumm- und Sprechfilms betraf«; wie viele Zeitgenossen ist er überzeugt, dass der Ton dem Kino den Garaus machen wird. Der konservative Herr, der wegen des jungen Mädchens aus dem bürgerlichen Leben fällt, wird zur lächerlichen Figur, nicht zuletzt, indem er einen Film finanziert, in dem Margot die zweite weibliche Hauptrolle spielt. Das Ergebnis ist ein fürchterliches Fiasko, und es kostet Albinus noch einmal Geld, damit der Film nicht in die Kinos kommt.

Liebe macht blind: Er merkt nicht, dass sie ihn nur ausnimmt und schamlos betrügt. Als er damit konfrontiert wird, verliert er in seiner Erregung die Kontrolle über den Wagen: »Die Unfallszene sah ich

Titelillustration der russischen Erstausgabe von Camera obscura

lebhaft wie einen Film vor mir«, erinnerte sich der Autor später. Die Anlage des Romans war pures Kino: Nabokov erläuterte, dass »die Szenen und Dialoge schlicht einem kinematografischen Muster folgen«. Diese erzählerische Methode gibt den Schilderungen oft einen leicht parodistischen Beigeschmack. »Er kam an, sprang heraus, bezahlte, wie es Männer im Film tun – blindlings ein Geldstück hinwerfend.« Als Albinus nach dem Unfall im Krankenhaus wieder zu sich kommt, ist er tatsächlich blind. Doch Margot und ihr Liebhaber treiben weiter mit diabolischem Vergnügen ihr grausames Spiel mit ihm. Das Ende des Romans ist geschrieben wie ein Drehbuch: »Regieanweisung für die letzte stumme Szene: Tür – weit offen. Tisch – von der Tür fortgeschleudert. Teppich – in einer erstarrten Welle am Fuß des Tisches ausgebaucht. Stuhl – liegt dicht bei männlicher Leiche in rotbraunem Anzug und Filzpantoffeln. Revolver nicht sichtbar. Liegt unter ihm.«

Die Szene hat Albinus schon vorher einmal gesehen oder vielmehr nicht gesehen, denn als er in den ersten Kapiteln des Romans ins *Argus* geht, läuft ein Film, der längst angefangen hat und der ihm deshalb unverständlich bleibt. Das Bild auf dem Filmplakat, eine rasante Autofahrt im Gebirge – schemenhaft werden Szenen auf der Leinwand vorweggenommen, doch Albinus ahnt nicht, dass hier der Film seines Lebens abrollt. Der Roman war »die sprachliche Nachahmung dessen, was damals ›Filmdrama‹ hieß«, erklärte Nabokov später, als er sein Buch fünf Jahre später überarbeitete und ihm den neuen Titel *Gelächter im Dunkel* gab. Den Kino-Aspekt verstärkte er in der Neufassung sogar noch. Er habe den Roman als Film vor sich gesehen, schrieb Nabokov 1958 seinem amerikanischen Verleger. Im Gespräch mit Alfred Appel jr. wurde er noch deutlicher: »Ich wollte das ganze Buch so schreiben, als sei es ein Film.«

Camera obscura erschien zunächst in der Literaturzeitschrift *Sowremennyje sapiski* und anschließend als Buch im Verlag Parabola, beide beheimatet in Paris. Die russische Kolonie in Berlin war arg geschrumpft, das Zentrum der Emigranten hatte sich verlagert an die Seine. Das Manuskript gab er wieder Sergej Bertenson, seinem Verbindungsmann zu Hollywood, doch der hielt den Stoff für zu erotisch und zu negativ, um ihn erfolgreich an die Traumfabrik vermitteln zu können. Auch der Agent Paul Kohner bemühte sich um die Verfilmungsrechte, er dachte an Erich von Stroheim als Regisseur. Kurz darauf meldete sich ein anderer Interessent: Fritz Kortner, mit dem sich Nabokov in London traf. Schließlich kaufte Joseph Lucachevitsch, ein russischer Emigrant in Paris, die Rechte (Henri-Georges Clouzot war als Drehbuchautor vorgesehen, doch das Projekt ließ sich nicht realisieren). Nabokov schrieb Roman um Roman, dazu eine ganze

Vladimir Nabokov:
Gelächter im Dunkel.
Gesammelte Werke, Band 3
(Rowohlt 2000)

Reihe von Erzählungen, trotzdem wurde seine Lage in Berlin zunehmend prekär. Finanziell, denn er war praktisch ohne Einkünfte (und seine Frau verlor im Zuge der »Arisierung« ihre Stelle), und politisch, mussten sich doch alle Exilrussen ab 1936 registrieren lassen (und zum stellvertretenden Leiter der Erfassungsstelle wurde der aus der Haft entlassene Mörder seines Vaters ernannt). Am 18. Januar 1937 verließ er Berlin. Er sollte nicht mehr nach Deutschland zurückkehren.

»Wir wollen ins Kino gehen heute abend. Zu den Dreißigern zurück, abwärts an den Zwanzigern entlang und um die Ecke zum alten Filmpalast Europa.« So beginnt *Der Regieassistent*, die erste Erzählung, die Nabokov, der nun nicht mehr als Sirin zeichnete, auf Englisch schrieb. Die Geschichte handelt von einem zwielichtigen Doppelagenten und seiner Frau, die einen Exilpolitiker beiseite schaffen, erzählt im Stil einer Filmstory mit leicht ironischem Einschlag. »Ein düsterer Anblick wird uns flüchtig gezeigt: Raben, Krähen – oder welche Vögel auch immer verfügbar waren – kreisen in der Abenddämmerung.« Es ist eine Räuberpistole aus Kintopp-Zeiten, mit Schurken, Intriganten und viel Folklore. Singende und tanzende Russen feiern und trinken, währenddessen zwinkert die Sängerin dem Verschwörer zu. Ein Mann wird in eine stille Seitenstraße gelockt, und plötzlich öffnet sich eine Tür, drei Paar Hände ziehen ihn ins Haus, und er ist vom Erdboden verschluckt. »Sonderbar, dieses elende Drehbuch wurde von der Wirklichkeit tatsächlich verfilmt«: Die Erzählung verarbeitet einen realen Vorfall, die Entführung von General Jewgenij Miller. In Amerika angekommen, entwarf Nabokov noch einmal eine Szenenfolge aus der russischen Kolonie und ließ en passant eine Erinnerung einfließen an die Zeit, als er und andere Exilanten ihre Schatten verkauften. Deutsche Filmgesellschaften hätten damals billige Arbeitskräfte gefunden in den Emigranten, deren »einzige Hoffnung und einziger Beruf ihre Vergangenheit war – also in einem Kreis ganz und gar unwirklicher Leute – und die in den Filmen ›wirkliches‹ Publikum vorstellen sollten. Diese Kombination von zwei Scheinwelten erweckte bei sensiblen Menschen den Eindruck, in einem Spiegelkabinett oder vielmehr in einem Spiegelgefängnis zu sein und nicht einmal zu wissen, was Glas und was man selber war.«

Lolita, oder: Movielove

In Berlin war Nabokov ein russischer Dichter gewesen, in den USA dagegen wurde er zu einem amerikanischen Schriftsteller. Jahrelang schlug er sich als Dozent an Universitäten durch, doch dann kam *Lolita*. Geschrieben mit dem geschärften Blick des Immigranten, nahm Nabokov mehr »Amerika« wahr als die Einheimischen, die mit der

Vladimir Nabokov:
Gesammelte Werke, Band 14: Erzählungen 2. 1935-1951
(Rowohlt 1989, S. 395ff.)

Vladimir Nabokov: *Lolita. Gesammelte Werke, Band 8*
(Rowohlt 1999)

Populärkultur des Landes aufgewachsen sind, ohne sich dessen noch bewusst zu sein. Filme, Comic-Strips, Magazine, Radio-Comedys, Popmusik, kurz: die Erzeugnisse der Entertainment-Industrie geben die Verhaltensmuster im Alltag vor.

Lolita ist ein durch und durch »amerikanisches Nymphchen«. Die zwölfjährige Dolores Haze führt sich auf wie ein Starlet, eifert in ihren Posen den *role models* nach. Schon bei dem ersten Annäherungsversuch, als Humbert überlegt, ob er sie küssen darf, ist er sich sicher, »sie würde es zulassen und sogar nach dem Vorbild von Hollywood die Augen dabei schließen«, denn Lolita ist »ein modernes Kind, eine fleißige Leserin von Filmmagazinen, eine Kennerin von traumlangsamen Großaufnahmen«. Humbert Humbert nennt sich selbst »ein männliches Prachtexemplar aus dem Filmland«, und die ungeliebte Mrs. Haze beschreibt er als »einen dünnen Aufguss von Marlene Dietrich«. Später, auf ihrer ziellosen Reise quer durch die Staaten, wird der Roman über weite Strecken zu einem Road Movie. Sie fahren das Land ab, besichtigen die National Monuments und so manches skurrile Museum, lassen aber kaum jemals ein Cinema aus. Humbert, der kultivierte, europäische Intellektuelle, hat zwar wenig für die dort laufenden Movies übrig, aber er muss seiner Angebeteten etwas bieten, und so schleppt Lolita ihn fast täglich ins Kino. Schließlich der Schatten, der ihnen auf der Reise folgt, von dem lange nicht klar ist, ob es sich nur um eine Einbildung Humberts handelt: Clare Quilty, der Mann, der ihm seine Lolita raubt, ihr in seinen Augen ihre Unschuld nimmt, er wirkt wie eine Figur aus dem Kino und stammt tatsächlich aus der Branche: Humbert findet seinen Namen im *Who's Who in the Limelight*, Quilty ist erfolgreicher Stückeschreiber und Autor von mehr als 50 Drehbüchern, nebenbei Produzent von Kinderpornos. Der Showdown wird absolviert im Movie-Style: Humbert stellt den perversen Widersacher zur Rede und feuert ein ganzes Magazin auf ihn ab. »Und ältere Leser werden an dieser Stelle sicherlich an die unvermeidliche Szene in den Wildwestfilmen ihrer Kindheit denken.«

Nach dem Welterfolg von *Lolita* – die abenteuerliche Publikationsgeschichte, der Kampf um das Buch und schließlich der Triumph, man kann es andernorts nachlesen – ließ die Verfilmung nicht lange auf sich warten. Für 150.000 Dollar kauften der Produzent James R. Harris und der Regisseur Stanley Kubrick die Filmrechte. Obwohl er sich anfangs etwas zierte, war Nabokov bereit, das Drehbuch selbst zu verfassen. Hatte er nicht, mit verstellter Stimme, seinen Protagonisten vorschickend, die Filmleute geradezu aufgefordert, sich des Stoffes anzunehmen? »Wie schade, dass das merkwürdige Hin und Her, die monogrammhafte Verschränkung unserer gleichzeitigen oder sich überschneidenden Bewegungen nicht gefilmt wurde«, bedauert im

Stanley Kubrick mit Hauptdarstellerin Sue Lyon

Dieter E. Zimmer: *Wirbelsturm Lolita. Auskünfte zu einem epochalen Roman* (Rowohlt 2008)

James Mason als Humbert Humbert, Shelley Winters als Mrs. Haze

Roman Humbert Humbert. Wenn er in der Rückschau die Stationen rekapituliert, die ihn ins Gefängnis geführt haben, Schauplätze, Szenen und Personen vor seinem inneren Auge wieder lebendig werden, lässt er nebenbei Tipps für einen potenziellen Regisseur einfließen: »Sollten Sie aus meinem Buch einen Film machen wollen, so lassen Sie eines dieser Gesichter sanft in mein eigenes überblenden, während ich es betrachte.«

Andererseits: *Lolita* ist ein großer Monolog, die Beichte eines amoralischen Helden, der seine pädophilen Neigungen als verbotene Liebe stilisiert. Er ist ein »Schönschreiber« im doppelten Wortsinn: ein begnadeter Literat, der seine Geschichte stilistisch brillant zu gestalten weiß, und ein keineswegs reuiger Sünder, der seine Taten zu beschönigen weiß. Humbert ist ein Verführer, der sich ästhetischer Mittel bedient: Er versucht, den Leser zu seinem Komplizen zu machen, zugleich wird im Prosatext stets deutlich, dass es sich um eine rechtfertigende Selbstdarstellung handelt. Vieles davon ist Projektion, manches offenkundig, anderes nur subtil angedeutet. Die Filmkamera dagegen suggeriert objektive Wirklichkeit; der Film muss die innere Welt veräußerlichen und damit festlegen, was im Roman in der Schwebe bleiben kann.

Nabokov schrieb ein Drehbuch für Hollywood (ein gut bezahlter Job) und gegen Hollywood (er wollte seinen Roman vor fremdem Zugriff schützen). Er traf sich mit Kubrick, der ihm seine Idee vermittelte: Die sonst leicht in zwei Teile zerfallende Geschichte sollte eine starke dramaturgische Klammer erhalten, indem der Mord an Quilty gleich am Anfang gezeigt wird. Danach setzte sich der Autor an die Arbeit, schickte immer wieder Teile des entstehenden Scripts. Mehr als gelegentliche Treffen gab es nicht, denn Nabokov war kein Mann für kreative Teamarbeit. »Kritik und Ratschläge wurden immer knapper«, erinnerte er sich später, »und im Hochsommer war ich nicht mehr sicher, ob Kubrick alles, was ich schrieb, heiteren Gemüts akzeptierte oder stillschweigend verwarf.« Es kam, wie es kommen muss, wenn ein Romanautor sein Buch in ein Filmscript verwandelt: Das Drehbuch war viel zu lang (sieben Stunden, schätzte Kubrick), der Autor machte sich unter Schmerzen an die Kürzungen.

»*Lolita* ist ein Buch zum Lesen und kein Roman zum Verfilmen«, konstatiert Guillermo Cabrera Infante, ausgewiesener Romancier und bekennender Cineast, Gründer der *Cinemateca de Cuba*. »*Lolita* ist ein literarischer Körper, dessen Haut allein Worte und dessen Fleisch allein Stil ist.« Das ließ sich nicht übersetzen, zumal Nabokov auch als Drehbuchverfasser »den Worten das Primat über die Handlung« einräumte. Er schrieb Dialoge, erfand neue Szenen, reduzierte das komplizierte Romangeflecht und führte neue Motive ein. Er tat sich offen-

Guillermo Cabrea Infante: *Lolita reitet wieder*. Literaturmagazin 40 (Rowohlt 1997, S. 86-91)

James Mason, Sue Lyon

kundig schwer mit der Arbeit. Wo er im Roman elegant gerafft hatte, musste jetzt ausformuliert werden. Hieß es im Roman lakonisch: »Meine sehr fotogene Mutter starb durch einen bizarren Unfall (Picknick, Blitz)«, stand im Drehbuch eine lange Montagesequenz, von Humbert im Off kommentiert. Dr. Ray, der fiktionale Herausgeber des Romans, wurde zur – wenig konsequent eingesetzten – Kommentarstimme. Weitere Beispiele ließen sich anführen. Der raffinierte Konstrukteur von Romanwelten war als Filmautor ein recht unbeholfener Amateur, dem zwar schöne neue Einfälle kamen, der aber keine rechte Form fand. Eine Zusammenarbeit mit Kubrick fand nicht statt, Nabokov hätte sich dies sicher auch verbeten. Cabrera Infante: »Der Schriftsteller schreibt, und der Regisseur, der kein Schriftsteller ist, schreibt es noch einmal.« Genau so geschah es: Nabokov lieferte die eingekürzte, umgeschriebene Version ab, hörte lange Zeit nichts mehr und stellte bei der Premiere fest, dass kaum etwas von seinem Drehbuch im Film Verwendung gefunden hatte. Der Credit aber lautete *Screenplay by Vladimir Nabokov*, und die Pointe ist, dass er für das gar nicht realisierte Drehbuch eine Oscar-Nominierung in der Kategorie »Beste Adaption« bekam.

Von Groucho Marx stammt der Witz, er werde *Lolita* erst in sechs Jahren lesen, dann sei das Mädchen 18 Jahre alt. Er hätte sich den Kubrick-Film ansehen können: Das Nymphchen in Nabokovs Roman ist zwölf, die Lolita-Darstellerin Sue Lyon war während der Dreharbeiten 15, im Film sieht sie aber aus wie 17 oder 18: ein frühreifer Teenager, aber kein Kind. Damit verlor der Konflikt seine Fallhöhe, zumal James Mason als Humbert eher ein an seiner Obsession melancholisch Leidender denn ein gewissenloser Lüstling ist. Anstößige Szenen gab es nicht: Sex mit Minderjährigen zu zeigen war in Hollywood – obwohl man unterschwellig stets mit »reizenden Mädchen« gespielt hatte, man denke an Kinderstars wie Shirley Temple – gänzlich unmöglich. Kubrick bedauerte im Nachhinein, dass dem Film die Erotik fehle: Am Ende, wenn Humbert, vier Jahre später, die schwangere Dolly Schiller, die keine Lolita mehr ist, überreden will, mit ihm zu gehen, sollte deutlich werden, das er sie liebt, während er vorher nur dem Nymphchen verfallen war und in ihr nur das Objekt seiner Sexfantasien sah. Diese Intention ist nicht einmal mehr zu erahnen.

LOLITA hat einen fulminanten Auftakt, wenn Humbert Quilty in seinem Landsitz zur Rechenschaft zieht. Peter Sellers nutzt seinen Part als aberwitzige Tour de Force: Der unter Drogen stehende Quilty wirft sich in immer neue Posen, spielt Pingpong, markiert einen römischen Senator (kleiner Seitenhieb auf Kubricks SPARTACUS-Film), intoniert Chopin am Klavier usw., setzt sein outriertes Spiel gar noch fort, als ihn schon Humberts erste Kugeln getroffen haben. So wird

Peter Sellers' erster Auftritt

LOLITA (1962; D: Vladimir Nabokov; R: Stanley Kubrick)

SPARTACUS (1960; D: Dalton Trumbo, nach dem Roman von Howard Fast; R: Stanley Kubrick)

gleich zu Beginn klar, dass nicht Humbert das triebgesteuerte Monster ist, auch nicht Lolita die Nymphe ist, die er etymologisch ableitet von »Dämon«, sondern Quilty ist der Spielmacher, der mit sardonischem Grinsen die Fäden zieht und – in verschiedenen Masken immer wieder im Film auftauchend – alle manipuliert. Mit dieser Eingangssequenz – im Drehbuch von Nabokov schon angelegt, von Kubrick grandios inszeniert und von Sellers, mit dem er anschließend DR. STRANGELOVE drehen wird, durch Improvisation verschärft – nimmt LOLITA sofort Fahrt auf in Richtung schwarze Komödie. Der Roman ist nicht so eindeutig: Ist es die Geschichte einer Amour fou, die Lebensbeichte eines Zynikers, eine Kriminalgeschichte, ein Gesellschaftsbild des amerikanischen Mittelstands? Kubrick machte aus dem Roman eine Abfolge von makabren Gags, *black slapstick* hat Pauline Kael LOLITA genannt, und tatsächlich ist auch dies eine legitime Lesart des Romans.

DR. STRANGELOVE OR: HOW I LEARNED TO STOP WORRYING AND LOVE THE BOMB (Dr. Seltsam oder Wie ich lernte, die Bombe zu lieben; 1964; D: Stanley Kubrick, Terry Southern, Peter George; R: Stanley Kubrick)

Natürlich war Nabokov enttäuscht und verärgert. »Lebhaft tat es mir um meine vergeudete Zeit leid, während ich andererseits bewunderte, mit welcher Seelenstärke Kubrick sechs Monate die Entwicklung und Zumutung eines nutzlosen Produkts ertragen hatte.« Aber dann besann er sich und publizierte sein Drehbuch, »nicht als kleinliche Widerlegung eines freigebigen Films, sondern allein als lebhafte Variante eines alten Romans«, wie er im Vorwort betonte. »This is the purely Nabokov version of the screenplay and not the same version which was produced as the motion picture LOLITA, distributed by Metro-Goldwyn-Mayer, Inc.« So stand es auf der Impressumseite, als der Text nach langen juristischen Querelen 1974 bei McGraw-Hill herauskam. Es war aber nur die bereits auf Kubricks Wunsch eingekürzte Version. Erst 1999 rekonstruierte Dieter E. Zimmer das originale Filmscript und konnte es als Erstveröffentlichung im Rahmen der Werkausgabe präsentieren. Es bietet eine reizvolle Lektüre, weil der Autor für den Film im Roman eliminierte Passagen reanimierte, Umdeutungen vornahm (dabei auch vor Trivialisierungen nicht zurückschreckte), Szenen effektvoll neu inszenierte (Quilty entführt nun als falscher Doktor Lolita direkt unter Humberts Augen) und sich selbst, ganz á la Hitchcock, einen Kurzauftritt als Schmetterlingsforscher in das Drehbuch hineinschrieb. Aber es zeugt auch von einem recht naiven Verständnis der Kinematografie. Dank der Veröffentlichung des Drehbuchs, so Hanns Zischler, »können wir jetzt lesenderweise – also fast im Idealzustand der Imagination – den Film abrollen lassen, den der Autor vor Augen hatte«. Und wir nie im Kino sehen werden.

Vladimir Nabokov: *Lolita. Ein Drehbuch. Gesammelte Werke, Band 15.2* (Rowohlt 1999, S. 16f.)

Hanns Zischler: *Lolitas Geburt aus dem Geist des Kinos.* Die Zeit (29.4.1999)

LOLITA gehört nicht zu den Meisterwerken von Stanley Kubrick. 25 Jahre später, in einem *Spiegel*-Gespräch 1987, äußerte sich der

Regisseur selbstkritisch: »Nabokov ist ein so außergewöhnlicher Schriftsteller, dass es nicht sehr klug war, seinen Roman zu verfilmen.«

Aber die Filmleute werden nicht klug. »Lolita reitet wieder«, kommentierte Cabrera Infante süffisant die Nachricht, dass Adrian Lyne *Lolita* neu verfilmt. Autoren wie David Mamet und Harold Pinter scheiterten an der Adaption, die schließlich ein No-Name (mit Namen Stephen Schiff) besorgte. Mit enormem Aufwand werden im sterilen Stil von Hochglanz-Erotikmagazinen dem Roman entlehnte Handlungsfragmente in schönen Bildern aufgeblättert. Ein 30-Millionen-

Dominique Swain in der LOLITA-Version von Adrian Lyne

Dollar-Missverständnis. Da der Film trotz Starbesetzung (Jeremy Irons) Schwierigkeiten hatte, in den USA ins Kino zu kommen, wollte man ihn wenigstens als Skandal vermarkten, doch er ist die Aufregung nicht wert.

»How did they ever make a movie of *Lolita*?«, mit diesem Hook warben einst der Trailer und die Promotion für Kubricks Film. Die Antwort, die Bosley Crowther in der *New York Times* am 14. Juni 1991 gab, gilt gleich für beide Filme und lautet: »They didn't.«

Camera obscura, oder: Der Satan mischt die Karten

Dass der junge Autor – der sich in mancherlei Gattungen versuchte, Lyrik und Prosa, Kabarettszenen und Dramen schrieb – auch Filmscripts verfasste, verwundert nicht. Dass er keins davon verkaufen konnte, ist ebenfalls nicht überraschend. Boris Nossik, Autor einer Nabokov-Biografie, begnügt sich mit einem Hinweis auf die lukrativen Honorare der Filmbranche, ganz so, als handle es sich um eine jugendliche Verirrung, zu entschuldigen nach dem Muster: Er war jung und er brauchte Geld. Schreiben für den Film war eine Verlockung, Nossik sieht dies gar als Gefährdung und konstatiert das Scheitern aller Filmpläne mit Erleichterung: »Zu seinem Glück (es gibt Schriftsteller, die schon früh vom Film aufgesaugt werden) kam in den ersten 60 Jahren seines Lebens keine Zusammenarbeit mit dem Film zustande.« Die Kino-Affinität ihres Dichters war den Nabokov-Apologeten stets suspekt: Unterschwellig (oder auch offen ausgesprochen) unterstellten sie, der Meister habe sich unter sein Niveau begeben. Sein negatives Urteil über *Camera obscura* begründete Brian Boyd mit der kinematografischen Erzählweise des Romans: »Auf das Zuschlagen der Filmklappe ausgerichtet, kann sie nicht wie die anderen Romane alle Verschlüsse und Klappen und Türen des Geistes öffnen.«

Kino, das ist in den seltensten Fällen Filmkunst, in der großen Masse Schund, Kitsch und Kolportage, Trivialitäten, die Nabokov verächtlich mit dem russischen *poshlost* abtat. Seine Haltung zum Kino war ambivalent. »›Komisch‹, sagte Darwin eines Abends, als er und Martin aus einem kleinen Kino in Cambridge kamen, ›das alles ist fraglos armselig, banal und ziemlich unglaubwürdig, und doch ist es irgendwie aufregend‹«, liest man in dem Roman *Die Mutprobe*. Nabokov war bereits ein weltberühmter Autor, als der mit ihm befreundete Literaturprofessor Alfred Appel jr. ihn in Montreux aufsuchte und in langen Gesprächen nach Kinoeinflüssen befragte. Die beiden Männer standen an der Bar des Palace-Hotels, genehmigten sich einen Scotch und diskutierten über Drinks, als Nabokov plötzlich meinte: »Wir sind wie Hemingways *Killers*«, und Robert Siodmaks Film lobte, die ersten Szenen, die ihm noch deutlich präsent waren, während der Rest, die Hinzuerfindungen durch Hollywood, schlicht der übliche »Gangster stuff« seien. Detailgetreu konnte er Szenen und Sequenzen aus Filmen von Chaplin, den Marx Brothers und Laurel und Hardy erzählen, obwohl er diese Filme seit Jahrzehnten nicht mehr gesehen hatte. Appel, ein ebenso kenntnisreicher wie leidenschaftlicher Cinephiler, sprach über Hitchcock, der immer versuchte, Nabokov für seine Projekte zu gewinnen, über Fritz Lang, der eigentlich doch der kongeniale Regisseur für ihn gewesen wäre, über Josef von Sternberg, über ... aber sein Gesprächspartner entzog sich immer wieder. Er wollte sich nicht festlegen lassen, Werkstattgeheimnisse gab er nicht preis, erzählte stattdessen lieber Anekdoten. Wie ihm auf einer Dinnerparty in Hollywood, es war die Zeit der *Lolita*-Verfilmung, in der Villa von Selznick ein langer, etwas ungeschlachter Kerl vorgestellt wurde. Und was machen Sie, habe er ihn gefragt. »›I'm in pictures‹, antwortete John Wayne und lächelte über den schlimmsten Augenblick seiner Karriere hinweg.« Obwohl die Gespräche zwischen dem Cineasten und dem *film buff* nicht wirklich ergiebig waren, veröffentlichte Appel 1974 in

Nossik: *Nabokov* (a.a.O., S. 219)

Boyd: *Vladimir Nabokov* (a.a.O., S. 596)

Vladimir Nabokov: *Die Mutprobe. Gesammelte Werke, Band 2* (Rowohlt 1998, S. 577f.)

THE KILLERS (Rächer der Unterwelt; 1946; D: Anthony Weiller, nach der Kurzgeschichte von Ernest Hemingway; R: Robert Siodmak)

Alfred Appel: *Nabokov's Dark Cinema* (Oxford University Press 1974, S. 208f.)

THE KILLERS

der Oxford University Press *Nabokov's Dark Cinema*, worin er ebenso material- wie kenntnisreich den kinematografischen Prototypen für die Nabokov'schen Helden nachspürte. Hanns Zischler setzte sich, 25 Jahre nach der Erstveröffentlichung, vergeblich für eine deutsche Übersetzung ein. Für Fritz Göttler ist *Nabokov's Dark Cinema* »eins der schönsten, weil unergründlichsten Kinobücher des Jahrhunderts«, für Boris Nossik dagegen lediglich »ein dickes, aber recht langweiliges Buch«. Der Meister selbst befand: »A brillant and delightful book«, verwahrte sich aber gleichzeitig dagegen, für eine These vereinnahmt zu werden: Im Dienste einer eleganten Generalisierung habe Appel sein Werk verbunden mit Filmen und Darstellern, die er nie in seinem Leben gesehen habe.

Mit der Frage nach Kinovorbildern und Filmeinflüssen oder der Durchforstung des literarischen Werkes auf *cinematic icons* und »*cinematophors*« (Nabokov) nähert man sich dem Geheimnis, ohne aber wirklich vorzudringen zum Kern. Der Prosa Nabokovs wird oft ein filmischer Stil attestiert, ein vager Begriff, der mancherlei umfasst: das Ineinandergleiten der Realitätsebenen, die Technik der fließenden Rückblenden, das Netz wiederkehrender Details, der Perspektivenwechsel mittels Montage. Dieser Autor ist geprägt von den Wahrnehmungsstrukturen des Kinos, und er handhabt sie bewusst. Mitten im Roman unterbricht sich der Erzähler, um einen selbstironischen Kommentar einzuflechten: »Seit alters her war dies der Lieblingstrick des Bioskops alias Kinematografen alias Kinos.« Man sollte sich durch solche mokanten Schlenker nicht täuschen lassen: Seine fiktiven Welten sind Kunstprodukte einer Imagination, die sich aus dem Kino speist. Und sie wieder in »Kino« übersetzt. Der Erzähler will kein Gesellschaftspanorama á la Thomas Mann entwerfen, die psychologische Plausibilität seiner Figuren interessierte ihn nicht. Nabokov hatte James Joyce gelesen, den Strom des Bewusstseins galt es zu fixieren, und was ihn am filmischen Realismus interessierte, lässt sich vielleicht am besten mit einer Formel Siegfried Kracauers aus dessen *Theorie des Films* sagen: der »Fluss zufälliger Ereignisse, der sowohl Menschen wie leblose Objekte mit sich führt«. Gefragt, in welcher Sprache er träume, antworte Nabokov stets: in Bildern. Diese zu fassen, benutzte er keine Kamera. Der Sprachartist zauberte Szenen und Settings aufs Papier, die beim Leser einen imaginären Film ablaufen lassen. »Es ist der Lieblingstraum eines Schriftstellers, den Leser in einen Zuschauer zu verwandeln«, diesen Satz aus *Verzweiflung* wird man auch als Bekenntnis des Autors lesen dürfen.

Nabokov inszeniert seine Romane als Film, aber er liefert den Produzenten keine drehfertigen Bücher. Es ist paradox: So filmisch diese Romane geschrieben sind, so nahezu unverfilmbar erscheinen sie.

Hanns Zischler: *Das Gekritzel der Bilder*. Süddeutsche Zeitung (7./8.8.1999)

Fritz Göttler: *Die Kamera ist obskurer*. Süddeutsche Zeitung (14.1.1999)

Nossik: *Nabokov* (a.a.O., S. 218)

Vladimir Nabokov: *Selected Letters 1940-1977* (Harcourt Brace Jovanovich 1989, S. 357)

Vladimir Nabokov: *Verzweiflung. Gesammelte Werke, Band 3* (Rowohlt 1997, S. 322)

Siegfried Kracauer: *Theorie des Films. Die Errettung der äußeren Wirklichkeit* (Suhrkamp 2006)

Nabokov: *Verzweiflung* (a.a.O., S. 295)

»Lassen Sie mich den Gürtel meiner Geschichte ein Loch enger schnallen«, wechseln wir die Optik und wählen statt der Totale die Naheinstellung. In seinem Roman *Verzweiflung* – 1932 auf russisch geschrieben und vier Jahre später als Buch in einem Berliner Exilverlag publiziert – nahm Nabokov die Form vorweg, die er später in *Lolita* noch subtiler nutzte: Erzähler und Protagonist sind identisch, wobei die Diskrepanz zwischen der Selbstdarstellung und der »Realität« der literarischen Fiktion offenkundig ist und letztlich zum Untergang des Helden führt. »Bei einem Mörder können Sie immer auf einen extravaganten Prosastil zählen«, heißt es in *Lolita*. »Wenn ich meines schriftstellerischen Vermögens und meiner erstaunlichen Fähigkeit, Vorstellungen mit höchster Anmut und Lebendigkeit auszudrücken, nicht völlig sicher wäre ...«, damit setzt der Roman *Verzweiflung* ein. Der Ich-Erzähler ist ein eitler, in seiner Selbstgefälligkeit kaum zu überbietender Mann, der sich auf seine literarische Kunstfertigkeit viel zugute hält. Hermann, russischstämmiger Schokoladenfabrikant in Berlin, ist umgeben von Menschen, denen er sich weit überlegen fühlt: seiner dümmlichen Frau Lydia und deren Cousin,

Nabokov: *Verzweiflung* (a.a.O., S. 303)

Klaus Löwitsch als Felix und Dirk Bogarde als Hermann in DESPAIR

einem untalentierten, schmarotzenden Maler. Hermann leidet an zunehmender Identitätsstörung, unter Dissoziation: Während er im Bett mit Lydia schläft, sitzt er gleichzeitig im Sessel im Nebenzimmer und beobachtet sich selbst. Es ist sein privates Kino, mit ihm als Hauptdarsteller.

Auf einer Auslandsreise stößt er auf den Landstreicher Felix und ist fasziniert von einer auffallenden Ähnlichkeit. Er hätte das nicht für möglich gehalten, außer vielleicht bei Zwillingen oder aber im Kino, wo ein Schauspieler eine Doppelrolle spielt. Der Erzähler ist vom Kino infiziert, er nimmt das Leben wahr wie eine Inszenierung auf der Leinwand. »Aber immer noch blickte ich nicht sofort auf sein Gesicht; ich begann, mich von den Füßen nach oben zu arbeiten, wie im Film, wenn einen der Kameramann auf die Folter spannen will.« Hermann glaubt einen Doppelgänger gefunden zu haben, mit dem er die Rollen tauschen kann. Um Felix für seinen Plan zu gewinnen, gibt er sich zunächst als Filmschauspieler aus, der ihn als Double engagieren will. Bei dem Landstreicher – »Wenn ich Geld ausgeben will, weiß ich was Besseres als Kino« – hat er damit wenig Erfolg, sodass Hermann sich rasch eine andere, für Felix akzeptable Geschichte mit kriminellem Hintergrund ausdenkt. Tatsächlich plant er einen Mord, den perfekten Mord, den er als Kunst betrachtet und von dessen Genialität er überzeugt ist: Er lockt Felix an einen abgelegenen Ort, tauscht mit ihm die Kleidung und erschießt ihn. Doch die Tat wird rasch aufgeklärt, denn die Polizei lässt sich nicht täuschen: In Wahrheit hat Felix keinerlei Ähnlichkeit mit Hermann. Man kommt dem untergetauchten Hermann in seinem Versteck rasch auf die Spur. Er ist umstellt und überlegt, ob er nicht eine kleine Ansprache an das Publikum halten soll: Hier werde ein Film gedreht, und er sei der Hauptdarsteller. »Attention! Ich möchte eine saubere Flucht sehen. Das wär's. Danke. Ich komme jetzt heraus.« Ende, Schwarzbild.

»Wir verlassen Hermann dort auf dem Höhepunkt seiner Verwirrung. Ich erinnere mich nicht, was schließlich aus ihm wurde«, schrieb Nabokov im Vorwort zur englischsprachige Ausgabe 1965, die er selbst besorgte. »Ich kann mich nicht einmal entsinnen, ob er den Film, den er inszenieren wollte, jemals gemacht hat.«

Der Film wurde gedreht: 1977, von Rainer Werner Fassbinder. Es war sein erster internationaler Film, eine deutsch-französische Produktion, Originalfassung englisch, mit Stars (Dirk Bogarde, Andrea Ferréol) besetzt und großem Budget ausgestattet. Missgestimmte Kritiker sprachen von einem Entreebillet für Hollywood; die Kontroverse um das Theaterstück *Der Müll, die Stadt und der Tod*, in der Fassbinder »linker Antisemitismus« vorgeworfen wurde, sorgte für zusätzliche Irritation. Die nicht gerade leichten Vertragsverhandlungen liefen über

Dirk Bogarde und Andrea Ferréol in DESPAIR

den Rowohlt Verlag, und Heinrich Maria Ledig-Rowohlt bemühte sich, Nabokov zu versichern, dass Fassbinder weder ein linker noch ein rechter Antisemit sei: »He is excellent and as I said to my mind a very liberal spirit und no fanatic whatsoever.«

DESPAIR ist eine Literaturverfilmung, und das hieß für Fassbinder, der Film muss sich als »Beschäftigung mit bereits formulierter Kunst zu erkennen geben«. Andererseits: »Das ist doch kein fremdes Buch«, korrigierte er einen Interviewer. Er selbst war, wie er freimütig gestand, gescheitert bei dem Versuch, den Roman für die Leinwand zu adaptieren, und so schrieb das Drehbuch der britische Dramatiker Tom Stoppard. Es blieb aber trotzdem ein Film von RWF.

Über allen Fassbinder-Filmen, die auf deutsche Gegenwart und Vergangenheit reagieren, könnte ein Satz aus DIE EHE DER MARIA BRAUN stehen: »Vielleicht lebe ich in einem Land, das so heißt – Wahnsinn.« Zu dem Gefühl der politischen Enge und der zunehmenden Unterdrückung persönlicher Freiheit kam in jenen Jahren eine existenzielle Krise. In WARNUNG VOR EINER HEILIGEN NUTTE sagt Fassbinder, der einen Aufnahmeleiter spielt, den Satz: »Das Einzige,

Schreiben vom 5.5.1976 (Archiv Rowohlt Verlag)

DESPAIR – EINE REISE INS LICHT (1978; D: Tom Stoppard, nach dem Roman von Vladimir Nabokov; R: Rainer Werner Fassbinder)

Zitiert nach: Rainer Werner Fassbinder: *Filme befreien den Kopf* (S. Fischer 1984, S. 116) und: Erich Oluf Jauch / Ulrich Gehner: *Auf der Reise zum Ruhm.* dasda (5/1978, S. 61)

DIE EHE DER MARIA BRAUN (1979; D: Pea Fröhlich, Peter Märthesheimer; R: Rainer Werner Fassbinder)

WARNUNG VOR EINER HEILIGEN NUTTE (1971; D+R: Rainer Werner Fassbinder)

Zitiert nach: Rainer Werner Fassbinder: *Die Anarchie der Fantasie* (S. Fischer 1986, S. 102f.)

THE GOLD RUSH (Goldrausch; 1925; D+R: Charles Chaplin)

was ich akzeptiere, ist Verzweiflung.« Beide Motive, Wahnsinn und Verzweiflung, verschränkte er in seiner Verfilmung von Nabokovs Roman. Über seinen Protagonisten notierte er: «Hermann Hermann, Schokoladenfabrikant, Emigrant aus einem Russland, das ihm nach zwölf Jahren Berlin mehr eine ranzige Mokkatorte ist als etwas, das seiner Sehnsucht wert wäre.» In einem kurzen Text zu DESPAIR (»Eine Inhaltsangabe zu einem Film, der keine Inhaltsangabe zulässt«) erklärte er: Von der »Verweigerung des Totseins im Leben« und dem »Mut, eine Utopie zu erkennen und, mag sie noch so arm sein, sich ihr zu öffnen, erzähle ich in diesem Film«. RWF gab der deutschen Version den Untertitel EINE REISE INS LICHT und widmete den Film Antonin Artaud, Vincent van Gogh und Unica Zürn, drei Künstlern, die im Wahnsinn endeten.

Das Doppelgängermotiv, in unzähligen Variationen aufgefächert, wird zum ästhetischen Prinzip, nach dem sich alles im Film strukturiert. Hermann begegnet, abweichend vom Roman, Felix zuerst auf dem Rummelplatz in einem Spiegelkabinett, das (ganz im Sinne Nabokovs) zum Spiegelgefängnis wird. Im Roman heißt es von Hermanns Einbildungskraft, dass sie sich »nach Spiegelungen, Wiederholungen und Masken verzehre«, einen Hinweis, den Fassbinder zur Prämisse seiner hochartifiziellen, bis zum Manierismus gesteigerten Inszenierung machte. Die virtuose Kamera von Michael Ballhaus gleitet durch wahrhaft labyrinthische Interieurs voller Spiegel und Durchblicke. Als Nabokov 1932 über die Möglichkeiten einer Verfilmung nachdachte, fiel ihm THE GOLD RUSH ein, wo Chaplin vor den hungrigen Augen Big Jims sich in einen Truthahn verwandelt: Man müsste Hermanns Projektion zeigen, das Bild von Felix im Zerrspiegel. Zugleich ist die Selbsttäuschung Hermanns im Film stets präsent, denn Fassbinder hat sich gegen eine Doppelrolle entschieden. Während im Roman, von Hermann »geschrieben«, der Leser über weite Strecken unsicher ist, ob Felix nicht tatsächlich als Doppelgänger von Hermann durchgehen könnte, weiß der Zuschauer im Kino gleich Bescheid: Klaus Löwitsch (Felix) sieht Dirk Bogarde (Hermann) weiß Gott nicht ähnlich.

Hermann zerschlägt einen Spiegel, und er erschießt seinen Doppelgänger im Spiegelkabinett. Aber in der nächsten Szene wissen wir, dies war nicht »real«. In DESPAIR gibt es keinen festen Erzähler-Standpunkt: Die Aufspaltung und gleichzeitige Verdopplung der Person Hermann (bei Fassbinder Hermann Hermann, analog zu Humbert Humbert in *Lolita*; im Roman hieß er noch Hermann Karlowitsch) unterminiert die Etablierung der filmischen Fiktion. Szenen können doppelt durchgespielt werden, erweisen sich als imaginäre Visionen, die aber nicht als Traumsequenzen abgehoben sind. Ein signifikantes

Beispiel: Der Plan scheint zu klappen, die Polizei klingelt bei Lydia, um Hermanns Tod mitzuteilen, es folgt die Beerdigung und die Auszahlung der Lebensversicherung, und nun sind wir irgendwo im Ausland, eine wahre Reise ins Licht, hellster Sonnenschein, Lydia fällt einem Mann im weißen Anzug in die Arme. Doch es ist nicht Hermann, sondern Felix, die ganze Sequenz entlarvt sich als Wunschfantasie, als trügerischer *flashforward*, wobei es sich um eine *point of view*-Einstellung handelt, »aber eine, in der die Markierungen der Subjektivität wie bei den aus der Linguistik bekannten *shifters* (Ich / du / hier / nun) mehrere Figuren durchlaufen oder kreuzen«. Begann die Sequenz als Fantasiefilm Hermanns, changiert sie zur subjektiven Perspektive Lydias und endet mit einer Verschiebung, in der Felix Hermanns Platz einnimmt.

Thomas Elsaesser: *Rainer Werner Fassbinder.* film:9. (Bertz 2001, S. 127)

»Nabokov als Film: das ist möglich nur, wenn man sich von ihm löst und Bestandteile seiner Welt in einer gleichstarken Vision neu zusammensetzt. Eben das hat Fassbinder getan.« Nur so, da ist Dieter E. Zimmer zuzustimmen, kann die Übersetzung ins andere Medium glücken. Der Film setzt die Aversion Nabokovs gegen Freud ins Bild,

Dieter E. Zimmer: *Lüge, Wahrheit und Wahnsinn.* Die Zeit (19.5.1978)

Hermanns Gefangennahme in DESPAIR

indem er einen Wiener Seelenquacksalber (Bernhard Wicki) auftreten lässt, der sich als Versicherungsmakler entpuppt. Fassbinder ergänzt die Romanhandlung um die dort weitgehend ausgeblendete politische Dimension und situiert die Geschichte konkret auf Ende 1929 / Anfang 1930: Der Börsencrash in Amerika beschleunigt den wirtschaftlichen Niedergang des Schokoladenfabrikanten, und die Anzeichen des heraufziehenden Nationalsozialismus manifestieren sich auf der Straße, aber auch im Betrieb. Überall Doppelgänger und Wiedergänger: Der sozialdemokratische Reichskanzler Müller dankt ab, Direktor Müller, Parteigänger der Nazis, kommt erstmals im Braunhemd in den Betrieb. Nur eins von vielen Beispielen, wie Stoppard/Fassbinder Privates und Politisches verzahnen. Nabokov gänzlich fremd dürfte der homoerotische Subtext sein, den Fassbinder dem Film unterlegt. Der Tausch der Kleidung, wie Hermann Felix rasiert, ihm die Nägel maniküt, ihm seinen Ehering überstreift, diese Szenen zwischen den beiden Männern werden zu einem Liebesritual, der Mord zum Liebestod: Als Felix, von Hermann in den Rücken geschossen, tot zusammenbricht, murmelt er »Dankeschön« (was nicht in Stoppards Drehbuch stand).

Und natürlich nimmt Fassbinder die *cinematic icons* im Roman auf und baut sie aus. Er setzt seine Protagonisten ins Kino, wo ein amerikanisches Gangster-Movie gezeigt wird. Ein Stummfilm: Ein Polizist stürmt die Wohnung des Gangsters, kommt heraus: »Er ist tot«, und setzt sich ins Auto, um fortzufahren. Die anderen Polizisten sind misstrauisch – und feuern. Tatsächlich, als sie in die Wohnung gehen, liegt dort, erschossen und ausgezogen, ihr Vorgesetzter. Den Film im Film hat Fassbinder, mit Armin Meier in einer Doppelrolle, selbst inszeniert; als Hermann später im Betrieb seinen Vorarbeiter, gespielt von Armin Meier, sieht, meint er ihn zu kennen ... Die letzte Szene ist schon im Roman Kino: Hermann ist umstellt, kommt heraus und fühlt sich als Darsteller in einem Gangsterfilm. Fassbinder hat einen Satz hinzugefügt: Bevor das Bild zum Tableau gefriert, sagt Hermann: »Schau nicht in die Kamera!«

»Das Kino ist das Double der Realität; Täuschung gehört zu seinem Wesen.« Die literarische Fiktion reflektiert sich selbst, indem Nabokov Hermann zum »Autor« des Buches macht: Der Urheber verschmilzt mit der Figur, die Erzählung ist das Produkt eines fiktiven Charakters. Fassbinders Ansatz ist adäquat: DESPAIR ist ein Beitrag zur Ontologie des Kinos.

Nach *Lolita* standen Filmproduzenten aus aller Welt an, um die Rechte an Nabokov-Romanen zu kaufen. Ein Jahr, bevor *Ada oder Das Verlangen* in die Buchhandlungen kam, lagen bereits Angebote von Paramount, 20th Century Fox, CBS und Columbia vor; der Einstiegspreis für die Rechteauktion lag bei einer Million Dollar. Ein Seitentrieb führt zum ZDF und machte Anfang der 1970er Jahre Nabokov zu einem Autor des deutschen Fernsehens: Herbert Vesely verfilmte *Das Bastardzeichen* (mit Helmut Käutner in der Hauptrolle), Horst Flick *Einladung zur Enthauptung* (Drehbuch Manfred Bieler); beide TV-Spiele standen im Kontext der damaligen Totalitarismus-Kritik und prä-

Rainer Werner Fassbinder

Wilhelm Roth zu DESPAIR, in: Peter W. Jansen / Wolfram Schütte (Hg.): *Rainer Werner Fassbinder* (S. Fischer 1992, S. 205)

Vladimir Nabokov: *Ada oder das Verlangen. Aus den Annalen einer Familie* (Rowohlt 1998)

DAS BASTARDZEICHEN (1970; D: Harald Zusanek, nach dem Roman von Vladimir Nabokov; R: Herbert Vesely)

sentierten Nabokov als eine Art humorigen Kafka. 1968 wurde doch noch der Roman verfilmt, den Nabokov seinerzeit als *photoplay* konzipiert hatte: *Camera obscura*, in der englischen Fassung nun *Laughter in the Dark* genannt, wurde von dem Dramatiker Edward Bond adaptiert; Tony Richardson, Vertreter des britischen Free Cinema, übernahm die Regie, und Anna Karina, die Heroine der Nouvelle Vague, spielte die weibliche Hauptrolle. Von dem Film, in Deutschland unter dem Titel DER SATAN MISCHT DIE KARTEN in die Kinos gebracht, blieben nur ein paar wenig aussagekräftige Kritiken. Die damaligen Urteile reichen von »Kann man ansehen« (der *Evangelische Film-Beobachter*) bis zu »Schnell vergessen« (der katholische *film-dienst*), die negativen Stimmen überwogen. Was Nabokov von Richardsons Film hielt, ist nicht überliefert. Bekannt ist nur, dass der Film den Autor um 100.000 Dollar reicher machte. Hatte Nabokov einst mit dem Film Hoffnungen verbunden, war er inzwischen vollkommen desillusioniert. Als wieder einmal ein Interviewer seine Meinung zum Thema Literaturverfilmung hören wollte, antwortete er sarkastisch: »Die wirklich getreue Verfilmung eines Romans würde bedeuten, alle seine Druckseiten eine nach der anderen abzufilmen, mit dreiminütigen Pausen umgeblättert von einer unsichtbaren Hand, ohne Ton und ohne alle Vignetten, zum Nutzen jener, die zu faul sind, ein leibhaftiges Buch aufzuschlagen.«

Tatsächlich ergebe eine Retrospektive der Nabokov-Adaptionen kein Filmkunst-Festival, sondern ein Potpourri von internationalem *poshlost*. Zum Beispiel HERZBUBE. Jerzy Skolimowskis Verfilmung von *König Dame Herz* geriert sich als zynisch-sarkastische Sexklamotte mit Starbesetzung, finanziert mit deutsch-amerikanischen Abschreibungsgeldern. Den Kaufhauskönig gab David Niven, die Dame mimte Gina Lollobrigida, der Herzbube war der Skolimowski-Darsteller John Moulder-Brown, in einer Nebenrolle (als Pensionswirt) wirkte Mario Adorf mit. Die Geschichte wurde nach München verlegt und der Schluss kräftig umgeschrieben (Martha endet als Wasserleiche, Franz als skrupelloser Kronprinz von Dreyer).

Oder MASCHENKA, eine finnisch-französisch-deutsch-englische Co-Produktion von 1986. Drehbuchautor John Mortimer füllte die Geschichte auf, indem er für die ersten Rückblenden Episoden hinzuerfand: Ganin, auf der Schmetterlingsjagd, wird von Rotarmisten verhaftet; beim Schachspiel diskutiert er mit seinem Vater (ein Liberaler, Wladimir Nabokoff sr. nachempfunden) über Politik; Aufbruch ins Exil, der Vater küsst pathetisch die russische Erde; auf der abenteuerlichen Flucht, als der Vater mutig einer Patrouille entgegentritt, wird er von Bolschewisten erschossen. Doch nicht die dick aufgetragene, im Roman ausgesparte Bebilderung des historischen Hintergrunds macht

---

Vladimir Nabokov: *Das Bastardzeichen. Gesammelte Werke, Band 7* (Rowohlt 1987)

EINLADUNG ZUR ENTHAUPTUNG (1973; D: Manfred Bieler, nach dem Roman von Vladimir Nabokov; R: Horst Flick)

Vladimir Nabokov: *Einladung zur Enthauptung. Gesammelte Werke, Band 4* (Rowohlt 1999)

LAUGHTER IN THE DARK (Der Satan mischt die Karten; 1969; D: Edward Bond, nach dem Roman von Vladimir Nabokov; R: Tony Richardson)

Vladimir Nabokov: *Eigensinnige Ansichten. Gesammelte Werke, Band 21* (Rowohlt 2003, S. 103)

KING, QUEEN, KNAVE (Herzbube; 1972; D: David Seltzer, David Shaw, nach dem Roman von Vladimir Nabokov; R: Jerzy Skolimowski)

MASCHENKA (1987; D: John Mortimer, nach dem Roman von Vladimir Nabokov; R: John Goldschmidt)

Heike Kühn: *Out of Russia.* Frankfurter Rundschau (2.2.1988)

Nabokov in späten Jahren

THE LUZHIN DEFENCE (Lushins Verteidigung; 2000; D: Peter Berry, nach dem Roman von Vladimir Nabokov; R: Marleen Gorris)

Elmar Krekeler: *Der König springt.* Die Welt (5.9.2002)

aus der Verfilmung eine Verfälschung. Nabokovs Thema ist die Nostalgie und deren Überwindung: Ein Emigrant wird plötzlich von der Erinnerung an seine erste Liebe im alten Russland eingeholt, weil das Mädchen Maschenka nach Berlin kommt; am Ende verzichtet Ganin auf eine Begegnung mit ihr und ist befreit von der Vergangenheit. Fließen Erinnerung und Gegenwart bei Nabokov ineinander, so sind die Übergänge im Film von peinlicher Unbeholfenheit. »Rückblenden setzen erst ein, wenn der Held sich mit stierem Blick und leicht debilem Lächeln unmissverständlich auf abgelegenen Parkbänken in die Position eines Entrückten schmeißt.« Der Regisseur John Goldschmidt setzt die Liebesgeschichte als Schmonzette in Szene: Von hellstem Sonnenglanz überflutet spazieren Ganin und Maschenka durch russische Wäldchen und unternehmen eine romantische Bootstour; später gibt es eine Schlittenfahrt im winterlichen Sankt Petersburg und ein nächtliches Rendezvous im Park (inklusive Glühwürmchen). Doch der Weichzeichner kommt auch zum Einsatz, wenn die schäbige Pension der Emigranten ins Bild gerückt wird: ein Elendspanorama, gepflegt pittoresk ausgeleuchtet. Der Film wirkt wie ein spätes Echo jener Russenfilme, für die der junge Autor einst nur Spott übrig hatte.

LUSHINS VERTEIDIGUNG, inszeniert von Marleen Gorris, ist gefälliges Erzählkino, eine gepflegte Literaturverfilmung, die jedoch mit der Vorlage nicht viel mehr gemein hat als ein paar Motive. Als prächtig ausgestatteter Bilderbogen vor schöner Kulisse (Kurort am Comer See) entspinnt sich eine romantische Liebesgeschichte zwischen einem lebensuntüchtigen Schachgenie (John Turturro) und einer ihn aufopferungsvoll Liebenden (Emily Watson), die ihn von seiner Obsession zu erlösen versucht. Sie muss sich durchsetzen gegen ihre konservativen Eltern, vor allem aber beschützen vor dem Fiesling Walentinow, der selbst vor Kidnapping nicht zurückschreckt. Um aus dem komplexen Roman ein effektvolles Drama zu machen, hat der Drehbuchautor die Charaktere verfälscht und zentrale Motive ins Gegenteil verkehrt. Am Ende verkommt das Drama zum Rührstück mit tragisch umflorten Happy End: Lushin triumphiert posthum, denn die abgebrochene Partie wird von seiner Witwe mithilfe seiner Aufzeichnungen siegreich zu Ende gebracht, er zum Schachweltmeister erklärt. Zuvor hat Lushin – wie im Roman, dies konnte man schlecht ändern – sich aus dem Fenster gestürzt. »Doch dank des Finales, das Peter Berry für Marleen Gorris erfunden hat, plumpst er in ein Bassin aus Tränen, die dem Nabokov-Fanatiker vor Wut, dem Rest vor Rührung unweigerlich aus den Augen schießen.« Was von dem Kritiker als »dringende Empfehlung« zum Kinobesuch gemeint war.

Der Satan mischt die Karten in der Filmbranche. Eine Neuverfilmung von *Gelächter im Dunkel* mit Maximilian Schell, zu einem

Viertel bereits abgedreht, scheiterte im Juli 1986 an einem Streit über die Umbesetzung der weiblichen Hauptrolle; nachdem sich der US-Partner zurückzog, musste der Produzent Konkurs anmelden. Für den Sommer 2000 wurde die Verfilmung von *Ada oder Das Verlangen* angekündigt; Regie sollte Arthur Penn führen, das Drehbuch hatte Michael Alexander verfasst, doch man hörte nie wieder etwas von dem Projekt.

Dem Werk des Romanciers Vladimir Nabokov können die Verfilmungen, seien sie nun spekulativ oder kongenial, nichts mehr anhaben. »Das Leben ist begabter als wir«, gesteht der Schriftsteller in *Der Mitreisende* freimütig. Das klingt abgeklärt und altersweise, doch der Satz stammt aus einer frühen Erzählung von 1927. Und dann folgt ein erstaunlicher Vergleich. Jeder Autor gehe mit der Wirklichkeit um wie ein Filmregisseur mit einem Roman. »Aufgabe des Regisseurs ist es, Dienstmädchen an Samstagabenden vor der Langeweile zu retten; deshalb ändert er den Roman, bis ihn kein Mensch wiedererkennt, zerstückelt ihn, kehrt das Innerste nach außen, wirft Hunderte von Episoden hinaus, führt neue Figuren und Ereignisse ein, die er selber erfunden hat – und all das mit dem erklärten Ziel, einen unterhaltsamen Film abzuliefern, in dem am Anfang die Tugend bestraft wird und am Ende das Laster, einen Film, der innerhalb seiner eigenen Konventionen völlig natürlich ist und insbesondere mit einem unerwarteten, aber alles aufs Schönste lösenden Ausgang aufwartet.«

THE LUZHIN DEFENCE

Vladimir Nabokov: *Der neue Nachbar*. Erzählungen (Rowohlt 1999)

Vladimir Nabokov: *Gesammelte Werke, Band 13: Erzählungen 1. 1921-1934* (Rowohlt 1989, S. 372f.)

Scenario

Lesezeichen

Wendeltreppen des Erzählens
Passage durch das Werk David Bordwells

Von Roman Mauer

Béla Balázs: *Der sichtbare Mensch* (Suhrkamp 2008)

David Bordwell / Kristin Thompson: *Film Art: An Introduction* (McGraw-Hill Higher Education 2007)

David Bordwell / Kristin Thompson / Janet Staiger: *The Classical Hollywood Cinema. Film Style and Mode of Production to 1960* (Routledge 1988)

David Bordwell: *Narration in the Fiction Film* (B&T 2005)

David Bordwell: *Making Meaning: Interference and Rethoric in the Interpretation of Cinema* (Harvard University Press 1991)

David Bordwell: *On the History of Film Style* (Harvard University Press 1998)

»Sie ist die Landkarte für den Wanderer der Kunst, die alle Wege und Möglichkeiten zeigt, und was zwingende Notwendigkeit zu sein schien, als einen zufälligen Weg unter hundert anderen entlarvt.« Wovon spricht hier Béla Balázs in seiner berühmten Vorrede zu *Der sichtbare Mensch* (1924)? Von der Theorie. »Die Theorie ist es, die den Mut zu Kolumbusfahrten gibt und jeden Schritt zu einem Akt freier Wahl macht. Warum das Misstrauen gegen die Theorie?«, fragt er und ergänzt mit Schwung: »Noch nie ist eine Kunst groß geworden ohne Theorie.«

Wer nicht minder daran glaubt, dass die Theorie die formalen Wege der Filmkunst aufspüren sollte, nicht minder pädagogisch wie damals Balázs, aber längst nicht so romantisch, und heute zu den populärsten zeitgenössischen Filmtheoretikern zählt, ist David Bordwell, Professor für Film Studies an der University of Wisconsin und Begründer der neoformalistisch-kognitivistischen Filmforschung (zusammen mit seiner Frau Kristin Thompson). In Bordwell vereint sich das pragmatische Denken eines klugen Kopfes mit der Liebe zum Kino und einer profunden Kennerschaft des internationalen Films. Weder mag sich Bordwell die Kunst mit »Big Theories« zustellen (gegen die er auch mal polemisch zu Felde zieht), noch den Leser mit Verklausulierungen verprellen. Ziel ist es, den Blick für die formalen Baupläne von Filmen zu schärfen, die mentalen Prozesse des Filmverstehens zu erklären und dabei durch die Schatzkammer der Filmgeschichte zu führen. Wer Bordwells Bücher liest, freut sich über die Klarheit und innere Geschlossenheit und staunt, dass diese Art des Nachdenkens *über* und nicht *gegen* den Film hierzulande noch keiner Übersetzung für wert befunden wurde – obwohl die international renommierte Einführung *Film Art. An Introduction* schon in der achten Auflage erscheint, obwohl die einflussreiche Auswertung des klassischen Regelsystems *The Classical Hollywood Cinema: Film Style and Mode of Production to 1960* bei keiner Hollywood-Analyse im Literaturverzeichnis fehlt und obwohl seine Hauptwerke *Narration in the Fiction Film* (1985), *Making Meaning* (1989) und *On the History of Film Style*

(1997) das Phänomen Kino über »eine dezidierte Hinwendung zum filmästhetischen Material« neu lesen lernen.

Noch ein Punkt, selten thematisiert: die sorgsame Bebilderung seiner Bücher. Ein Autor oder Herausgeber changiert oft zwischen Regen oder Traufe: entweder präzis gewählte, aber leicht verwaschene DVD-Stills oder gestochen scharfe, aber nicht thesengenaue Verleihfotos. Wer ein Bordwell-Buch liest, seine umfangreichen Monografien zu Carl Theodor Dreyer (1981), Sergej M. Eisenstein (1993) oder Yasujiro Ozu (1988), der merkt rasch, dass hier die Gedanken die Bilder erklären und die Bilder die Thesen belegen, und zwar als spezifische *und* hochwertige Dias direkt vom Film, Dias, die Bordwell auch für seine Vorlesungen verwendet: »Wenn es so etwas wie ›anschauliche Erkenntnis‹ mit bestimmten Evidenzerlebnissen gibt, dann im Zusammenhang seiner Bilder-gespickten Vorträge«, schreibt Andreas Rost. »An ihnen wird deutlich, dass seine Form der Filmwissenschaft primär eine Bildwissenschaft ist, die in ihrer Ausprägung einer kunstgeschichtlichen Vorgehensweise sehr nahesteht.«

Wie vital und produktiv Bordwells Arbeit ist, zeigen nicht nur seine Publikationen, sondern auch die rege genutzte Homepage, eine Werkstatt des Nachdenkens auf der Schnittstelle zwischen Lehre und Büchern, eine Plattform für den Austausch und auch – an Selbstbewusstsein mangelt es Bordwell nicht – der Selbstinszenierung. Aber der Mann braucht sich auch nicht zu verstecken. Es sei »unbestritten«, schreiben Britta Hartmann und Hans J. Wulff, »dass derzeit wohl kaum ein anderes filmwissenschaftliches Projekt solche Kohärenz und Konsistenz aufweist wie das neoformalistisch-kognitivistische.« Unbestritten, so möchte man hinzufügen, ist auch seine praktische Bedeutung für Filmregisseure und Drehbuchautoren als »Landkarte für die Wanderer der Kunst«, weil es Klarheit und Orientierung in ihren Dialog mit der kreativen Arbeit bringen kann.

Bordwells Buch *The Way Hollywood Tells It* (2006) folgt dem Wandel des Hollywoodkinos von den 1960er Jahren bis zur Gegenwart. In zwei Teilen: narrativ und stilistisch. Studien zu Narration und Stil bilden Schwerpunkte in Bordwells bisheriger Forschung, die hier gleichgewichtig zusammentreffen und seine prominente Darstellung des klassischen Hollywoodsystems fortzuführen scheinen. Es lohnt sich also, einen Rückblick auf die beiden Forschungslinien in seiner Arbeit zu werfen, bevor wir auf *The Way Hollywood Tells It* zu sprechen kommen.

Wie verstehen wir filmisches Erzählen?

In *Narration in the Fiction Film* (1985), heute ein Standardwerk der filmischen Erzähltheorie, leistet Bordwell Grundlagenarbeit – mit for-

Britta Hartmann / Hans J. Wulff: *Neoformalismus – Kognitivismus – Historische Poetik des Kinos*. In: Jürgen Felix (Hg.): *Moderne Film Theorie*. (Bender 2003, S. 192.)

David Bordwell: *The Films of Carl-Theodor Dreyer* (University of California Press 1981)

David Bordwell: *The Cinema of Eisenstein* (Taylor and Francis 2005)

David Bordwell: *Ozu and the Poetics of Cinema* (BFI Publishing 1988)

Andreas Rost: *Editorische Vorbemerkung*. In: David Bordwell: *Visual Style in Cinema. Vier Kapitel Filmgeschichte.* Hg. und eingel. von Andreas Rost. (Verlag der Autoren 2006)

www.davidbordwell.net

David Bordwell: *The Way Hollywood Tells It: Story and Style In Modern Movies* (B&T 2006)

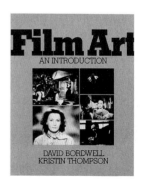

David Bordwell: *A Case for Cognitivism*. Iris 9 (Spring 1989)

REAR WINDOW (Das Fenster zum Hof; 1954; D: Cornell Woolrich, John Michael Hayes; R: Alfred Hitchcock)

maler Logik und Kombinatorik. Die rationalen Vorgänge beim Betrachten von Spielfilmen sollen erklärt und ein Set begrifflicher Werkzeuge erstellt werden, mit denen sich auch komplexe Erzählmechanismen auseinanderschrauben lassen.

Dafür hebelt Bordwell zunächst mimetische und diegetische Theorien aus. Die Leinwand sei kein Fenster und der Zuschauer kein heimlicher Zeuge, der ideal positioniert eine autonome Welt betrachtet, vielmehr sei die erzählte Welt in allen Teilen auf seinen Blickwinkel hin arrangiert. Ein Spielfilm sei aber auch kein Sprechakt, der sich linguistisch fassen ließe. Man könne Filmbilder nicht mit einem verbalen Satz vergleichen, weil ihnen keine Personalpronomina (»ich« und »du«) eingeschrieben seien. Auch ein Film, der über eine Off-Stimme einen Ich-Erzähler ausweise, verschlucke diesen letztlich durch den über allem stehenden audiovisuellen Prozess. Für Bordwell stiftet der Spielfilm also keinen »Blick« auf eine Welt (Wer blicke denn hier?) und verkörpere keine »Rede« (Wer spreche denn hier?), sondern müsse verstanden werden als eine Komposition von Bedeutungshinweisen (*cues*), die den Zuschauer zum geistigen Bau einer Geschichte leiten. Auch das Unbewusste und das Affektive werden von Bordwell ausgeklammert. Filmverstehen funktioniert für ihn unabhängig von der emotionalen Antwort und muss zunächst kognitiv geleistet werden. Diese Abwendung von psychoanalytischen und die Hinwendung zur kognitiven Analyse wird er 1989 in seinem programmatischen Aufsatz *A Case for Cognitivism* noch pointierter einfordern. Kurzum: Bordwell interessiert nicht, ob das Verhalten von Jeff (James Stewart) in DAS FENSTER ZUM HOF einem voyeuristischen Trieb entspringt, sondern er erklärt, wann der Plot welche Informationen dem Zuschauer liefert und wann er sie vorenthält – eine Frage, die sich ein Drehbuchautor beim Schreiben jeder Szene stellen muss.

Bordwell entwickelt seine Theorie mit Blick auf den Zuschauer, weil das Kunstwerk seine Vollständigkeit erst durch die mentale Ergänzung des Publikums gewinnt. Das Erzählkino baut und vertraut auf solche psychologischen Prozesse. Die »angeborenen«: Film als stroboskopische Abfolge von Standbildern wird unweigerlich als einheitliche Lichtspur wahrgenommen. Und die erworbenen: Es bedarf Vorwissen für die Axiome, Schlussfolgerungen, Gedächtnisprozesse und Hypothesen, mit denen das Bewusstsein seine Suche nach Kausalität und Chronologie im Kino bewältigt. Einen Film zu sehen will gelernt sein wie Fahrradfahren.

Vor der Leinwand sondiert das Gehirn die Vielfalt narrativer Reize nach verschiedenen Filtern, ähnlich dem Auge, das in Erscheinungen die geometrischen Grundformen (Dreieck, Quadrat, Kreis) zu erkennen vermag. Es ermittelt den Master-Plot (etwa die Heldenreise), die

Prototypen (»Bankraub«, »Kleinstadt«, »Depressionszeit« in BONNIE UND CLYDE), die Strategien der Informationsvergabe (wie Suspense-Dramaturgie) und die Stilistik des Films, um die Geschichte einzuschätzen. Und es beurteilt das Material danach, ob es relevant für die Story ist, realistisch, im Genre verortet oder einfach nur – als reizvolles Moment – für sich steht. Gute Erzählungen provozieren, frustrieren oder erfüllen gezielt diese kognitiven Schemata. Sie gleichen in ihrer Spannungsdramaturgie weniger einem Fahrstuhl als einer Wendeltreppe, auf der Spielzeug herumliegt, Hundehaufen und geöffnete Regenschirme, die unseren Weg zum Ziel behindern.

BONNIE AND CLYDE (Bonnie und Clyde; 1967; D: David Newman, Robert Benton; R: Arthur Penn)

Die großen Drei der Erzähltheorie: Für Bordwell sind das Fabula, Syuzhet und Stil. Die ersten beiden Begriffe entleiht er dem russischen Formalismus. Die Fabula (Story) umfasst das chronologische Ganze der Geschichte: das vollständige Gewebe, auch die unsichtbaren Fäden, heimlichen Hintergründe oder übersprungenen Zwischenzeiten. Das Syuzhet (Plot) meint das konkrete Arrangement der erzählten Geschehnisse. Es gleicht einem Fotoalbum – bestimmte Tage wurden genau bebildert, andere fehlen. Einige Freunde stehen im Vordergrund, andere sind nur angeschnitten oder rausgerissen, manche Fotos in der Chronologie verrutscht. Der Betrachter muss die Lücken im Geiste füllen, sich die Abfolge zusammenreimen, den Zusammenhang der Fabula erschließen. Welche kausale Struktur präpariert der Autor aus dem Großangebot der Fabula heraus? Wie gedehnt, gerafft und in welcher Reihenfolge erzählt er? Und was zeigt er von den Orten? Diese drei Aspekte – die narrative Logik, die Zeit und der Raum – verbinden Fabula und Syuzhet und werden von Bordwell genauer untersucht. Der Stil schließlich packt die Erzählung in die Ausdrucksformen des Mediums, in unserem Fall des Kinos. Das Syuzhet als dramaturgisches und der Stil als technisches Arrangement arbeiten Hand in Hand, um den Zuschauer beim Ausfalten einer Fabula zu steuern.

David Bordwell

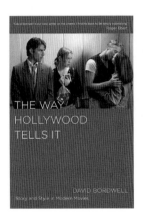

Von dem französischen Strukturalisten Gérard Genette übernimmt Bordwell die Zeit-Systematik (Ordnung, Dauer, Frequenz), die dieser für die Literatur entwickelt hat, und erweitert sie für den Film um den Begriff der Screen-Time. Ein klassisches Beispiel für die Abstufung von Fabula-, Syuzhet- und Screen-Zeit wäre in CITIZEN KANE die Entfremdung Charles Foster Kanes von seiner ersten Ehefrau: Dass sich die romantischen Liebesgefühle des Paares in ein frostiges Stellungsgefecht abkühlen, und zwar, wie man so schön sagt, »mit den Jahren« (Fabula-Dauer), veranschaulicht Orson Welles anhand von sieben Frühstücks-Szenen (Syuzhet-Dauer), die er jeweils nur in Ausschnitten anspielt, sodass er auf ganze zwei Minuten Projektionszeit kommt (Screen-Dauer). Doch es gibt nicht nur Plots, die den

CITIZEN KANE (1941; D: Herman J. Mankiewicz, Orson Welles; R: Orson Welles)

Inhalt der Story raffen, andere geben auch einen Überschuss an Informationen ab (*overloaded plots*). Ein Whodunit etwa führt den Zuschauer mit zu vielen Hinweisen auf falsche Fährten und damit an der Nase herum.

Bricht er just in dem Moment ab, wenn der Mörder entlarvt wird, und schneidet in den unwichtigen Nebengarten, nur um die Spannung zu halten, so macht der Film souverän auf sich selbst als »Erzähler« aufmerksam. Plots können, so Bordwell, nach ihrem Selbstbewusstsein im Erzählen unterschieden werden. Klären lässt sich auch, in welcher Reichweite und Tiefe sie über ihre Geschichte Bescheid wissen. Bleibt ihre Perspektive an das Wissen einer Figur gebunden, deren innere Vorgänge sie noch nicht einmal wahrnehmen, so verfügen sie über eine geringe Reichweite und Tiefe. Wie freigiebig oder geizig ein Plot mit seinem Wissen gegenüber dem Zuschauer umgeht, ist ein weiterer Parameter. Alle drei Begriffe – *self-consciousness*, *knowledgeability* und *communicativeness* – übernimmt Bordwell von dem israelischen Poetologen Meir Sternberg. Sie sind, neben vielen anderen, Beispiele dafür, wie sich Licht in Erzählungen und das eigene Erzählen bringen lässt.

Bordwells Stilgeschichten des Films

Das Aussehen von Filmen hat eine Geschichte. Stil ist das Resultat der Entscheidungen von Filmkreativen unter bestimmten historischen Umständen. Bordwell fasziniert die Veränderung filmischer Form im Laufe der Zeit. Zur historischen Poetik hat er eine ganze Reihe von Büchern vorgelegt: Analysen von Individualstilen (die schon erwähnten Monografien über Dreyer, Ozu und Eisenstein), von Nationalstilen (*French Impressionist Cinema*, 1980, *Planet Hong Kong*, 2000), von einem Nationalstil, der sich zum internationalen Standard durchgesetzt hat (das schon genannte *The Classical Hollywood Cinema*), und von einzelnen Stilmitteln in der Filmgeschichte (*On the History of Film Style*, 1997, *Visual Style in Cinema*, 2001).

In *On the History of Film Style* durchwandert Bordwell die Bauten der Filmgeschichtsschreibung, um schließlich seine eigene neoformalistische Tür zu öffnen. Die »Standard-Version« nennt er das teleologische Denkmodell der Intellektuellen in den 1920er Jahren, die das Kino noch als siebte Kunst zu behaupten und dem Bühnenhaften zu entreißen suchten und die anhand von Griffith, Eisenstein, Murnau und Lang die wachsende Blüte seiner originären Ausdrucksformen beschrieben. Die Realität in einer rein visuellen Expression zu überformen und über die Montage neu zu konstruieren war für sie der Nukleus der Filmkunst: in der Stummfilmära erreicht, mit der

David Bordwell: *French Impressionist Cinema* (Arno Press 1980)

David Bordwell: *Planet Hong Kong: Popular Cinema and the Art of Entertainment* (Harvard University Press 2000)

David Bordwell: *Visual Style in Cinema: Vier Kapitel Filmgeschichte* (Verlag der Autoren 2006)

Einführung des Tonfilms zunichte gemacht. Für das, was danach kam, war man oftmals blind. Hier zeigt sich, was Bordwells Denken geschult hat – auch im Hinblick auf die aktuellen Trends im Hollywoodkino: die Erkenntnis, dass man schon früher angesichts von Neuerungen die Fortführung der handwerklichen Tradition nicht mehr beachtete. Wenn Bordwell nun das Alternativmodell der französischen Intellektuellen in den 1940/50er Jahren vorstellt, demonstriert er, wie sich die Gewichte auf der Waage der Urteile radikal verschieben können. Denn für André Bazin und die Autoren von *La Nouvelle Critique* war es nicht die Stilisierung der Realität, die den Film zur Kunst erhob. Ihnen galt gerade die Abbildung der Wirklichkeit, verstärkt durch den Ton, als die genuine Kraft des Mediums. Und sie, die Jean Renoir, Orson Welles, William Wyler und die italienischen Neorealisten zu ihren Helden erklärten, bewunderten die Inszenierung in die Tiefe des Raumes als Essenz filmischer Narration. In den 1960/70er Jahren, als linke Autoren auf die radikalere Ästhetik einer neuen Modernität reagierten und Film auch als ideologiekritisches Instrument betrachteten, schlug das Pendel, so Bordwell, wieder in die andere Richtung. Ausführlich bespricht er die Ideen von Noël Burch (einem Kollegen im Geiste), der nun die Abstraktion, Selbstreflexion, Entblößung des Illusionären, Diskontinuität der Montage und die politische Opposition zum Prinzip der Filmkunst erklärte.

Seventh Edition (2003)

Eighth Edition (2006)

Bordwell selbst mag sich weder in das eine oder andere Lager schlagen, weder die Transparenz noch die Materialität als Primat der Filmkunst favorisieren, und er lehnt ein Stufenmodell der wachsenden Entwicklung ab. Er greift sich ein Stilmittel heraus: die Inszenierung in die Tiefe des Raums (*staging in depth*), und er verfolgt, wie Regisseure im Laufe der Filmgeschichte dafür verschiedene Lösungen gefunden haben und zu welcher Zeit jeweils bestimmte Varianten bevorzugt wurden. Das ist ein bescheidenerer, wertfreier Ansatz. Spürbar ist bei diesem Interesse am *staging in depth* der Einfluss André Bazins. Doch anders als dieser fasst Bordwell die Inszenierung der Raumtiefe nicht als Wille des Regisseurs zum Realismus auf, sondern als pragmatische Nutzung eines filmischen Mittels, um die eigene Erzählung innerhalb des Bildkaders für den Zuschauer verständlich zu organisieren.

In einer Vorlesung, die David Bordwell 1999 am Münchener Institut für Kunstgeschichte hielt, begleitete ihn wiederum die Tiefe des Raums als roter Faden auf seinem Streifzug durch die Filmgeschichte. Wie, fragt Bordwell in seiner Vorlesung, erzählten die Pioniere des Films eine Geschichte, da sie ohne Montage und mit einem fixen Bildkader auskommen mussten? Und was geschah mit diesem Be-

Aus dieser Vorlesung ist 2001 das bislang einzige auf deutsch erschienene Buch Bordwells hervorgegangen: *Visual Style in Cinema* (a.a.O.) Der Herausgeber Andreas Rost gehört neben der Zeitschrift *montage/av* zu den wenigen, die sich hierzulande um die Veröffentlichung neoformalistischer Autoren bemüht haben. Von ihm herausgegebene Bücher u.a.: Ken Adam / Peter Greenaway / David Bordwell: *Der schöne Schein der Künstlichkeit* (Verlag der Autoren 1995); David Bordwell / Kristin Thompson u.a.: *Zeit, Schnitt und Raum* (Verlag der Autoren 1997); David Bordwell / Thomas Elsaesser / Georg Seeßlen u.a.: *Die Filmgespenster der Postmoderne* (Verlag der Autoren 1998; hg. mit Mike Sanbothe)

wusstsein für Tiefeninszenierung, als die Montage und die Bewegung der Kamera erlaubten, in den Erzählraum einzudringen und ihn multiperspektivisch zu organisieren? In einem Seitenblick auf Japan erinnert Bordwell an das Spiel mit dem Sichtbaren und Unsichtbaren in Ozus und Mizoguchis Bildkompositionen. Und je näher er der Gegenwart rückt, umso mehr spürt man sein Bedauern darüber, dass (seiner Ansicht nach) die Kunst der Tiefeninszenierung verlorengehe und einer montageorientierten Tradition den Platz räume, also die *mise en scène* der *découpage* weiche, die Plansequenz dem Schuss-Gegenschuss, die lange Einstellung der schnellen Schnittfrequenz. Einen Trend zur Bricolage-Ästhetik, die möglichst viele Techniken in einem Film zusammenbringt, entdeckt Bordwell im jüngeren Kino und widmet sich exemplarisch Wong Kar-Wai oder Tom Tykwer. Zugleich weist er darauf hin, dass es immer auch eine Gegenbewegung gab und gibt, die ein lakonisches Schauspiel und ein kontemplatives Bild favorisiert hat, beim frühen Wim Wenders, bei Theo Angelopoulos, bei Andrej Tarkowski, bei Alexander Sokurow oder Terence Davies: Bordwell nennt es eine »Rückkehr zum Primat des Bildes und der Reinheit des Sehens«. Dieser konzentrierte Blick, der »Wahrnehmungs-Intensitäten sucht« (Rainer Gansera), ist hierzulande sogar höchst gegenwärtig vertreten in den Filmen von Christian Petzold, Angela Schanelec, Thomas Arslan, Christoph Hochhäusler und vielen anderen Regisseuren der sogenannten »Berliner Schule«.

The Way Hollywood Tells It

THE GAME (1997; D: John D. Brancato, Michael Ferris; R: David Fincher)

FIGHT CLUB (1999; D: Jim Uhls, nach dem Roman von Chuck Palahniuk; R: David Fincher)

BEING JOHN MALKOVICH (1999; D: Charlie Kaufman; R: Spike Jonze)

THE SIXTH SENSE (1999; D+R: M. Night Shyamalan)

MEMENTO (2000; D+R: Christopher Nolan; nach der Kurzgeschichte von Jonathan Nolan)

Hollywoods Erzählexperimente seit Mitte der 1990er Jahre: THE GAME, FIGHT CLUB, BEING JOHN MALKOVICH, THE SIXTH SENSE, MEMENTO, ETERNAL SUNSHINE OF THE SPOTLESS MIND, CRASH – sie sind in jüngster Zeit beliebtes Thema in den Seminaren der Unis und Filmhochschulen, und sie werden in der Forschung aus verschiedenen Perspektiven diskutiert: als »post-mortem-Kino« auf dem Weg zum »Gedankenspielfilm« (Thomas Elsaesser), als Neuerung in der Drehbuchdidaktik (Katharina Bildhauer) oder als wahlverwandte Reaktionen auf Computerspiele (Rainer Leschke, Jochen Venus). Was David Bordwell in *The Way Hollywood Tells It* zu sagen hat, lässt aufhorchen, weil er ein Kenner des klassischen Hollywoodkinos ist. In *The Classical Hollywood Cinema* hatte er mit Staiger und Thompson aus einem Fundus von 100 Filmen der Studiojahre 1915-60 die Gestaltungsnormen herausgearbeitet, die in ihren Augen den klassischen Hollywoodstil prägten. Diese ästhetischen Normen sind keine statischen, sondern dynamisch wandelbare Kräfte. Wesentliche Maximen allerdings waren: eine plausible Ursache-Wirkungs-Kette, eine hohe Transparenz der Ästhetik, die sich in den Dienst der Erzählung stellt, eine harmonische Geschlossenheit der Dramaturgie und eine stabile Kontinuität des Bewegungsflusses. Daraus leiten sich eine Reihe von Konventionen ab, was die Filmexposition betraf (Vermittlung des Basiswissens), die Montage (unsichtbarer Schnitt, 180-Grad-Regel, Master-Shot), aber auch Kameraführung oder Ausstattung. In *The Way Hollywood Tells It* führt Bordwell nun den Bogen weiter von den 1960ern bis in die Gegenwart.

Seine Grundthese beharrt auf der Kontinuität klassischer Erzähltraditionen. Nüchtern und pragmatisch lässt er aktuellen Meinungsblasen die Luft ab. Enthusiasten, die meinen, wagemutigere Filme habe es in Hollywood nie gegeben, finden hier Hinweise auf frühere Experimente. Kulturpessimisten, die einen Verfall der klassischen Handwerkkunst monieren, erfahren hier von der Fortführung der Regeln von Kausalität und Kontinuität auch im jungen Kino der Attraktionen. Die Stärke Hollywoods ruhe noch immer in der Flexibilität, mit der neue Einflüsse aufgenommen würden, ohne die alten Prinzipien der Transparenz und Ziel-Dramaturgie aufzugeben. Hollywood sei nicht, wie gemeinhin angenommen, in eine »postklassische Phase« eingetreten. Vielmehr intensivere, gar übertreibe es so manche frühere Methode, was Bordwell im Anschluss an Kristin Thompson als »hyperklassische Strategie« beschreibt. Doch bei seinem Beispiel staunt man: Ausgerechnet JERRY MAGUIRE erhebt er zum »Meisterwerk eines konsequenten ›hyperklassischen‹ Storytellings«. Gewiss: JERRY MAGUIRE sät und erntet unzählige Motive, die Echoeffekte erzeugen, reflektiert heimlich über Gegenstände, Inschriften oder Songs und stützt damit den Gang der Gefühle. Das Handwerk ist vorhanden, aber nicht zur Kunst erhoben, wie in Billy Wilders APPARTEMENT, auf dessen Niveau Bordwell diese überdrehte und zugleich unglaubwürdige Romanze stemmt.

Anregend wird sein Buch immer dann, wenn es unseren Blick in die Tiefe der Filmhistorie verlängert: auf jene Epochen, als Hollywood den Experimentierern die Türen öffnete und den Teppich ausrollte, die dynamischen 1940er Jahre, die verschachtelte *flashback movies* wagten wie CITIZEN KANE, die mit Rückblenden den Zuschauer belogen (CROSSFIRE, STAGE FRIGHT), ganze Filme aus den Augen eines Charakters (THE LADY IN THE LAKE) oder aus dem Mund eines Toten erzählten (SUNSET BOULEVARD). Oder die 1960er Jahre, als die Majors, angesteckt von der Kühnheit von Europäern wie Bergman, Fellini und Antonioni, zu Brüchen und Zeitsprüngen hingerissen wurden in PETULIA, THEY SHOOT HORSES, DON'T THEY? oder IMAGES. Bordwell wird nicht müde zu betonen: All diese Innovationen – genauso wie die Welle frischer Formen in den 1990ern – brechen nur mit einer Hand

ETERNAL SUNSHINE OF THE SPOTLESS MIND (Vergiss mein nicht!; 2004; D: Charlie Kaufman; R: Michel Gondry)

CRASH (L.A. Crash; 2004; D: Paul Haggis; Robert Moresco; R: Paul Haggis)

Thomas Elsaesser: *Hollywood heute. Geschichte, Gender und Nation im postklassischen Kino* (Bertz + Fischer 2009)

Katharina Bildhauer: *Drehbuch reloaded: Erzählen im Kino des 21. Jahrhunderts* (UVK 2007)

Rainer Leschke / Jochen Venus (Hg.): *Spielformen in Spielfilmen: Zur Medienmorphologie des Kinos nach der Postmoderne* (Transcript 2007)

JERRY MAGUIRE (1996; D+R: Cameron Crowe)

THE APARTMENT (Das Appartement; 1960; D: Billy Wilder, I.A.L. Diamond; R: Billy Wilder)

CROSSFIRE (1947; D: John Paxton, nach dem Roman von Richard Brooks; R: Edward Dmytryk)

STAGE FRIGHT (Die rote Lola; 1950; D: Whitfield Cook, nach dem Roman von Selwyn Jepson; R: Alfred Hitchcock)

LADY IN THE LAKE (Die Dame im See; 1947; D: Steve Fisher, nach dem Roman von Raymond Chandler; R: Robert Montgomery)

SUNSET BOULEVARD (Boulevard der Dämmerung; 1950; D: Charles Brackett, Billy Wilder, D.M. Marshman Jr.; R: Billy Wilder)

PETULIA (1968; D: Lawrence B. Marcus, nach dem Roman von John Haase; R: Richard Lester)

THEY SHOOT HORSES, DON'T THEY? (Nur Pferden gibt man den Gnadenschuss; 1969; D: James Poe, Robert E. Thompson, nach dem Roman von Horace McCoy; R: Sydney Pollack)

IMAGES (Spiegelbilder; 1972; D+R: Robert Altman, nach dem Buch von Susannah York)

Kristin Thompson: *Wiederholte Zeit und narrative Motivation in GROUNDHOG DAY / UND TÄGLICH GRÜSST DAS MURMELTIER.* In: David Bordwell u.a.: *Zeit, Schnitt, Raum.* Hg. u. eingel. von Andreas Rost. Verlag der Autoren 1997, S. 59-94.

Kristin Thompson: *Storytelling in the New Hollywood: Understanding Classical Narrative Technique* (Harvard University Press 1999)

Vgl. Hartmann / Wulff: *Neoformalismus* (a.a.O.)

aus dem Kanon aus, halten sich aber mit der anderen am *Classical Storytelling* fest.

Auf die Frage, wie es zu der Renaissance in den 1990er Jahren kam, nennt Bordwell Gründe, über die mittlerweile Konsens herrscht: die Erfolge des Independent-Cinema von David Lynch, Jim Jarmusch, Spike Lee oder Richard Linklater bis zu Quentin Tarantino, dessen trickreicher PULP FICTION die Studios überzeugte, dass es für freche Querschläger ein Publikum gibt. Dann das Adaptieren angesagter Fernsehserien, Comics oder Videospiele. Es befreite das Erzählen und konnte auf die Neugier und Medienkompetenz eines jungen Publikums bauen, das aufgrund der Homevideo- und Spiele-Revolution mit den Story-Standards vertraut war und an Seitenpfaden interessiert, an Zeitschleifen (DONNIE DARKO), narrativen Weggabelungen (SLIDING DOORS), alternativen Zukunftsversionen (THE BUTTERFLY EFFECT) oder am doppelten Boden subjektiver Realitäten (A BEAUTIFUL MIND). Schließlich die DVD: Sie ermuntert, Filme zu lesen wie ein Buch, zu den Wegmarken des Erzählens zurückzublättern, verstreute Hinweise nachzuschlagen, nach alternativen Enden zu stöbern, und gewährt Einblick in das Laboratorium des Erzählens. Ein Film wie Christopher Nolans MEMENTO scheint wie für die Skip-Taste des DVD-Players gemacht. »Selten«, so David Bordwell, »ist ein amerikanischer Film so verwegen und zugleich so offensichtlich gewesen« wie MEMENTO, und er behauptet zu Recht, dass exzentrische Erzählweisen in einem Hollywoodfilm stets abgefedert werden durch Regelgehorsam, um ein breites Publikum am Ball zu halten.

Nun ist diese These aber nicht neu. Seine Kollegin Kristin Thompson hat schon 1997 in ihrer Analyse von GROUNDHOG DAY nachgewiesen, dass auch die experimentellen Hollywoodfilme nie das völlige Unverständnis der Zuschauer riskieren. Und sie hat diese Erkenntnis in ihrem Buch *Storytelling in the New Hollywood* (1999) erweitert, ein Buch, das offensichtlich griffbereit neben Bordwells Tastatur lag, denn er bezieht sich über weite Strecken auf seine Ehefrau und Mitstreiterin. Das wäre nicht weiter tragisch, wenn Bordwell selbst mit Eindringlichkeit im ersten Teil überzeugen würde. Aber auch das vielversprechende dritte Kapitel (über subjektive Realitäten und Netzwerk-Erzählungen) liefert vorwiegend Aufzählungen, wenig Analysen. Manchmal wirkt es, als habe sich Bordwell unter Oberbegriffen wie *converging-fates plots* und *network narratives* jeweils eine Liste an Filmtiteln notiert und das Ganze in Sätzen ausformuliert. Weder werden hier, was man ihm sonst zugute hält, »eine große Zahl von unterschiedlichen film-, literatur- und kunsttheoretischen Entwürfen verarbeitet«, noch wie gewohnt Begriffe trennscharf geschliffen. So nennt er, was gemeinhin als »unverlässiges Erzählen« gilt, *puzzlefilms*, weil dem Zuschauer die Partikel dieser Innenwelten zwischen den Fingern zerrinnen würden, bis er sich über das Rekapitulieren selbst ein Bild gemacht habe (so bei FIGHT CLUB). Ein reizvoller, aber kein glücklicher Begriff, denn er vernachlässigt das Moment der Täuschung – die Kippbilder der Wahrnehmung in diesen Filmen. Mittlerweile, so Bordwell, haben auch die Hollywoodfilme die Grenzen zwischen Phantasma und Wirklichkeit verflüssigt und markieren sie nicht mehr wie noch im klassischen Kino. Aber eine Erklärung für die Zerrbilder und Metamorphosen radikal zu verweigern, wie es David Lynch in LOST HIGHWAY oder MULHOLLAND DRIVE verstörend handhabt, das, so Bordwell, trauen sich die Majors denn doch nicht.

Weitaus durchdachter wirkt da der zweite Teil, der nach dem Stil der heutigen Hollywoodfilme fragt und hier ebenfalls keine Aufkündigung der klassischen Norm erkennen kann, sondern eine verstärkte Anwendung bestimmter Techniken, die schon in der Studioära zur Verfügung standen. Das klassische Continuity-System wird demnach über eine Intensivierung zu einem höheren Level der Emphase aufgeladen (*Intensified Continuity*). Vier Strategien, die im New Hollywood der 1960/70ern noch als Zeichen der gesellschaftlichen Unruhe in die Erzählkonventionen einbrachen und die Filme dynamisierten, hätten sich mittlerweile zum dominanten Stil des Mainstreamkinos verfestigt: schnelle Schnitte, bipolare Extreme in der Wahl der Brennweite, eine enge Kadrierung und die vielbewegte Kamera.

Was viele Kinobesucher heute vage konstatieren, die Beschleunigung der Schnittfolge, belegt Bordwell mit der empirischen Messung der durchschnittlichen Einstellungsdauer eines Films (*average shot length*). Und er stellt fest, dass das Tempo von acht bis elf Sekunden in den 1960er Jahren auf vier bis sechs Sekunden in der heutigen Zeit angezogen hat. Seit dem Jahr 2000 finden sich sogar Filme, die im Durchschnitt alle zwei Sekunden die Schere ansetzen (zum Beispiel MOULIN ROUGE, FLUCH DER KARIBIK). In den alten Tagen seien die Stellen, an denen die Kamera ihre Bewegung begann und stoppte, ebenso bedeutsam gewesen wie die Fahrt selbst, und man habe es vermieden, in die Kameraaktion zu schneiden, heute gebe es da keine Vorbehalte. An diesem Stilwandel kritisiert Bordwell einen Verlust an Ausdrucksmöglichkeiten. Die enge Kadrierung beispielsweise limitiere »die expressiven Ressourcen« der Schauspieler: »In der Studio-Ära vertraute ein Regisseur auf das Spiel des gesamten Körpers, aber heute sind Schauspieler vor allem Gesichter. [...] Münder, Augenbrauen, Augen werden die wesentlichen Quellen für Informationen und Emotionen. Schauspieler müssen die Skala ihres Ausdrucks in diesen

PULP FICTION (1994; D+R: Quentin Tarantino)

DONNIE DARKO (2001; D+R: Richard Kelly)

SLIDING DOORS (Sie liebt ihn – Sie liebt ihn nicht; 1998; D+R: Peter Howitt)

THE BUTTERFLY EFFECT (2004; D+R: J. Mackye Gruber, Eric Bress)

A BEAUTIFUL MIND (2001; D: Akiva Goldsman, nach dem Buch von Sylvia Nasar; R: Ron Howard)

GROUNDHOG DAY (Und täglich grüßt das Murmeltier; 1993; D: Danny Rubin, Harold Ramis; R: Harold Ramis)

LOST HIGHWAY (1997; D: David Lynch, Barry Gifford; R: David Lynch)

MULHOLLAND DRIVE (2001; D+R: David Lynch)

MOULIN ROUGE! (2001; D: Baz Luhrmann, Craig Pearce; R: Baz Luhrmann)

PIRATES OF THE CARRIBEAN: THE CURSE OF THE BLACK PEARL (Fluch der Karibik; 2003; D: Ted Elliott, Terry Rossio; R: Gore Verbinski)

EXODUS (1960; D: Dalton Trumbo, nach dem Roman von Leon Uris; R: Otto Preminger)

Zur weiteren Lektüre: David Bordwell / Kristin Thompson: *Film History: An Introduction*. (McGraw-Hill 2002); David Bordwell: *Figures Traced in Light: On Cinematic Staging* (University of California Press 2005)

intimen Bildrahmen variieren.« Und dann blitzt wieder so ein anregender Gedanke auf, wie er für Bordwell typisch ist: dass diese heutige Vorliebe für Großaufnahmen den Einsatz des Digitalfilms erleichtert habe, weil die Schwächen des Materials in den Close-ups weniger zur Geltung kommen als in den Totalen.

Als der »Independent-Mogul« Harvey Weinstein im Jahr 2001 Otto Premingers Film EXODUS sah, der sparsam Großaufnahmen und viele Master-Shots verwendete, platzte aus ihm heraus: »It's deadly dull.« Dass das Klassische heute schon minimalistisch erscheint, bezeugt frappierend, wie sich die Sehkultur über die Dynamisierung verändert hat. Bordwell trifft also gleich zweimal einen empfindlichen Nerv, wenn er feststellt, dass aktuelle Hollywood-Produktionen über die Versteifung auf bestimmte Stilmerkmale den Reichtum der klassischen Ausdrucksmittel vergessen und dass sie dem Zuschauer die Zeit nehmen, die Nischen der filmischen Erzählung mit seiner eigenen Geschichte auszufabulieren.

Inferno hinter schönem Schein

Budd Schulberg: *Was treibt Sammy an?* Roman. Aus dem Amerikanischen von Harry Rowohlt. Zürich: Kein & Aber 2008. 411 S., Euro 19,90.

Budd Schulberg (*1914) begann seine Laufbahn als Drehbuchautor 1930, den Roman *What Makes Sammy Run?* veröffentlichte er 1941. 1951 wurde er aufgrund seiner früheren Mitgliedschaft in der Kommunistischen Partei vor das Komitee für unamerikanische Aktivitäten gerufen und war einer derjenigen, der die Namen einer Reihe von Kollegen nannte. Für das Drehbuch von ON THE WATERFRONT (Die Faust im Nacken; 1954; R: Elia Kazan) erhielt er einen Oscar.

Um diesen Roman gab es seit seinem Erscheinen vor über 65 Jahren eine Menge Gerüchte. Und die meisten davon hat Schulberg selbst wieder und wieder unter die Leute gebracht: in Artikeln, Interviews, Talkshows (und nun, in »Einführung« und »Nachwort« seines Romans, noch einmal wiederholt): dass bereits sein Vater, der legendäre Paramount-Produzent B.P. Schulberg, ihn gewarnt habe, mit diesem Buch werde er von Hollywoods Moguln geächtet werden. Dass sein Verleger Bennett Cerf ihn zu überzeugen suchte, es gebe »einfach keinen Markt [...] für einen Hollywood-Roman«, selbst Nathanael Wests *Days of the Locust* habe »seinen Vorschuss von $ 500 [...] nicht wieder eingebracht.« Dass Samuel Goldwyn »lila vor Zorn« über den Roman gewesen sei und ihn als »›Verräter‹ gebrandmarkt« habe. Dass die Kolumnistin Hedda Hopper ihn in einem Restaurant vorwurfsvoll angesprochen habe, wie er es nur wagen könne, so etwas zu schreiben. Und dass Louis B. Mayer ihn für seine Ansichten über Hollywood

»deportieren« lassen – und John Wayne ihn schließlich sogar verprügeln wollte, im mexikanischen Puerto Vallarta, nach einer feuchtfröhlichen Fiesta.

Was nun ist der Grund für all diese Aufregungen? Sicherlich zuallererst, dass der Roman eine Abrechnung ist, die Hollywoods Glamourwelt allzu oft (aber nicht immer) auf ihren äußeren Kern reduziert: auf die extreme Gier nach Macht und Erfolg. Für die einen war dies ein ärgerliches Skandalon, für die anderen eine notwendige Enthüllung.

B.P. Schulberg (1892-1957), legendärer Filmproduzent und Hollywood-Pionier. In den 1930er Jahren war er Chef der Paramount Pictures.

Nathanael West: *Der Tag der Heuschrecke: Ein Hollywood-Roman* (Diogenes 1997)

Von heute aus gesehen, ist die Aufregung nur in Ansätzen noch nachvollziehbar, zumal ja vieles, was innerhalb der US-Filmindustrie passierte, wissenschaftlich und publizistisch aufgearbeitet ist. Die vielen Hinweise aber auf die Mechanismen einer Karriere innerhalb der kapitalistischen Gesellschaft, die auf Erfolg und auf nichts anderes als Erfolg aus ist, die sind noch heute aktuell, brisant, spannend. Gerade die radikale Zuspitzung des Charakters der Titelfigur, des Aufsteigers Sammy Glick, ist es, die provozierend wirkt – weil so authentisch *und* wahrhaftig. Da ist ein Mann gezeichnet, der »Unehrlichkeit, Beflissenheit, Menschenschinderei« in sich »vereinigte«. Dessen »Gefühle zu verletzen« war, »als versuchte man, einen Elefanten mit dem Luftgewehr zu erschießen«. Der die »Fähigkeit« besaß, »Beleidigungen und Peinlichkeiten wie ein Schwamm zu absorbieren«, und meinte, »mit einem Gewissen zu leben« sei »wie mit angezogener Handbremse Auto fahren«. Der letztlich die Welt deshalb als »Wettrennen« begriff, in der »gegen die Zeit« zu laufen war, und dies deshalb stets »ein bisschen schneller« betrieb als alle um ihn herum.

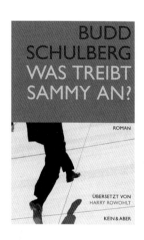

Im Mittelpunkt des Romans steht allerdings ein anderer: ein Journalist, der davon träumt, ein Autor zu werden, ein Autor für Filme. Ein Drehbuchautor als Held eines Romans: Das allein ist selbstverständlich aller Ehren wert. Al Mannheim aber, der Mann im Zentrum einer Geschichte um Liebe und Leid in Hollywood, ist ein Held im doppelten Sinne. Zum einen lässt er uns Leser teilhaben an seiner eigenen Karriere, die ein einziges Auf und Ab, ein einziges Hin und Her ist: vom gutmütigen Journalisten in New York zum angestellten Autor in Hollywood, dann wieder zurück zur Zeitung nach New York und erneut zu einem Engagement in Hollywood. Zum anderen beobachtet und kommentiert er den Aufstieg seines eigenen Redaktionsboten Sammy Glick zum erfolgreichen Autor und Produzenten in Hollywood, einen Aufstieg, den er nicht versteht und der ihn ständig fragen lässt, *what makes Sammy run*, »was treibt Sammy an?«

So provokant allerdings die Story und die Charakterisierung des Protagonisten Sammy Glick, so schlicht und konventionell sind Dramaturgie und Sprache, die eher bei *The Carpetbaggers* zu verorten sind

Harold Robbins: *The Carpetbaggers* (Forge Books 2007)

F. Scott Fitzgerald: *Die Liebe des letzten Tycoon* (Diogenes 2006)

als bei *The Last Tycoon* oder *Days of the Locust*. Deshalb wirken auch die späteren, so verwunderten Anmerkungen von Schulberg zum Erfolg seines Romans ein wenig fade: Er ist eben kein Fitzgerald oder West, er schreibt nur Kolportage, die aber – das ist ihm schon zuzugestehen – mit hohem Professionalismus.

Worum also geht es? Zum einen, wie bereits angedeutet, um die Charakterisierung eines Erfolgssüchtigen. Zum anderen, und das berührt Grundsätzlicheres, um Anmerkungen zum Inferno hinter dem schönen Schein in Hollywood.

Zu Hollywood als Schauplatz und Produktionsort gibt es überwiegend entlarvende bis hämische Hinweise. Es sei »eine knallharte Stadt«, heißt es einmal, »weil es hier immer noch das Goldrauschgefühl gibt«, und »der Goldrausch« sei eben »die einzige Situation, in der so viele Menschen dem Großen Los und der schiefen Bahn so nah« sind. Dabei wird nie in Frage gestellt, dass »die aufregendste Art, eine Geschichte zu erzählen, die je erfunden wurde«, die »mit der Filmkamera« ist. Doch das Filmemachen im industriellen Hollywood wird (immerhin von einem Autor, der erfolgreich für diese Industrie gearbeitet hat) als Maschinerie begriffen: als »herrlich und wahnsinnig und hoffnungsfroh und grauenerregend.« Einmal sogar als »Weltkrieg«, »ein nicht erklärter«, ein anderes Mal als »Jagdgrund, wo man mit Gift und Galle spritzt und mit übler Nachrede tötet.« Da wird etwa von einem »Dramatiker« erzählt, der ein Jahr lang Drehbücher entwickelt hat, »ohne irgendwas auf die Leinwand zu wuchten« – und danach entlassen wird. Während der windige Sammy Glick in einer Bar eine »Südsee-Story« verkauft, »die er nicht geschrieben hat«, sie »mit einem Klassiker vergleich(t), den er nie gelesen hat«, und ihr den Titel *Monsun* gibt, ohne zu wissen, was überhaupt ein Monsun ist. Ihm gelingt dies, da er an »Originalität« nicht interessiert ist, nur an »vorgefertigte(n) Situationen aus dem Regal seines Hinterkopfs«, die er auf »geschmeidige Art [...] entstauben« und in jede »Plotte einpassen konnte wie genormte Autoteile.«

Hollywood sieht Budd Schulberg für Autoren als Ort der Verlockung und Demütigung zugleich, als Schauplatz für Herausforderung und Vernichtung. Einerseits ist alles möglich: Unterhaltung, ja sogar Kunst (es gibt Hinweise auf John Ford, Dudley Nichols und ihren INFORMER). Andererseits ist nichts möglich: Anstrengungen, Ideen, Fantasien werden, auf der Ebene dahinter, behindert und bezweifelt, »ins Regal« gestellt, zerstört.

THE INFORMER (Verräter; 1935; D: Dudley Nichols, nach dem Roman von Liam O'Flaherty; R: John Ford)

Eine weitere Facette von Hollywoods Inferno: Schulberg verweist auf sie, wenn im zweiten Teil des Romans noch von dem Versuch der Autoren die Rede ist, sich in einer Gewerkschaft zu organisieren – und welcher Intrigen und Manöver sich die Studiobosse bedienen, um dies zu hintertreiben. Schulberg schildert dabei, mit Engagement und Verve, wie ermahnt und gedrängt wird, erpresst und schikaniert, gedeckelt und gedroht, auf dass die Machtverhältnisse unangetastet bleiben. In diesen Passagen gelingt Schulberg ein Politthriller, der voller Empörung eine große Klage führt: gegen Bosheit, Frevel und Unrecht.

Auf der anderen Seite geht es auch einmal – in einer Passage, die etwas aus dem Rahmen fällt (vielleicht als Anspielung auf Vater Bob P.?) – um einen Produzenten, Budd Schulberg nennt ihn »Fineman«, der »nie gearbeitet« habe, »um Geld zu verdienen«, sondern »einen Stolz auf seine Arbeit« kultiviert habe, »wie ein Künstler oder ein Schuhmacher«, um »gute Filme zu machen.« Ein schöner Ratschlag von diesem Gentleman, an alle Autoren: »Filme haben keine Zeit für Predigten. Versuchen Sie, sich anzugewöhnen, in bildhafter Action zu denken.«

Alles, was über Hollywood gesagt und kritisiert wird, ist dann in die Charakterisierung von Sammy Glick eingeschrieben, diesem gewissenlosen Karrieristen, der alle und alles ausbeutet, der über Leichen geht und jeden, der dies nicht tut, für einen Dummkopf und Verlierer hält, und der »mit dem Vorschlaghammer schon immer besser gewesen (ist) als mit dem Florett.«

Er wird gehasst und bewundert, ohne dass er letztlich zu begreifen ist. Wofür unser Erzähler (oder besser: unser Erzähl-Führer) immer wieder andere, stetig präzisere Worte findet: Als er ihn das erste Mal wahrnimmt, da ist Sammy gerade mal 16 Jahre alt, kommentiert er, sein »Laufjunge«, er sei »immer gelaufen, immer gerannt. Sah immer durstig aus.« Er korrigiert Sammys Sprache, gibt ihm Ratschläge für besseres Verhalten, ist irritiert von seinen Reaktionen, die überaus selbstbezogen sind, und er wird behext von seiner Stimme, die »mit ein paar tausend Volt geladen gewesen« sei.

In den Wochen und Monaten danach beobachtet er ihn erstaunt und »beunruhigt« – und versucht dann, als Sammy zu seinem Kollegen aufsteigt, ihm »aus dem Weg zu gehen.« Was ihm – selbstverständlich – nicht gelingt: zu tief die Verstörung, zu nachhaltig die Faszination.

Eines Tages hört und sieht er, wie herablassend Sammy mit einem Produzenten in Hollywood telefoniert, um dem eine Story anzubieten, nein: »zu überlassen«. Da entdeckt er an ihm »eine unglaubliche Verachtung für andere Menschenwesen«, die er nur benutzen oder »beiseiteschubs[en]« kann. Was, wie er denkt, »teilweise [...] von dem Selbstvertrauen« stamme, »das er wie Benzin immer wieder tankte«, dazu von »eine[r] zornige[n], vulkanische[n] Kraft, die tief in seinem Innern überkochte und ausbrach.«

Budd Schulberg

Als Sammy schließlich dabei ist, bei der Zeitung in New York »einer der wichtigen Menschen zu werden, die sich nicht gern erinnern lassen«, räsoniert Mannheim über die »zwei Sorten gehemmter Aufsteiger« in Amerika: »die, welche sich gern über die patriotischen Details ihres Werdegangs vom Schuhputzer mit zwei Dollar plus Spesen die Woche verbreiten, und die, welche jede neue Sprosse der Karriereleiter betrachten, als hätten sie nie eine andere gekannt.« Mannheims Fazit: »Der eine ist ein Langweiler, der andere ein Scheißkerl. Sammy mag andere Fehler gehabt haben, aber ein Langweiler war er nicht.«

In einer anderen Szene fragt sich Al Mannheim, warum er, da er Sammy Glick doch nicht ausstehen könne, sich dessen Werben nicht verweigere. Die Antwort, nur für sich: »Er wurmte mich. Er war wie ein Splitter, der unter meiner Haut schwärte. Wenn ich jetzt die Verbindung zu ihm abbrach, würde die Erinnerung an ihn, fühlte ich, mich weiter foltern. Ich hatte das irre Gefühl, dass ich nur, indem ich immer tiefer in ihn hineinbohrte, durch ihn hindurch und über ihn hinaus gelangen und endlich meinen Sinn von ihm befreien konnte.«

Als die beiden dann zusammen in Hollywood sind, wird ihre »Beziehung« zu einem andauernden Kampf. Al trinkt mit Sammy, wieder und wieder, er redet und scherzt, teilt seine Frauen und Freunde mit ihm, er verstößt ihn und lässt sich verstoßen – und kehrt doch immer aufs Neue zu ihm zurück. Er begleitet Sammys Karriere, erläutert und kommentiert sie, registriert und bewertet sie. Sein Bild des Antihelden Sammy ist hart und überzogen – und auch ein bisschen böse. Doch ob das heute noch als Provokation, als Skandalon taugt? So sehr, dass es – wie es heißt – noch nicht einmal Steven Spielberg wagt, den Roman zu verfilmen? Das ist mehr als fraglich.

Letztlich ist Schulbergs Roman Resultat einer lustvollen Gegenrede gegen die vorschnelle Würdigung von Cohn, Mayer, Warner, Zanuck & Co., gegen die ungestüme Lobpreisung der alten Bosse. In einer wunderbar überspitzten Szene nimmt Sammy am Ende, als er dabei ist, endlich Produktionschef seines Studios zu werden, die Auffassung seiner Geldgeber aus dem Osten vorweg: Jeder Produzent solle doch »in erster Linie Geschäftsmann und erst dann kreativ sein.« Womit er ausspricht, was er gar nicht denkt, wovon er eher glaubt, dass es die Banker denken: »Schließlich werden Filme in Büchsen versandt. Wir sind im Konservengeschäft.«

Budd Schulberg, hieß es oben, habe die Gerüchte um seinen erfolgreichen Roman gerne befördert. Vielleicht sollte man genauer formulieren: Er hat es geliebt, nicht geliebt zu werden, er hat es gemocht, als Außenseiter zu gelten, als »Geächteter« und »Verräter«

(und von dieser Position aus die alten Herrscher des Classical Hollywood – mit Ironie und Witz – zu attackieren und vorzuführen).

Deshalb muss – in Ergänzung dazu – festgehalten werden: Schulberg konnte entgegen all diesen Gerüchten, auch entgegen den Erwartungen seines Vaters weiterhin in Hollywood arbeiten, und zwar mit großem Erfolg. Er konnte dies selbst in den 1950er Jahren tun, als die Machthalter des Systems nach dem Paramount-Urteil, das den Besitz von Kinos (neben dem Herstellen und Verleihen von Filmen) untersagte, alles versuchten, um ihre Macht zu sichern (die ja bei den *Big Five*, den fünf großen Studios, von Anfang auf der Dreieinigkeit von Filmproduktion, -distribution und -präsentation beruhte). Zehn Jahre nach Publikation seines Romans erhielt Schulberg den Oscar für das beste Drehbuch (für ON THE WATERFRONT in der Regie von Elia Kazan). Sein Roman *The Harder They Fall* wurde Mitte der 1950er Jahre verfilmt, von Mark Robson für Warner mit Humphrey Bogart in der Hauptrolle. Und er durfte weiterhin Drehbücher schreiben, die auch realisiert wurden, unter anderem bei Warner: für Elia Kazan (A FACE IN THE CROWD) und Nicholas Ray (WIND ACROSS THE EVERGLADES).

Wer nun noch mehr wissen will von Budd Schulberg und seinen Fantasien von der Karriere in und gegen Hollywood, dem sei noch seine Autobiografie aus dem Jahr 1981 empfohlen: *Moving Pictures: Memories of a Hollywood Prince.*

Norbert Grob

ON THE WATERFRONT (Die Faust im Nacken; 1954; D: Budd Schulberg; R: Elia Kazan)

Budd Schulberg: *The Harder They Fall* (Ivan R. Dee 2007)

A FACE IN THE CROWD (Das Gesicht in der Menge; 1957; D: Budd Schulberg; R: Elia Kazan)

WIND ACROSS THE EVERGLADES (Sumpf unter den Füßen; 1958; D: Budd Schulberg; R: Nicholas Ray)

Budd Schulberg: *Moving Pictures. Memories of a Hollywood Prince* (Ivan R. Dee 2003)

Mamet vs. Hollywood

David Mamet: *Bambi vs. Godzilla: Über Wesen, Zweck und Praxis des Filmbusiness*. Berlin: Alexander 2008. 264 S., Euro 19,90.
David Mamet: *Die Kunst der Filmregie*. Berlin: Alexander 2006. 112 S., Euro 16,90.
David Mamet: *Richtig und Falsch: Kleines Ketzerbrevier samt Common sense für Schauspieler*. Berlin: Alexander 2001. 192 S., Euro 12,90.
David Mamet: *Vom dreifachen Gebrauch des Messers: Über Wesen und Zweck des Dramas*. Berlin: Alexander 2004. 128 S., Euro 9,90.

David Mamet ist in Hollywood Insider und Outcast zugleich. Er fing als Theaterschauspieler an und publizierte sehr erfolgreich eigene Stücke (unter anderem *Glengarry Glen Ross* und *Oleanna*). Von Hollywood aufgrund seiner knappen, direkten Dialoge gefragt, schrieb er wenig später das Remake von THE POSTMAN ALWAYS RINGS TWICE, das 1981 mit Jack Nicholsen und Jessica Lange in den Hauptrollen

Beide Stücke wurden später auch verfilmt: GLENGARRY GLEN ROSS (1992; D+R: David Mamet); OLEANNA (1994; D+R: David Mamet)

THE POSTMAN ALWAYS RINGS TWICE (Wenn der Postmann zweimal klingelt; 1981; D: David Mamet, nach dem Roman von James M. Cain; R: Bob Rafelson)

Lesezeichen

THE VERDICT (1982; D: David Mamet, nach dem Roman von Barry Reed; R: Sidney Lumet)

HOUSE OF GAMES (Haus der Spiele; 1987; D+R: David Mamet)

HOFFA (Jimmy Hoffa; 1992; D: David Mamet; R: Danny DeVito)

RONIN (1998; D: David Mamet, J.D. Zeik; R: John Frankenheimer)

WAG THE DOG (1997; D: David Mamet, Hilary Henkin; R: Berry Levinson)

STATE AND MAIN (2000; D+R: David Mamet)

REDBELT (2008; D+R: David Mamet)

The Unit (USA 2006ff.)

verfilmt wurde. Sein zweites Drehbuch THE VERDICT, mit Paul Newman in der Hauptrolle, wurde für den Oscar nominiert. Sechs Jahre später inszenierte er nach eigenem Script seinen ersten Spielfilm HOUSE OF GAMES.

Mamets Werke, seine Filme und seine Drehbücher lassen sich nur schwer einordnen. Sie bewegen sich zwischen politischen Biografien (HOFFA), Genrefilmen (RONIN) und zeitkritischer Satire (WAG THE DOG). Im Jahr 2000 schrieb und inszenierte er den Film STATE AND MAIN, in dem er sich kritisch mit dem Filmemachen auseinandersetzt. Die einzige Komödie in Mamets Werk stellt ein Filmteam in den Mittelpunkt, das in einem kleinen Kaff in Vermont einen Film drehen will. Die hochkarätig besetzte Satire, Philip Seymour Hoffman, Alec Baldwin, William H. Macy und Sarah Jessica Parker wirken mit, reflektiert das Filmemachen in Hollywood, ohne allerdings dort zu spielen.

Sein letzter Film REDBELT ist die Geschichte eines Jiu-Jitsu-Lehrers – Mamet ist selbst begeisterter Trainer dieser Sportart –, der erkennen muss, dass er sowohl in der Film- als auch in der Sportwelt mit seinem Ehrenkodex alleine dasteht. Die Kritiken in Amerika waren durchaus positiv, aber an der Kinokasse war der Film eher ein Misserfolg, ein Schicksal, das viele seiner Arbeiten teilen.

In den letzten Jahren hat Mamet auch die in Amerika erfolgreiche TV-Serie *The Unit* geschrieben und produziert. »Um Geld zu verdienen«, wie er selbst sagt. In der Serie steht eine gleichnamige Undercover-Einheit im Mittelpunkt, die unter strengster Geheimhaltung von einer Reihe Soldaten außerhalb der militärischen Befehlsgewalt gebildet wird. Sie werden auf der ganzen Welt eingesetzt, während ihre Frauen zu Hause ihre Tarnung aufrechterhalten.

David Mamet arbeitet – manchmal auch unter Pseudonym – immer wieder an fremden Projekten, um die eigenen Filme zu finanzieren, die ihm am Herzen liegen. Dies ist einer der Gründe, warum sein Œuvre auf den ersten Blick so disparat erscheint. Dabei handelt es immer wieder von Figuren, die von Betrug und Misstrauen umgeben sind. Seine Geschichten handelt oft von Verrat und doppeltem Spiel, besitzen häufig nur wenig Handlung, bestechen aber durch lebendige, sehr rhythmische Dialoge.

Neben seiner Arbeit für Film und Theater hat Memet seit zehn Jahren auch Bücher über das Filmemachen veröffentlicht. Zuletzt erschien im Jahre 2007 (dt. 2008) der Essayband *Bambi vs. Godzilla*.

Das Buch versammelt mehr als 40 kurze Essays *über Wesen, Zweck und Praxis des Filmbusiness* – so der Untertitel –, von denen die meisten zuerst als eine Art Kolumne im Londoner *The Guardian* erschienen sind.

Inhaltlich bewegen sich die Texte vom Lob der harten Filmarbeit am Set bis zu den Manieren in Hollywood. Dabei sind die Fronten sehr schnell auszumachen. Mamet sieht die Feinde sowohl der Kreativen wie auch der Zuschauer bei den Studiobossen und den Produzenten. »Der Film wird nicht länger gemacht, um ein Publikum anzuziehen. Er soll nur die Position der Führungskräfte [im Original *executive*, also die »Ausführenden Produzenten«) bestärken oder voranbringen.«

Auch historisch und ästhetisch verlaufen für David Mamet die Gräben irgendwann in den 1980er Jahren. Er orientiert sich eindeutig am Paradigma des klassischen Hollywood-Studiofilms. Kaum einer der zitierten Filme ist nach 1990 gedreht. Sein »perfekter« Film ist LADY EVE aus dem Jahr 1941.

THE LADY EVE (Die Falschspielerin; 1941; D+R: Preston Sturges)

Zum Thema Drehbuch gibt es einige Kapitel, und das ganze Buch beginnt mit der Feststellung: »Die Tage des Drehbuchs sind wohl gezählt.« (Im Original »The day of the *dramatic* script is ending«; Hervorhebung D.M.)

Wer von David Mamet vor allem praktische Tipps oder Regeln erwartet, wird womöglich enttäuscht. »Die erste Lernstufe für Drehbuchschreiber ist nicht blinder Gehorsam gegenüber den Autoritäten, sondern Verachtung und Misstrauen ihnen gegenüber.« Er wendet sich in diesem Zusammenhang explizit gegen Filmschulen und rät davon ab, sie zu besuchen. »Welchen Nutzen hat dann das Abschlusszeugnis? Es dokumentiert die Gutgläubigkeit des Kandidaten. Wer sich x Jahre dem Unsinn einer derartigen Ausbildung aussetzen kann, wird wohl auch die Anforderungen der bürokratischen Welt ertragen: Setz dich hin und halt den Mund!«

Seine dann doch immer wieder auftauchenden Erklärungen des Dramatischen im Drehbuch sind meist keine wirklich neuen Erkenntnisse. Sie werden oft elliptisch verknappt in apodiktischer Kürze geäußert, manchmal mit einem bildungsbürgerlichen Hintergrund erläutert, sind aber durchaus auch in anderen Drehbuchratgebern zu finden. Gelegentlich blitzen originelle, hellsichtige Gedanken wie Aphorismen auf, doch sind dies eher seltene Fundstücke.

»Psychoanalyse ist der Versuch, in anscheinend zusammenhanglosen Handlungen und Bildern ein einfaches, verborgenes Thema aufzuspüren – sie ist damit die absolute und perfekte Inversion der Arbeit des Dramatikers.

Der Dramatiker beginnt mit einem Thema oder einer *Frage*. Er versucht, diese in Form von anscheinend zusammenhanglosen Geschehnissen und Bildern darzustellen. Am Ende, wenn die Frage beantwortet ist, stellt sich der Zusammenhang zwischen den Szenen her. Die offenbar gewordene Einheit bildet das Thema, und diese

Offenbarung wird – wie theoretisch auch die Einsichten in der Analyse – die Ordnung wiederherstellen.«

Die Hoffnung, in diesem Band einen detaillierten Bericht aus der »Höhle des Löwen« zu lesen, wird enttäuscht. Spannende Erinnerungen des Autors und Regisseurs David Mamet tauchen immer nur in kurzen Splittern auf. Stattdessen sind die stark elliptischen Texte von wilden Assoziationsketten geprägt. Dabei fällt es gelegentlich schwer, Mamet auf seinen gedanklichen Reisen zu folgen. Er hüpft von Absatz zu Absatz von einem Thema zum nächsten, und was die Gedanken miteinander verbindet, bleibt manchmal im Verborgenen.

Einmal empfiehlt Mamet drei Bücher für angehende Drehbuchautoren: Bruno Bettelheims *Kinder brauchen Märchen*, Joseph Campbells *Der Heros in tausend Gestalten* und, ganz unbescheiden, sein eigenes Werk *Vom dreifachen Gebrauch des Messers* (1998; dt. 2001). Das Buch trägt den Untertitel *Über Wesen und Zweck des Dramas*. Wer deshalb einen dezidierten Ratgeber zum Schreiben von Theaterstücken oder Drehbüchern erwartet, liegt falsch. Mamet bleibt auch hier seiner disparaten Methode treu, schweift immer wieder vom Thema ab und kommt so zum Beispiel seitenlang auf die amerikanische Innenpolitik zu sprechen. Beim Lesen denkt man gelegentlich an einen zerstreuten Professor, der seine Unterrichtsstunden dazu nutzt, Gott und die Welt zu erklären. Wenn Mamet dann Wesen und Zweck des Dramas erklärt, scheut er nicht vor Sätzen zurück wie »Kunst dient nicht dem Ziel, etwas zu verändern, sondern Vergnügen zu bereiten.« Wenn man aufgrund von Mamets avancierter Regiearbeit in seinem Buch eine Anleitung gerade zum »alternativen Geschichtenerzählen« erwartet, wird man enttäuscht. Mamet zitiert Aristoteles als Begründer des Dramas, und die Theorie, die er selbst dem Drama zugrundelegt, kann man unter dem Stichwort »Eine Hauptfigur – ein Ziel« zusammenfassen. »Deshalb ist ein zweitklassiges Drama, das nicht als eine Suche des Helden nach einem einzigen Ziel strukturiert ist, auch nicht erinnernswert.«

Interessant ist, dass Mamet die dramatische Struktur von Theaterstücken und von Filmen nicht als willkürliche Erfindung ansieht, sondern als »eine organische Kodifizierung des Mechanismus, mit dem der Mensch Informationen ordnet«. Die Dreiaktstruktur ist für ihn also ein naturgegebenes Gesetz, das schon vor der Erfindung des Theaters existierte. Für das Element der Empathie des Publikums mit dem Helden benutzt er den nach seinen Angaben in Hollywood üblichen Begriff »der Ritt«, wodurch diese Verbindung zwischen Film und Zuschauer mit so etwas wie der Besessenheit eines Schamanen gleichgesetzt wird. »Der Held als Identifikationsobjekt wird zu einem Liebesobjekt (wie könnte es anders sein, wo wir doch eins sind?), und

---

Bruno Bettelheim: *Kinder brauchen Märchen* (dtv 1993)

Joseph Campbell: *Der Heros in tausend Gestalten* (Insel 1999)

wir wollen mehr über ihn wissen.« Bei diesem Mehrwissenwollen hält Mamet es für wichtig, nicht Effekt mit Ursache zu verwechseln. »In einem erfolgreichen Drama wollen wir mehr über den Helden wissen, *deswegen* kann ein Drama Erfolg haben, wenn wir dem Publikum mehr über den Helden *erzählen*. Je mehr das Publikum aber über den Helden erfährt, je mehr dieses berechtigte und angestachelte Verlangen befriedigt wird, desto weniger ist es bei der Sache. Denn es ging doch darum, seiner Reise in einer Stimmung der Erwartung, der Freude und der Angst zu folgen. Wenn der Autor sich dazu verlocken lässt, von dem beschriebenen Weg (dem Ritt) abzuweichen, dem einzigen Weg, an dem das Publikum ein Interesse haben kann, desto weniger sind die Leute bei der Sache.«

Es gibt für Mamet nur eine stimmige Erklärung der Welt – die von David Mamet. Und er hört sich gerne selbst beim Erklären dieser Welt zu. Das ist für einen Theaterautor, einen Drehbuchautor oder einen Romancier eine notwendige Voraussetzung seiner Arbeit, für ein Buch über das Wesen des Dramas jedoch eine eher schwierige Grundlage. Wenn man sich aber auf diese Haltung einlässt, dann kann man sich in diesen Strom der Gedanken hineinbegeben und den Haltungen, Feststellungen und Erklärungen von David Mamet folgen oder sich auch an ihnen reiben.

David Mamet

Schon früher hat sich Mamet essayistisch mit den verschiedenen Aspekten des Filmemachens auseinandergesetzt. Sein erstes Buch zu diesem Thema war *Die Kunst der Filmregie*, eine Collage von Texten, die auf Vorlesungen basieren, die er im Herbst 1987 an der Filmschule der Columbia University hielt. Die Transkripte seiner Diskussionen mit den Studenten sind naturgegeben etwas erratisch. Mamet, der zu diesem Zeitpunkt erst zwei Filme inszeniert hatte, bezieht sich darin hauptsächlich auf große Vorbilder wie Eisenstein und Hitchcock. Zwei der wichtigsten Ratschläge an seine Schüler sind denn auch, die Montagetheorie zu studieren und den Dreh sehr genau vorzubereiten. Dabei kommt das Buch dem Filmemachen als suchendem Prozess sehr nah. Wobei es nicht nur um die Kunst der Filmregie geht, sondern auch um das Schreiben von Geschichten. Dabei lehnt sich Mamet auch hier schon sehr eng an die klassischen Erzähltechniken an. Der Held, sagt er, braucht ein Ziel und eine Gegenkraft und etwas, was er zu verlieren hat, und schon entfaltet sich die Handlung.

Ein weiteres Werk beschäftigt sich mit der Arbeit des Schauspielers: *Richtig und Falsch*, ein, so der Untertitel, *Kleines Ketzerbrevier samt Common sense für Schauspieler*. Auch wenn das Buch sich eher an Theaterschauspieler wendet, erfahren Drehbuchautoren manches Nützliche über das Schreiben von Dialogen. Es besteht im Kern in der Ablehnung der Theorie Stanislawskis und der Ausformulierung durch

Lee Strasberg und sein *method acting*. So macht Mamet sich über die wichtigsten Elemente von Strasbergs Verfahren lustig. »Emotionales Gedächtnis und sensorisches Gedächtnis sind Malen-nach-Zahlen.« Bedenkt man, dass Strasberg damals – und auch heute noch – einer der populärsten Schauspiellehrer in Amerika war, ist dieses Buch ein radikaler Affront. Auch hier wird einer der entscheidenden Ansätze in den Werken Mamets deutlich. Er provoziert und lebt im Antagonismus. Zumeist betritt er dabei kein wirklich neues Terrain. Er bedient sich vielmehr beim schon Vorhandenen und stellt es radikal reduziert als Provokation in den Raum.

In diesem Zusammenhang passt die neueste Wendung in Mamets Schaffen. Für die Essays in *Bambi vs. Godzilla*, die er über einen Zeitraum von drei Jahren schrieb, hatte er sich auch ausführlich mit Wirtschaftstheorien auseinandergesetzt. Dabei beschäftigte er sich nach eigenen Angaben intensiv mit konservativen Theoretikern wie Milton Friedman. Diese Lektüre scheint ihn so beeinflusst zu haben, dass er im Frühjahr 2008 in mehreren aktuellen Artikeln seinen Wandel von einem *liberal* zu einem Anhänger des »freien Marktes« postulierte (*Why I Am No Longer a »Brain-Dead Liberal«*). Diese Haltung manifestiert sich auch in seiner Ablehnung des europäischen Systems der Filmförderung. Diese verhindert nach Mamet die Beziehung des Künstlers zu seinem Publikum. Für ihn besteht die Essenz des freien Marktes für das Kino in der Ausklammerung des Vermittlers und Förderers, der erst überzeugt werden müsse, dass die Idee des Künstlers eine gute ist. Er schreibt in seinem Essay, »a free-market understanding of the world meshes more perfectly with my experience than that idealistic vision I called liberalism.«

> »Das Verständnis der Welt als freien Markt trifft sich besser mit meinen Erfahrungen als die idealistische Version, die ich liberal nannte.«

Zu diesen Äußerungen über die Überlegenheit des freien Marktes steht aber Mamets ebenso starke Ablehnung des »Business«-Aspektes im Filmgeschäft in eklatantem Widerspruch. Es wird interessant sein zu beobachten, inwiefern sich die Haltung dieses immer auch politisch denkenden Autors unter dem Einfluss der aktuellen Finanzkrise wandelt und in seinen zukünftigen Werken wiederzufinden sein wird.

Oliver Schütte

Black History

Marc Norman: *What Happens Next. A History of American Screenwriting*. New York: Harmony 2008. 560 S., Euro 21,99.

Mit 550 Seiten ist *What Happens Next* ein ziemlicher Wälzer. Der über 70 Seiten lange Anhang mit Quellen- und Zitatnachweisen und Register könnte leicht den Eindruck einer wissenschaftlichen Arbeit erwecken. Aber der Charakter des Textes ist eher anekdotisch, was das Buch durchgängig leicht lesbar macht. Der Autor versteht es im doppelten Sinne, eine Geschichte zu erzählen. (Nur im Deutschen bezeichnet die Geschichte und eine Geschichte das gleiche Wort, was mir plötzlich wie eine endlich plausible Erklärung für den Verwechslungszwang erscheint, der das Land bei Kinofilmen wie DER UNTERGANG und DER BAADER-MEINHOF-KOMPLEX und einigen sogenannten Eventmovies des Fernsehens fest im Griff zu halten scheint – aber das ist ein anderes Thema.)

Norman beginnt bei den Anfängen des Kinos und geht chronologisch durch die verschiedenen Entwicklungsphasen der Filmindustrie bis hin zu den Zuständen zu Beginn des neuen Jahrtausends. Von den allerersten *writers' rooms* der Stummfilmzeit, in denen die Autoren nur aus mnemotechnischen Gründen ihre Einfälle auf Zettel kritzelten, aber die Ideen dann in der Eile der Produktion mündlich an die Regisseure weitergaben, bis hin zu der aktuellen Tendenz, dass Autoren im Fernsehen als »Showrunner« nicht nur für Drehbücher, sondern für die Produktion als Ganzes Verantwortung übernehmen – und auch entsprechende finanzielle Beteiligung und öffentliche Anerkennung ernten. Er vermag dabei deutlich zu machen, wie unterschiedliche Produktionsverfahren unterschiedliche Arbeitsweisen hervorbrachten und die Entstehungsweise mancher Stoffe wie zum Beispiel APOCALYPSE NOW die Stimmung in der Branche zum Umschlagen brachten.

DER UNTERGANG (2004; D: Bernd Eichinger; nach dem Buch von Joachim Fest; R: Oliver Hirschbiegel)

DER BAADER-MEINHOF-KOMPLEX (2008; D: Bernd Eichinger, nach dem Buch von Stefan Aust; R: Uli Edel)

APOCALYPSE NOW (1979; D: John Milius, Francis Ford Coppola; R: Francis Ford Coppola)

Sehr ausführlich sind die Phasen des McCarthyismus und des New Hollywood geschildert, Norman greift dabei oft auf bereits veröffentlichtes Material zurück, sodass filmhistorisch bewanderten Lesern manches bekannt vorkommen mag; er schildert aber auch immer wieder detailliert und beinahe szenisch aus der Sicht der betroffenen Autoren. Am interessantesten erscheint das Buch, wenn Norman die Geschichte eines einzelnen speziellen Scripts verfolgt, von der ersten Idee bis hin zur Realisierung, mit all den Rückschlägen, Wiederbelebungen und Auferstehungen. Dabei wird indirekt deutlich, was es braucht, um einen Entwicklungsprozess erfolgreich voranzubringen. Wer oder was macht den Unterschied aus, ob das Drehbuch unverfilmt bleibt oder den Sprung auf die Leinwand schafft?

Je weiter sich Norman der Gegenwart nähert, desto weniger geht er auf einzelne Filme, ihre Drehbücher und Autoren ein, stattdessen beschreibt er Entwicklungen vor allem aus der Perspektive der Industrie. Das Kapitel über den Box-Office-Einbruch 2005 eröffnet er drastisch mit einer Zeile in *Variety speak*: »There was blood in the Hollywood streets.« Filme wurden damals aus Unsicherheit nicht herausgebracht, die Rückflüsse von der Kinokasse sanken um nahezu zehn

Donald Ogden Stewart in Hollywood, 1925 (Abbildung aus What Happens Next*)*

ERIN BROCKOVICH (2000; D: Susannah Grant; R: Steven Soderbergh)

CITIZEN RUTH (Baby Business; 1996; D: Alexander Payne, Jim Taylor; R: Alexander Payne)

ELECTION (1999; D: Alexander Payne, Jim Taylor, nach dem Roman von Tom Perrotta; R: Alexander Payne)

ABOUT SCHMIDT (2002; D: Alexander Payne, Jim Taylor, nach dem Roman von Louis Begley; R: Alexander Payne)

SIDEWAYS (2004; D: Alexander Payne, Jim Taylor, nach dem Roman von Rex Pickett; R: Alexander Payne)

BREAKOUT (Mann ohne Nerven; 1975; D: Elliott Baker, Howard B. Kreitsek, Marc Norman; R: Tom Gries)

THE KILLER ELITE (Die Killer-Elite; 1975; D: Marc Norman, Stirling Silliphant, nach dem Roman von Robert Rostand; R: Sam Peckinpah)

SHAKESPEARE IN LOVE (1998; D: Marc Norman, Tom Stoppard; R: John Madden)

Prozent gegenüber dem Vorjahr. Norman beschreibt im Folgenden, wie der Trend zu Filmen *based on a true story* oder der schwächeren Variante *inspired by a true story*, den der Erfolg von ERIN BROCKOVICH ausgelöst hatte, durch Misserfolge der Nachfolger zusammenbrach. Er widmet sich in diesem Zeitabschnitt vor allem den Spekulationen um die Frage: Was hat Erfolg an der Kinokasse? Den künstlerischen Erfolg eines Paares wie Regisseur Alexander Payne und Autor Jim Taylor mit Filmen wie CITIZEN RUTH, ELECTION, ABOUT SCHMIDT und SIDEWAYS erwähnt er nur noch kurz als Ausnahme vom Trend. Die anekdotenreichen Beschreibungen früherer Zeiten und Arbeitsverhältnisse weichen generellen Einschätzungen. Dafür wird aber der schleichende Abbau der Autorenrechte analysiert, der unausweichlich zum Streik von 2007 führte.

Norman weist auch darauf hin, dass es in letzter Zeit für Autoren leichter wurde, ins Regiefach zu wechseln. Die Frage, ob Autoren sinnvollerweise Regie führen sollten, beantwortet er jedoch nicht anhand der aktuellen Entwicklung der letzten Jahre, sondern vielleicht: in erster Linie an den historischen Beispielen von Robert Towne und Paul Schrader. Er betont dabei vor allem die großen privaten Schwierigkeiten, in denen sich die beiden in den von der Kraft der Drogen aufgepeitschten Jahren des New Hollywood befanden. Norman glaubt, dass die zwei Professionen zu unterschiedlich sind und die Drehbuchautoren in ihrem Versuch, Kontrolle über ihre Stoffe zu behalten, nur schlechte oder mittelmäßige Filme zustande brachten und das Publikum um große Filme, die sie hätten schreiben können, betrogen haben.

Für Norman lieferten die Drehbuchautoren in der Filmgeschichte stets das Fundament, auf dem die Produzenten und Regisseure ihre überdimensionierten Egos errichten. Diese strikte Parteinahme wundert nicht, ist Marc Norman doch selbst Drehbuchautor, der mit *What Happens Next* zum ersten Mal ein Sachbuch verfasst hat. Der 67-Jährige hatte in der Vergangenheit einige nicht sehr erfolgreiche Actionfilme geschrieben wie MANN OHNE NERVEN mit Charles Bronson oder KILLER ELITE, bei dem Sam Peckinpah Regie führte. Erst 1998 gelang ihm ein großer Hit. Er gewann in diesem Jahr zusammen mit Tom Stoppard den Oscar für das beste Originaldrehbuch für SHAKESPEARE IN LOVE. Der Film holte außerdem in sechs weiteren Kategorien die begehrte Trophäe, und Stoppard und Norman konnten auch einen Golden Globe, einen englischen Bafta Award und den WGA Award for Best Screenplay abräumen. Bei seiner deutschen Präsentation auf der Berlinale gewann der Film einen Silbernen Bären.

Ein leichter Schatten legte sich auf diesen durchschlagenden Erfolg, als Don Miller und Peter Hassinger behaupteten, der Film basiere auf ihrem 1991 an Universal verkauften Script *Dark Lady*. Norman bestritt damals die Behauptung, er habe geistiges Eigentum geraubt, und erklärte, eine Unterhaltung über das Shakespeare-Stück *Romeo und Julia* habe den Anstoß zur Filmidee gegeben. Miller und Hassinger hatten von Universal seinerzeit die deprimierende Auskunft bekommen, ihr Drehbuch sei leider unverfilmbar, konnten aber nachweisen, dass das Studio das Buch trotzdem an Miramax verkauft hatte, und ein Richter ließ ihre Klage zumindest zum Prozess zu.

William Shakespeare: *Romeo und Julia* (Reclam 2002)

In dem mit Preisen überhäuften Kassenknüller ist die Geliebte des Dichters blond, im wirklichen Leben war sie wohl dunkelhaarig, zumindest wenn man seinen Sonetten Glauben schenken will. In mehr als 25 Gedichten hat er ihre Schönheit besungen und ihren Charakter, ihre Vorlieben, ihre Zurückweisungen, ihre fragwürdige Moral und dunkle Komplexität detailliert beschrieben. *The Dark Lady*, wie sie in den Sonetten immer wieder unter strikter Umgehung eines Namens heißt, war und ist eines der großen Rätsel der Shakespeare-Forschung. Um ihre Existenz kreiste das 1991 entstandene gleichnamige Drehbuch Millers und Hassingers. Schon 1973 hatte der britische Historiker A.L. Rowse die Behauptung aufgestellt, er habe das Rätsel gelöst, es handele sich bei der Dark Lady um Emilia Bassono Lanier, die aus einer italienisch-englischen Musikerfamilie stammte und deren emanzipatorische Gedichte als erste Texte einer Frau in England in Buchform publiziert wurden. Seine in der Fachwelt nicht recht anerkannten Forschungsergebnisse bilden wahrscheinlich den Ausgangspunkt für die fiktiven Spekulationen der beiden amerikanischen Drehbuchautoren. Die Westschweizer Autorin Anne Cuneo, die schon bei einem früheren historischen Romanprojekt eng mit Rowse zusammengearbeitet hatte, glaubte den Hinweisen des Historikers und schrieb das Buch *Dark Lady*, das im Untertitel *Ein Roman um Shakespeares große Liebe* hieß. Ihr Buch erschien im gleichen Jahr, als der Film SHAKESPEARE IN LOVE für Miramax und Norman die Kinokassen klingeln ließ und einen wahren Preisregen entfesselte.

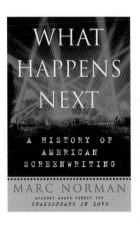

Anne Cuneo: *Dark Lady. Ein Roman um Shakespeares große Liebe* (Unionsverlag 1998)

Ein Reigen voll unerwarteter Wendungen und dunkler Zonen ist offensichtlich die Historie dieses Stoffes. Sie wäre eine Recherche wert und vielleicht selbst möglicher Ausgangspunkt einer spannenden Geschichte. In Marc Normans *History of American Screenwriting* erfährt man darüber allerdings aus nachvollziehbaren Gründen nichts.

Auch was manche Zeitangabe, historische Einordnung oder ästhetische Wertung angeht, mag man Norman vielleicht nicht folgen, denn schon das Jahr des eigenen Oscargewinns ist in der Vita des Autors mit 1999 falsch angegeben. Trotzdem ist *What Happens Next* ein wichtiger Versuch, der Bedeutung des Drehbuchschreibens bei der historischen Entwicklung der amerikanischen Filmindustrie nachzuspüren.

Zum Umgang mit dem großen Shakespeare hatte schon Lessing eine Haltung, die auf interessante Weise filmische Verweise enthält. Shakespeare wolle »studiert, nicht geplündert werden«, meinte der deutsche Dichter und empfahl, wer sich ernsthaft auf ihn einlassen wolle, der müsse sich wie ein Landschaftsmaler mit der Camera obscura verhalten, »er schaue fleißig hinein, um zu lernen, wie sich die Natur in allen Fällen auf eine Fläche projiziert ...«

Lesezeichen

Marc Norman

Jürgen Kasten: *Film schreiben. Eine Geschichte des Drehbuchs* (Hora 1990)

Nachdem er die Trends der letzten Jahre beschrieben hat, ist sich Marc Norman in einer Zukunftsaussicht sicher: Was auch immer die technologischen und ökonomischen Entwicklungen der Zukunft Hollywood bringen mögen, jemand wie ein Drehbuchautor wird weiter notwendig sein, auch wenn man ihn dann vielleicht *content provider* nennt. Und er sieht diesen Autor auch weiterhin im Zentrum stehen, denn er bringt hervor, was immer die Geschichte sein wird, die es zu erzählen gilt. Norman glaubt, dies wird dem Drehbuchautor so wie bisher nur in Kämpfen und Schlachten möglich sein, aber es wird ihm auch die zumindest gleiche Anerkennung bringen wie heute. So endet seine Geschichte des amerikanischen Drehbuchschreibens mit einem verhältnismäßig positiven Ausblick in die Zukunft oder, wie die Amerikaner sagen würden, *upbeat*.

Etwas prosaischer sieht es der von ihm vorher zitierte Paul Schrader. »I do not care if they stop making movies. It is just another tool. I will put the hammer down and reach for the screwdriver and find another medium to work in. It is not about this sacred thing called the cinema. To me it is all about storytelling and self-exploration.«

Auch wenn Normans Historie des Drehbuchschreibens in Amerika kein perfektes Buch ist, weckt es doch den Wunsch nach einem vergleichbaren Werk über die deutsche Drehbuchgeschichte. Jürgen Kastens Buch *Film schreiben* erschien bereits 1990 und hat seinen Schwerpunkt deutlich in den frühen Jahren des Kinos. Ein aktuelles deutsches Werk wie das Normans, so wünschenswert es ist, würde allerdings schwerlich ungebremst positiv enden können. Das neue Urhebergesetz beraubt die Autorinnen und Autoren ihrer Rechte in Bezug gerade auf die bisher unbekannten Nutzungsarten. Die Honorare für Drehbücher im Fernsehen sind seit Jahren rückläufig, und das den Autor von den weiteren Verwertungen seines Werkes abschneidende *buy out* greift weiter um sich und höhlt langsam sogar die lange bestehende Regelsammlung der Bühnenverleger mit den öffentlich-rechtlichen Sendern aus. Der Status der Autoren ist im Moment nicht gerade der Beste, und von einem erfolgreichen Streik, wie ihn die amerikanischen Kollegen zu Beginn des Jahres praktiziert haben, sind die deutschen Drehbuchautoren so weit entfernt wie noch nie zuvor. Daran ändert auch die zum Schluss von Norman noch einmal beschworene Wahrheit nichts: »The truth is, the screenwriter, from the medium's beginning, dreamed up not only what the actors said but the reason they were saying it, what they were trying to do and what was stopping them, their deepest needs, their greatest hopes, whatever ancient metaphor of mankind they were acting out.«

Jochen Brunow

Monster aus der Box

Michaela Krützen: *Väter, Engel, Kannibalen – Figuren des Hollywoodkinos*. Frankfurt/Main: Fischer (Tb.) 2007. 317 S., Euro 12,95.

Michaela Krützen, Professsorin für Kommunikations- und Medienwissenschaft an der Hochschule für Fernsehen und Film in München, befasste sich in ihrem ersten Buch mit der Dramaturgie des Hollywoodfilms, die sie am Beispiel von DAS SCHWEIGEN DER LÄMMER erläuterte. Ihr zweites Buch *Väter, Engel, Kannibalen* widmet sich den Figuren des Hollywoodkinos. Der Titel verbindet und kontrastiert sehr unterschiedliche Charaktertypen und weckte so meine Neugier. Nachdem ich beim schnellen Durchblättern in der Buchhandlung Fotos von E.T., dem Alien und dem Terminator entdeckte, wollte ich mehr und vor allem wissenschaftlich Abgesichertes über die Helden meiner Kindheit und Jugend erfahren, drei frühe und wichtige Begleiter auf meinem langen Weg zum Drehbuchautor.

Krützens Buch ist allerdings keine Dramaturgie, die dem Drehbuchautor helfen soll, eigene Charaktere zu entwickeln, so wie beispielsweise *Von der Figur zum Charakter* von Linda Seger. Die Autorin hat drei Ziele für ihr Buches im Vorwort benannt: Erstens die unterschiedlichen Erscheinungsformen von immer wiederkehrenden Figuren zu zeigen; zweitens darzustellen, wie Epochenbrüche im Film an den Veränderungen von Filmfiguren festgemacht werden, und drittens zu veranschaulichen, dass Filmfiguren stets eine bestimmte narrative Funktion haben. Dabei geht Krützen immer vom konkreten Beispiel einer Filmfigur aus und verliert sich nicht in theoretischen Spekulationen – was allerdings nicht heißt, dass ich den Ergebnissen ihren Analysen immer zustimme.

Das erste von acht Kapiteln, *Die Weißblondine: Das Haar, der Star*, hatte ich beim Durchblättern in der Buchhandlung wohl übersehen. Voreingenommen fragte ich mich zunächst, ob der Haarschopf Marilyn Monroes nicht eher ein Thema für eine Frauenzeitschrift ist. Aber der Autorin gelingt es auf diesem Wege, dem Leser die Zeit des frühen Hollywoodkinos nahezubringen. Die weiblichen Stars mussten seinerzeit hart kämpfen, um ihren Platz in der Filmgeschichte zu finden – oder zu scheitern. Marilyn Monroe oder Jane Mansfield stiegen zu unvergessenen Berühmtheiten auf – andere »Weißblondinen«, zum Beispiel Betty Grable, gerieten in Vergessenheit. Man erfährt spannende Details über den meist tragischen Konflikt im Leben dieser Stars, den Widerstreit zwischen ihrem privaten Leben, dem *off screen image*, und ihrem meist völlig gegensätzlichen, mythischen *on screen image*, das den Wünschen der Studios entsprach. Im Mittel-

THE SILENCE OF THE LAMBS (Das Schweigen der Lämmer; 1991; D: Ted Tally, nach dem Roman von Thomas Harris; R: Jonathan Demme)

E.T. THE EXTRA-TERRESTRIAL (E.T. – Der Außerirdische; 1982; D: Melissa Mathison; R: Steven Spielberg)

ALIEN (1979; D: Dan O'Bannon; R: Ridley Scott)

THE TERMINATOR (1984; D: James Cameron, Gale Anne Hurd; R: James Cameron)

Linda Seger: *Von der Figur zum Charakter. Überzeugende Filmcharaktere schaffen* (Alexander 2001)

Lesezeichen

Michaela Krützen

BACK TO THE FUTURE I-III (Zurück in die Zukunft I-III; 1985-1990; D: Bob Gale, Robert Zemeckis; R: Robert Zemeckis)

I.Q. (1994; D: Andy Breckman, Michael Leeson; R: Fred Schepisi)

YOUNG EINSTEIN (Einstein Junior; 1988; D: David Roach, Yahoo Serious; R: Yahoo Serious)

punkt steht dabei das widerspenstige Haar des Stars, das – Fluch und Segen zugleich – zum einen Eintrittskarte in die Glamourwelt ist und zum anderen eine schmerzhafte Prozedur erfordert.

Im nächsten Kapitel folgt die Begegnung mit Außerirdischen. Das Alien und E.T. – beide werden im Buch nebeneinander im Foto festgehalten – haben mich als Zuschauer sehr berührt. E.T. brachte mich als Kind zum Lachen und zum Weinen, das Alien lehrte mich in der Jugend das Fürchten. Bestimmte Filmszenen werde ich wahrscheinlich nie vergessen: E.T., der sich zwischen den Kuscheltieren versteckt, das eklige Alien, das aus dem Bauch des Astronauten hervorbricht. Wenn ich an Außerirdische denke, habe ich tatsächlich zuerst diese beiden Exemplare im Kopf. Woran liegt das? Für Krützen sind sie die negativste und die positivste aller möglichen Visionen von außerirdischer Existenz.

Ihrer äußeren Beschreibung folgt eine dramaturgische Betrachtung, und hierfür muss Krützen einen Umweg nehmen: E.T. und Alien sind zwar die Stars des Films, nicht aber die Hauptfiguren. Daher hat Krützen Elliot aus E.T. und Ripley aus ALIEN in den Mittelpunkt gestellt. Das der filmdramaturgischen Analyse zugrundeliegende Modell der »Heldenreise« wird von ihr dabei nur sehr kurz erläutert. Für einen dramaturgisch geschulten Leser ist die Darstellung zwar gut nachvollziehbar, bleibt aber angesichts der Stofffülle, die die Autorin sich aufgebürdet hat, ziemlich an der Oberfläche. Zugleich wird Krützen dabei sehr spekulativ, wenn sie die beiden Spezies im *Wunder und Grauen* betitelten Abschnitt mit Jesus und dem Teufel vergleicht: E.T. als »weltliche Verkörperung« Jesu, das Alien als »Pest bringender« Todesbote.

Im Kapitel *Geniale Naturwissenschaftler* geht die Autorin dann der Frage nach, inwieweit die Darstellung des Wissenschaftlers im Hollywoodkino durch Albert Einstein beeinflusst wurde. Wie vermutet, ist der Wissenschaftler kein Schwergewicht in der Liga der Filmfiguren Hollywoods. Neben Doc Brown aus der Filmtrilogie ZURÜCK IN DIE ZUKUNFT oder der Verkörperung von Einstein durch Walther Matthau in der romantischen Komödie I.Q. stößt man noch auf YOUNG EINSTEIN und wenige andere, kaum bekannte cineastische Kreationen dieses Wissenschaftlers. Ich erinnere mich dunkel, dass irgendwann in den 1980er Jahren YOUNG EINSTEIN zum Überraschungserfolg wurde und Hauptdarsteller Yahoo Serious das Titelbild der *Cinema* schmückte. Ich habe den Film bis heute nie gesehen, auf meiner Liste der versäumten Klassiker steht er auch nicht. Aber Krützen versteht es, auch Filme und Filmfiguren, die man nicht gesehen hat, dank ihrer klaren, anschaulichen Sprache zum Leben zu erwecken. Die Filmfigur »Einstein« durchläuft für sie im Unterschied zu den meisten Hauptfiguren des *classical cinema* keine »Reise des Helden«. Einsteins Antipoden sind nach ihrer Auffassung die *mad scientists*, die beispielsweise als Dr. Frankenstein oder Dr. Jekyll Berühmtheit erlangten. In jüngerer Zeit, so Krützens These, findet sich dieser Typus fast nur noch in Komödien wieder. »Die Ursache dieser Verschiebung vom Horrorfilm zur Komödie ist ein verändertes Bild der Wissenschaft: Sie wird nicht mehr als die Leistung eines Einzelnen gesehen, der der Gesellschaft gefährlich werden könnte. Als gefährlich gilt vielmehr, dass die Forschungsresultate in die falsche Hände geraten könnten [...]. Größenwahnsinnig sind jetzt Unternehmer oder Wissenschaftler, die unbedarfte Wissenschaftler in ihre Dienste nehmen.« Dies hat nach Krützen einen anderen Typus des Wissenschaftlers hervorgebracht: »Einsteins Erben«. Dr. John Nash (Russell Crowe) aus A BEAUTIFUL MIND und Dr. Ellie Arroway (Jodie Foster) aus CONTACT. Auch wenn die »Verrücktheit ein zentrales Element bei der Darstellung des Wissenschaftlers geblieben ist«, unterscheidet diese Figuren von ihren Vorgängern das Verantwortungsbewusstsein. »Einsteins Erben« sind von dem »Wunsch beseelt, den Menschen zu helfen«. Zuletzt ordnet Krützen niemand anderen als E.T. dem neuen Typ des Wissenschaftlers zu. Sie zitiert Steven Spielberg, der der Figur eine Aura von Weisheit und Güte verleihen wollte und dessen Augen deshalb »*childlike* und *ancient*« sein sollen. In E.T.s Augen die von Einstein erkennen zu wollen und das Kürzel als »Ein-Stein« zu lesen, scheint mir aber doch übers Ziel hinauszuschießen. Mich erinnern E.T.s Augen eher an den Mops meiner Großmutter.

Michaela Krützen
Väter, Engel, Kannibalen
Figuren des Hollywoodkinos

A BEAUTIFUL MIND (2001; D: Akiva Goldsman, nach dem Buch von Sylvia Nasar; R: Ron Howard)

CONTACT (1997; D: James V. Hart, Michael Goldenberg, nach dem Roman von Carl Sagan; R: Robert Zemeckis)

Von den Wissenschaftlern führt uns die Autorin im Kapitel *Ted ist nicht der Gleiche* zu den *Vorbildlichen Vätern im Hollywoodkino der achtziger Jahre*. Ted (Dustin Hoffman) ist die Hauptfigur aus KRAMER VS. KRAMER. In seinem Weg zum fürsorglichen, alleinerziehenden Vater das Modell der Heldenreise zu erkennen fällt nicht schwer. Nach Krützen können Männer in der Vaterrolle überhaupt erst seit diesem Film die Funktion des Helden übernehmen. Das unterscheidet Ted Kramer von den »alten Vätern«, für die eine Erziehung ohne Mutter undenkbar war. Die »neuen Väter« des Kinos der 1980er und 1990er Jahre kommen hingegen fast nur noch in Komödien vor. Diese »Junggesellen und Muskelmänner« zeichnet laut Krützen aus, dass sie, anders als Kramer, »unfreiwillig« zu Vätern und damit zu besseren Menschen werden. Dies hatte neben Genreklassikern wie DREI MÄNNER UND EIN BABY auch einen Film wie JUNIOR möglich gemacht, in dem Arnold Schwarzenegger einen schwangeren Wissenschaftler spielt und sich als osteuropäische Leistungssportlerin tarnt.

KRAMER VS. KRAMER (Kramer gegen Kramer; 1979; D: Robert Benton, nach dem Roman von Avery Corman; R: Robert Benton)

3 HOMMES ET UN COUFFIN (Drei Männer und ein Baby; 1985; D+R: Coline Serrau)

JUNIOR (1994; D: Kevin Wade, Chris Conrad; R: Ivan Reitman)

Schwangere Väter und kein Kapitel über die Mutter? Mütter passen für die Autorin nicht in das Schema der Heldenreise, Vater- und Mutterschaft haben ihrer Ansicht nach bis heute einen unterschiedlichen Stellenwert. Dieses Thema behandelt Krützen leider nur am Rande, da es sich ihrer Ansicht nach hierbei um lebensweltliche und nicht narratologische Kategorien handelt. Was umso mehr erstaunt, als sie noch im *Weißblondinen*-Abschnitt die »Lebenswelt« der Schauspielerinnen sehr genau betrachtet hat.

Zu meiner Überraschung stieß ich auch im Kapitel Maschinenmenschen auf das »Elternthema«. Krützen sieht in der Maschine T-800 (Arnold Schwarzenegger) aus James Camerons TERMINATOR 2: JUDGEMENT DAY den idealen Ersatzvater für den kleinen John, der »kein anderes Interesse hat als das, den Sohn zu beschützen«. War das womöglich der unbewusste Grund, warum ich T-800 als Jugendlicher so mochte? Dem Terminator bleibt, so Krützen, im Gegensatz zum Roboterjungen David aus Steven Spielbergs Film A.I. die Menschwerdung versagt. Der T-800 weiß, dass er eine Maschine bleiben wird, deshalb muss er am Ende des Films den Heldentod sterben. Wiederum stellt die Autorin fest, dass die »Maschinenmutter« bisher keinen Platz im Hollywoodkino gefunden hat. Weibliche Maschinenmenschen kommen lediglich als »erotische Geschöpfe« vor. Krützen führt diese Reduzierung auf die Angst des Mannes zurück, für den die Vorstellung, das weibliche Maschinenwesen könnte in der Lage sein, sich ohne sein Zutun fortzupflanzen, eine Bedrohung darstellt. James Cameron hat in einem Interview angekündigt, dass die Androiden in seinem neuen, bald erscheinenden Film AVATAR nicht mehr von realen Schauspielern unterscheidbar sind. Bleibt abzuwarten, wie sich diese digitale Schöpfung auf die Darstellung des weiblichen Maschinenmenschen auswirkt.

Im Kapitel *Menschenfresser* stoße ich auf filmisches Neuland. Die meisten der genannten Filme kenne ich gar nicht, nur einer dieser Menschenfresser hat für mich ein Gesicht: *Hannibal the Cannibal*. Krützen entdeckt den Menschenfresser im Kunst-, Camp-, Horror- und klassischen Hollywoodfilm, und ich lerne nebenbei, was ein Campfilm ist. Sie unterteilt die Menschenfresser dabei in Wilde, Zombies und Psychopathen. Was unterscheidet den unvergesslichen Hannibal Lecter von diesen ganzen Kollegen? Für Krützen, dass er die »Funktion eines Adjuvanten, eines Helfers« hat. Und »Lecter ist Hopkins. Hopkins gab zugleich auch *dem* Kannibalen ein Gesicht [...]. Im klassischen Kino, ja auch in einem Autorenfilm oder TV-Movie wird sich jeder künftige Kannibale an Hannibal messen lassen müssen.« Vermutlich bedeute Hannibals Erfolg auch das vorläufige Ende der Karriere des Kannibalen auf der »großen« Leinwand. Der letzte Lecter-Film HANNIBAL RISING, der die Kindheit und Jugend des Massenmörders (hier verkörpert von Gaspard Ulliel) behandelt, findet bei ihr noch keine Berücksichtigung.

Vom Bösen ist es nur ein kurzer Weg zum Guten, zu den Himmelsboten, den Engeln des nächsten Abschnitts. THE BISHOP'S WIFE und IT'S A WONDERFUL LIFE sind zwei Filmklassiker aus den 1940er Jahren, in denen Dudley (Cary Grant) und Clarence (Henry Travers) den Menschen als Engel erscheinen. Von ihnen und *anderen Himmelsboten im Film* handelt das Kapitel. »Engel bringen die Menschen zu Einsichten, zu denen sie allein nicht gekommen wären.« Dudley und Clarence haben eine klare dramaturgische Funktion. Sie sind *guides*, wie dramaturgische Ratgeber im Gefolge Joseph Campbells es nennen würden, Mentoren, Berater – was sie seltsamerweise mit *Hannibal the Cannibal* gemein haben. Anders jedoch Cassiel (Otto Sander) und Damiel (Bruno Ganz) aus Wim Wenders HIMMEL ÜBER BERLIN: »Die Berliner Engel können die Menschen auf sehr sanfte Weise inspirieren, aber nicht retten. Insofern sind sie eine machtlose Ausgabe der Engel Hollywoods: leidgeprüfte Zuhörer. [...] Er [Wim Wenders] entwirft somit ein Gegenstück zum Himmelsboten im *classical cinema*.« Ob sich Wenders hiervon wirklich bewusst abgrenzen wollte oder ob seine Engel nicht vielmehr eine Folge seiner eigenen, epischen Erzählweise sind, scheint mir aber fraglich.

Nach einem Ausblick auf »die Zukunft der Engel« folgt das letzte Kapitel: *Drei Verliebte: 1939, 1967, 1990* – aus drei Filmen, BRINGING UP BABY, THE GRADUATE und WILD AT HEART, die Krützen jeweils dem *classical cinema*, dem modernen und dem postmodernem Film zuordnet. Die »filmhistorischen Erschütterungen« zwischen diesen Epochen lassen sich in den »Darstellungen der Intimbeziehungen verdeutlichen«. Im *classical cinema* ist »der Anspruch an die Liebe, dass sie eine Hauptfigur zu ihrem eigenen besten verändern kann [...]. Das moderne Kino hingegen zeigt, statt der Überwindung von Problemen, die Arbeit an Problemen, die noch dazu wenig erfolgreich verläuft. [...] Als Thema tritt die Liebe in New Hollywood in den Hintergrund.« Das postmoderne Kino schließlich entwickelt wieder eine bejahendere Haltung zur Liebe. WILD AT HEART folgt der »Heldenreise« und bedient sich dabei »lustvoll aus dem Fundus« der Filmgeschichte. So findet eine ironische Variation vorgefundener Elemente statt. Mit einem Elvis-Song gesteht Sailor seiner Lula seine grenzenlose Liebe ein: »Love me tender, love me tender, never let me go«. Das ist auch der letzte Satz des Buches.

Es fällt nicht leicht, *Väter, Engel, Kannibalen* einzuordnen. Das Buch ist weder dramaturgischer Ratgeber noch filmtheoretische Abhandlung. Ich habe den Eindruck, dass Krützen ein Fachbuch für die Allgemeinheit schreiben wollte. Ihr erstes Buch, das nur die »Heldenreise« zum Thema hatte, war schon vom Ausgangspunkt viel klarer. Filmfiguren haben eben nicht nur eine Funktion; wenn sie gut ge-

THE BISHOP'S WIFE (Engel sind überall; 1947; D: Leonardo Bercovici, Robert E. Sherwood, nach dem Roman von Robert Nathan; R: Henry Koster)

IT'S A WONDERFUL LIFE (Ist das Leben nicht schön?; 1946; D: Frances Goodrich, Albert Hackett, Frank Capra, nach der Erzählung von Philip Van Doren Stern; R: Frank Capra)

DER HIMMEL ÜBER BERLIN (1987; D: Peter Handke, Richard Reitinger, Wim Wenders; R: Wim Wenders)

BRINGING UP BABY (Leoparden küsst man nicht; 1938; D: Dudley Nichols, Hagar Wilde; R: Howard Hawks)

THE GRADUATE (Die Reifeprüfung; 1967; D: Calder Willingham, Buck Henry, nach dem Roman von Charles Webb; R: Mike Nichols)

WILD AT HEART (1990; D: David Lynch, nach dem Roman von Barry Gifford; R: David Lynch)

schrieben sind, beginnen sie auch zu leben. Die Autorin blickt von außen scheinbar neutral und wissenschaftlich auf Charaktere, geht in ihrer Interpretation dabei aber oft doch sehr weit. Wodurch und warum eine bestimmte Filmfigur ihren Platz im kollektiven Gedächtnis findet, ist – und bleibt auch nach der Lektüre dieses Buches – ein komplexer, ein geheimnisvoller Vorgang. Wenn Krützen im Vorwort schreibt, dass ein Autor nur Neues schaffen kann, wenn er sich mit dem Vertrauten auseinandersetzt, so wendet sie sich direkt an Drehbuchautoren als Leser. »Wer ganz untypische Charaktere ersinnen möchte, sollte die Figuren des klassischen Kinos in- und auswendig kennen.« Es schadet mit Sicherheit nicht, berühmte Filmfiguren zu kennen. Doch diese Kenntnis erschöpft sich eben nicht in dem Wissen um ihre Funktion. Jede einzigartige Filmfigur ist zunächst das Geschöpf eines freien kreativen Geistes, dann beginnt ihre Reise.

Christoph Callenberg

Vom Schreibtisch der Autoren

Dennis Eick: *Noch mehr Exposees, Treatments und Konzepte. Erfolgreiche Beispiele aus Film und Fernsehen.* Konstanz: UVK 2008. 182 S., 17,90 Euro.

Dennis Eick: *Exposee, Treatment und Konzept* (UVK 2005)

NEUES VOM WIXXER (2007; D: Oliver Kalkofe, Bastian Pastewka, Oliver Welke; R: Cyrill Boss, Philipp Stennert)

Stromberg (D 2004ff.)

The Office (GB 2001-03)

DIE FLUCHT (2007; D: Gabriela Sperl; R: Kai Wessel)

Der Kriminalist (D 2006ff.)

Schulmädchen (D 2002-05)

Mit *Noch mehr Exposees, Treatments und Konzepte* erscheint bereits das zweite Buch, das Dennis Eick zu den Vorstufen des Drehbuchtextes vorlegt. Standen in der ersten Veröffentlichung (*Exposee, Treatment und Konzept*) noch die graue Theorie, »Regeln« – sofern es solche denn gibt – für das Verfassen dieser Textformen und diverse *dos & don'ts* im Vordergrund, beschäftigt sich Eick nun mit konkreten Beispielen. Und deren Auswahl ist durchaus gelungen.

So finden sich hier Texte zum anspruchsvollen Kino genauso wie zur leichten Fernsehkost, vom TV-Historiendrama über die Kino-Parodie bis hin zur Krimiserie. Renommierte Filmemacher wie Fatih Akin oder Dani Levy sind mit ihren Exposés ebenso vertreten wie das Bildertreatment zu NEUES VOM WIXXER oder das Serienkonzept zu *Stromberg* (bei dem übrigens eine etwas deutlichere Erwähnung, dass es sich hier um eine Kopie des britischen *The Office* handelt, wünschenswert gewesen wäre). Neben weiteren Beispielen aus Privatsenderproduktionen finden sich auch einige öffentlich-rechtliche Formate wie DIE FLUCHT oder auch die Serienbibel zu *Der Kriminalist*.

Inhaltlich und thematisch decken die Texte also eine große Spannbreite ab, vom Klamauk bis hin zum Reality-Format. Vielleicht hätte man sich etwas mehr Aktualität bei den Texten wünschen können – die ebenfalls beinhaltete RTL-Serie *Schulmädchen* ist längst abgesetzt.

Gleiches gilt auch für die ARD-Vorabendserie *Berlin, Berlin*, von der ein ausführlicher Auszug aus dem ursprünglich 80 Seiten langen Konzept abgedruckt wurde.

Angenehm fällt dagegen auf, dass Eick ausschließlich deutsche Beispiele wählt und sich nicht in »Für-den-unwahrscheinlichen-Fall-dass-Sie-mal-in-Hollywood-arbeiten«-Tipps ergeht. Anstatt Legenden vom »Pitch am Pinkelbecken« und dem darauffolgenden Millionen-Dollar-Deal zu verbreiten, widmet sich Eick ganz pragmatisch dem Leser bekannten und damit naheliegenden Beispielen. Es sind Texte, die Tag für Tag auf deutschen Schreibtischen zu finden sind – und damit einen wertvollen Praxisbezug aufweisen.

Natürlich sind die Lorbeeren nur bedingt Eick selbst zuzuschreiben – wenn man von seiner Herausgebertätigkeit einmal absieht. Er »hat schreiben lassen«, denn abgesehen von einem kleinen Einführungstext am Anfang eines jeden Kapitels, in dem mehr oder weniger rekapituliert wird, was bereits in Band 1 geschrieben stand, stammen sämtliche Texte aus der Feder der jeweiligen Drehbuchautoren oder sind kurze Statements der Produzenten. Dies schmälert jedoch keinesfalls den Nutzen dieser Veröffentlichung, da Exposés, Treatments und Serienkonzepte in der Regel nicht öffentlich zugänglich sind. Drehbücher lassen sich auf diversen Webseiten kostenlos herunterladen, Exposés beispielsweise aber sind kaum auffindbar – von einem Pitch-Papier oder gar einer Serienbibel ganz zu schweigen.

Und dies ist das Besondere und Spannende an dem Buch: Eick publiziert Texte, die normalerweise nur »Eingeweihten« zugänglich sind. Ein sehr praxisorientiertes und realitätsnahes Kompendium – und daher für Autoren ebenso lesenswert wie für interessierte Zuschauer.

Katharina Bildhauer

Berlin, Berlin (D 2001-04)

Dennis Eick

Filmromane

Arnolt Bronnen: *Film und Leben Barbara La Marr*. Hg. von Claudia Wagner. Berlin: AvivA 2003. 350 S., Euro 16,-.
Arnold Höllriegel: *Bimini*. Hg. von Michael Grisko. Siegen: Carl Böschen 2008. 174 S., Euro 12,-.
Arnold Höllriegel: *Die Films der Prinzessin Fantoche*. Hg. von Michael Grisko. Berlin: AvivA 2003. 160 S., Euro 12,50.
Heinrich Eduard Jacob: *Blut und Zelluloid*. Bad Homburg: Oberon 1986. 276 S. (im Buchhandel vergriffen).

Unter »Filmroman« verstand man früher etwas anderes als heutzutage, wo Taschenbuchverlage mit diesem Etikett versehen, was in den USA unter dem Begriff Novelization oder Film-*Tie-in* als sekundäre

Kurt Pinthus (Hg.): *Das Kinobuch. Kinostücke* (Fischer Tb. 1983)

Georg Lukács: *Schriften zur Literatursoziologie* (Ullstein 1985)

Nebenrechtsauswertung üblich ist. Es handelt sich in der Regel dabei nicht um Literatur, sondern um Merchandisingprodukte in Buchform. In der Frühzeit des Kinos jedoch war der Filmroman keine Nacherzählung eines Films, sondern »gedrucktes Kino«: ein Versuch, Elemente des neuen Mediums in den Unterhaltungsroman zu übertragen.

»Gedrucktes Kino« überschrieb Richard A. Bermann seine Besprechung des legendären *Kinobuchs*, 1913 von Kurt Pinthus im Kurt Wolff Verlag herausgegeben. Else Lasker-Schüler, Walter Hasenclever, Max Brod und andere Expressionisten verfaßten »Kinostücke«. Bermann war übrigens auch vertreten, gleich mit zwei Texten, einem unter seinem richtigen Namen, einem unter seinem Pseudonym Arnold Höllriegel. Verfilmt wurde von den Filmentwürfen der Literaten kein einziger; in dieser Hinsicht war dem massiven Aufgebot von dichterischen Kinofantasien kein Erfolg beschieden. Der damalige Rezensent fällte, obwohl er selbst beteiligt war, ein recht kritisches Urteil über die Anthologie. Mehr als ein paar nette Skizzen seien es nicht; insgesamt eher ein großer Spaß, der die »Abenteuerlichkeit, Zapplichkeit des Kinos« literaturfähig zu machen versuchte.

Papier, man weiß es, ist geduldig. Doch mit dem Kintopp war es vorbei mit der Ruhe und Behaglichkeit episch breiter Schilderung. Arnold Höllriegel alias Bermann war vorgeprescht und hatte den ersten Filmroman vorgelegt: *Die Films der Prinzessin Fantoche*, zuerst 1913 als Fortsetzungsroman von zahlreichen Zeitungen gedruckt. Eine atemberaubende Story, thematisch wie stilistisch dem Kintopp verpflichtet: Ein reicher Bankier lässt als Geburtstagsüberraschung Filmaufnahmen in seinem Haus an der Rivera machen, ein fingierter Einbruch, aber das Spiel für die Kamera schlägt plötzlich um in Ernst, erweist sich als realer Überfall – der Kinooperateur und sein angeblicher Star, die Prinzessin Fantoche, sind echte Räuber und verschwinden mit der Beute. Das Geld ist futsch, überdies ist der Bankier dem allgemeinen Gespött ausgesetzt, laufen die Filmaufnahmen doch bald im Kino. Damit nicht genug: Fantoche narrt auch die Polizei, liefert sich mit dem Präfekten wilde Verfolgungsjagden zu Lande, zu Wasser und in der Luft: per Motorrad, im Expresszug, Autorennen auf der Küstenstraße, in »pfeilschnellen« Motorbooten, schließlich gar im Doppeldecker. Und alles wird gefilmt und läuft eine Woche später im Kino.

Technik und Tempo, Rasanz und turbulente Wendungen – die irrwitzig überdrehte Farce trumpfte auf mit jenen Attraktionen, mit denen das Kino sein Publikum anlockte. Kurz zuvor hatte Georg Lukács in seinem Aufsatz *Gedanken zu einer Ästhetik des Kinos* (1911) ausgeführt: »Erst im ›Kino‹ ist – um nur ein Beispiel zu bringen – das Automobil poetisch geworden, etwa im romantisch Spannenden einer

Verfolgung auf sausenden Autos.« Der Roman reiht spektakuläre Szenen aneinander, getrieben von dem Zwang, stets noch einen Zahn zuzulegen, muss doch Prinzessin Fantoche die Sensationsgier des stetig wachsenden Publikums ihres Serials im Kino befriedigen (und der Autor die Leser seines Fortsetzungsromans bei der Stange halten). Am Schluss gibt es, ganz medienadäquat, ein überraschendes Happy End: Die Räubergeschichte erweist sich als Reklame-Inszenierung für das Kino, der Bankier ist nebenbei Aktionär der bis vor kurzem noch maroden »Officina Cinematografica Italiana«, und auch die Liebe kommt nicht zu kurz, Prinzessin Fantoche heiratet den Sohn des Polizeipräfekten.

Arnold Höllriegel

Der ohne großen literarischen Ehrgeiz verfasste Roman war das Werk eines Mannes, der als Journalist und Feuilletonist, als Reiseschriftsteller und Romancier zu den bekannten Figuren der damaligen intellektuellen Szene gehörte. Bermann war befreundet nicht nur mit berühmten Autorenkollegen, sondern auch mit Sigmund Freud und Charlie Chaplin (über seine Erlebnisse in Hollywood schrieb er Artikel, Reportagen, Bücher und einen Roman, drehte über DIE FILMSTADT HOLLYWOOD einen Film). Er war ein sensibler Beobachter des heraufdämmernden Medienzeitalters. So bemerkte er den Einfluss der amerikanischen Comic-Strips auf den komischen Film oder antizipierte in der Frühzeit des Rundfunks bereits das Fernsehen als logischen nächsten Schritt: »Dieses Fernhören ohne Fernhören ist noch nichts. Aber das Fernsehen kommt, ist eigentlich schon da, nur noch ein praktisches Problem, kein theoretisches mehr«, notierte er 1924. In einem launigen Feuilleton mokierte er sich: »Etwa die Hälfte der Berliner ist den ganzen Tag damit beschäftigt, sich für die andere Hälfte der Berliner filmen zu lassen, oder Filme zu dichten, oder Filmpleiten vorzubereiten.« Dabei geriet dem linksliberalen Publizisten die politische Dimension nicht aus dem Blick, heißt es doch unmittelbar anschließend: »Seitdem der deutsche Imperialismus pleite ist, hat die Ufa die Expansion des deutschen Gedankens übernommen.«

DIE FILMSTADT HOLLYWOOD (1928; D: Arnold Höllriegel; R: Max Goldschmidt)

Die Films der Prinzessin Fantoche, in wenigen Tagen niedergeschrieben, schätzte Bermann selbst nicht allzu hoch ein, aber das »Machwerk« brachte ihm mehr ein als andere, wesentlich ambitioniertere Arbeiten: Nachdem die amüsante Schnurre die Zeitungsleser von München bis Mährisch-Ostrau erfreut hatte, erschien der Roman auch als Buch – und wurde verfilmt. Kein Wunder, dass Bermann, wieder unter dem Pseudonym Arnold Höllriegel, noch einmal nachlegte: 1923 folgte sein zweiter Filmroman *Bimini*.

Schon in der Rahmenhandlung wird das Thema Kino eingeführt: Der dänische Starjournalist Olaf Jaspersen besucht eine Frau, an der

DIE FILME DER PRINZESSIN FANTOCHE (1921; R: Max Neufeld)

THE TRUMAN SHOW (Die Truman Show; 1998; D: Andrew Niccol; R: Peter Weir)

Big Brother (NL 1999; D 2000ff.)

sein Herz hängt, doch sie hat nur noch ihre Karriere als Filmschauspielerin im Sinn. Auf einer Gesellschaft plaudert er über sein letztes Abenteuer. Es beginnt in New York, wo er im Kino ein verblüffend realistisches Drama gesehen hat, aufgenommen weder im Atelier noch in »einer der Filmstädte Kaliforniens, wo es zwar echte Sonne und echte Palmen gibt, wo sie aber zivilisiert und in ein ordentliches Grundbuch eingetragen sind«. Diesmal wählte Höllriegel als Folie nicht die Kriminalkomödie, sondern das seinerzeit ebenso beliebte Genre des exotischen Abenteuerstreifens. Der unerschrockene Journalist begibt sich illegal über die Grenze in den geheimnisvollen Südseestaat Bimini (eine Inselgruppe in den Bahamas), der hermetisch von der Außenwelt abgeriegelt ist. Jaspersen wird aufgespürt, wilde Indianer trachten nach seinem Leben, sein Retter ist ein plötzlich im Urwald auftauchender Jimmy Goldstein, ein mysteriöser Orchideensammler, der ihn quer durch das Land führt in die Hauptstadt von Bimini. Auf der Reise bemerkt der Journalist, dass alles exakt so ist, wie es sein soll – ein Kreole sieht aus wie ein Kreole, ein Mestize wie ein Mestize, jeder trägt die einzig richtige Kopfbetrachtung usw. –, und dies ist schon recht merkwürdig. Am Ende gibt Jaspersen ungewollt das Zeichen zum allgemeinen Aufruhr und entdeckt dabei, dass der Operettenstaat eine riesige Filmkulisse ist, er selbst eine komische Figur abgibt in einer Inszenierung, deren Regisseur Jimmy Goldstein ist.

Alles nur Film, am Schluss wachen wir erleichtert auf in der Realität – nein, diese konventionelle Lösung bietet der Roman nicht. Sondern die Realität ist verkauft worden an die Medien. »Es ist alles echt, alles geschieht wirklich, hochprima lebensnatürlich«, schwärmt Regisseur Goldstein, und der Diktator des Landes ist Vizepräsident im Verwaltungsrat der Filmgesellschaft, die »von ihm Bimini gepachtet hat, Menschen, Jaguare, Morde, Revolutionen, alles«. Der Diktator – eine moderne Version von Nero, dem Brandstifter aus literarischem Ehrgeiz – rühmt sich, aus seinem Staat »einen ungeheuren Film, ein Kunstwerk« gemacht zu haben. Für den Romanhelden, der hier für den Autor spricht, ist dies eine Horrorvision: »Kein Privatleben, kein Leben überhaupt, nicht als Kinematografie! Überall, verstand ich, der lauernde Apparat, der die Wirklichkeit zu einer ungeheuren Komödie umlügt.« Reality-TV, TRUMAN SHOW und Big Brother, vorweggenommen in einem Unterhaltungsroman von 1923.

»Ich glaube ... ich habe eine Idee!« Der Student hat etwas aus der Zeitung ausgeschnitten. »Sie hätten eine Filmidee? Einen kurbelbaren Einfall? Dass ich nicht lache!« Der Regisseur liest den Artikel – doch, das könnte ein Stoff sein. Für einen Film von ihm. Gemeinsam macht man sich auf zum Direktor der Produktionsfirma. Sie gehen von der

Leipziger Straße aus in die Friedrichstadt, wo sie zur »Filmplantage« wird: Hier schießen die Büros der Filmgesellschafen ins Kraut. Im ersten Stock residiert die Ibis-Produktion, im zweiten eine Anwaltssozietät (das ganze Filmviertel prozessiert ständig). Im dritten Stock ist die Rubensfilm von Benno Rubenson zu Hause. Der liest den Artikel, denkt an den letzten Flop des Regisseurs und schmeißt seinen Besuch raus. Danach ruft er seine Sekretärin: Sie soll ihm den Artikel bei der Zeitung besorgen. Mit dieser Pointe endet das erste Kapitel von Heinrich Eduard Jacobs Roman *Blut und Zelluloid* (1930).

Damit die Sekretärin nicht lange suchen muss, hier der Hinweis: *Der Räuberhauptmann und sein Film*, erschienen im *Berliner Tageblatt*, 24.8.1926, Verfasser: Heinrich Eduard Jacob. Der Artikel handelt von einem Korsen namens Romanetti, der nach einem Mord untertauchte und nach 20 Jahren im Untergrund von einem Filmteam besucht wird, das über und mit ihm einen Streifen dreht. Im Roman hat Jacob die Geschichte – deren Wahrheitsgehalt, wie stets bei solchen Feuilletons, zumindest zweifelhaft ist – nach Sardinien verlegt, und aus dem Räuber wurde der Rebell und Bandenführer Pedrotti. Allerdings wird dessen Geschichte nicht nach dem simplen Kolportage-Strickmuster Höllriegels abgespult. *Blut und Zelluloid* ist ein Stück Literatur. Stefan Zweig, der dem Buch eine ausführliche Besprechung widmete, meinte, der Roman habe »einen doppelten, sogar einen dreifachen Boden und vielleicht noch mehr«.

Die erste Schicht ist ein kritischer Blick auf die Filmindustrie und deren Protagonisten, der über die wohlfeile Satire hinausgeht. Rubenson ist kein Popanz: Er versteht sein Metier, und er liebt das Kino. Der jüdische Geschäftsmann spaziert jeden Abend durch Berlin und hängt seinen melancholischen Träumen nach. »An der Joachimsthaler Straße bekamen alle Dinge der Welt ein anderes spezifisches Gewicht. Es waren die riesigen Filmpaläste, aus denen die Kräfte dieser Zeit schossen und in die Straßen drängten. Nicht bös, nicht gut. Es waren Kräfte.« Rubenson bewundert, sonst wäre er kein Produzent, den Erfolg. Die Sogkraft des Kinos, das die Menschenmassen anzieht. »So strömten sie, von den Fangarmen des Lichts, der Plakate, der Zeitungen hereingeschaufelt, in den Palast. Um vor das große Maschinengewehr der Projektoren getrieben zu werden. Vor den rasenden Zelluloidstreif. Die Linse, gleichmütig und kalt, gab 20 Schüsse in der Sekunde.« Unverkennbar der expressionistische Sprachgestus, mit dem das Messenmedium als aggressives Instrument der Manipulation ausgestellt wird: Kino als Sperrfeuer, dem der Zuschauer ausgesetzt ist. »Von Patronen aus Zelluloid wurden die Gehirne durchschossen, verwundet und schon wieder bepflastert. Kilometerlange Streifen entluden sich ohne Unterbrechung, entluden sich knatternd in eine Salve

von Bildern, die im menschlichen Fleisch Hunger und Sättigung, Wollust und Leiden, Lachen und Tränen zugleich erregten.«

Benno Rubenson versteht nichts von Politik, aber er lebt »in einer Welt, die Maschinengewehre, Giftgase und Tendenzfilme hatte«, und so muss er sich fragen, was er »in die Bilderkanone laden und in die Gehirne der Leute schießen« will. Er ahnt das Potenzial der Pedrotti-Geschichte. Als Filmstoff ist es ein romantisches Märchen, »ein schöner und männlicher Zirkustraum für gequälte Erwachsene«: der Räuberhauptmann, der den Reichen nimmt und den Armen gibt, der sich nicht den Gesetzen unterwirft und gegen den der Staat machtlos ist. Und zugleich ein politisch ausbeutbares Sujet, und das heißt: Es gab Mächte, die an einem solchen Film Interesse haben, also das Unternehmen finanzieren könnten. Eine Bande, die jahrzehntelang unbehelligt in italienischen Bergdörfern lebt und dem Duce auf der Nase herumtanzt, das würde zum Beispiel den Franzosen gut gefallen. Da müsste – auf inoffiziellem Wege, versteht sich – Geld aus dem Propagandafonds locker zu machen sein.

Blut und Zelluloid ist ein politischer Roman, der Zeitereignisse direkt verarbeitet. Ein zentrales Kapitel schildert den 1926 vom Völkerbund einberufenen Pariser Filmkongress (an dem übrigens Jacob als Journalist teilnahm). In bunter Reihe tragen die Delegierten und Lobbyisten aus aller Herren Länder ihre Statements vor. Die Spanier wollen die Alleinherrschaft des Unternehmertums brechen und die Filmautoren prozentual am Erfolg ihre Werke beteiligt sehen. Andere sorgen sich um die Konservierung der Filmkopien, wieder andere schlagen die Gründung eines Weltfilmarchivs vor – Themen, die auch heute noch aktuell sind. Der Franzose Herriot fordert eine Ächtung des Hetzfilms; der Antrag wird fast zerredet und schließlich eine Resolution beschlossen, an die sich niemand halten wird: Kein Filmindustrieller wird sich ein Geschäft entgehen lassen.

Die Story mit ihren absonderlichen Wendungen soll hier nicht nacherzählt werden: Der Roman schneidet die Biografien der Rebellen und der Verräter ineinander, schildert, wie die Banditen längst zur Touristenattraktion geworden sind und die deutschen Filmexpedition in Sardinien eintrifft. Es sind müde Helden, der alt gewordene Pedrotti und der abgeklärte Filmproduzent, der gar nicht daran denkt, sich an das von den französischen Financiers diktierte Skript zu halten. Das Ende ist blutig, denn die Faschisten richten mit ihren Maschinengewehren ein Inferno an. Der Räuberhauptmann liegt neben der Kamera, »ein langer Streifen reinen und durstigen Zelluloids vermischte sich mit Pederottis Blut«.

Heinrich Eduard Jacob und Richard A. Bermann – beide jüdische Intellektuelle, die während der Nazizeit emigrieren mussten – gehö-

Heinrich Eduard Jacob

ren zu jenen Autoren, die immer mal wieder entdeckt und in Kleinverlagen gedruckt werden, jedoch ohne nachhaltige Wirkung. *Blut und Zelluloid* hat Hans J. Schütz 1986 im Oberon Verlag herausgegeben, eine nur noch antiquarisch zu erhaltene Rarität. 2003 startete im Berliner AvivA Verlag die Reihe *Filmromane*, der erste Titel war Höllriegels *Die Films der Prinzessin Fantoche* (mit einem Nachwort von Michael Grisko). Arnolt Bronnens *Film und Leben Barbara La Marr* (Nachwort Claudia Wagner) gehört zwar nicht in die Kategorie »unbekannt und vergessen«, aber in dieser Ausgabe wurde eine Besonderheit des Originals wiederhergestellt: Als Kolumnentitel läuft ein Text, eine Art Treatment, als Laufschrift über der Seite. »In einer halben Stunde / soll muss Reatha Watson / ein sechzehnjähriges Mädchen aus Yarima / bei Regisseur Al Green / eine kleine Rolle spielen und um / eine größere spielen zu können / erzählt sie ungefragt / die ein wenig unglaubwürdige / Geschichte einer achtjährigen / Schmierenschauspielerin / die zwischen Polizisten und Schweinen / unwissend und frühreif dahinsegelt« und so weiter, von Seite 8 bis Seite 320. Dem Verlag ging rasch die Puste aus. Nach fünf Jahren wird die Reihe nun im Verlag Böschen fortgesetzt mit Höllriegels *Bimini* (Nachwort wiederum von Grisko). Bleibt zu hoffen, dass nun auch die anderen seinerzeit angekündigten Titel herauskommen werden, zum Beispiel Grete Garzarollis 1933 erschienener Roman *Filmkomparsin Grete Weidemann*.

Michael Töteberg

Drehbu

Scenario

h des Jahres

Bisherige Preisträger

Jahr	Titel	Autor / Co-Autor
1988	KOAN	Peter Kramm / Oliver Schütte
1989-1991	keine Preisvergabe	
1992	DIE DENUNZIANTIN	Detlef Michel
	DIE KANUKINDER	Evamaria Steinke / Wolfgang Wegner
1993	LENYA	Wolfgang Limmer
1994	ZARAH L.	Regine Kühn
1995	KEIN WORT DER LIEBE	Alfred Behrens
1996	ROSSINI	Helmut Dietl / Patrick Süskind
1997	ST. PAULI NACHT	Frank Göhre
1998	SONNENALLEE	Thomas Brussig / Leander Haußmann
1999	keine Preisvergabe	
2000	GLOOMY SUNDAY	Ruth Toma / Rolf Schübel
2001	1. FEUER UND FLAMME (verfilmt) (Arbeitstitel: *Pissed and Proud*)	Natja Brunckhorst
	2. SCHATTEN DES JAGUAR (unverfilmt)	Clemens Murath
2002	1. GOOD BYE LENIN! (verfilmt)	Bernd Lichtenberg / Wolfgang Becker
	2. NIMM DIR DEIN LEBEN (unverfilmt)	Thomas Wendrich
2003	1. FICKENDE FISCHE (verfilmt)	Almut Getto
	2. NAPOLA (unverfilmt)	Maggie Peren / Dennis Gansel
2004	1. HERR LEHMANN (verfilmt)	Sven Regener
	2. THE FAR SIDE OF THE SEA (unverfilmt)	Marei Gerken
2005	BUNKER 5	Harry Flöter
2006	DR. ALEMÁN (verfilmt)	Oliver Keidel
2007	SIERRA	Christoph Fromm
2008	DAS ZWEITE LEBEN DES HÄUSLERS STOCKER	Klaus Krämer
2009	KATTE	Johannes Reben

Kurze Geschichte des Preises

Der Deutsche Drehbuchpreis für das beste unverfilmte Drehbuch wird vom Beauftragten der Bundesregierung für Kultur und Medien vergeben. Er wird verliehen, »um die Bedeutung des professionellen Drehbuchschreibens hervorzuheben, gute Textvorlagen für attraktive Filme zu fördern und einen fördernden Anreiz für Drehbuchautoren zu bieten.« Der Verband Deutscher Drehbuchautoren – VDD – hat die Gründung des Preises initiativ begleitet.

Die erste Verleihung des Deutschen Drehbuchpreises fand 1988 auf Vorschlag einer unabhängigen Fachjury statt. Bis 1999 fiel der Preis noch in die Zuständigkeit des Bundesinnenministeriums, seit 2000 wird er vom BKM verliehen. 1989 bis 1991 erfolgte keine Preisvergabe. Wurde der Preis anfangs rückwirkend verliehen, so ist er ab 2000 gekennzeichnet mit dem Jahr der Verleihung. (Der Drehbuchpreis 1998 wurde im Februar 1999 verliehen, somit gibt es keinen Drehbuchpreis 1999.) In den Jahren 2001 bis 2004 wurden jährlich zwei Drehbuchpreise verliehen, unter anderem im Rahmen der Veranstaltung zum Deutschen Filmpreis. Ab 2005 wird in Zusammenarbeit mit der Deutschen Filmakademie eine »Lola« für das beste verfilmte Drehbuch vergeben, und das beste unverfilmte Drehbuch wird im Rahmen einer Sonderveranstaltung als Einzelpreis gewürdigt. Seit 2007 wird das beste unverfilmte Drehbuch in Scenario, dem Film- und Drehbuch-Almanach, vollständig abgedruckt.

Nachdem der Preis in in den letzten Jahren jeweils zum Jahresende vergeben wurde, hat der BKM in Zusammenarbeit mit dem VDD die Verleihung nun in den Berlinale-Zeitraum verlegt, um so vor allem die Belange deutscher Drehbuchautoren stärker ins öffentliche Bewusstsein zu rücken. In 2009 erfolgt somit ausnahmsweise die Verleihung von zwei Drehbuchpreisen: die Verleihung des Preises 2009 und nachträglich die Verleihung des Preises für 2008. In den Folgejahren wird der Preis wieder im jeweils aktuellen Jahr vergeben.

»Der Preisträger des Deutschen Drehbuchpreises erhält eine Prämie von bis zu 30.000 Euro, von der 25.000 Euro zweckgebunden für die Herstellung eines neuen Drehbuches mit künstlerischem Rang zu verwenden sind. Der Preis wird für Drehbücher vergeben, mit deren Verfilmung noch nicht begonnen wurde. Vorschlagsberechtigt für den Drehbuchpreis sind alle filmfördernden Institutionen in Deutschland. Seit 1995 ist auch der Verband Deutscher Drehbuchautoren vorschlagsberechtigt. Es gibt kein Selbstvorschlagsrecht der Drehbuchautoren.«

Die Mitglieder der Jury für den Deutschen Drehbuchpreis 2008 und 2009 waren: Thomas Bauermeister (Vorsitzender), Peter Henning, Gernot Krää, Henriette Piper, Susanne Schneider und Bettina Woernle.

Das zweite Leben des Häuslers Stocker

Ein Drehbuch von Klaus Krämer

Frei nach der Kurzgeschichte „Das Gelübde"
von Oskar Maria Graf

1 MARIAHIMMELREICH – A/N 1

Auf einem bergigen Aussichtsplateau steht ein großes Holzkreuz mit einer geschnitzten Jesusfigur und einem kleinen Dach. Der Wind pfeift über die kantige Alpenlandschaft. Neben dem Kreuz steht ein Totenbrett, auf dem der Name HANS STOCKER zu lesen ist. Langsam verdichtet die Kamera auf die Jesusfigur.

2 SCHLAFKAMMER – I/N 2

Schemenhaft erkennt man ein älteres Paar, welches im Bett, halb sitzend, halb liegend schläft. Über ihren Köpfen hängen an der alten dunklen Holzwand ein Holzkreuz mit derselben geschnitzten Jesusfigur und Heiligenbilder von Maria und Jesus, jeweils dem Geschlecht zugeordnet.

Der Atem von Hans Stocker geht schwer. Er hustet immer wieder. Seine Frau wird wach und richtet sich auf.

MARIA: Zeit ist.

Dann steht sie auf und kniet sich im Nachthemd neben das Bett und spricht leise ihr Morgengebet.

Mühselig richtet sich der Häusler auf. Sein Husten wird stärker und schleimiger, er nimmt einen Spucknapf vom Nachtkästchen und erleichtert sich. Mit dem Unterarm wischt er sich über den Mund. Der Stocker hat eine kräftige Gestalt mit einem kantigen Schädel. Er ist fünfzig Jahre alt, wirkt durch die viele Arbeit älter. Es geht ihm nicht gut. Wieder schüttelt ein Hustenanfall seinen ganzen Körper. Er blickt zu der Jesusfigur auf und bekreuzigt sich.

Maria steht auf und beginnt sich anzuziehen. Sie ist ebenfalls um die Fünfzig. Ihr dunkles Haar weist schon viele graue Stellen auf. Sorgenvoll beobachtet sie ihren Mann.

Weiter hustend reibt der Stocker über seine geschwollenen Beine. Die Ödeme haben seine Füße und Unterschenkel fast zum doppelten Umfang anschwellen lassen.

Maria verlässt die Kammer.

3 GANG – I/N 3

Vor einer kleinen Holzleiter bleibt Maria stehen. Sie ruft in die dunkle Öffnung des Heubodens:

MARIA: Genovev, Zeit ist.

GENOVEV: (Off) Ja.

Maria dreht sich um und öffnet eine Kammertür.

4 KAMMER – I/N 4

Sie betritt die dunkle, beengte Kammer ihrer Söhne. Links und rechts an der Wand steht jeweils ein Bett. HANS und ALOIS teilen sich ein Bett. PETER schläft auf der rechten Seite.

MARIA: Aufstehen Buben.

Sofort richtet sich Peter, Mitte zwanzig, sehr kräftig und etwas grob geraten, auf. Maria verlässt die Schlafkammer.

Alois ist ebenfalls schnell aus dem Bett und zieht seine Hose an. Er ist vierzehn Jahre alt und noch sehr zart.

Hans, Anfang zwanzig, macht keine Anstalten aufzustehen. Er hat blondes Haar und eine offene, fröhliche Ausstrahlung.

Abschätzig schaut Peter zu seinem jüngeren Bruder.

PETER: Zeit ist, du fauler Hund.

Doch Hans dreht sich ostentativ zur Wand. Peter wird sofort wütend. Alois versucht zu vermitteln.

ALOIS: Bis der Vater seine Füße gebunden hat, ist der Hans doch unten.

PETER: Du sturer Hund. Wirst schon sehen, was du davon hast!

Dann verlässt er wütend das Zimmer. Hans richtet sich auf, seinen Bruder zu provozieren macht ihm Spaß.

5 SCHLAFKAMMER – I/N   5

Der Stocker nimmt eine verschmutzte Binde aus Leinen von seiner Nachtkommode und beginnt einen straffen Verband zu binden, um das unförmige Gewebe zu stabilisieren.

6 GANG – I/N   6

Der Stocker verlässt in seiner abgewetzten Kleidung die Schlafkammer. Jeder Schritt scheint ihm noch Schmerzen zu bereiten. Vorsichtig geht er die hölzerne Treppe in das Erdgeschoss hinunter.

Hinter ihm taucht sein Sohn Hans auf. Er zieht sich eilig im Gehen an.

HANS: Grüß Gott, Vater.

STOCKER: Grüß Gott.

HANS: Geht's?

STOCKER: Ja, ja ..., muss ja.

Dann reißt sich der Stocker zusammen und geht mit festem Schritt die restlichen Treppen hinunter.

Er öffnet die Stalltür, die rechts vom Eingang abgeht.

7 STALL – I/N   7

Im fahlen Licht einer Stallleuchte erkennt man GENOVEV, die schüchterne, zweiundzwanzigjährige Tochter. Sie melkt, trägt einfache Bauernkleidung und ein Kopftuch. Leise und ehrfürchtig begrüßt sie ihren Vater.

GENOVEV: Grüß Gott.

Der Stocker muss wieder husten.

STOCKER: Grüß Gott.

Der Stall scheint bessere Zeiten gesehen zu haben. Die meisten Stellplätze für die Kühe stehen leer. Einige Hühner sitzen müde auf ihrer Stange.

Durch eine viereckige Öffnung in der Decke fällt Heu in den Stall.

Der Häusler begutachtet die Kuh und den Ochsen, dann nimmt er eine Stallleuchte von einem Haken und verlässt den dampfigen Raum.

8   VOR DEM HAUS – A/N   8

Es ist kalt und dunkel, der Bauer verlässt das Haus, entzündet die Leuchte und geht zu der Tenne. Hans öffnet das frostverkrustete, zweiflügelige Tor.

9   KÜCHE – I/N   9

Es ist kalt in der Küche. Frierend entfacht Maria Stocker mit ein paar Spänen die Glut. Sie kniet sich nieder und pustet kräftig in die glimmenden Anzündhölzer. Die rußige Küche erhellt sich durch das aufflackernde, offene Feuer.

Genovev, die ihrer Mutter sehr ähnelt, betritt die Küche und stellt einen Holzzuber mit Milch neben die Feuerstelle.

    MARIA: Holst noch Holz?

Genovev nickt, dann verlässt die Tochter eilig die Küche.

10   TENNE – I/T   10

Der Stocker betritt grußlos die Tenne und hängt das trübe Licht an einen hohen Balken. Seine beiden anderen Söhne sind schon anwesend.

Der Älteste, Peter, wirft mit einer hölzernen Gabel Heu durch die Luke in den Stall hinunter. Er stellt die Gabel ab und nimmt sich einen Dreschflegel.

Alois öffnet einige Garben und verteilt das Getreide eilig auf dem Boden der kleinen Tenne.

Der Stocker und seine beiden ältesten Söhne stellen sich im Kreis auf und beginnen mit den Handflegeln das Getreide auszudreschen.

Schnell ist die Tenne mit einem feinen Staub gefüllt, der durch den fahlen Schein der Laterne sichtbar wird. Der Vater muss wieder husten. Auch die Söhne kämpfen mit dem feinen Staub. Doch unablässig knallen die schweren Handflegel auf den Boden der Tenne und ergeben einen sonderbaren gleichbleibenden Rhythmus.

11   WALPACHER HÖH – A/D   11

Langsam wird es hell. Ein trüber spätherbstlicher Tag. Die Gipfel der Berge sind in Wolken gehüllt.

Eine hügelige Landschaft am Fuße der Alpen. Das kleine Gehöft ist mit einem Schindeldach gedeckt, ein kleiner Gemüsegarten und ein paar wenige Obstbäume säumen das Haus.

Die ersten Hühner kommen gackernd aus dem Stall.

Genovev kommt aus dem Haus und läutet die kleine Glocke neben dem Eingang.

12 TENNE – I/D   12

Hans freut sich sichtlich über das Frühstücksläuten. Sofort lässt er den Dreschflegel fallen und geht zum Ausgang. Seine Brüder folgen ihm.

Der Stocker geht zu dem Lagerplatz der Garben. Nachdenklich begutachtet er den knappen Getreidevorrat der Familie. Wütend senkt er seinen Kopf. Das Getreide wird nicht reichen.

13 STUBE – I/T   13

Die Familie hat sich um den alten Küchentisch versammelt. Durch die dunklen Wände und die kleinen Fenster ist es nicht sehr hell in der Stube.

Genovev stellt die Schüssel mit der Milchsuppe auf den Tisch.

Der Stocker ritzt in einen Laib Brot kleine Kreuze und beginnt das Brot aufzuschneiden. Den ersten Kanten reicht er seinem Ältesten. Der zweite Kanten ist unwesentlich größer geraten, er reicht ihn Hans. Peter scheint mit der Größe seines Brotes nicht zufrieden zu sein.

    PETER: Immer kriegt der Hans den größeren Kanten.

Hans lächelt und hält seinem Bruder seine Scheibe Brot hin.

    HANS: Magst meine haben, du alter Nörgler.

    PETER: Sei ruhig, du Faulpelz.

Der Bauer wird wütend. Mit hochrotem Kopf haut er mit der Faust auf den Tisch.

    STOCKER: Ruhe! Seid froh mit dem was ihr habt!

Ängstlich senken alle ihre Blicke. Der Stocker faltet seine Hände.

    STOCKER: Herr Jesus, sei unser Gast und segne, was du uns bescheret hast. Amen.

    FAMILIE: Amen.

Der Stocker nimmt seinen Löffel und beginnt zu essen. Dies ist das Signal für den Rest der Familie. Mit großem Hunger wird schweigend gegessen. Jeder ist für sich, die Atmosphäre sonderbar befremdlich. Der Stocker blickt sich in der familiären Runde um. Genovev ist ganz in sich gekehrt, die Söhne essen wie die Scheunendrescher. Auch seine Frau ist mit Blick nach unten in ihre Welt vertieft. Der Stocker führt mechanisch, ohne großen Appetit den Löffel zum Mund. Schwer ist es ihm ums Herz.

Die kleine Glocke an der Eingangstür läutet. Verwundert steht der Stocker auf und verlässt die Stube.

14 EINGANGSTÜR – A/T   14

Ein achtjähriger, sehr schlanker Junge in einfacher Kleidung steht barfuß vor dem Haus. Der Stocker öffnet die alte, hölzerne Tür. Der XAVER nimmt seine Mütze ab und beginnt sofort zu reden.

XAVER: Grüß Gott, Stocker. Der Kurbelbauer schickt mich, ob du nicht zum Dreschen kommen kannst, der Großknecht liegt im Bett und kann sich kaum rühren. Den Alois kannst auch mitbringen.

Der Stocker freut sich.

STOCKER: Ich komm gleich.

Eilig geht er ins Haus zurück.

15 STUBE – I/T

Der Stocker kommt in die Stube zurück.

STOCKER: Ich muss zum Kurbel zum Dreschen. Alois, geh schnell den Handflegel holen.

Der kleine Xaver kommt vorsichtig in die Stube.

STOCKER: Genovev, gehst dann du mit dem Vieh hoch auf die Bärenwiese und ihr zwei drescht weiter, aber vertragt euch.

Der Peter nickt.

Der Xaver schaut mit großen Augen auf das Brot auf dem Tisch. Maria bemerkt den hungrigen Blick und reicht dem kleinen Jungen ein Stück Brot.

MARIA: Da, hast noch nichts gekriegt?

XAVER: Na, vergelt's Gott.

Gierig beißt er in die Brotscheibe.

16 FELDWEG – A/T

Die Wolken hängen tief. Die Alpen sind nicht zu sehen. Die ganze Natur ist grau in grau.

Entschlossen geht der Stocker mit seinem Dreschflegel auf der Schulter mit großen Schritten einen Feldweg bergab. Die beiden Buben können ihm kaum folgen.

17 ALLKIRCHEN – A/T

Der Stocker kommt in ein kleines Dorf. Am Ende der Dorfstraße ist eine kleine Dorfkirche mit dem Kirchhof zu sehen. Gegenüber ist eine Schreinerei. Vor dem offenen Tor zu seiner Werkstatt hobelt der Schreiner einen kleinen Kindersarg auf Maß. WAGINGA ist ein großgewachsener Mann um die Vierzig, mit einem buschigen Schnurrbart. Er freut sich, den Häusler zu sehen.

WAGINGA: Grüß dich, Stocker.

STOCKER: Servus.

WAGINGA: Wohin des Weges?

Der Stocker bleibt kurz stehen, die beiden Jungs bleiben etwas hinter ihm.

    STOCKER: Zum Kurbel. Der Großknecht ist krank.

    WAGINGA: So, so.

Dem Stocker sein Blick fällt auf den kleinen Sarg.

    WAGINGA: Der Müllerin Liesels Erstes, hat nicht bleiben wollen.

Der Stocker nickt wieder, ein großes Mitgefühl löst die Todesnachricht nicht aus.

    STOCKER: Ich muss, gehab dich wohl.

    WAGINGA: Lass dir's gut gehen.

    STOCKER: Vergelt's Gott. Du dir auch.

Der Stocker hebt seine Hand zum Gruß und geht weiter.

18 KURBELHOF – A/T 18

Der Stocker und die beiden Buben kommen auf einen großen Vierseitenhof.

Geschäftiges Treiben herrscht auf dem großen Platz zwischen den Gebäuden.

Eilig geht der Stocker zur Tenne. Die Kinder folgen ihm.

19 TENNE KURBELHOF – I/T 19

Auf der großen staubigen Tenne sind zwei Gruppen von vier und drei Männern am Dreschen. Der Stocker stellt sich in den Kreis der Dreiergruppe und nickt den anderen Knechten und Taglöhnern zu, die alle schützend ein Tuch vor Mund und Nase tragen. Auch diese begrüßen den Stocker mit einem kleinen Kopfnicken. Dann gibt der Stocker ein kleines Zeichen und schlägt mit dem Handflegel auf die Garben ein. Reihum wechseln sich die Arbeiter ab. Alois gesellt sich zu einem gleichaltrigen Jungen, der ein paar Garben an die Holzwand gestellt hat.

Unablässig knallen die Dreschflegel auf den alten, zerfurchten Holzboden.

20 TENNE STOCKER – I/T 20

Peter drischt auf das Getreide ein. Hans steht an dem offenen Tor und hustet. Sehnsüchtig schaut er in die Ferne.

Peter schaut sauer zu seinem Bruder. Dann unterbricht er seine Arbeit.

    PETER: Was ist jetzt, du fauler Hund.

    HANS: Muss halt husten. Kann auch nichts dafür.

PETER: Ja, ja, kaum ist der Vater weg, zeigst dein wahres Gesicht.

HANS: Ist ja gut, ich komm ja schon.

Hans zieht das schützende Tuch wieder über Mund und Nase und stellt sich wieder zu seinem Bruder.

HANS: Meinst, wenn du dir den Buckel so krumm machst, dass du dann den Hof erbst.

Peter schaut seinen Bruder mit großen Augen an.

HANS: Mach dir da mal nichts vor, wenn der Vater klug ist, dann kriegt der Alois den Hof und mir zwei können als Knechte hier schuften, bis wir alt und krumm sind.

PETER: Wenn man recht fleißig ist, dann wird man schon belohnt werden.

Hans äfft seinen Bruder nach.

HANS: Wenn man recht fleißig ist, so ein Schmarrn. Meinst, der Vater zieht sich schon jetzt auf das Altenteil zurück und lässt sich von dir oder von mir rumkommandieren, so dickköpfig wie er ist.

Vielleicht findest ja eine gute Partie, sonst bleibst dein ganzes Leben ein Knecht.

Peter kann sich verbal gegen seinen Bruder nicht wehren.

PETER: A Ruh ist jetzt. Arbeiten sollst.

Er bringt seinen Dreschflegel in Position. Hans lächelt ihn feist an.

HANS: Aber für eine gute Partie müsst man ja bei den Mädels die Goschen aufkriegen.

Dies scheint ein wunder Punkt von Peter zu sein. Er ärgert sich und hebt den Dreschflegel drohend in die Höhe.

HANS: Ist ja gut, musst nicht wegen allem eine Rauferei anfangen.

Hans nimmt seinen Dreschflegel und beginnt auf das Getreide einzudreschen, nach zwei Schlägen setzt auch Peter wieder ein.

21   STUBE KURBELHOF – I/T   21

Es ist Mittagessenszeit. Eine große Stube mit einem grünen Kachelofen. An der Fensterfront ist eine umlaufende Sitzbank montiert. Die Knechte, Mägde und Taglöhner strömen in die Stube. Knapp dreißig Erwachsene und Kinder setzen sich geordnet und leise nach einer unsichtbaren Hackordnung auf ihre Plätze. Der Stocker und Alois sind die beiden letzten, die sich setzen. Auf den Tischen verteilt steht jeweils ein großer Topf mit Suppe. Vor jedem Platz liegt eine Scheibe Brot. Unter dem Herrgottswinkel sitzt das Bauernpaar. Der KURBEL und seine Frau. Er ist ein kleiner, ernster Mann Ende vierzig, mit lichtem Haupthaar. Die KURBELBÄUERIN ist eine sehr hagere Frau, die um einiges älter als ihr Mann ist. Sie hat ihre Hände gefaltet und betet leise. Nun faltet auch der Kurbelbauer seine Hände. Alle Anwesenden senken das Haupt zum Gebet. Der Stocker muss heftig husten. Der Kurbelbauer schaut zum Stocker und wartet. Mit hochrotem Kopf unterdrückt der Stocker den Hustenreiz. Der Kurbel nickt leicht und beginnt das Tischgebet zu sprechen.

> KURBEL: Herr Jesus, sei unser Gast und segne, was du uns bescheret hast. Amen.
>
> ALLE: Amen.

Hungrig warten alle, bis der Kurbelbauer anfängt zu essen. Dieser bekreuzigt sich, schaut in die hungrigen Gesichter, nimmt seinen Löffel und taucht ihn in die Schüssel. Sofort beginnen alle schweigend zu essen.

Alois hat große Schwierigkeiten, mit seinem Löffel die Schüssel zu erreichen. So muss er halb im Stehen essen. Der Stocker versucht seinem Sohn mehr Platz zu machen, was wiederum sein Nachbar nicht so recht leiden mag. Dieser vierzigjährige, recht hässliche Knecht fährt zum Schutze seinen Ellenbogen aus, und so bleibt es für Alois schwer, die Suppe zu erreichen.

22 TENNE – I/N   22

Es ist Nacht geworden. Auf das Tennendach prasselt heftiger Regen. Beim Scheine von ein paar Stallleuchten sind die Männer noch am Dreschen. Etwas langsamer als am Morgen, aber stetig knallen die Handflegel auf den hölzernen Boden. Der Kurbel kommt durchnässt auf die Tenne.

> KURBEL: Gut ist.

Müde senken die Arbeiter die Dreschflegel. Völlig erschöpft setzt sich der Stocker auf einen kleinen Holzzuber und hält sich an seinem Dreschflegel fest. Sein Atem geht heftig, doch sein Blick ist leer und abgekämpft. Er bekommt wieder einen Hustenanfall.

Der Kurbel stellt sich zu ihm und schaut ihn von oben herab an.

> KURBEL: Hast dich auch schon mal besser angehört.
>
> STOCKER: Ach, ist nix Schlimmes.
>
> KURBEL: Hier hast dein Geld. Kommst am Montag wieder.
>
> STOCKER: Ja. Vergelt's Gott.

Der Bauer reicht dem Häusler ein paar Münzen. Der Stocker zählt das Geld nach, dann beschwert er sich.

> STOCKER: Des stimmt aber nicht, Bauer.
>
> KURBEL: Doch, doch, wenn die Ernte schlecht ist, dann ist der Taglohn auch weniger.

Trotz großer Müdigkeit schießt der Stocker jetzt auf.

> STOCKER: Immer geiziger wirst, desto mehr du hast.

> KURBEL: Schlechte Jahre sind für alle schlechte Jahre.
>
> STOCKER: Meine Tenne ist auch nicht voll mit Korn. Ich will das gleiche Geld wie letztes Jahr.
>
> KURBEL: Wenn's dir nicht passt, gibt andere Häusler, die sich auch gern noch was dazuverdienen. Bist nicht der Einzige, der dreschen kann.

Der Stocker ist wütend, versucht sich aber im Zaum zu halten. Langsam nimmt er seinen Dreschflegel hoch, legt ihn über seine Schulter und schaut den Kurbel scharf an.

> STOCKER: Dann fragst die anderen, ob sie für den Hungerlohn bei dir arbeiten tun. Gut Nacht.

Dann dreht er sich um und geht zur großen zweiflügeligen Tür. Alois folgt ihm unsicher.

> KURBEL: Jetzt wart halt, kriegst noch zehn Kreuzer mehr.

Doch der Stocker geht aus der Tenne, ohne sich umzudrehen.

> KURBEL: Eigensinnig und hartköpfig bist, dass es einem grausen tut.

23 FELDWEG – A/N   23

Es regnet in Strömen. Der Stocker und der Alois gehen völlig durchnässt den Feldweg nach Hause. Alois schaut vorsichtig zu seinem Vater, doch der Stocker ist noch wütend und schaut nur auf den Boden.

24 STUBE – I/N   24

Völlig durchnässt betritt der Stocker die Stube. Im Türrahmen bleibt er stehen. Am Tisch sitzt Hans, den Kopf im Nacken, mit blutender Nase und anderen heftigen Blessuren. Seine Mutter tupft mit einem feuchten Lappen das Blut aus seinem Gesicht. Langsam kommt der Stocker zum Küchentisch.

> STOCKER: Was ist passiert?

Hans richtet sich auf und blickt zum Vater.

> HANS: Wie ein Knecht behandelt er mich, wie ein Stück Dreck. Das lass ich mir einfach nicht mehr bieten.
>
> MARIA: Dann geht's euch halt aus dem Weg.
>
> HANS: Und wie soll das gehen. Wir arbeiten zusammen und schlafen in der gleichen Kammer.

Dann schaut er wieder mit bluttropfender Nase zu seinem Vater.

> HANS: Vater, mir langt's jetzt. Ich will, wie mein Bruder Sepp, mein Erbe ausbezahlt haben, und dann geh ich ihm nach Amerika nach.

Die Eheleute Stocker sind geschockt. Sofort beklagt sich die Mutter weinerlich:

MARIA: So weit weg. Des kannst doch nicht machen, uns so im Stich lassen. Oder willst mich ins Grab bringen?

Hans, der den gleichen Dickschädel wie sein Vater hat, lässt sich von der Mutter nicht erweichen.

HANS: Mutter, glaub mir, des ist für alle das Beste, so kanns doch nimmer weitergehen.

Jetzt wird der Stocker grantig.

STOCKER: Es ist nicht genug Geld im Haus, ich weiß eh nicht, wie mir über den Winter kommen sollen. Du musst noch zwei Jahre warten.

HANS: Zwei Jahre? Na Vater, was bringt des. So ist des doch kein Leben. Den ganzen Tag schuften und dann reicht es doch hinten und vorne nicht. Immer ist irgendetwas, einmal stirbt des Vieh, des andermal ist die Ernte nix, und immer müssen mir dann als Taglöhner zu den großen Bauern. Ich bin noch jung, ich kann mich doch nicht jetzt schon kleiner machen, als ich bin, und mich vom Peter rumkommandieren lassen.

STOCKER: In zwei Jahren reden wir wieder.

HANS: Vater ...

STOCKER: Ruhe! Ich will nichts mehr hören.

Wütend schaut der Stocker seine Frau an. Die Stockerin, ahnend was jetzt kommt, bittet ihren Mann:

MARIA: Zieh doch des nasse Gewand aus, du holst dir ja sonst noch den Tod.

Ohne darauf zu reagieren, verlässt der Stocker eilig die Küche.

MARIA: Dass du mir das antun musst.

Der Hans schaut resigniert zu Boden. Maria versucht ihn weiter zu verarzten.

HANS: Lass mich.

25 TENNE – I/N   25

Peter drischt auf die Ähren ein, auch sein Gesicht ist von der Prügelei gezeichnet. Der Stocker stürmt auf die Tenne. Peter unterbricht die Arbeit. Der Stocker baut sich vor seinem Sohn auf und schaut ihn wütend an.

PETER: Vater, des ist nicht so, wie's ...

Ohne Vorankündigung haut der Stocker mit dem Handrücken seinem Sohn in Gesicht. Peter hat Mühe, sich auf den Beinen zu halten, und taumelt einige Schritte zurück und schützt mit seinen Händen und Armen sein Gesicht. Der Stocker haut nochmal zu.

STOCKER: Wenn du noch einmal den Hans verprügelst, dann jag ich dich vom Hof. Hast mich verstanden?

Vor Wut zitternd schlägt er unkontrolliert auf seinen Sohn ein.

    STOCKER: Ob du mich verstanden hast?

Peter wehrt sich nicht. Seine Nase beginnt zu bluten. Langsam beruhigt sich der Stocker wieder, ganz außer Atem geht er einen Schritt zurück. Vorsichtig lässt Peter seine Deckung sinken. Ängstlich versucht er sich zu verteidigen.

    PETER: Du weißt gar nicht wie der Hans wirklich ist, kaum bist du fort, legt er sich auf die faule Haut. Und ich kann die Arbeit alleine machen.

Sofort wird der Stocker wieder wütend und geht einen Schritt auf Peter zu.

    STOCKER: Ob du mich verstanden hast?

Peter muss mit seinem Zorn kämpfen. Für einen kurzen Moment scheint es, als würde er sich gleich wehren. Doch dann ergibt er sich, senkt seinen Kopf und nickt demütig.

    PETER: Ja, Vater.

26 FELDWEG – A/T 26

Wieder ein nebliger, trüber Herbsttag. Die Familie Stocker ist im Sonntagsgewand, auf dem Weg zur Kirche. Im Gänsemarsch gehen sie schweigend den kleinen Weg abwärts Richtung Dorf. Nur das leichte Hüsteln des Vaters ist zu hören. Die Gesichter von Hans und Peter sind gezeichnet. Die Stimmung ist schlecht. Die Mutter bricht das unangenehme Schweigen:

    MARIA: So wie mir die Kindsfüß wehtun, gibt's bald Schnee.

    STOCKER: Des kann gut sein.

27 KIRCHE – I/T 27

In der schlichten Dorfkirche ist die Gemeinde versammelt. Die Frauen und Männer sitzen getrennt jeweils auf der rechten und linken Bankseite. In den vorderen Bänken sitzen die Großbauern und ihre Familien. Ihre Kleidung ist sichtlich feiner, als das Gewand der Häusler und Taglöhner, die in den hinteren Reihen ihre Plätze gefunden haben.

Alois und der Stocker haben sich zwischen die beiden Streithähne gesetzt. Der Vater kämpft mit dem Schlaf.

Der PFARRER, ein Enddreißiger mit kurzem blondem Haar und einer kleinen Nickelbrille, steht auf der Kanzel und liest ein Gleichnis vor:

    PFARRER: Mit dem Himmelreich ist es wie mit einem Mann, der auf Reisen ging: Er rief seine Diener:

    Dem einen gab er fünf Talente Silbergeld, einem anderen zwei, wieder einem anderen eines. Dann reiste er ab.

> Nach langer Zeit kehrte der Herr zurück, um von den Dienern Rechenschaft zu verlangen.

Der Stocker nickt ein. Sein Sohn Hans gibt ihm einen leichten Stoß. Der Vater richtet sich auf und atmet tief ein, doch die Müdigkeit will nicht weichen.

> PFARRER: Da kam der, der die fünf Talente erhalten hatte, und sagte: Herr, fünf Talente hast du mir gegeben; ich habe noch fünf dazugewonnen. Sein Herr sagte zu ihm: Sehr gut, du bist ein tüchtiger und treuer Diener, ich will dir eine große Aufgabe übertragen. Dann kam der Diener, der zwei Talente erhalten hatte, und sagte: Herr, du hast mir zwei Talente gegeben; sieh her, ich habe noch zwei dazugewonnen.

Hinter der Stockerfamilie sitzen einige Knechte, die Gesichter sind von der vielen Arbeit gezeichnet. Gleichmütig hören sie dem Gleichnis zu.

> PFARRER: Zuletzt kam auch der Diener, der das eine Talent erhalten hatte, und sagte: Herr, ich wusste, dass du ein strenger Mann bist; du erntest, wo du nicht gesät hast, und sammelst, wo du nicht ausgestreut hast; weil ich Angst hatte, habe ich dein Geld in der Erde versteckt. Hier hast du es wieder. Sein Herr antwortete ihm: Du bist ein schlechter und fauler Diener! Hättest du mein Geld wenigstens auf die Bank gebracht, dann hätte ich es bei meiner Rückkehr mit Zinsen zurückerhalten. Darum nehmt ihm das Talent weg und gebt es dem, der die zehn Talente hat! Denn wer hat, dem wird gegeben, und er wird im Überfluss haben; wer aber nicht hat, dem wird auch noch weggenommen, was er hat.

Die Großbauern in der ersten Reihe müssten den Kopf nach hinten drehen, um die erhöhte Kanzel in der Mitte der Bankreihen zu sehen. Dies ist ein Gleichnis ganz nach ihrem Geschmack. Der Kurbel nickt zustimmend.

Dem Stocker sein Blick fällt auf das große Holzkreuz über dem Altar.

28 KIRCHHOF – A/T   28

Die Dörfler strömen aus der Kirche. Sofort entsteht eine ausgelassene Stimmung. Die Stockerfamilie steht zusammen. Die schüchterne Genovev sagt leise zu ihrer Mutter:

> GENOVEV: Ich geh schon vor, dann kannst du noch ein bisschen tratschen.

Dem Stocker gefällt die Zurückgezogenheit seiner Tochter nicht, aber was soll er machen. Resigniert zieht er die Schultern hoch. Er schaut zu seinen Söhnen, die sich interessiert umschauen.

> STOCKER: Kommt's Buben, wir gehen noch zum Zehetmayer.

Der männliche Teil der Familie schlängelt sich durch die kleinen Grüppchen der Familien. Der ZEHETMAYER steht mit seiner Familie noch in der Nähe des Kircheneingangs. Der Zehetmayer ist ein freundlich wirkender, gutgekleideter sechzigjähriger Großbauer. Der Stocker nimmt seinen Hut ab.

>STOCKER: Grüß Gott, Zehetmayer.
>
>ZEHETMAYER: Grüß Gott, Stocker.

Die Söhne bleiben etwas im Hintergrund und nicken dem Bauern zum Gruße zu.

>STOCKER: Ich wollt fragen, ob meine Söhne und ich wieder bei dir im Holz arbeiten können?
>
>ZEHETMAYER: Freilich, beim ersten Schnee, kommt's vorbei.
>
>STOCKER: Vergelt's Gott. Und der Lohn ist gleich wie jedes Jahr?
>
>ZEHETMAYER: Mehr kann ich net zahlen, aber weniger soll's auch nicht werden.
>
>STOCKER: Vergelt's Gott. Ein schönen Sonntag noch.
>
>ZEHETMAYER: Dank schön.

Der Stocker geht einige Schritte rückwärts und dreht sich wieder zu seinen Söhnen.

>STOCKER: Gott sei Dank.

Der BASTL HIERLINGER, ein aufgeweckter Mittzwanziger, kommt auf den Hans zu.

>BASTL: Bist heut Nacht einem Keiler begegnet.
>
>HANS: Kann man so sagen.
>
>PETER: Pass bloß auf.
>
>STOCKER: Fangt nicht schon wieder an.
>
>HANS: Sind schon weg.

Der Hans und der Bastl schlängeln sich durch die tratschenden Dörfler.

>STOCKER: Gehst mit zum Postwirt?

Dem Peter sein Blick fällt auf eine junge Frau, die nicht unweit entfernt steht.

>PETER: Ich komm dann nach.

Der Stocker macht sich auf den Weg. Peter schaut wieder zu dem Mädchen, doch dann verlässt ihn der Mut, und er geht seinem Vater hinterher.

29 KIRCHPLATZ – A/T   29

Hans und Bastl gehen um die Kirche zu einer ruhigen Stelle. Der Bastl zieht aus seiner Jackentasche einen Zeitungsausschnitt mit einer gezeichneten Abbildung eines großen Überseedampfschiffes und reicht sie seinem Freund. Hans überfliegt die Anzeige.

HANS: Das Schiff legt ja schon in vier Wochen in Bremerhaven ab,

stellt Hans etwas resigniert fest. Der Bastl ist voller Begeisterung.

BASTL: Wenn nicht jetzt, wann dann?

HANS: Der Vater will mir kein Geld geben, in zwei Jahren soll ich nochmal fragen.

BASTL: Gell, du kannst die Schiffspassage auch abarbeiten, hab ich gelesen.

HANS: Wenn ich mich als Knecht verdingen muss, dann kann ich ja gleich hierbleiben.

In diesem Moment geht die Tür der Sakristei auf, und der Pfarrer kommt heraus. Lächelnd fragt er:

PFARRER: Was seid ihr denn am Aushecken?

Der Hans erwidert schlagfertig:

HANS: Der Herr Hochwürden müssen sich keine Sorgen machen, wenn überhaupt, ist es nichts Unchristliches.

Dies amüsiert den Pfarrer.

PFARRER: Dann bin ich ja beruhigt.

HANS: Gelobt sei Jesus Christus.

PFARRER: In Ewigkeit Amen.

Und geht fröhlich seines Weges. Der Hans schaut seinen Freund resigniert an.

BASTL: Freiwillig lassen mich die Meinen auch nicht gehen.

30 POSTWIRTSCHAFT – I/T   30

Im vollen, verrauchten Wirtshaus sitzt der Stocker in geselliger Runde.

Der Postwirt, ein dicker, gemütlicher Mann Mitte vierzig kommt an den Tisch. Er nimmt dem Stocker seinen leeren Maßkrug und schaut ihn an.

POSTWIRT: Magst noch eine?

STOCKER: Nein.

Der Wirt schaut in die Runde, dann geht er zum nächsten Tisch. Der Stocker muss wieder husten.

Der HIERLINGER, ein trauriger Mann, ebenfalls um die Fünfzig, sitzt neben dem Stocker.

HIERLINGER: Du hast dich auch schon besser angehört.

Der Stocker winkt ab.

> STOCKER: Wenn's Dreschen vorbei ist, dann geht der Husten auch wieder weg.

Der Hierlinger nimmt seinen Bierkrug, leert dem Stocker ein wenig Bier hinein und prostet ihm zu. Der Stocker nickt seinem Nachbarn zu.

> HIERLINGER: Denn wer hat, dem wird gegeben, und er wird im Überfluss haben ...

> STOCKER: ... wer aber nicht hat, dem wird auch noch weggenommen, was er hat.

Die beiden stoßen an und trinken. Das Bier hilft, den Hustenreiz zu unterdrücken.

Der Kurbel kommt mit einigen Bierkrügen an den Tisch.

> KURBEL: So, die Runde geht auf mich.

Er setzt sich neben den Stocker. Verwundert nimmt er die Maß.

> HIERLINGER: Was ist denn in dich gefahren?

> KURBEL: Keiner soll sagen, dass ich geizig bin.

Da es sich um einen Großbauern handelt, traut sich niemand loszulachen. Doch in den Gesichtern der Häusler sieht man, dass sie anderer Meinung sind.

> KURBEL: Prost.

Die Tischrunde prostet sich zu. Nach einem großen Schluck wendet der Kurbel sich dem Stocker zu. Er spricht leise.

> KURBEL: Du Stocker, ich hätt da noch was mit dir zu bereden.

Der Stocker ist überrascht.

> STOCKER: Ja.

> KURBEL: Dein Acker auf dem Gsellner Grund. Der liegt doch mitten in meinen Feldern, und da wollt ich dich fragen, ob mir net einen Tausch machen sollten.

> STOCKER: Ahhaa.

> KURBEL: Da hab ich mir gedacht, die zwanzig Tagwerk am Birnbach, des ist doch fast doppelt so groß, wie dem Stocker sein Acker, des müsst doch für beide ein gutes Geschäft sein.

Da lacht der Stocker.

> STOCKER: Des ist vor allem für dich ein gutes Geschäft. Der steinige Acker bringt doch nichts. Und des weißt du doch selber am besten.

> KURBEL: Ich geb dir noch ne Kälberkuh obendrauf.

Der Stocker nimmt seinen Bierkrug und prostet dem Kurbelbauern zu.

> STOCKER: Nix für ungut und Dank schön für die Maß, aber lass gut sein, aus dem Handel wird nichts.

KURBEL: Jetzt lass doch mit dir reden.

STOCKER: Wenn's um dein Vorteil geht, magst reden, und wenn's dich was kosten tut, dann schaust schnell weg.

KURBEL: Jetzt sei doch nicht so dickköpfig.

HIERLINGER: Bist doch eh schon der größte Bauer im Dorf, irgendwann muss es doch auch dir reichen.

Um einem Streit zu entgehen, nimmt der Stocker einen kräftigen Schluck Bier, steht auf und klopft dreimal auf Tisch.

STOCKER: Pfiad euch.

Dann verlässt er das verrauchte, laute Wirtshaus.

31   STUBE – I/N   31

Die Familie Stocker sitzt schweigend bei Petroleumlicht in der Stube.
Der Stocker repariert einen Dreschflegel. Die Frauen spinnen Flachs.
Alois liest, Peter schnitzt Zargen für den Heurechen, und Hans
schaut unruhig aus dem Fenster ins Dunkle.

Die Stockerin bemerkt die Unruhe ihres Sohnes.

> MARIA: Was ist denn los?
>
> HANS: Nix ist. Ich halt diese Friedhofsruhe nimmer aus.
>
> MARIA: Musst halt was sagen, dann ist es nimmer ruhig.
>
> HANS: Ja, ja. Am besten ich geh ins Bett, dann hab ich dort wenigstens meine Ruhe.
>
> PETER: Dir soll's mal einer recht machen, ist ruhig ist nicht recht, ist was los ist es auch nicht recht.
>
> HANS: Ja, ja, gut Nacht miteinander.

Hans steht auf und geht zur Tür, dann dreht er sich um und schaut
sonderbar in die Runde. Der Stocker schaut auf.

> MARIA: Geh setz dich halt wieder her.
>
> HANS: Nein, nein, gut Nacht.

Überfordert schaut Maria zu ihrem Mann. Doch der Stocker widmet
sich wieder seiner Arbeit.

32   HOF – A/N   32

Das kleine Anwesen der Stockers liegt im Dunkeln. Man hört den
Ochsen schnauben. Die Tür des Stalles geht auf. Hans kommt mit
einem großen Rucksack auf dem Rücken und holt Ochs und Kuh an
der Leine heraus. Leise zieht er das Vieh aus dem Stall. Bei jedem
Geräusch der Tiere schaut er ängstlich zum Schlafzimmer der Eltern
nach oben.

Leise schließt er die Stalltür. Plötzlich hört man den Stocker husten.
Hans nimmt die beiden Tiere fest an die Leine und verharrt. Sein
Atem geht heftig. Der Hustenanfall ebbt ab. Ganz vorsichtig zieht
Hans die Tiere nun vorwärts.

Als er einige Schritte vom Haus weg ist, wird er immer schneller,
dann dreht er sich noch einmal flüchtig um, mit einem Lächeln geht
es auf in die neue Welt.

33   GANG – I/N   33

Vor einer kleinen Holzleiter bleibt Maria stehen. Sie ruft in die
dunkle Öffnung des Heubodens:

> MARIA: Genovev, Zeit ist.
>
> GENOVEV: (Off) Ja.

Maria dreht sich um und öffnet eine Kammertür und ruft hinein.

    MARIA: Aufstehen, Buben.

Sie schließt die Tür und geht die Treppen hinunter.

34   SCHLAFKAMMER – BUBEN – I/N   34

Peter und Alois richten sich auf. Alois ist verwundert.

    ALOIS: Wo ist denn der Hans?

    PETER: Wo wird er sein, bestimmt auf dem Häusel.

Die beiden beginnen sich anzuziehen.

35   SCHLAFKAMMER – A/N   35

Der Stocker bindet seine geschwollenen Unterschenkel wie jeden Morgen. Er hat sichtlich Schmerzen. Es klopft an der Tür.

    STOCKER: Ja.

Die völlig erschrockene Genovev tritt in die Kammer.

    GENOVEV: Vater, des Vieh ist fort.

Eilig beendet der Stocker seine Bandage.

    STOCKER: Ich komm.

36   STALL – I/N   36

Der Stall ist leer. Der Stocker schaut versteinert auf die leeren Boxen. Die Frauen und Peter stehen geschockt in der Tür. Alois kommt dazu.

    ALOIS: Auf dem Häusel ist er auch nicht.

Resigniert senkt der Stocker seinen Kopf. Er weiß, was das zu bedeuten hat. Er dreht sich um und verlässt den Stall.

37   STUBE – I/N   37

Schweigend setzt sich der Stocker im Dunkeln an den Tisch.

Maria und die Kinder betreten die Stube, sie entzündet die Petroleumlampe über dem Tisch.

    MARIA: Wo der Hans nur ist?

Leise sagt der Bauer:

    STOCKER: Fort ist er, und das Vieh hat er mitgenommen.

Die Mutter und die Tochter fangen zu weinen an.

    PETER: Der Lump.

    STOCKER: Schaut, ob er das Geld auch mitgenommen hat.

Der Alois klettert auf den Kachelofen und nimmt aus einem Versteck eine kleine Dose. Er öffnet sie.

ALOIS: Leer.

Der Stocker schüttelt ungläubig den Kopf. Damit hat er nicht gerechnet.

Die kleine Glocke an der Eingangstür läutet. Hoffnungsvoll schaut die Mutter auf. Eilig geht sie zu der Tür und öffnet sie. Der Hierlinger tritt ein. Er löscht seine Laterne.

HIERLINGER: Grüß Gott.

Maria ist sichtlich enttäuscht. Der Stocker schaut nur abwesend aus dem Fenster ins Dunkle.

MARIA: Grüß Gott.

Der Hierlinger zieht einen Briefumschlag aus seiner Jacke.

HIERLINGER: Der Bastl ist fortgegangen und hat den Brief zurückgelassen. Die Leni sieht doch nicht mehr gut, und da wollt ich fragen, ob die Genovev den Brief vorlesen könnt.

MARIA: Setz dich doch.

Genovev nimmt den Brief und öffnet ihn. Der Hierlinger setzt sich. Alle schauen gespannt auf Genovev, die sofort rot wird, leise beginnt sie vorzulesen:

GENOVEV: Liebe Mutter, lieber Vater,

Genovev muss sich räuspern, dass ihre Stimme nicht versagt.

GENOVEV: Schwer ist mir ums Herz, euch so zu verlassen, doch besser ist es so. Hättet ihr mich doch eh nie gehen lassen. Wo ich doch schon so lang nach Amerika fort will ...

Plötzlich steht der Stocker auf und verlässt die Küche. Genovev liest weiter.

GENOVEV: ... macht euch bitte keine Sorgen und gehabt euch wohl. Sobald ich in Amerika angekommen bin, ...

38 TENNE – I/N   **38**

Der Stocker kommt auf die Tenne und hängt die Stalllaterne an den Balken. Dann öffnet er das große Tor. Ohne jede Gefühlsregung geht er zu den Garben, nimmt einige Bündel und verteilt sie sorgfältig auf dem zerfurchten Holzboden.

Er nimmt den Handflegel und beginnt das Getreide auszudreschen. Schlag für Schlag. Immer schneller wird sein Rhythmus, immer wütender donnert der hölzerne Schlägel auf den Tennenboden.

Peter und Alois betreten die Tenne; als sie sehen, wie wütend ihr Vater arbeitet, schauen sie sich unsicher an und verlassen den Raum.

Der Raserei nahe, drischt der Bauer auf das Getreide ein. Immer lauter werden die Schläge. Heftig spritzt das Korn an die seitlichen Wände. Mehr und mehr entgleisen die Gesichtszüge des Stockers.

39 HOF – A/T   **39**

Es ist hell geworden, trist und grau wirkt das kleine Gehöft in der wolkenverhangenen Landschaft. Peter und Alois zersägen einen Baumstamm. Das dumpfe Schlagen des Dreschflegels bricht ab. Sofort hören die Brüder mit dem Sägen auf. Sie schauen zur Tenne.

40 TENNE – I/T   **40**

Der Bauer sitzt auf dem Tennenboden und ist völlig nassgeschwitzt. Er hat sich gänzlich verausgabt und hechelt nach Luft. Dann vergräbt er sein Gesicht in seinen großen Händen.

41 STUBE – I/N   **41**

Die beiden Frauen spinnen Flachs. Maria Stocker ist leise am Weinen. Genovev betet leise einen Rosenkranz. Peter schnitzt an einem Holzwerkzeug herum. Alois sitzt neben seinem Vater und liest. Der Stocker sitzt am Tisch und schaut leer ins Nichts. Er atmet tief durch. Ungehalten fällt sein Blick auf seine weinende Frau.

> STOCKER: Jetzt hör mal endlich mit dem Flennen auf. Ist ja nicht mehr zum Aushalten. Der Hans ist weg und ich will nichts mehr von ihm hören. Habt ihr das verstanden?

Alle senken betreten ihre Blicke.

> STOCKER: Alois, mach ein Glimmspan an, für Petroleum ist kein Geld mehr da.

Der Stocker steht auf, nimmt seine Jacke und verlässt die Stube. Alois entzündet einen Span, der fürchterlich raucht.

42 WEG – A/N   **42**

Mit einer Laterne leuchtet sich der Stocker den dunklen Weg ins Dorf.

43 KURBELHOF – A/N   **43**

Der Stocker klopft an der Tür des großen Bauernhauses. Die Kurbelbäuerin öffnet die Tür.

> STOCKER: Grüß Gott, Bäuerin, entschuldige die späte Störung, und wollt fragen, ob der Bauer da ist und ich mit ihm sprechen könnt.

> KURBELBÄUERIN: Komm nur rein Stocker. Ich hab schon gehört, was der Hans und der Bastl gemacht haben. Ich werde eine Messe für euch lesen lassen.

> STOCKER: Vergelt's Gott.

Die beiden gehen ins Haus.

44   STUBE KURBEL – I/N   **44**

Der Kurbel stellt in der guten Stube eine Schnapsflasche auf den Tisch.

>   KURBEL: Jetzt trink erstmal ein Schnaps auf den ganzen Ärger.

Er schenkt die beiden Gläschen voll.

>   KURBEL: Prost.

Schnell ist der Schnaps leergetrunken. Sofort schenkt der Bauer nach.

>   KURBEL: Wie kann ich dir helfen Stocker?
>
>   STOCKER: Hast schon gehört was der Lump angestellt hat.

Der Kurbel trinkt das Gläschen wieder leer und nickt dann.

>   KURBEL: Schon schlimm, da zieht man die Balgen hoch und wie danken sie es einem.
>
>   STOCKER: Ich würd gern die Kälberkuh kaufen, von der du am Sonntag geredet hast, kann dir aber erst im Frühling das Geld geben.

Der Kurbel lächelt verschlagen.

>   KURBEL: Ich weiß, dass du jetzt in der Not bist, aber ich bin doch kein Wucherer, des musst schon verstehen, ich muss meins auch zusammenhalten. Entweder du bezahlst die Kuh oder du gehst auf den Handel ein, den ich dir vorgeschlagen hab.
>
>   STOCKER: Das kann ich doch nicht machen, dann geht's ja nur noch bergab.
>
>   KURBEL: So schlecht ist der Handel doch nicht.

Er hält ihm die Hand hin.

>   KURBEL: Musst nur einschlagen.

Erbost steht der Stocker auf.

>   STOCKER: Du bist kein rechter Christenmensch, die Not der anderen magst zu deinem Vorteil machen.
>
>   KURBEL: Was beschimpfst mich hier in meiner Stube. Entweder machst den Handel oder lässt es bleiben. Aber das ich kein guter Christ sei, dass lass ich mir von dir nicht sagen, wo du doch immer in der Kirche schlafen tust.
>
>   STOCKER: Wer rechtschaffend arbeitet, der ist halt auch rechtschaffend müde. Gut Nacht.

Der Stocker verlässt den Raum.

45   ZEHETMAYERHOF STUBE – I/N   **45**

Der Stocker sitzt in der guten Stube des Zehetmayer. Der Bauer hat sichtlich Geld. Die Holzwände sind mit aufwändiger Malerei verziert.

Ein schönes Sofa steht in der Nähe des Kachelofens. Der Bauer schenkt gerade zwei Schnapsgläser voll.

ZEHETMAYER: Jetzt trink auf den Schreck erst mal einen Schnaps. Prost.

Die beiden prosten sich zu. Der Bauer atmet tief aus.

ZEHETMAYER: Also, es tut mir wirklich leid, was dein Sohn dir angetan hat, und wenn ich eine Ausnahme machen würde, dann bei dir. Aber ich hab so viel Geld nicht mehr zurückbekommen, dass ich mir geschworen hab, kein Geld mehr zu verleihen.

STOCKER: Ich arbeite es doch mit meinen Söhnen im Wald bei dir ab. Wie sollen wir ohne Kuh über den Winter kommen?

ZEHETMAYER: Das hat der Eger Paul auch gesagt und dann ist er gestorben. Tut mir leid.

STOCKER: Ist das dein letztes Wort?

ZEHETMAYER: Ja, und wie schon gesagt, wenn es nicht ums Prinzipielle gehen würde, wärst du der Erste, dem ich ein Kredit geben würde.

Der Stocker steht auf.

STOCKER: Dann mag ich nimmer länger stören. Gut Nacht.

ZEHETMAYER: Und sei mir nicht bös und komm gut heim.

46　ZEHETMAYERHOF – A/N　46

Sauer kommt der Stocker aus dem Bauernhaus. Mit eiligem Schritt geht er zu dem großen, halbrunden Tor. Ein Knecht begleitet ihn und schließt das große Tor hinter dem Häusler.

Der Stocker versucht seine Stahlleuchte zu entzünden.

Doch ein Windstoß löscht das Licht. Er nimmt ein zweites Streichholz, doch wiederum ist der Wind zu stark. Wütend wirft er die Stalllaterne auf den Boden, die sogleich zerbricht.

Jähzornig tritt er noch auf der Leuchte herum. Sein Atem geht heftig, langsam beruhigt er sich. Er bückt sich und beginnt die Scherben aufzuheben.

47　BERGKETTE – A/T　47

Der Winter ist eingezogen. Die Alpenlandschaft ist ganz verschneit. Die Wolken hängen grau und tief in den Tälern. Es schneit.

Einige Wochen später

48　WALD – A/T　48

Es schneit. Der Stocker arbeitet mit einigen anderen Waldarbeitern und seinen beiden verbliebenen Söhnen in dem Zehetmayer Waldstück. Mit einer großen Wiegesäge kämpfen sich Peter und der Stocker durch einen großen Baumstamm.

Alois entfernt mit einem Schepser die Rinde von einem bereits gefällten Baum.

Der Stocker schwitzt aus allen Poren. Er dampft förmlich in der Kälte. Rhythmisch arbeitet sich die Säge über die Mitte des Baumstammes vor.

> STOCKER: Gut ist.

Völlig erschöpft hechelt der Stocker nach Luft. Seine Augen sind ganz glasig und sein Blick leer. Er setzt sich auf den Boden und reibt über seine Unterschenkel. Peter steckt einen Keil in die aufgesägte Ritze des Baumstammes. Der Zustand seines Vaters bereitet ihm Sorge.

> PETER: Geht's?
>
> STOCKER: Ja, ja.

Dann richtet er sich auf und nimmt eine Axt und beginnt den Keil in den Baumstamm zu treiben. Mit lautem Knarren fällt der Baum um.

49   STUBE – I/N   49

Die Familie sitzt bei den abendlichen Handarbeiten. Die Atmosphäre ist depressiv. Ein Glimmspan erhellt den Raum nur spärlich. Die Frauen spinnen Flachs. Der Stocker sitzt am Tisch, ein kleines Häufchen Geld vor ihm. Er ist eingeschlafen. Der Peter steht auf, packt seine kleinen Holzarbeiten ein.

Der Stocker wacht auf, er muss das Geld nochmal zählen, doch kann er sich nicht recht konzentrieren.

> PETER: Ich leg mich auch hin. Gut Nacht.
>
> MARIA: Gut Nacht, geh Stocker leg dich doch hin, kannst ja kaum noch die Augen aufhalten.

Der Stocker nickt, steckt das Geld in die Hosentasche und steht auf.

> STOCKER: Gut Nacht.
>
> GENOVEV: Gut Nacht, Vater.

Der Stocker verlässt die Stube.

Die Frauen spinnen weiter.

> GENOVEV: Nix reden tut er mehr seit der Hans fort ist.
>
> MARIA: Jetzt ist er schon zehn Wochen fort. Jeden Tag bete ich, dass er bald wiederkommt.
>
> GENOVEV: Des gibt doch Mord und Totschlag. Froh müssen wir sein, wenn er nicht wiederkommt, so wütend wie der Vater auf ihn ist.
>
> MARIA: Des war so eine schlimme Weihnacht, so mag man gar nicht mehr leben.

GENOVEV: Ach Mutter, sag sowas nicht.

MARIA: Hast ja Recht, nächste Woche lass ich eine Messe für ihn lesen, aber sag nichts zum Vater, sonst schimpft er mich wieder.

GENOVEV: Ich sag ihm nix.

Genovev schaut kurz zur Seite, dann schaut sie ihre Mutter mit großen Augen an.

GENOVEV: Auf dem Kurbelhof ist eine Magd weggelaufen, vielleicht sollt ich …

MARIA: Das kannst mir nicht antun.

GENOVEV: Wo das Geld doch eh so knapp ist.

MARIA: Nein, nein. Wo die Mägde es doch nicht gut haben auf dem Kurbelhof. Dem Stocker fällt schon was ein, dem ist doch immer was eingefallen.

50 SCHLAFKAMMER – I/N   50

Das Ehepaar Stocker liegt in seinem Bett. Maria richtet sich auf.

MARIA: Zeit ist.

Wie gewöhnlich erhebt sich Maria im Dunkeln. Der Stocker richtet sich auf und erhebt sich sofort. Doch kaum steht er, versagt ihm der Kreislauf. Er stürzt neben das Bett. Er versucht sich wieder aufzurichten. Doch seine Kräfte reichen nicht.

Maria eilt erschrocken zu ihrem Mann.

MARIA: Stocker, was ist denn mit dir?

Sie versucht ihm aufzuhelfen und ihn ins Bett zurückzulegen, was bei diesem Trumm von Mann nicht so leicht ist.

Der Stocker faselt wirres Zeug. Sein Blick ist fiebrig.

MARIA: Du glühst ja. Hinlegen musst dich.

STOCKER: Du schaffst mir gar nichts an.

MARIA: Krank bist, Stocker.

STOCKER: Lass mich, wo du die Familie nicht zusammenhalten kannst. Du! Lass mich! Du, du …

Der Stocker reißt sich los, mit seinem Dickschädel nimmt er all seine Kraft zusammen und richtet sich auf, doch sofort versagt ihm wieder der Kreislauf. Er bricht neben dem Bett zusammen. Maria versucht ihn zu stützen und ruft laut:

MARIA: Peter!! Peter!!!

Dem Stocker seine Stirn ist schweißnass.

MARIA: Ins Bett musst zurück, komm ich helf dir.

Der Peter und der Alois kommen in die Schlafkammer geeilt.

MARIA: Hilft's mir den Vater ins Bett zurückbringen.

Die beiden Söhne helfen, den sich wehrenden Vater ins Bett zu verfrachten.

    STOCKER: Lasst mich, ihr, ihr ...

Dann verlässt den Bauer die Kraft, und die drei schaffen es, den Stocker zurück ins Bett zu legen.

Er ist ganz verschwitzt. Die Stockerin deckt ihn zu. Die drei stehen in ihren Nachthemden um den Stocker herum, der langsam zur Ruhe findet. Die Buben sind irritiert, ihren Vater in diesem Zustand zu sehen. Die Stockerin sucht selber nach Fassung.

    STOCKER: Was schaut ihr denn so.

    MARIA: Geht euch anziehen. Hast Durst oder einen Hunger?

Der Stocker schüttelt leicht mit dem Kopf, dann dreht er sich etwas zur Seite und schließt die Augen.

51 STUBE – I/N   51

Der Rest der Familie sitzt beim Frühstück. Jeder mit einer dünnen Brotscheibe in der Hand.

    PETER: Wir sollten den Arzt holen.

    MARIA: Das ist doch rausgeschmissenes Geld. Der versoffene Pinsel taugt doch nichts, oder kennst jemand, den er schon gesund gemacht hat?

Peter überlegt.

    MARIA: Alois, gehst auf die Kochler Alm, zur Wildseder Schäferin und bittest sie zu kommen.

    PETER: Des dauert doch drei Tage, bis die hier ist. Lass mich doch den Bezirksarzt holen.

Doch auch die Mutter kann dickköpfig sein.

    MARIA: Nein, der Alois soll, wenn's Tag wird, gleich los und Genovev gehst du zu den Hierlingers fragen, ob wir ein Zuber Milch haben können, der Vater muss ja zu Kräften kommen.

52 SCHLAFKAMMER – I/D   52

Der Stocker atmet tief und schwer. Maria sitzt neben ihm auf dem Bett und legt nasse Tücher auf seine verschwitzte Stirn. Die Stockerin hat ein sehr sorgenvolles Gesicht. Der Fieberwahn des Morgens ist einer matten Gleichgültigkeit gewichen.

    MARIA: Die Genovev müsst mit der Milch bald zurücksein.

Der Stocker reagiert nicht.

53 BERGWEG – A/T   53

Der Alois läuft eilig durch die bergige Landschaft. Der tiefe Schnee macht ihm bei seinem Aufstieg reichlich zu schaffen.

54   KÜCHE – I/T   54

Genovev schöpft einen Teller voller Milchsuppe. Die Mutter kommt in die Küche und nimmt ihr das Gefäß ab.

>   MARIA: Die Suppe wird ihm guttun.
>   GENOVEV: Hoffentlich.

Die Stockerin geht eilig aus der Küche.

55   GANG – I/T   55

Sie geht die Stiegen zur Kammer hoch. Der Peter kommt ihr entgegen.

>   PETER: Ich geh dann in Wald.
>   MARIA: Und sag dem Zehetmayer, dass der Vater bestimmt bald wieder gesund ist.
>   PETER: Mach ich.

Peter eilt die Treppen hinunter.

Maria horcht vor der Schlafkammer. Es ist nichts zu hören. Leise öffnet Maria die Tür. Sie lässt die Milchsuppe auf den Boden fallen.

>   MARIA: Jesses!

56   SCHLAFKAMMER – I/T   56

Der Stocker liegt reglos, mit weit aufgerissenem Mund und Augen auf dem Bett.

Zitternd geht die Stockerin zu ihrem Mann. Vorsichtig legt sie ihm die Hand auf die Stirn. Sie bekreuzigt sich und kniet auf den Boden.

Genovev und Peter kommen in die Schlafkammer. Peter tritt an das Bett und will seinen Vater berühren, doch seine Bewegung stockt, ängstlich zieht er seine Hand zurück.

Genovev kniet sich neben die Mutter und beginnt ebenfalls zu beten. Peter verlässt die Kammer. Weinend beten die beiden Frauen einen Rosenkranz.

>   MARIA & GENOVEV: Gegrüßet seist du, Maria, voll der Gnade, der Herr ist mit dir. Du bist gebenedeit unter den Frauen, und gebenedeit ist die Frucht deines Leibes, Jesus, der in uns den Glauben vermehre, heilige Maria, Mutter Gottes, bitte für uns Sünder jetzt und in der Stunde unseres Todes. Amen.

57   POSTWIRTSCHAFT – I/T   57

Peter kommt eilig mit rotem Kopf in die Gaststube. Er schließt die Tür und schaut sich um. Die wenigen, männlichen Gäste haben sich schon weidlich dem Biergenuss hingegeben.

>   WIRT: Der junge Stocker, was verschlägt dich um die Zeit her?

PETER: Der Bezirksarzt soll hier sein, hat es geheißen.

WIRT: Der ist auf dem Häusel, kommt gleich wieder. Wer ist denn krank bei euch.

Peter senkt seinen Blick, jetzt wird es ihm ganz schwer ums Herz. Er kämpft mit den Tränen, aus Scham hält er sie aber zurück.

PETER: Der Vater ist gestorben.

Die Mitteilung, dass der Stocker nicht mehr unter den Lebendigen weilt, schockt die ausgelassene Wirtshausrunde. Der Wirt sucht nach Worten.

WIRT: Der Stocker? ...

Der sichtlich betrunkene BEZIRKSARZT kommt fröhlich polternd in die Gaststube. Er ist Mitte fünfzig, sehr dick, und das viele Trinken hat seine Spuren hinterlassen.

BEZIRKSARZT: So jetzt geht's mir besser. Machst mir noch eine.

Jetzt erst bemerkt der Arzt die Stimmungsveränderung.

BEZIRKSARZT: Was ist euch denn über die Leber gelaufen?

Versteinert schauen ihn die anderen an.

58 FELDWEG – A/T

Peter eilt mit dem keuchenden Bezirksarzt den steilen, verschneiten Weg nach Walpach hoch. Außer Atem ruft der Arzt dem vorauseilenden Peter nach:

BEZIRKSARZT: Kannst nicht etwas langsamer gehen, so jung bin ich nimmer.

Peter bleibt stehen und wartet auf den schwitzenden Arzt.

59 SCHLAFKAMMER – I/T

In der Schlafkammer setzt der immer noch stark schwitzende Arzt seine Brille auf, die sofort beschlägt. Er nimmt die Brille wieder ab und schaut sich unsicher um. Er muss sich nun den Stocker aus nächster Nähe anschauen, dann legt er seine Hand auf die Halsschlagader. Dabei nickt er wissend. Der Bezirksarzt geht zur Stockerin und gibt ihr die Hand.

BEZIRKSARZT: Mein aufrichtiges Beileid, Stockerin.

Nun fällt es Maria wieder schwer, die Fassung zu bewahren. Sie wischt sich die Tränen aus dem Gesicht.

MARIA: Danke. Genovev, begleit doch den Herrn Doktor in die Stube.

BEZIRKSARZT: Den Totenschein müsst ihr dann abholen, ich hab keine Papiere mit dabei.

MARIA: Schon recht.

Genovev und der Arzt verlassen die Schlafkammer.

Maria geht weinend zu dem Stuhl neben dem Bett und sucht in der Hose ihres verstorbenen Mannes nach etwas.

Sie findet ein kleines Säckchen mit dem Geld

MARIA: Peter.

Peter, der wie erstarrt auf seinen Vater blickt, dreht sich zu seiner Mutter.

PETER: Ja, Mutter.

Maria wischt sich die Tränen weg und schnäuzt sich. Ernst blickt sie ihren ältesten Sohn an.

MARIA: Peter, jetzt musst du schauen, das alles recht wird.

PETER: Ja, Mutter.

MARIA: Jetzt bist du der Bauer.

Das geht für Peter alles etwas schnell. Er weiß nicht, was er sagen soll.

MARIA: Gehst zum Pfarrer und zum Schreiner und regelst alles.

Dann reicht die Stockerin ihrem Sohn das Geld.

| 60 | **SCHREINERWERKSTATT – I/T** | 60 |

Der Peter betritt die kleine Schreinerwerkstatt vom Waginga von Allkirchen. Der Schreiner unterbricht sofort seine Arbeit.

WAGINGA: Grüß Gott, Peter.

PETER: Grüß Gott.

WAGINGA: Leid tut's mir um dein Vater selig, nicht nur ich hab ihn gern gemocht, das ganze Dorf ist aufgebracht über den plötzlichen, unerwarteten Tod. Mein herzlichstes Beileid.

PETER: Wegen einem Sarg komm ich.

WAGINGA: Ja.

PETER: Und billig muss er sein, weißt ja, dass mir nichts mehr haben.

WAGINGA: Schon gut, mach dir keine Sorgen. Zwölf Mark wird der Billigste schon kosten müssen, aber für den Stocker wird's schon was Rechtes werden.

PETER: Vergelt's Gott.

| 61 | **SCHLAFKAMMER – I/T** | 61 |

Der Pfarrer ist über den toten Stocker gebeugt. Nachträglich erhält der Stocker die letzte Ölung. Sein Unterkiefer ist mit einem Tuch nach oben fixiert worden. Ein Ministrant steht neben dem Bett. Maria und Genovev knien am Fußende des Bettes.

Der Pfarrer reibt das Öl auf die Stirn und in die Hände

> PFARRER: Durch diese heilige Salbung helfe dir der Herr in seinem reichen Erbarmen, er stehe dir bei mit der Kraft des Heiligen Geistes: Der Herr, der dich von Sünden befreit, rette dich, in seiner Gnade richte er dich auf.

Er reicht das Öldöschen dem Ministranten und nimmt im Tausch den Weihwasserkessel.

> PFARRER: Der Friede des Herrn sei mit diesem Haus und mit allen, die darin wohnen.

Er nimmt Weihwasser und besprengt damit die Anwesenden und das Zimmer.

> PFARRER: Dieses geweihte Wasser erinnere uns an den Empfang der Taufe und an Christus, der uns durch sein Leiden und seine Auferstehung erlöst hat.
>
> MARIA & GENOVEV: Amen.

62 DORFSTRASSE – A/T 62

Peter kommt aus der Schreinerwerkstatt. Unschlüssig schaut er sich um. Hat er alles erledigt?

Er macht sich auf den Heimweg.

Der Kurbel kommt ihm entgegen.

> KURBEL: Grüß Gott, mein Beileid.

Er reicht Peter die Hand. Peter ist sichtlich überrascht, der Großbauer hat ihn bisher nicht beachtet.

> PETER: Danke.
>
> KURBEL: Das ist ein großer Verlust, für uns alle.

Peter nickt.

> KURBEL: Furchtbar, an was ist dein Vater denn gestorben?
>
> PETER: Ich weiß nicht, das Wasser in den Füßen hat ihm ja immer zu schaffen gemacht.
>
> KURBEL: Hat der Arzt nix gesagt?
>
> PETER: Nein, nur dass er tot ist, mehr hat er nicht gesagt.
>
> KURBEL: Wenn's ihr jetzt Hilfe braucht, kannst immer zu mir kommen.
>
> PETER: Vergelt's Gott.
>
> KURBEL: Und sprech doch der Stockerin mein herzlichstes Beileid aus.

Dann geht der Kurbelbauer weiter. Nach ein paar Schritten dreht er sich noch einmal um.

> KURBEL: Geh, Peter sag einmal, jetzt bist du doch der Bauer?

Der Kurbel geht ein paar Schritte auf Peter zu.

    PETER: Ja.

    KURBEL: Hat denn der Stocker dir was von unserem Handel erzählt?

    PETER: Nein.

    KURBEL: Schade, nichts für ungut, dass ich dich jetzt darauf ansprechen tue, aber der Stocker und ich wollten einen Tausch machen. Und eine Kälberkuh hätt es obendrauf noch gegeben.

    PETER: So, was ist das denn für ein Handel?

    KURBEL: Euern Ackern auf dem Gsellner Grund wollten wir gegen die zwanzig Tagwerk am Birnbach von mir tauschen, und wie schon gesagt, eine Kälberkuh hätt es obendrauf noch gegeben.

    PETER: Ahha.

    KURBEL: Ich weiß, dass ihr jetzt in Trauer seid. Aber wenn du dich für den Handel interessierst, du weißt ja, wo du mich findest.

63   STUBE – I/T   63

Der Stocker liegt nackt auf dem Esstisch. Die Müllerin, eine Frau Mitte vierzig, wäscht den Stocker. Sie hebt seinen Arm hoch und reinigt mit einem nassen Tuch den Leichnam unter den Achseln. Sorgfältig legt sie den Arm zurück. Dann stockt sie. Nach einem kurzen Moment der Irritation nimmt sie den anderen Arm hoch und reinigt den Leichnam weiter.

64   WALPACH – A/T   64

Der Peter kommt mit der trächtigen Kuh auf die Walpacher Höh. Maria, die nun Trauerkleidung trägt, kommt aus dem Haus. Stolz präsentiert Peter seinen Handel.

    PETER: Schau Mutter, in ein paar Tag kalbt die Kuh.

    MARIA: Wo hast die Kälberkuh her.

    PETER: Vom Kurbel.

Maria schaut ihren Sohn entsetzt an.

    MARIA: Hast den Handel um den Gsellner Grund gemacht?

    PETER: Ja.

Maria sagt gar nichts und geht kopfschüttelnd zurück ins Haus. Peter ist sofort verunsichert.

    PETER: Ist es nicht recht, Mutter?

Doch Maria dreht sich nicht mehr um und verschwindet im Haus.

65   STUBE – I/T   65

Die Müllerin hat den Stocker nun angezogen. Zuletzt faltet sie seine Hände zum Gebet. Sie ist mit ihrer Arbeit zufrieden.

66   BERGHÜTTE – A/D   66

Der Alois kommt zu einer verschneiten kleinen Berghütte. Vorsichtig klopft er an die Tür und ruft:

>   ALOIS: Hallo, ist jemand da? Schäferin?

Die Tür geht auf. Eine finster dreinschauende, sechzigjährige Frau steht vor Alois und raunzt ihn an.

>   SCHÄFERIN: Was willst?

Eingeschüchtert sucht Alois nach Worten.

>   ALOIS: Ich bin der Stocker Alois aus Walpach und meine Mutter schickt mich.

>   SCHÄFERIN: Und warum schickt sie dich?

>   ALOIS: Der Vater liegt krank im Bett.

Die Gesichtszüge der strengen Frau erhellen sich etwas.

>   SCHÄFERIN: Hast Hunger?

Alois nickt und ist froh, dass sich die Strenge der Situation etwas löst.

67   DORFKIRCHE – I/T   67

Die Kirchenglocken läuten. Der Stocker liegt umrandet von vier großen Kerzenständern, aufgebahrt im offenen, einfachen Holzsarg. Viele Kränze schmücken den Leichnam. Vor dem Toten steht ein Weihwasserkessel.

In der ersten Reihe sitzt die Stockerfamilie, die von dem Verlust sichtlich gezeichnet ist.

In langen Reihen betreten die Dorfbewohner die Kirche. Nun sind der Kurbelbauer und seine Frau an der Reihe. Er macht den obligatorischen Knicks vor dem Tabernakel, dann besprenkelt er den Leichnam mit Weihwasser. Schnell bekreuzigt sich der Großbauer, verneigt sich kurz vor der Trauerfamilie und nimmt auf einer der Holzbänke Platz.

Die KURBELBÄUERIN setzt sich auf die Frauenseite zur MÜLLERIN. Die beiden flüstern:

>   KURBELBÄUERIN: Schön liegt er da, der Stocker, grad wie lebendig.

Die Müllerin nickt. Sie bekommt ganz wässrige Augen.

68   BERGWEG – A/T   68

Der Alois kommt mit der Wildseder Schäferin seinen verschneiten Bergweg entlang. Die Schäferin hat ein vollgepacktes Tragegestell auf dem Rücken und eine Ziege an der Leine. Die beiden verstehen sich gut.

> ALOIS: Zuerst wollt der Sepp, mein ältester Bruder nach Amerika, da hat der Vater auf die Zähne gebissen und hat ihm des Ersparte als sein Erbe geben. Das Jahr darauf ist fast alles Vieh gestorben. Und jetzt vor acht Wochen wollt mein Bruder Hans auch nach Amerika, aber der Vater wollt ihn nicht gehen lassen, dann hat er nachts heimlich die Kuh, den Ochs und das Geld genommen und ist abgehauen. Seitdem hat der Vater kaum noch was geredet.
>
> SCHÄFERIN: Oh je. Und wer soll einmal den Hof kriegen?
>
> ALOIS: Der Peter hat gesagt, dass er glaubt, dass ich den Hof bekomm, weil der Vater bestimmt noch nicht auf den Austrag will.
>
> SCHÄFERIN: Freust dich?
>
> ALOIS: Nein, ich würd lieber in die Stadt gehen.
>
> SCHÄFERIN: Alle wollens fort. Und was willst dort machen?

Alois zuckt mit den Schultern.

> SCHÄFERIN: So, so.

Sie lächelt, der Bub gefällt ihr.

69   KIRCHE – I/T   69

Mit Erklingen der Orgel betritt der Pfarrer mit seinen Ministranten die Kirche. Sofort erhebt sich die ganze Gemeinde. Auch der Pfarrer besprenkelt den Leichnam mit Weihwasser, anschließend stellt er sich hinter den Sarg, breitet seine Hände aus und singt das Kyrie:

> PFARRER: Herr erbarme Dich.
>
> GEMEINDE: Herr erbarme Dich.
>
> PFARRER: Christus erbarme Dich.
>
> GEMEINDE: Christus erbarme Dich.
>
> PFARRER: Herr erbarme Dich.
>
> GEMEINDE: Herr erbarme Dich.

Marias Blick fällt auf den Stocker, wie er friedlich im Sarg liegt. Sie beginnt laut zu schluchzen. Genovev lässt sich sofort anstecken. Peter versucht nun eisern die Fassung zu wahren.

Die reichlich versammelte Kirchengemeinde kniet sich hin.

Der Pfarrer steht vor dem Altar, etwas erhöht am Kopfende des Sarges. Er nimmt eine Hostie aus dem Kelch und:

> PFARRER: Am Abend, an dem er ausgeliefert wurde und sich aus freiem Willen dem Leiden unterwarf, sprach er ...

Der Pfarrer hält nun die Hostie für alle sichtbar weit in die Höhe.

> PFARRER: Nehmet und esset alle davon, das ist mein Leib, der für euch hingegeben wird.

Die Ministranten läuten mit den Handglocken. Die ganze Gemeinde senkt ehrfürchtig den Kopf.

In diesem Moment regt sich der Stocker in seinem Sarg. Er bläht seine Backen auf, übergibt sich zur Seite und muss dann husten.

Die ganze Kirchengemeinde erstarrt vor Schreck.

Der Stocker wischt sich mit dem Ärmel über den Mund. Jetzt erst realisiert er, wo er ist. Von unten schaut er auf das große Holzkreuz über dem Altar. Dann richtet er sich etwas auf und blickt in die entsetzten Gesichter der Gemeinde. Völlig verdutzt lässt sich der Stocker wieder auf sein Kissen nieder.

Ganz leise ist es in der Kirche, alle sind wie paralysiert. Genovev ist die erste, die aufsteht und vorsichtig zum Sarg geht.

> GENOVEV: Vater.

Der Stocker muss wieder husten. Langsam bewegt sich die ganze Gemeinde zum Sarg. Ehrfürchtig blicken sie auf den Scheintoten. Erst jetzt realisiert der Stocker, was hier vor sich geht. Maria steht neben ihrer Tochter am Sarg. Sie hält sich mit der Hand den Mund zu und weint. Dann murmelt sie:

> MARIA: Um Gottes willen Hans, wie ist dir denn?

Mucksmäuschenstill ist es in der Kirche, jeder will hören, was gesagt wird.

Der Stocker atmet tief ein, dann fällt sein Blick noch einmal auf das schwere Holzkreuz über dem Altar. Er faltet seine Hände und sagt leise, aber gut verständlich:

> STOCKER: Wenn ich das überleb, trag ich ein schweres Holzkreuz bis auf Maria Himmelreich hoch.

Völlig erstarrt stehen die Dörfler um den Sarg herum.

Peter schaut ungläubig in die Runde, sein Blick fällt auf den Bezirksarzt. Der sofort verschämt auf den Boden schaut.

Der Stocker richtet sich auf:

> STOCKER: So bringt mich doch heim!

70 WALPACH – A/T

Der Stocker liegt im Sarg und wird ordentlich durchgeschüttelt. Maria sitzt neben dem Sarg auf dem Wagen. Der Pfarrer mit seinen Ministranten führt die sonderbare Prozession an. Die Gemeinde folgt laut betend. Der Stocker schaut irritiert in die sich langsam aufklarende Wolkenschicht. Der Pferdewagen holpert heftig über das unwegsame Gelände.

GEMEINDE: Gegrüßet seist du, Maria, voll der Gnade, der Herr ist mit dir. Du bist gebenedeit unter den Frauen, und gebenedeit ist die Frucht deines Leibes, Jesus, der in uns den Glauben vermehre, heilige Maria, Mutter Gottes, bitte für uns Sünder jetzt und in der Stunde unseres Todes. Amen.

Gegrüßet seist du, Maria, voll der Gnade, der Herr ist mit dir ...

Vor dem Haus angekommen, verstummen die Gebete.

Alois kommt gerade mit der Schäferin zum Haus. Sein Vater im Sarg und die ganze Gemeinde versammelt verwundern ihn sehr. Peter tritt an den Sarg.

PETER: Komm Vater, ich helf dir raus.

Er springt auf den Wagen und reicht seinem Vater seine Hand. Der Stocker versucht sich aufzurichten, ist aber zu schwach und sinkt wieder auf sein Totenkissen zurück. Peter schaut sich um, dann fällt sein Blick auf die Sargträger, die wie üblich hinter dem Wagen hergelaufen sind.

    PETER: Kommt helft mir, wir tragen ihn mit dem Sarg rein.

71 HAUSEINGANG – A/T   71

Es ist schon eine sonderbare Szenerie: der Stocker im Sarg liegend, mit sorgenvollem Blick, ob die ächzenden und schwitzenden Männer ihn auch heil ins Haus bekommen.

    WIRT: Obacht, nicht so schräg.

Der Schreiner Waginga versucht auszugleichen, doch der Hierlinger kommt etwas aus dem Gleichgewicht.

    HIERLINGER: Absetzen, mir rutscht er aus den Händen.

Maria, die das Ganze argwöhnisch beobachtet, bekommt einen Schreck.

    MARIA: Lasst mir nur den Stocker nicht fallen.

Die vier Männer setzen den Sarg wackelig ab. Der Stocker schaut die Männer nur mit großen Augen an, er weiß immer noch nicht recht, wie ihm geschieht.

    WIRT: Daheim bist ja schon einmal.

Der Stocker nickt nur, er ist sehr schwach.

    WIRT: Die Treppen schaffen wir aber nicht.

    PETER: Dann nimm ich ihn so.

Peter kniet sich neben den Sarg, versucht mit den Händen unter den Körper seines Vaters zu kommen. Der Stocker lässt alles kommentarlos mit sich geschehen.

Das Aufstehen mit dem Stocker auf dem Arm ist nicht zu bewältigen, so helfen die anderen und legen den schlaffen Stocker über die Schulter von Peter, der dann wackelig die Treppen hoch geht.

72 SCHLAFKAMMER – I/T   72

Maria räumt eilig die Federdecken vom Bett.

Peter kommt mit seinem Vater auf dem Rücken in der Schlafkammer an. Er lässt laut ächzend seinen Vater auf das Bett niederplumpsen.

Dieser bleibt regungslos liegen. Peter ist völlig fertig.

Die Träger kommen in die Schlafkammer.

    MARIA: Jessas.

Auch die anderen kommen wieder näher an das Bett. Sie schauen sich den reglosen Stocker genauer an.

    MARIA: Gott sei Dank, er schnauft.

Jetzt beruhigt sich Maria wieder. Dann richtet sie ihm die Kissen und deckt ihn zu.

73 SCHLAFKAMMER – I/N   73

Der Stocker schläft in seinem Bett im Dunkeln. Der Stocker erwacht. Er schaut sich um.

    SCHÄFERIN: Erschrick dich nicht.

Neben dem Bett sitzt die Wildseder Schäferin und hält Wache.

Der Stocker erschrickt trotzdem, ob der Anwesenheit der strengen, hutzeligen Frau.

    STOCKER: Hört das jetzt nimmer auf!

    SCHÄFERIN: Ich bin die Wildseder Schäferin, deine Frau hat nach mir geschickt, um dich wieder gesund zu machen.

    STOCKER: Lasst mich doch.

    SCHÄFERIN: Ich mag dich nur mal anschauen.

Die Schäferin steht auf. Der Stocker hebt die Bettdecke. Er hat nun sein Nachthemd an. Er ziert sich.

    STOCKER: Ich mag nicht.

Da muss die Schäferin lachen.

    SCHÄFERIN: Die Leichenwäscherin hat dich eh so gesehen, wie der Herrgott dich gemacht hat.

Dass die Schäferin ihn so gut einschätzen kann, passt dem Stocker gar nicht. Er dreht sich zur Seite.

    SCHÄFERIN: Ich schau mir nur deine Füß an, wegen der Wassersucht.

Verschämt nickt der Bauer.

74 STUBE – I/N   74

Am Esstisch sitzt die Familie beisammen. Peter imitiert gerade den Pfarrer bei der Wandlung und nimmt seine Hände über den Kopf. Er ist völlig begeistert:

    PETER: Und während der Pfarrer die Hostie hochgehalten hat und die Ministranten geläutet haben, kotzt der Vater in den Sarg und ist plötzlich wach. Auferstanden von den Toten. Die Gesichter von den Leuten hättest du mal sehen sollen. Ich kann es jetzt noch nicht recht glauben.

Alois mag es ebenfalls nicht glauben. Er schaut prüfend in die Runde.

    ALOIS: Und ihr lügt mich nicht an?

    MARIA: Nein.

Aus dem Stall ist entfernt die Kuh zu hören. Plötzlich verändert sich die Stimmung. Die Mutter hält die Hand vor den Mund.

MARIA: Jesses Maria, die Kuh.

Peter wird bleich.

MARIA: Der Vater erschlägt dich, wenn er von dem Handel hört. Gehst morgen gleich in der Früh zum Kurbelbauern und bringst die Kuh zurück.

Peter nickt.

GENOVEV: Die kalbt aber in zwei, drei Tagen.

MARIA: Bring sie zurück, so schnell es geht!

PETER: Ja.

Die Schäferin kommt in die Küche. Sie nimmt aus ihrem großen Rucksack einen Leinensack mit verschiedenen Kräutern.

SCHÄFERIN: Genovev. Machst mir aus den Kräutern einen starken Sud, mit wenig Wasser.

Genovev nimmt die Kräuter und eilt in die Küche.

SCHÄFERIN: Alois, du musst mir helfen.

Der Alois freut sich.

75 SCHLAFKAMMER – I/N 75

Im Schlafzimmer helfen der Alois und die Schäferin dem sehr schwachen Stocker, sich aufzurichten. Sie gibt ihm den dickflüssigen Sud zu trinken. Doch der Stocker will nicht. Er dreht das Gesicht zur Seite.

SCHÄFERIN: Trinken sollst, dass gesund wirst.

Dann flößt sie ihm das bitterschmeckende Getränk ein. Widerwillig trinkt der Stocker.

Sie schiebt das Federbett hoch, sodass die geschwollenen Beine vom Stocker sichtbar werden.

Geübt streichen die faltigen Hände der Schäferin über die geschwollenen, bleichen Füße und Unterschenkel des Kranken.

SCHÄFERIN: Schau her, mir müssen das Wasser langsam hochdrücken.

Alois traut sich nicht, seinen Vater anzufassen.

SCHÄFERIN: Trau dich nur, des müssen wir jetzt mehrmals am Tag machen.

Vorsichtig beginnt Alois mit der Lymphmassage.

Der Stocker schwitzt wieder heftig, resigniert meint er:

STOCKER: Das hat doch alles kein Wert mehr, der Sarg ist schon gekauft und das Grab graben. Hat ja alles keinen Sinn mehr mit mir.

Alois ist wegen der Destruktivität des Bauern ganz entsetzt, mit Tränen in den Augen bittet er seinen Vater:

ALOIS: Bitte Vater, sag so was nicht.

Die Schäferin nimmt ihm den Holzkrug mit dem Sud aus der Hand und beginnt dem Stocker den Tee einzuflößen.

SCHÄFERIN: Geh, lass mich mit deinem Vater mal allein.

Sie wartet, bis Alois die Tür geschlossen hat, dann schaut sie den Stocker streng an. Nach einer Weile:

SCHÄFERIN: Da hat dir der liebe Gott ein zweites Leben geschenkt, und der wird schon wissen was er macht. Also versündige dich nicht.

Sie schaut ihn noch eine Weile eindringlich an, dann verlässt sie die Schlafkammer. Die Worte der Schäferin haben gesessen.

Ehrfürchtig schaut der Stocker zu dem Jesusbild, das über dem Bett hängt. Was ihm heute widerfahren ist, versteht er nicht.

76 WALPACH – A/T   76

Es schneit. Der Wind fegt über das verschneite Dach.

77 STALL – I/T   77

Genovev hält den Kopf der kalbenden Kuh. Sie ist am Schwitzen. Mit einem Tuch versucht sie die Schreie der Kuh zu dämpfen.

GENOVEV: Ist ja gut. Psscht.

Peter steht hinter der Kuh und zieht an einem Strick, der an den Beinen des Kalbes befestigt wurde.

Die Kuh dreht heftig ihren Kopf und kämpft laut mit der Geburt.

GENOVEV: Mach langsam.

Peter lässt den Strick etwas lockerer. Die Kuh beruhigt sich wieder etwas. Peter und Genovev sind sehr angespannt.

78 SCHLAFKAMMER – I/T   78

Die Schäferin massiert dem Stocker seine Unterschenkel. Alois hilft ihr. Aus dem Stall ist die Kuh zu hören. Sofort sind Alois und die Schäferin angespannt. Der Stocker liegt apathisch im Bett und lässt mit sich geschehen.

Maria kommt mit Essen in die Kammer. Auch sie ist angespannt ob der Geburt im Stall.

MARIA: So, schau mal, was ich da alles hab, ein Schinken, Käse, kannst dir gar nicht vorstellen, wer alles vorbeikommt und dir Essen bringt, dass du wieder zu Kräften kommst.

STOCKER: Mag nichts essen.

Wieder ist die Kuh aus dem Stall zu hören. Doch der Stocker wundert sich nicht. Er ist noch zu schwach.

79   STALL – I/T

Peter zieht kräftig an dem Kälberstrick. Das Kälbchen flutscht aus der Mutter und landet im Stroh. Genovev reibt das Neugeborene mit weichem Heu ab. Sie ist nun ganz beseelt.

80   STUBE – I/T

Die Frauen sind am Spinnen. Die Müllerin betritt die Stube. Einige Schritte hinter ihr ein Knecht mit einem Sack Mehl auf der Schulter.

> MÜLLERIN: Grüß Gott.
>
> MARIA & GENOVEV: Grüß Gott.
>
> MÜLLERIN: Ich wollt nicht lang stören, habt's ja bestimmt recht viel zu tun.

Sie gibt dem Knecht ein Zeichen, dass dieser den Sack abstellt.

> MÜLLERIN: Da habt ihr ein Sack Mehl. Dass uns der Stocker wieder zu Kräften kommt.
>
> MARIA: Des können wir aber nicht annehmen.
>
> MÜLLERIN: Doch, doch, das könnt ihr, mir haben doch mehr als genug.
>
> MARIA: Vergelt's Gott.

In dem Moment kommt Peter in die Stube. Er ist reichlich niedergeschlagen. Peter setzt sich an den Tisch.

> PETER: Handel ist Handel, hat er gesagt. Und dann hat er mich mit den Viechern einfach stehen lassen.
>
> MARIA: Und wo sind die Viecher jetzt?
>
> PETER: Der Alois bringt sie gerade in den Stall zurück.

Resigniert schaut Peter aus dem Fenster.

81   KIRCHE – I/T

Maria und Genovev knien allein in der Kirche und beten.

82   SCHLAFKAMMER – I/T

Der Alois macht mit seinem Vater krankengymnastische Übungen. Der Stocker schwitzt, er scheint immer noch nicht über dem Berg zu sein. Mit matten Augen beobachtet er seinen Jüngsten.

> STOCKER: Lass gut sein Alois, ich mag nimmer!

Alois ist überfordert.

> ALOIS: Die Schäferin hat aber gesagt, dass mir das eine ganze Zeit machen sollen.

Die Schäferin betritt mit einem Krug voll Kräutersud die Kammer. Sie setzt sich auf das Bett.

SCHÄFERIN: So ...

Der Stocker ekelt sich vor dem Getränk. Er dreht den Kopf zur Seite.

STOCKER: Ich mag nicht.

SCHÄFERIN: Trink, dass das Fieber endlich weg geht.

STOCKER: Nützt doch alles nichts.

Die Schäferin wird wieder ganz streng.

SCHÄFERIN: Und wer soll die ganze Arbeit machen? Willst deine Kinder und deine Frau allein mit der Landwirtschaft lassen? Hundert Rosenkränze solltest aus Dankbarkeit beten, dass noch lebst.

Der Stocker nickt. Die Schäferin beginnt ihm den Sud einzuflößen.

83 **LANDSCHAFT/SCHLAFKAMMER – A/T**   83

Die Schindeldächer fangen von dem schmelzenden Schnee heftig an zu tropfen.

Der Stocker liegt nachdenklich im Bett. Er faltet die Hände zum Gebet. Seine Gesichtszüge werden langsam weicher.

Das Eis in dem Bach bricht.

Der Stocker liegt im Bett, und zum ersten Mal huscht ein Lächeln über sein Gesicht.

Die Sonne strahlt über den noch weißen Alpen.

84 **SCHLAFKAMMER – I/T**   84

Der Bauer liegt in seinem Bett, die Sonne blinzelt in das kleine Fenster hinein. Vorsichtig steht der Stocker auf. Er freut sich, dass seine Beine ihn tragen.

Dann dreht er sich zu dem Jesusbild und verneigt sich demütig.

Im Nachthemd geht er zu dem Fenster und schaut hinaus.

Der Peter hackt Holz. Mit einem Lächeln beobachtet der Bauer seinen Ältesten. Die Tür geht auf, und Maria betritt die Kammer mit seinem Frühstück.

MARIA: Geh, legst dich sofort wieder hin.

Sie ist ganz entsetzt, dass der Stocker aufgestanden ist. Mit kindlicher Freude zeigt er seiner Frau, dass er sich auf den Beinen halten kann.

STOCKER: Schau, schau. Laufen kann ich wieder. Pfeilgrad laufen. Die Wildseder Schäferin ist mir a rechte Hex.

Maria freut sich auch. Dann legt sich der Bauer wieder hin.

STOCKER: Was gibt es denn, einen rechten Hunger hab ich.

Das Essen ist reichlich: Brot, Butter, Speck und Käse sind auf dem Teller.

Nachdem der Bauer mit großem Appetit gegessen hat:

    STOCKER: Du wirst es nicht glauben, ich steh auf und lauf einmal ums Haus. Und schnapp ein bisschen frische Luft.

    MARIA: Bist dir sicher.

    STOCKER: Ja, ja, ich fühl mich fast wie neugeboren,

scherzt er zu seiner Frau.

85   HAUS – A/T   **85**

Nun angezogen tritt der Stocker aus dem Haus. Peter unterbricht sofort die Arbeit.

STOCKER: Bist schon ein fleißiger Kerl. Musstest ganz schön viel machen, wo ich nur rumgelegen bin.

Peter ist sichtlich gerührt.

PETER: Des mach ich doch gern, Vater.

STOCKER: Lang dauert es nimmer, dann mach ich auch wieder mit.

Mit Freude schaut sich der Bauer auf seinem Grundstück um. Maria und Peter folgen ihm.

Aus dem Stall hört man die Viecher. Überrascht geht der Stocker zu der Stalltür.

STOCKER: War das nicht eine Kuh?

86 STALL – I/T   86

Genovev ist im Stall und kümmert sich um das Kälbchen. Auch seine Tochter begrüßt der Bauer liebevoll.

STOCKER: Grüß dich, Genovev. Geht's dir gut?

GENOVEV: Ja Vater, und dir?

STOCKER: Ja. Ich weiß nicht, wie ich dem Herrgott danken soll.

GENOVEV: Der wird schon wissen was er macht.

Genovev lächelt ihren Vater an. Sehr besonders ist die Stimmung in der Familie.

Jetzt erst wundert sich der Stocker.

STOCKER: Wo ist denn die Kuh her?

Ängstlich, ein großes Donnerwetter erwartend, geht Peter einen Schritt zurück.

PETER: Also, des, des, war so als du tot warst, ist mir der Kurbel begegnet.

STOCKER: Ahhaa.

PETER: Und dann hat er gesagt, dass ihr eh schon am Verhandeln wart, wegen dem Gsellner Grund. Ich hab nicht gewusst, dass der Acker nix wert ist. Und, und ...

Dann hebt er schützend die Arme vor sich, als würde er jederzeit mit Prügel rechnen. Doch der Stocker bleibt ganz freundlich.

STOCKER: Und warum hast ihm die Kuh nicht wieder zurückgebracht?

PETER: Er hat sie nicht zurückgenommen. Geschäft ist Geschäft, hat er gesagt.

STOCKER: Schon recht Peter.

Peter nimmt langsam die Hände runter.

STOCKER: Wenn ich wieder ganz gesund bin, regeln mir das mit dem Kurbel. Ich leg mich jetzt wieder hin.

GENOVEV: Soll ich dir helfen, Vater?

STOCKER: Wenn Du magst.

Genovev stützt den Vater. Die beiden gehen aus dem Stall. Peter ist ob der Veränderung seines Vaters ziemlich überrascht.

87 HAUS – A/T 87

Ein schöner Frühlingstag. Maria ist in dem kleinen Gemüsegarten am Pflanzen. Der Stocker kommt aus dem Haus und setzt sich auf die Bank vor dem Haus. Zufrieden schaut er aus, der Stocker, und seine Gesichtsfarbe ist wieder richtig gesund. Er beobachtet seine Frau. Nach einer Weile ruft er:

STOCKER: Geh, setz dich doch mal zu mir.

Maria richtet sich auf und geht zu ihrem Mann. Maria setzt sich, sie ist sehr unsicher.

MARIA: Bist wieder richtig gut beieinander.

STOCKER: Ja.

Dann schaut er seine Frau freundlich an.

STOCKER: Wann sind mir das letzte Mal so zusammen gesessen. Man vergisst, wie schön es hier eigentlich ist.

MARIA: Weiß ich nicht. War halt nie Zeit, bei der vielen Arbeit.

Einfach so miteinander zu reden fällt Maria sichtlich schwer.

STOCKER: Müssen wir uns die Zeit halt nehmen, ich hab mir überlegt, und ich hab ja jetzt viel Zeit zum Überlegen gehabt, dass ich nächste Woche in die Stadt geh und nach einem Kredit fragen tue.

MARIA: Das hast doch schon öfters probiert.

STOCKER: Aber jetzt krieg ich ihn auch.

Eine dunkle Kutsche kommt angefahren. Der Kutscher hält direkt vor den Stockers. Ein feingekleideter Städter steigt aus der Kutsche. Der ganz in schwarz gekleidete Mann trägt eine kleine Nickelbrille und ist Ende vierzig.

JOURNALIST: Grüß Gott. Bin ich hier richtig bei dem Stocker Hans.

STOCKER: Und wer möchte das wissen?

Er geht auf den Stocker zu und reicht ihm seine Hand.

JOURNALIST: Staudinger, Journalist von der Neuen Münchner Zeitung.

Der Stocker gibt ihm die Hand.

STOCKER: Grüß Gott, ich bin der Stocker Hans, und was bringt Sie zu uns?

JOURNALIST: Ich hab von Ihrer wunderlichen Auferstehung gehört und würde gern einen Artikel über Sie und die Geschehnisse schreiben.

STOCKER: So, so.

88   STUBE – I/T   88

In der Stube sind alle bei dem Interview um den Tisch versammelt.

STOCKER: Dann bin ich aufgewacht und lag im Sarg mitten in der Kirche und alle haben mich mit entsetzten Augen angeschaut.

JOURNALIST: Das kann ich verstehen. Und wie haben Sie sich gefühlt?

Er lächelt verschmitzt.

STOCKER: So, dass ich sowas nicht mehr oft erleben mag.

Es wird gelacht. Maria freut sich und meint:

MARIA: Jetzt glaub ich wirklich, dass du gesund bist, so lustig wie du heut bist.

Der Stocker nickt.

STOCKER: Dass mir lustig sind, das soll jetzt auch so bleiben. Do hat der Hans schon recht gehabt, dass eine Friedhofsruh war, nicht zum Aushalten.

Dann wendet sich der Stocker wieder dem Journalisten zu.

STOCKER: Dass ich wieder gesund worden bin, hab ich der Wildseder Schäferin zu verdanken.

Dann deutet er auf die Schäferin, die brummig sich am Herd zu schaffen macht.

STOCKER: Die hat mir geholfen, auch wenn ich nicht daran glauben hab mögen.

Mit Lob kann die Schäferin gar nicht umgehen.

SCHÄFERIN: Jetzt, wo der Herr Journalist da ist, ist plötzlich alles recht, aber ich muss ihnen sagen, sonst war der Stocker ein schon recht grantiger Dickkopf.

STOCKER: Ja, ja, aber da kann ich nichts dafür, das ist ein Familienerbe.

Der Journalist lässt sich von der ausgelassenen Stimmung anstecken. Er lächelt.

JOURNALIST: Und den Sarg, habt ihr den noch?

Peter nickt.

PETER: Ja, warum?

89 VOR DEM HAUS – A/T   89

Der Journalist justiert seine große Plattenkamera.

Auf zwei Stühlen liegt der Sarg. Der Stocker versucht gerade in den Sarg zu steigen, als die Schäferin mit gepacktem Rucksack aus dem Haus kommt.

> STOCKER: Geh, Schäferin, stell dich dazu, du musst auch mit in die Zeitung.

Die Schäferin ziert sich aber.

> SCHÄFERIN: Na, na, des ist nix für mich. Der Apparat ist mir suspekt, des moderne Zeugs. Außerdem bist gesund, dann muss ich mich wieder um meine Sachen kümmern.

Der Stocker steigt wieder aus dem Sarg und geht zur Schäferin. Er spricht mit viel Zuneigung.

> STOCKER: Geh liebe Schäferin, wart doch bis der Journalist weg ist, dass wir uns auch gebührlich verabschieden können. Und stell dich doch zu uns, das wäre mir eine große Freud.

> SCHÄFERIN: Wenn du meinst.

Der Journalist entzündet das Blitzlicht. Der Stocker sitzt aufrecht im Sarg und lächelt. Seine Familie samt Schäferin posiert steif hinter dem Sarg. Der Journalist ist zufrieden.

> JOURNALIST: Wunderbar, wunderbar.

Der Stocker steigt wieder aus dem Sarg.

> STOCKER: Des muss jetzt aber bald aufhören. Rein in Sarg, raus aus dem Sarg. Jetzt langt's.

Der Journalist kommt auf ihn zu.

> JOURNALIST: Das wird schon so sein. Könnt ich Sie für einen Moment noch unter vier Augen sprechen?

> STOCKER: Was wollen Sie denn noch?

> JOURNALIST: Nix Schlimmes.

90 VOR DEM HAUS – A/T   90

Der Journalist und Stocker stehen etwas abseits.

> JOURNALIST: Gestern bei einem Abendessen hab ich Ihre Geschichte von der wunderlichen Auferstehung erzählt, beim Freiherrn von Stieglitz. Ein sehr gläubiger Christ und sehr wohlhabend.

> STOCKER: Und das passt zusammen?

> JOURNALIST: Vielleicht nicht im biblischen Sinne, aber er ist wirklich ein großzüger, feiner Mensch. Der Herr von Stieglitz, jedenfalls, hat mir eine ansehnliche Summe Geldes mitgegeben, um den Sarg, wenn möglich, käuflich zu erwerben.

STOCKER: Geh, das ist ein einfacher Armensarg, außerdem ist er schon gebraucht und nicht mehr viel wert.

JOURNALIST: Wenn ich Ihnen sage, wie viel Geld er mitgegeben hat, merken Sie schnell, dass der Freiherr es ernst mit dem Handel meint.

STOCKER: Wie viel denn?

JOURNALIST: Fünfhundert Reichsmark.

Der Stocker mag das nicht recht glauben.

STOCKER: Der Sarg hat zwölf gekostet. Des wär doch Wucher.

Der Journalist muss über die Gutmütigkeit des Bauern lächeln.

JOURNALIST: Stocker, machen Sie das Geschäft. Es gibt keinen Haken, ihr seht nicht aus, als könntet ihr kein Geld gebrauchen.

STOCKER: Fürwahr.

Der Journalist hält dem Stocker die Hand hin.

STOCKER: Verstehen tue ich das zwar nicht, dass jemand für so einen Sarg so viel Geld geben mag, aber brauchen können mir das Geld schon.

Der Häusler schlägt ein, und der Handel ist besiegelt.

91 VOR DEM HAUS – A/T   91

Die Schäferin macht sich auf den Heimweg. Der Stockerfamilie fällt der Abschied von der knurrigen Alten sichtlich schwer. Sie stehen vor dem Haus und warten, bis die Schäferin ihren Rucksack geschultert hat und die Ziege an die Leine nimmt.

SCHÄFERIN: Gut ist. Pfiads euch.

STOCKER: Moment.

Der Bauer gibt ihr noch einen Briefumschlag. Skeptisch lugt die Heilerin in den Umschlag und schaut ihn mit großen Augen an.

SCHÄFERIN: Des kann ich aber nicht annehmen.

STOCKER: Das kannst du nicht nur, das musst du regelrecht. Und vielen herzlichen Dank für alles.

SCHÄFERIN: So viel Geld hab ich noch nie gehabt.

STOCKER: Des passt schon. Gehab dich wohl.

SCHÄFERIN: Dank auch schön. Und bleibt alle gesund.

MARIA: Du auch.

ALOIS: Ich begleite dich noch bis zur Bärenwiesen.

Der Stocker legt den Arm um seine Frau, und auch Genovev und der Peter stehen eng beim Vater.

Als die Schäferin mit dem Alois außer Sichtweite ist, klatscht der Bauer in die Hände, er strotzt nur so vor Energie.

> STOCKER: So Peter, nimm die Kuh und das Kälbchen, dann gehen wir jetzt zum Kurbelbauern.

92   WEG – A/T   92

Mit Kuh und Kälbchen an der Leine gehen Vater und Sohn ins Dorf hinunter. Der Stocker ist ganz ausgelassen:

> PETER: Vater, bist mir nicht bös?

> STOCKER: Geh, mach dir keine Sorgen, wer wird an so einem herrlichen Tag schon böse sein. Bist schon recht, Peter. Erzähl mir genau wie des mit dem Kurbel war.

> PETER: Ich bin grad beim Waginga aus der Schreinerei kommen ...

93   KURBELHOF – A/T   93

Der große Hof vom Kurbelbauern. Knechte spannen gerade zwei Gäule vor ein großes Fuhrwerk. Eine Magd schlachtet Hühner, und einige Kinder toben herum. Als der Stocker und sein Sohn auf den Hof kommen, unterbrechen alle ihre Arbeiten. Mit großen Augen schauen sie auf den Stocker.

Der kleine Xaver kommt vorsichtig zum Stocker, dann schaut er ihn mit großen Augen an.

> STOCKER: Xaverl, was schaust denn so?

> XAVER: Meinst, ob ich dich anfassen darf?

> STOCKER: Warum denn?

> XAVER: Das soll Glück bringen, hat meine Mutter gesagt.

Der Stocker muss lachen.

> STOCKER: So, so, Glück soll's bringen.

> XAVER: Darf ich jetzt, oder nicht?

Der Stocker nickt dem kleinen Xaver freundlich zu. Vorsichtig berührt der Junge den vermeintlichen Heiligen. Dann rennt er lachend davon.

Der Kurbel kommt aus dem Stall. Er sieht den Stocker und würde sich am liebsten gleich wieder im Stall verziehen. Doch der Stocker sieht ihn.

> STOCKER: Grüß dich, Kurbelbauer.

Der Kurbel setzt ein Lächeln auf und geht zu den Stockers.

> KURBEL: Grüß dich, bist ja wieder gut beieinander. Da freuen wir uns alle.

> STOCKER: Dank schön.

KRUBEL: Was kann ich für dich tun?

Der Stocker ist sehr freundlich, aber klar.

STOCKER: Kannst dir bestimmt denken. Wir kommen, um den Handel, den du mit dem Peter gemacht hast, rückgängig zu machen. Ich kann dir entweder die Kühe zurückgeben oder ich geb dir Geld dafür.

Mehr und mehr der Dienstmägde und Tagelöhner kommen auf den Hof und wollen den Stocker sehen. Der Kurbel stellt sich stur.

KURBEL: Handel ist Handel. Das bleibt alles so wie ausgemacht.

Die Kurbelbäuerin kommt dazu.

KURBELBÄUERIN: Grüß Gott, Stocker.

Ehrfürchtig nickt sie ihm zu.

KURBELBÄUERIN: Bist wieder beieinander?

STOCKER: Bestens, wie neugeboren.

Jetzt muss sogar die ernste Kurbelbäuerin etwas lächeln.

STOCKER: Magst Geld haben, oder das Vieh zurück. Musst dich schon entscheiden.

KURBEL: Weder noch. Der Handel ist gemacht. Basta.

KURBELBÄUERIN: Was bist denn jetzt so stur.

KURBEL: Handel ist Handel, wo kommt man denn da hin, wenn der Handschlag nichts mehr gilt.

STOCKER: Rechtens war des nicht. Während ich kaum ...

Jetzt muss der Stocker überlegen, wie er das sagen soll.

STOCKER: ... scheintot war, hast den Peter angelogen, dass wir uns eh schon einig waren.

Nun wird die Kurbelbäuerin wütend.

KURBELBÄUERIN: Was bist du denn für ein schlechter Christenmensch, herzlos den Peter in so einer Situation ausnützen.

KURBEL: Dann behalt doch dein steinigen Acker.

Dann geht er zurück Richtung Stall.

KURBEL: Was haltet ihr hier Maulaffen frei. Habt ihr nichts zu tun?

brüllt der Kurbel zu den herumstehenden Knechten.

KURBELBÄUERIN: Gibst mir fünfzig Mark für die Tiere.

STOCKER: Das ist aber sehr günstig, Kurbelbäuerin, bist dir sicher.

KURBELBÄUERIN: Ja, bin ich mir, wenn du beim Herrn Pfarrer noch eine Messe für mich lesen lassen würdest, ist der

Handel perfekt.

Der Stocker ist verwundert, doch so sonderbar schaut ihn die Kurbelbäuerin an, dass er sich in den großen Vorteil fügt und ihr die Hand hinhält. Die Bäuerin nimmt die Hand und lässt sie nicht sofort los.

> KURBELBÄUERIN: Du bist ein Zeichen von der großen Güte von unserem Herrn Jesus und der Allmächtigkeit unseres Herrn ...

94 ALLKIRCHEN – A/T 94

Als Vater und Sohn den Kurbelhof mit den Tieren an der Leine wieder verlassen, schauen die beiden sich verwundert an.

> PETER: Die hat deine Hand ja gar nicht mehr losgelassen.
>
> STOCKER: Hat mich angeschaut, als wär ich vom Mond.
>
> PETER: Aber dem Kurbel hat sie richtig ausgeben.
>
> STOCKER: Der hat daheim eh nicht viel zu melden. Morgen gehen mir noch auf den Viehmarkt und kaufen noch ein Ochs und eine Kälberkuh. Sagst aber nicht, wo mir das Geld her haben.
>
> PETER: Ja. Warum hast nicht gleich die Kurbelbäuerin gefragt, wo sie die Kälberkuh um die Hälfte hergeben hat?
>
> STOCKER: Das wär mir nicht recht gewesen, dieses bigotte Weib so auszunützen.

95 WEG – A/T 95

Im Sonntagsgewand macht sich die Familie wieder auf den Weg zum Dorf. Fröhlich kündigt der Stocker an:

> STOCKER: Heut essen mir alle beim Postwirt, dass mir auch mal unter die Leut kommen.
>
> GENOVEV: Vater, ich würd nach der Kirch lieber heim gehen, des ist doch nix für mich.
>
> STOCKER: Überleg's dir nochmal, der Schweinsbraten ist recht gut beim Postwirt, und wie sollen die Buben denn auf dich aufmerksam werden, wenn dich immer versteckst.
>
> MARIA: Lass sie doch, wird ja ganz rot.
>
> STOCKER: Immer nur Arbeiten und Beten, ist doch noch jung.

96 KIRCHE – I/T 96

Die Stocker Familie betritt die gutgefüllte Kirche. Alle drehen sich um, und wieder wird der Stocker wunderlich angeschaut. Leise ist es in der Kirche, der Häusler nickt den Leuten zu, doch die Blicke bleiben an ihm haften.

Die Stockerfamilie setzt sich auf ihre angestammten Plätze. Alle starren zum Stocker. Der Häusler steht auf.

> STOCKER: Grüß euch. Ja, bin wieder gesund und wieder lebendig, aber der gleiche Häusler Stocker wie vorher auch.

Dann setzt sich der Stocker wieder. Zum Glück kommt der Pfarrer mit seinen Ministranten aus der Sakristei. Die Gemeinde erhebt sich. Der Pfarrer tritt an den Altar und verneigt sich vor dem Tabernakel. Gerade will er die Gemeinde begrüßen, als er den Stocker entdeckt.

Nach einer langen Pause.

> PFARRER: Schön, dass der Herr Stocker wieder in die Kirche kommen kann, so wollen wir unsern Herrn lobpreisen.

Ehre sei Gott in der Höhe ...

97 POSTWIRT – I/T 97

Beim Postwirt isst die Stocker Familie Schweinsbraten mit Knödel mit großem Appetit. Die Wirtschaft ist recht voll, und auch hier stehen sie unter ständiger Beobachtung.

> STOCKER: Schmeckt's?
>
> GENOVEV: Ja.

Peter und der Alois haben den Mund so voll, dass sie nur nicken können.

Der Postwirt hängt das Zeitungsbild mit der Überschrift: Von den Toten auferstanden, feingerahmt neben dem Tresen an die Wand.

> WIRT: Stocker, jetzt bist richtig eine Berühmtheit.

Bescheiden meint der Stocker:

> STOCKER: Viel dafür können tue ich ja nicht. Aber jetzt lass ich mir erstmal den Braten schmecken.
>
> WIRT: Einen guten.
>
> STOCKER: Danke.

Einige Zeit später. Die Mahlzeit ist beendet.

> STOCKER: Wollt ihr auch noch ein Bier?
>
> GENOVEV: Vater, ich mag jetzt wirklich gehen. Schauen uns doch alle immer an.
>
> MARIA: Ich fühl mich daheim auch wohler.
>
> STOCKER: Ja, dann kommt gut heim, ich bleib noch und setz mich zum Hierlinger rüber.

Die Familie steht auf. Der Stocker setzt sich zu dem Hierlinger.

> STOCKER: Grüß dich.

Der Hierlinger nickt nur, er hat schon einige Biere getrunken.

HIERLINGER: Hab schon dacht, jetzt bist was Besseres und setzt dich nicht mehr an den Häuslertisch.

STOCKER: Bleibt mir ja nichts anderes übrig, für Scheintote gibt es ja keinen extra Tisch.

Doch der Hierlinger versteht heute keinen Spaß.

STOCKER: Welche Laus ist dir denn über die Leber gelaufen?

HIERLINGER: Die Leni will zu ihrer Schwester in Bayrischen Wald ziehen.

STOCKER: Und euer Landwirtschaft?

HIERLINGER: Verkaufen?

STOCKER: Und warum.

HIERLINGER: Nur noch Trübsal blasen tut sie, die Leni. Fünf Kinder sind ihr gestorben in dem Haus und zwei nach Amerika abgehauen. Sie hält's vor Kummer nimmer aus.

STOCKER: Und du?

HIERLINGER: Ich geh halt mit, was soll ich auch allein mit der ganzen Arbeit.

STOCKER: Das tut mir leid, wirst mir fehlen.

HIERLINGER: Noch bin ich ja da.

Er hält die Biergläser hoch.

HIERLINGER: Bringst noch zwei.

STOCKER: Und ... hast schon jemand für den Hof?

HIERLINGER: Na. ... schaust ja grad so als wenn du ihn haben wolltest.

STOCKER: Überlegen tät ich mir das schon, müsst alt auf die Raiffeisenbank für ein Kredit fragen. Wann wollt ihr denn gehen?

HIERLINGER: Sobald mir den Hof verkauft haben.

STOCKER: Ich überleg es mir.

98 GSELLNER GRUND – A/T   98

Mit seinem neuen Ochsen pflügt der Stocker. Peter führt das Tier. Kraftvoll stemmt sich der Stocker auf den Pflug. Die Arbeit fällt ihm leicht und bereitet ihm Freude.

99 WALPACH – A/T   99

Vater und Sohn kommen vom Pflügen zurück. Die Frauen arbeiten in dem kleinen Gemüsegarten.

MARIA: Seid ihr schon fertig?

Der Bauer tätschelt den Ochsen und meint:

> STOCKER: Mit dem neuen Ochsen geht's fast wie von allein.

Der Postwirt kommt keuchend den Berg hoch gelaufen. Schon von weiten ruft er:

> WIRT: Stocker, Post bring ich.

Die ganze Familie unterbricht die Arbeit. Alois kommt aus dem Stall dazu. Maria ist erregt.

> MARIA: Ist was vom Hans dabei?

> WIRT: Nein, alle aus München.

Die Mutter ist enttäuscht. Endlich erreicht der keuchende Postwirt das Haus. Er reicht dem Stocker die Briefe.

> WIRT: Da, alle für dich.

Der Stocker schaut sich die Umschläge genauer an.

Ungeduldig wartet der Postwirt, dass der Bauer die Briefe öffnet. Der Stocker steckt die Post aber in seine zerschlissene Jacke.

> STOCKER: Dank schön. Die lese ich heut Abend, gibt ja noch genug anderes zu tun.

Der Postwirt ist enttäuscht, zu gern hätt er erfahren, wer dem Stocker da schreibt.

> POSTWIRT: Dann mach ich mich halt wieder auf den Weg. Grüß Gott.

> STOCKER: Danke und komm gut heim.

Der Postwirt macht sich auf den Weg.

100   STUBE – I/N   100

Abends sitzt die Familie beisammen in der Stube. Genovev liest einen der Briefe vor.

> GENOVEV: ... so würde ich mir erlauben, wenn es Ihnen genehm ist und ich postalisch nichts Gegenteiliges von Ihnen höre, in der nächsten Woche den Sarg abholen zu lassen. Hochachtungsvoll General Meyerfeld.

Genovev nimmt den Brief runter.

> GENOVEV: Ein ganz feines Briefpapier ist das.

> MARIA: Was die alle mit dem Sarg haben.

> STOCKER: Genovev. Schreibst zurück, dass mir den Sarg nicht mehr haben.

> GENOVEV: Mach ich, Vater.

> STOCKER: Ich geh morgen in die Stadt. Peter, fängst allein schon mit dem Aussäen an.

> PETER: Ja.

101 STADT – A/T 101

Hans Stocker kommt gut gelaunt in eine geschäftige Gasse einer bayrischen Kleinstadt. Pferdefuhrwerke rattern über das Kopfsteinpflaster. Eilig gehen die Passanten ihres Weges.

    STOCKER: Grüß Gott. Grüß Gott. Guten Tag.

Doch die Leute grüßen nicht zurück, was den Stocker nicht zu stören scheint.

Auf einem kleinen Marktplatz steht eine große, geschlossene Kutsche mit einer kleinen Treppe vor dem Eingang. Das dunkle, fahrbare Gebäude trägt die Aufschrift „Raiffeisenbank". Eine lange Schlange von Bauern hat sich vor der Genossenschaftsbank eingefunden. Die ausgespannten Pferde des großen Fuhrwerks sind an der rechten Seite festgebunden. Zwei dunkel gekleidete Herren stehen links und rechts des Eingangs.

Geduldig warten die ärmlichen Bauern. Stocker stellt sich an das Ende der Schlange.

    STOCKER: Grüß Gott.

Und nickt den anderen Wartenden zu. Viel Elend ist in den Gesichtern der armen Landbevölkerung zu lesen. Schweigend warten die Bauern.

102 WALPACH – A/T 102

Maria steht am Brunnen und pumpt einen Holzeimer voll. Der Stocker kommt zurück.

    MARIA: Wo kommst du her, ich dacht du wolltest in die Stadt.

    STOCKER: Ich war noch beim Hierlinger.

    MARIA: Was hast denn da zu schaffen?

    STOCKER: Erzähl ich, wenn mir alle beieinander sind.

103 STUBE – I/N 103

Die Familie hat sich um den Tisch versammelt. Der Vater packt seinen Rucksack aus.

    STOCKER: Das ist für die Genovev.

Er reicht ihr ein Halsband.

    GENOVEV: Dank schön, Vater.

    STOCKER: Gefällt es dir?

    GENOVEV: Ja.

Er nimmt ein Buch aus dem Rucksack und reicht es Alois.

    STOCKER: Der Buchhändler hat gesagt, dass es sehr spannend ist.

ALOIS: Danke, Vater.

Dann kramt er wieder in seinem Rucksack und reicht Maria ein kleines Schächtelchen mit Pralinen.

MARIA: Verrückt bist, nicht mal die Großbauern leisten sich solche Sachen.

STOCKER: Selber schuld. Hab genug Zeit gehabt, als ich oben rum gelegen bin, nachzudenken, mir machen nimmer so weiter, dass mir uns nur den Buckel krumm machen und keine Freude haben.

Dann schaut er wieder in den Rucksack, doch der Rucksack ist leer.

STOCKER: Leer.

Peter ist enttäuscht.

PETER: Ist ja wie immer.

STOCKER: Alle kriegen immer was, nur der Peter nicht.

Peter wird nun richtig sauer.

PETER: Und dann musst dich auch noch lustig über mich machen.

STOCKER: Nur ein kleiner Spaß, das, was du kriegst, passt nicht in den Rucksack.

Jetzt schauen alle gespannt auf den Stocker.

STOCKER: Ich hab vorhin dem Hierlinger seine Landwirtschaft gekauft und, wenn du magst, kannst du den Hof bewirtschaften.

Nun ist der Peter und der Rest der Familie sprachlos.

MARIA: Wo hast des Geld her?

STOCKER: Der Hierlinger hat einen guten Preis gemacht und des Geld kommt von der Bank. Und wenn mir die Höfe geschickt zusammen bewirtschaften, müssen wir uns nicht mehr als Tagelöhner verdingen!

Peter kann es immer noch nicht so recht glauben.

104 HIERLINGERHOF – A/T   104

Der Frühling ist nun richtig eingezogen. Die Wiesen blühen und die Sonne lacht. Nur das alte Ehepaar Hierlinger schaut griesgrämig drein.

Ihr Hab und Gut haben sie auf ein kleines Fuhrwerk geladen, das von einem Ochsen gezogen wird. Die Leni, eine von der Traurigkeit gezeichnete Person an die Sechzig, sitzt schon auf dem Fuhrwerk.

Die Stockerfamilie hat sich zur Verabschiedung eingefunden. Der Stocker schüttelt dem Hierlinger die Hand.

STOCKER: Lasst es euch gut gehen.

MARIA: Und schreibt mal, wie es euch geht.

HIERLINGER: Ja. Und euch wünsch ich mehr Glück mit dem Häusel, als mir es gehabt haben.

LENI: Und wenn ihr was vom Hans oder Bastl hört, meldet euch, bitte schön.

STOCKER: Das machen wir.

Der Hierlinger geht zu dem Ochsen, und langsam setzt sich das alte Fuhrwerk in Bewegung.

Als das Fuhrwerk schon einiges entfernt ist, nimmt Maria aus ihrem Korb ein Fläschchen und beginnt den Vorplatz mit Weihwasser zu besprtizen.

STOCKER: Was machst denn?

MARIA: So viel Unglück haben die Hierlingers gehabt, da muss man doch was machen. Morgen kommt der Pfarrer zum Beelzebub-Austreiben.

Dann geht sie ins Haus und sprenkelt weiter mit dem Weihwasser um sich.

STOCKER: Wenn du meinst. So Peter, ein Hof hast du jetzt, was fehlt dir denn noch?

PETER: Weiß nicht.

GENOVEV: Eine Bäuerin, ich mach dir hier nicht die Hausarbeit.

STOCKER: Kannst dich ja bei der Kirchweih nach einer Bäuerin umschauen.

GENOVEV: Er kann doch nicht mal tanzen.

STOCKER: Dann üben wir das heute Abend.

PETER: Macht euch nur lustig, werdet schon sehen, was ihr davon habt.

Sie lachen.

STOCKER: Alois, lass uns die Kühe mit runternehmen, bis wir wissen, wie mir das alles machen tun.

105 WALPACH – A/T   **105**

Die Stockerfamilie kommt mit den zwei Kühen auf ihren Hof zurück.

Als sie ankommen, ist die Überraschung groß. Vor dem Haus sitzt Hans. Furchtbar sieht er aus. Seine Haare sind geschoren, seine Kleidung in einem erbärmlichen Zustand, und auch sein Gemüt scheint reichlich gelitten zu haben.

Maria hat Tränen in den Augen.

MARIA: Hans! Hans!

Hans senkt seinen Blick:

HANS: Grüß Gott, Vater. Es tut mir furchtbar leid, was ich euch angetan hab.

Alle Augen richten sich auf den Vater. Lang steht er reglos da. Der Mutter zerreißt es fast das Herz.

STOCKER: Und was willst jetzt hier.

Schwer fällt es dem Hans, etwas zu sagen.

HANS: Dass es mir sehr leid tut, wollt ich sagen, und ob ich Arbeit für etwas zum Essen haben könnt.

Jetzt werden auch dem Stocker seine Augen feucht.

STOCKER: Dann werden wir schon einen Platz finden für dich.

Die Mutter stürmt auf ihren Sohn zu und nimmt ihn in den Arm. Überfordert bleibt der Hans ganz steif.

MARIA: Hast Hunger?

HANS: Ja, drei Tage habe ich nichts gegessen.

MARIA: Dann komm ins Haus.

Peter steht mit verschränkten Armen etwas abseits. Ihm fällt es schwer, sich zu freuen.

106 **106 STUBE – I/T**

Zur Feier des Tages ist der Tisch voll mit Speisen. Hans kann gar nicht genug von dem Essen bekommen. Gierig stopft er sich die Speisen in den Mund.

MARIA: Ess langsam, ist doch genug da.

STOCKER: Warst in Amerika?

Hans senkt den Blick und schüttelt den Kopf.

STOCKER: Wo warst dann?

HANS: Bin nur bis Bremerhaven kommen.

MARIA: Bin ja so froh, dass du wieder da bist.

STOCKER: Was ist denn passiert?

MARIA: Wo ist denn der Bastl?

Hans hört auf zu essen, er schaut seinen Vater an, gibt aber keine Antwort.

PETER: Versoffen und verhurt hat er das Geld, und dann hat es für die Schiffspassage nicht mehr gereicht.

Doch Hans schweigt beharrlich.

PETER: Wie ein Zuchthäusler schaust du aus.

STOCKER: Lass gut sein, Peter. Der Hans wird schon erzählen wenn er so weit ist. Und du hast jetzt dein Platz, musst keine Angst haben, dass dir jemand was wegnehmen tut.

PETER: Ja, hast ja Recht.

STOCKER: Räum lieber mal die Spinnräder weg, dass du noch Tanzen üben kannst.

PETER: Ich mach mich doch nicht zu euerm Gespött.

STOCKER: Wie du willst, wirst schon sehen, was du davon hast.

107 SCHLAFKAMMER – I/T 107

Der Stocker macht sich gerade für die Kirchweih fesch. In einem kleinen Spiegel betrachtet er sich. Mit stolzgeschwellter Brust zupft er die Jacke zurecht. Er findet sich gut.

108 ALLKIRCHEN – I/T 108

Im Dorf ist alles auf den Beinen, was laufen kann.

Eine kleine Kapelle spielt auf. Der Stocker tanzt mit seiner Frau. Ausgelassen drehen sie sich im Kreis. Peter steht am Rande der Tanzfläche und fixiert mit seinen Blicken das junge Mädchen, das ihn schon vor der Kirche interessiert hat. Der Stocker und Maria tanzen in die Nähe von Peter.

STOCKER: Wenn du sie nicht fragst, passiert nichts.

PETER: Ja, ja.

Der Stocker muss lachen, dann tanzen die beiden vergnügt weiter.

Um die Tanzfläche herum stehen einige Bierbänke, und schon so mancher Dörfler hat zu tief ins Glas geschaut.

Der Kurbel sitzt mit dem Zehetmeyer am Tisch. Der Zehetmeyer ist voller Begeisterung.

ZEHETMEYER: Das ist schon ein Wunder, egal was der Stocker gerade macht, es funktioniert.

Der Kurbel ist angetrunken.

KURBEL: Wer schnell aufsteigt, der fällt auch schnell wieder runter.

Die Musik hat gewechselt. Wie ein Junger dreht der Stocker, nun mit seiner Tochter tanzend, seine Kreise.

Maria hat sich auf eine Bierbank gesetzt, sie reibt sich ihre Füße. Hans setzt sich zu ihr. Er ist immer noch völlig verschüchtert.

MARIA: Meine Kindsfüß halten des nimmer aus. Tanzt schneller als früher der Stocker. Wo warst denn?

HANS: Bin rumgelaufen.

MARIA: Magst nicht tanzen? Hast doch früher immer so gern tanzt.

HANS: Die schauen mich alle so an.

MARIA: Daran musst dich gewöhnen, seit der Beerdigung schauen die Dörfler uns immer so an. Mach dir nichts draus. Und nach der Ernte sind deine Haare auch wieder schön.

Die Kapelle macht eine Pause. Der Stocker setzt sich zu seiner Frau. Er nimmt einen Bierkrug und genehmigt sich einen ordentlichen Schluck.

STOCKER: So gefällt mir das Leben. Mir rackern nicht mehr bis mir umfallen, man muss ja auch was vom Leben haben.

Dann fällt sein Blick auf den schlechtgelaunten Kurbel.

STOCKER: Gell Kurbelbauer.

Verärgert erwidert der Kurbel:

KURBEL: Solche Sprüch kann ich mir nicht leisten.

STOCKER: Weil dich sonst deine Alte auf die Felder schickt.

Der Kurbel wird nun richtig sauer. Und der Streit wird zum öffentlichen Ereignis.

KURBEL: Sei du nur ruhig, du vergisst ja sogar unsern Herrgott, wenn es darauf ankommt.

Der Stocker versteht nicht, was der bissige Kurbel will. Inzwischen ist es ganz leise, alle möchten hören, was nun geschieht.

STOCKER: Ich weiß nicht, was du meinst.

KURBEL: Dein Gelübde, was du im Sarg noch liegend geben hast. Ein Holzkreuz wolltest zum Dank nach Mariahimmelreich hochtragen, wenn du wieder gesund wirst. So weit ist es also mit deiner Dankbarkeit zu unserm Herrn Jesus.

Der Stocker runzelt schnell die Stirn und wird blass. Das hat ihn getroffen. Alle schauen ihn gespannt an. Er muss etliche Male schnaufen, bis er die Fassung wieder hat.

Der Stocker wendet sich dem Waginga zu, der einen Tisch weiter sitzt.

STOCKER: Kannst mir ein eichenes Feldholzkreuz machen?

WAGINGA: Ja.

STOCKER: Und wie lang tätest brauchen dazu?

WAGINGA: Eine Woche dauert das schon.

Dann dreht sich der Stocker wieder zum Kurbelbauern.

STOCKER: In einer Woche kannst dann mitgehen nach Mariahimmelreich, wenn du magst.

Der Postwirt mischt sich nun ein.

WIRT: Der Stocker wird schon wissen, was er seinem Herrgott schuldig ist, aber so ein schweres Holzkreuz drei Stunden auf den Berg hoch tragen, das schafft doch der stärkste Mann nicht. Es gibt auch noch andere gute Werke, die man tun kann.

Der Kurbel fühlt sich vom Wirt angegriffen.

KURBEL: Ich verlang das ja nicht, ich hab den Stocker nur erinnert, was er gesagt hat.

Der Stocker steht auf, mit lauter, klarer Stimme sagt er dann:

STOCKER: Was ich gesagt hab, mach ich auch.

Dann nimmt er seine Frau an die Hand und schnauzt die Kapelle an.

STOCKER: Seid ihr zum Maulaffen-Feilhalten da oder zum Musikmachen. Herrgottsakrament nochmal!

Maria fühlt sich sichtlich unwohl. Sofort spielen die Musiker auf. Der Stocker zieht Maria die kleine Treppe zur Tanzfläche hoch und beginnt mit ihr zu tanzen. Stolz präsentiert er sich den Dörflern. Erst nach einer ganzen Weile trauen sich auch andere Paare auf die Tanzfläche.

Maria flüstert ihm zu.

MARIA: Stur bist wie früher.

STOCKER: Was ich gesagt hab, mach ich auch.

MARIA: Ja, ja, auf Teufel komm raus, du eigensinniger Kerl du.

STOCKER: Aber gut tanzen kann der sture Hund schon, oder?

Jetzt muss Maria ob seinem Charme doch wieder lächeln.

109 BÄRENWIESE – A/T   109

Es ist ein schöner Frühlingstag. Die Familie ist bei der Heuernte.

Der Pfarrer kommt schwitzend dazu.

STOCKER: Gelobt sei Jesus Christus.

PFARRER: In Ewigkeit Amen. Grüß dich, Stocker.

Die Familienmitglieder unterbrechen die Arbeit. Maria eilt sofort zu dem Korb mit der Brotzeit und holt Bier und Gläser.

STOCKER: Herr Pfarrer, was führt Sie denn so weit zu uns?

Der Pfarrer muss erst mal verschnaufen. Maria reicht ihm ein Glas Bier.

PFARRER: Dank schön.

Genovev verteilt auch an den Rest der Familie Bier.

PFARRER: Stocker, bist ja jetzt weit über die Pfarrei hinaus bekannt, und keiner würd sagen, dass du ein schlechter Christenmensch bist. Und ich schon gar nicht.

STOCKER: Dank schön, Herr Pfarrer.

PFARRER: Und es ehrt dich sehr, dass du dein Gelübde halten magst, doch in meinem Amte als Pfarrer mag ich dir sagen, dass dem Herrn genüge getan ist, wenn des Holzkreuz bei euch vors Haus stellen tust.

MARIA: Hörst, was der Herr Pfarrer sagt?

PFRARRER: Es ist wirklich nicht nötig das Kreuz so weit den Berg hinaufzutragen und sich so zu schinden. Und was die Leut oder der Kurbel sagt, soll dich nicht stören.

STOCKER: Der Herr Pfarrer mag mich als rechter Dickschädel empfinden, aber wenn ich in der Kirche unter dem Kreuz von unserem Herrn Jesus, ein Gelübde abgebe, dann muss ich's doch halten. Da führt kein Weg vorbei!

Dann schaut der Stocker dem Pfarrer so fest in die Augen, dass dieser nichts mehr sagt.

110   WALPACH – A/T   110

Der Schreiner Waginga und der Postwirt kommen mit einem großen Fuhrwerk nach Walpach. Auf der Ladefläche liegt das dunkle Holzkreuz. Es ist zweieinhalb Meter hoch und einen Meter zwanzig breit.

Mühevoll laden die beiden gestandenen Männer das eichene Holzkreuz ab. Maria und Genovev kommen aus dem Haus. Als sie die Dimension des Kreuzes sehen, beginnen sie zu weinen. Der Stocker kommt dazu und begutachtet das Kreuz.

STOCKER: Das ist mir ein rechtes Feldkreuz. Ich dank dir schön. Kommt rein, trinken mir noch ein Schnaps und dass dein Geld gleich kriegst.

POSTWIRT: Geh Stocker, überleg es dir doch nochmal. Wenn selbst der Pfarrer sagt, dass des nicht notwendig ist.

Der Stocker schaut sich das Kreuz an und ignoriert dem Wirt seine Bitte.

STOCKER: Mach ich am besten unten am Fuß ein Leder drum herum, schleift ja viel am Boden bis das Kreuz dann oben ist.

Der Stocker ist in einer anderen Welt. Dem Schreiner und dem Postwirt ist die Situation peinlich.

STOCKER: Hans?

Hans kommt aus dem Stall.

STOCKER: Gehst mit dem Alois nach Mariahimmelreich hoch und gräbst ein Loch und schneidest Keile zu, dass mir des Kreuz dann auch aufstellen können.

HANS: Mach ich, Vater.

Der Stocker dreht sich zum Wirt.

STOCKER: Am Montagmorgen im Morgengrau trag ich es dann hinauf.

111 WEG MARIAHIMMELREICH – A/T   111

Der Hans und der Alois gehen den steilen Weg hoch. Sie sind kräftig am Schwitzen. Hans trägt einen Spaten auf der Schulter.

In mehreren Überblendungen wird die Strapaze des Weges nach und nach klar.

112 MARIAHIMMELREICH – A/T   112

Ein schöner Aussichtsplatz. Die Alpen in ihrer ganzen Pracht.

Die beiden Söhne graben das kleine Fundament für das Feldkreuz.

Ihnen ist sichtlich unwohl.

113 KIRCHE – I/T   113

Am Sonntag ist die Kirche gepfropft voll. Der Pfarrer steht in der Kanzel. Er ist aufgebracht, sehr laut trägt er das Gleichnis vor.

> PFARRER: Er sagte aber zu einigen, die sich anmaßten, fromm zu sein, und verachteten die andern, dies Gleichnis: Es gingen zwei Menschen hinauf in den Tempel, um zu beten, der eine ein Pharisäer, der andere ein Zöllner. Der Pharisäer stand für sich und betete so: Ich danke dir, Gott, dass ich nicht bin wie die andern Leute, Räuber, Betrüger, Ehebrecher oder auch wie dieser Zöllner. Ich faste zweimal in der Woche und gebe den Zehnten von allem, was ich einnehme. Der Zöllner aber stand ferne, wollte auch die Augen nicht aufheben zum Himmel, sondern schlug an seine Brust und sprach: Gott, sei mir Sünder gnädig!

In diesem Moment schaut er direkt dem Stocker ins Gesicht.

> PFARRER: Ich sage euch: Dieser ging gerechtfertigt hinab in sein Haus, nicht jener. Denn wer sich selbst erhöht, der wird erniedrigt werden und wer sich selbst erniedrigt, der wird erhöht werden.

Der Stocker hält dem Blick des Pfarrers aber eisern stand.

Der Kurbel, der sich dieses Mal umgedreht hat, nickt zustimmend, als der Pfarrer sich nun zu ihm umdreht und den Text noch einmal wiederholt.

> PFARRER: Denn wer sich selbst erhöht, der wird erniedrigt werden, und wer sich selbst erniedrigt, wird erhöht werden.

Schnell dreht sich der Kurbel nach vorne.

114 SCHLAFKAMMER – I/N   114

Der Stocker sitzt wach im Bett. Sein Atem geht schwer.

Maria wacht auf.

> MARIA: Zeit ist.

Und richtet sich sogleich auf. Sie blickt zum Stocker.

MARIA: Man kann immer nochmal umkehren. Überleg es dir.

Doch der Stocker ist schon in seiner ganz eigenen Welt. Er richtet sich auf und atmet tief durch.

115 WALPACH – A/T   115

Der Tag bricht an, ein heißer Tag. Schon in aller Frühe steht die ganze Gemeinde im Sonntagsgewand vor dem Stocker'schen Gehöft. Der Pfarrer ist mit zwei Ministranten gekommen. Leise, fast reglos, wartet die Menschenmenge.

Der Stocker kommt aus dem Haus. Dass die ganze Gemeinde versammelt ist, überrascht ihn. Er nickt den Leuten zu, dann dreht er sich zum Kreuz. Groß und mächtig lehnt es vor ihm an der Wand.

Nun ist zum ersten Mal etwas wie Angst in dem Stocker seinem Gesicht zu lesen.

Der Rest der Stockerfamilie ist beim Verlassen des Hauses genauso überrascht. Alle Blicke richten sich auf sie.

Einen alten Mehlsack hat sich der Stocker zu einem Kissen gebunden. Er legt den verklumpten Stoff auf seine rechte Schulter. Ganz vorsichtig lässt er das schwere Kreuz auf sich zukommen, dreht es geschickt und stemmt sich dagegen. Kurz scheint es, als würden ihm seine Knie einknicken. Er schaut in die gespannten Gesichter der Dörfler.

Als er dann das hämische Gesicht von dem Kurbel sieht, packt ihn die Wut und mit einem Ruck richtet er sich auf und läuft los.

Die Dörfler müssen sich beeilen, dem Stocker zu folgen. Fast hektisch setzt sich die Prozession in Bewegung. Der Pfarrer stimmt einen Rosenkranz an.

Schnellen Schrittes bewegt sich der Stocker mit dem Kreuz auf dem Rücken.

PFARRER & GEMEINDE: Gegrüßet seist du, Maria, voll der Gnade, der Herr ist mit dir. Du bist gebenedeit unter den Frauen, und gebenedeit ist die Frucht deines Leibes, Jesus, der in uns den Glauben vermehre, heilige Maria, Mutter Gottes, bitte für uns Sünder jetzt und in der Stunde unseres Todes. Amen.

Gegrüßet seist du, Maria, voll der Gnade, der Herr ist mit dir ...

116 WEG – A/T   116

Serpentinen führen den Weg mit einer stetigen Steigung nach oben.

Mit starrem Blick trägt der Stocker sein Kreuz. Seine Stirn ist schweißnass. Immer noch geht er vorneweg.

WIRT: Langsamer, Stocker. Langsamer.

Der Wirt ist schon reichlich außer Atem.

Aber der Stocker hört und sieht nichts.

Das zweite Leben des Häuslers Stocker

Höher und höher steigt die Sonne. Einige der Dörfler beginnen ihre Jacken auszuziehen.

> GEMEINDE: Gegrüßet seist du, Maria, voll der Gnade, der Herr ist mit dir. Du bist gebenedeit unter den Frauen, und gebenedeit ist die Frucht deines Leibes, Jesus, der in uns den Glauben vermehre, heilige Maria, Mutter Gottes, bitte für uns Sünder jetzt und in der Stunde unseres Todes. Amen.
>
> Gegrüßet seist du, Maria, voll der Gnade, der Herr ist mit dir ...

117 WALDWEG – A/T   **117**

Die Prozession kommt in ein kleines Waldstück. Der Stocker weiter voreweg.

WIRT: Lasst uns rasten.

Doch der Stocker ist nicht zu bremsen. Weiter trägt er das Kreuz den Weg hinauf.

Der Pfarrer wird wütend. Er beschleunigt seine Schritte und schließt zum Stocker auf.

PFARRER: Stocker.

Doch der Stocker reagiert nicht.

PFARRER: Stocker.

Erst als der Pfarrer sich ihm in den Weg stellt, hält er inne.

Der Stocker lässt das Kreuz nieder, es rutscht hart über seinen zitternden Arm. Er kann nicht gleich den Rücken gerade machen, mit dem Ärmel wischt er sich den tropfenden Schweiß von der Stirn.

Die Dörfler ruhen sich auf dem Boden aus.

Maria eilt zu ihrem Mann. Sie hat Tränen in den Augen.

MARIA: Du bringst dich ja um.

Doch der Stocker würdigt sie keines Blickes. Heftig nach Luft hechelnd, setzt er sich auf einen Wurzelstumpf am Wegesrand. Er ist in einem tranceähnlichen Zustand.

In der Gemeinde brodelt der Unmut.

MÜLLERIN: Das ist doch ein Wahnsinn.

KURBELBÄUERIN: Jetzt muss er sich helfen lassen. Des ist wie wenn der Herr Jesus mit dem Teufel um den Stocker kämpfen tut.

Der Zehetmeyer nickt und richtet sich auf.

Hans reicht seinem Vater etwas zu trinken. Doch der Stocker lehnt mit einer kleinen Geste ab. Der Zehetmeyer beugt sich zum Stocker.

ZEHETMEYER: Hörst mich, Stocker?

Er nickt. Ganz vorsichtig reden sie mit ihm.

ZEHETMEYER: Wir wechseln uns jetzt ab.

PFARRER: Wir helfen jetzt alle zusammen. Stocker.

PETER: Vater, ich nehm das Kreuz jetzt für eine Weile.

Geradezu feindselig schaut der Stocker.

In dem Moment kreuzt ein kolossaler Hirsch den Weg, für einen kurzen Moment schaut das edle Tier sich die sonderbare Prozession an, um dann mit einem Sprung im Dickicht zu verschwinden.

Die Verwirrung nutzt der Stocker, er steht auf, wuchtet das Kreuz wieder auf seinen Rücken und geht eilig weiter.

POSTWIRT: Der ist narrisch.

Langsam richten sich die Leute von ihren Lagern auf.

Bis sich die Gemeinde in Bewegung setzt, ist der Stocker schon ein gutes Stück enteilt.

118 LICHTUNG – A/T

Der Stocker kommt aus dem Waldstück zu einer Lichtung. Die Gemeinde ist immer noch gut zwanzig Meter hinter ihm.

In seinem Gesicht zeichnet sich mehr und mehr der Wahnsinn ab. Wie toll schleppt er das schwere Kreuz über den steinigen, steilen Boden.

Plötzlich fängt der Stocker fast zu rennen an. Wie ein Wahnsinniger stemmt sich sein Körper Schritt für Schritt voran.

Die Prozession gerät ins Stocken. Kopfschüttelnd bleiben die Leute stehen. Hilflos, mit Tränen in den Augen, schauen die Stockerschen dem wild gewordenen Vater hinterher.

Die Lücke zwischen Stocker und Gemeinde ist schon recht groß geworden, als er langsamer wird. Kaum noch kriegt er Luft. Sein Kopf ist hochrot, die Augen blutunterlaufen. Völlig erschöpft bleibt der Stocker stehen und schmeißt das Kreuz mit einem lauten Krachen auf den felsigen Boden. Dann legt er sich, nach Luft hechelnd, auf den Rücken.

Wie von einem jähen Grauen gepackt, fangen auf einmal alle zu rennen an. Jeder will der Erste sein. Peter und Hans sind die Schnellsten.

Tot liegt der Stocker mit weit aufgerissenen Augen und Mund da.

Langsam schließt die ganze Gemeinde auf, zuletzt kommen die Alten.

Doch keiner traut sich näher an den Toten. Schwer atmend schauen alle nur ungläubig auf den Stocker, dessen wahnsinniger Ausdruck alle lähmt.

    PFARRER: Der Herr gibt ihm die ewige Ruhe,

unterbricht endlich der Pfarrer das lange, entsetzte Schweigen. Und nach einer Weile erwidern Teile der Gemeinde:

    GEMEINDE: Und das ewige Licht leuchte ihm.

Hans kniet sich neben seinen Vater und schließt mit seiner Hand die immer noch im Wahnsinn leuchtenden Augen. Dann richtet er sich auf, geht zu dem Kreuz, schultert es mühevoll und beginnt, noch etwas wackelig, das Kreuz weiter zu tragen.

Maria kniet sich neben ihren toten Mann. Doch sie ist noch so geschockt, dass sie nicht weinen kann. Peter und Alois folgen ihrem Bruder.

    PFARRER: Lasset uns beten.

Die ganze Gemeinde kniet sich nieder.

PFARRER & GEMEINDE: Vater unser, der bist im Himmel,
geheiligt werde dein Name,
dein Reich komme,
dein Wille geschehe,
wie im Himmel so auf Erden.
Unser täglich Brot gib uns heute.
Und vergib uns unsere Schuld,
wie wir auch vergeben unseren Schuldigern.
Und führe uns nicht in Versuchung,
sondern erlöse uns von dem Bösen.

119 MARIAHIMMELREICH – A/T 119

Die drei Brüder stellen das Holzkreuz auf. Peter fixiert die Keile mit einem Stein. Dann knieen sich die drei Söhne ebenfalls zum Gebet nieder.

Überblendung:

120 MARIAHIMMELREICH – A/D 120

Auf einem bergigen Aussichtsplateau steht ein großes Holzkreuz mit einer geschnitzten Jesusfigur und einem kleinen Dach. Der Wind pfeift über die kantige Alpenlandschaft. Neben dem Kreuz steht ein Totenbrett, auf dem der Name HANS STOCKER zu lesen ist.

ENDE

Klaus Krämer: Bio-Filmografie

Klaus Krämer wurde 1964 in Gosheim (Schwäbische Alb) geboren. Nach einer Ausbildung zum Technischen Zeichner arbeitete er zunächst als Bühnenbeleuchter an der Württembergischen Landesbühne Esslingen, später als Regieassistent an den Städtischen Bühnen Freiburg. 1991 begann er ein Studium an der Deutschen Film- und Fernsehakademie Berlin, das er nach mehreren Kurzfilmen mit dem Kinofilm DREI CHINESEN MIT DEM KONTRABASS (2000) abschloss. Er lebt und arbeitet in Berlin.

Filmografie: KENN ICH SCHON (Kurzfilm; 1992). *Drehbuch & Regie:* Klaus Krämer. *Produktion:* dffb.
DER BOSNIENTELLER (Kurzfilm; 1992). *Drehbuch & Regie:* Klaus Krämer. *Produktion:* dffb / 3sat.
DIE BERUFUNG (Kurzfilm; 1993). *Drehbuch & Regie:* Klaus Krämer. *Produktion:* dffb.
UNTER DEN RINGEN (Kurzfilm; 1996). *Drehbuch & Regie:* Klaus Krämer. *Produktion:* dffb.
ALS WÄRS DER LETZTE TAG (Kurzfilm; 1996). *Drehbuch & Regie:* Klaus Krämer. *Produktion:* dffb / 3sat.
DREI CHINESEN MIT DEM KONTRABASS (Kinofilm; 2000). *Drehbuch:* Klaus Krämer, Kaspar von Erffa. *Regie:* Klaus Krämer. *Produktion:* Neue Deutsche Filmgesellschaft.
FERNWEH (*Achterbahn*-Episode; 2001). *Drehbuch:* Klaus Krämer, Kaspar von Erffa. *Regie:* Klaus Krämer. *Produktion:* ZDF.
BLOSS KEIN BABY (*Achterbahn*-Episode; 2002). *Drehbuch:* Laila Stieler. *Regie:* Klaus Krämer. *Produktion:* ZDF.
PECH UND SCHWEFEL (*Polizeiruf 110*-Episode; 2002). *Drehbuch:* Klaus Krämer, Kaspar von Erffa. *Regie:* Klaus Krämer. *Produktion:* Bayerischer Rundfunk / d.i.e.film.gmbh.
DIE MASS IST VOLL (*Polizeiruf 110*-Episode; 2004). *Drehbuch & Regie:* Klaus Krämer. *Produktion:* Bayerischer Rundfunk / d.i.e.film.gmbh.
TAUBERS ANGST (*Polizeiruf 110*-Episode; 2006). *Drehbuch & Regie:* Klaus Krämer. *Produktion:* Bayerischer Rundfunk / d.i.e.film.gmbh.

Über die Autorinnen und Autoren

Lars-Olav Beier, geboren 1965. Texte für *Steadycam*, *Filmbulletin*, *tip* und *Focus*. Mitarbeiter bei der *Frankfurter Allgemeinen Zeitung*. Seit 2001 Redakteur beim *Spiegel*. Mehrere Fernsehbeiträge für den WDR, zuletzt (zusammen mit Robert Müller): SUNSET BOULEVARD – EINE PASSAGE DURCH DIE STADT DES KINOS (2003). Drehbuch für den Film LAUTLOS (2004). Bücher u.a.: »Teamwork in der Traumfabrik« (1993, zusammen mit Gerhard Midding), »Der unbestechliche Blick – Robert Wise und seine Filme« (1996); Mitherausgeber von »Arthur Penn« (1998) und »Alfred Hitchcock« (1999).

Katharina Bildhauer, Dr. phil., geboren 1977, hat in Köln und London Germanistik, Anglistik und Psychologie studiert. 2007 erschien ihre Dissertation über unkonventionelle zeitgenössische Drehbücher (»Drehbuch reloaded. Kino des 21. Jahrhunderts«; s. *Scenario 2*). Seit 2002 unterrichtet sie Drehbuchanalyse an den Universitäten Köln, Düsseldorf und Gießen. Praktische Erfahrungen am Filmset, in Stoffentwicklungsabteilungen und Fernsehshows, bei Produktionsfirmen in Köln, Berlin und London. Arbeitete als Lektorin, Casting-Redakteurin, Regie- und Produktionsassistentin und Script Supervisor. Seit 2003 bei den Internationalen Filmfestspielen Berlin im Bereich des Berlinale Co-Production Markets, des Talent Campus sowie des World Cinema Funds beschäftigt.

Fred Breinersdorfer, geboren 1946 in Mannheim, hat Jura und Soziologie studiert. Nach seiner Promotion war er langjährig als Anwalt tätig. 1980 erschien sein erster *Anwalt Abel*-Krimi, weitere Krimis, Romane, Kurzgeschichten und Dramen folgten. Debüt als Drehbuchautor mit dem Schimanski-*Tatort* ZWEIERLEI BLUT (1984), seitdem 17 weitere *Tatorte* und zahlreiche Arbeiten für Film und Fernsehen, unter anderem die TV-Adaption seiner *Abel*-Romane. Seine Drehbücher wurden von Peter Schulze-Rohr, Roland Suso Richter, Nico Hofmann, Michael Verhoeven und anderen verfilmt. Ausgezeichnet mit dem Grimme-Preis, dem Deutschen Filmpreis und dem ver.di-Fernsehpreis, 2006 Oscar-Nominierung für den von ihm geschriebenen und co-produzierten Film SOPHIE SCHOLL. 1997-2005 Vorsitzender des Verbands deutscher Schriftsteller, Mitglied des P.E.N-Zentrums Deutschland.

Christoph Callenberg, geboren 1974 in Bonn. Jurastudium in Bonn und Berlin, Referendariat in Köln und Berlin. Nach mehreren juristischen Tätigkeiten Drehbuchstudium an der deutschen Film- und Fernsehakademie 2003-05. Im Rahmen der Ausbildung schrieb er zwei Langfilmbücher, außerdem entstanden mehrere Kurzfilme nach seinen Vorlagen. Seitdem lebt und arbeitet er als freier Drehbuchautor in Berlin. Episoden für die Serie *Küstenwache*, juristische Recherche und Episoden für die Anwaltsserie *Plötzlich Papa*.

Dr. Norbert Grob, Filmhistoriker, Filmwissenschaftler. Geboren in Frankfurt am Main. Dissertation in Berlin. Habilitation in Marburg. Professur in Mainz (Leiter des Studiengangs »Mediendramaturgie«). Texte, Kritiken, Porträts – u.a. für *Die Zeit, Filme, Filmbulletin, epd Film*. Herausgeber der »Filmstudien« (Gardez! Verlag) und der Buchreihe »Genres und Stile« (Bender Verlag). Über 20 filmhistorische Bücher (als Autor und Herausgeber) u.a. über Erich von Stroheim, William Wyler und Otto Preminger, über Wim Wenders, Samuel Fuller und Nicholas Ray, über »Die Macht der Filmkritik« und »Das Jahr 1945 und das Kino«, über Western, »Road Movies« und die »Nouvelle Vague«. Ausgewählte Schriften: »Zwischen Licht und Schatten« (Essays; 2002); »Im Kino gewesen ...« (Kritiken; 2003); »Just be natural!« (Porträts; 2006). Über 30 Filme fürs Fernsehen des WDR – u.a. über Alfred Hitchcock, Robert Siodmak und Otto Preminger, über Gerd Oswald, Rudolf Thome und André Téchiné, über den Film noir, den »künstlichen Menschen im Film« und »Verführerinnen im Film«.

Hannes Held, geboren 1979 in Gelsenkirchen. Studium der Theaterwissenschaft, Medienwissenschaft und Germanistik in Leipzig. 2002 Studium des szenischen Schreibens an der UdK Berlin. Seit 2006 gehört er zu den Drehbuchstudenten der Deutschen Film- und Fernsehakademie Berlin (dffb). Neben der Arbeit an Langfilmbüchern entstanden in Zusammenarbeit mit Regisseuren verschiedene Kurzfilme, u.a. DAS MÄDCHEN MIT DEN GELBEN STRÜMPFEN (R: Grzegorz Muskala) und BIRDS (R: Lisa Bierwirth).

Dagmar Jacobsen, Studium der Soziologie und Publizistik in Berlin. Nach Mitarbeit an verschiedenen Forschungsprojekten Filmstudium an der dffb 1983-87. Sie gründete 1991 die auf Dokumentarfilme spezialisierte Produktionsfirma Ma.Ja.De, 1992 die »alias film & sprachtransfer«, die Dokumentarfilme aus aller Welt deutsch synchronisiert. 1995-2003 Geschäftsführerin der integral Film GmbH, Produktionen u.a. ANNAS SOMMER von Jeanine Meerapfel und TOSCA von Benoît Jacquot. 2004 Mitgründerin der Selavy Filmproduktion. Ihre erste Koproduktion, Ariel Rotters EL OTTO, erhielt auf der Berlinale 2007 zwei Silberne Bären. Seit 2006 dffb-Dozentin, 1997-2007 BKM-Jurymitglied, Mitglied der Europäischen Filmakademie.

Wolfgang Kirchner, geboren in Danzig. Dramaturg, Regisseur, Drehbuchautor, Übersetzer. Drehbuchlehrer an der dffb, der Autorenschule Hamburg und beim Drehbuchcamp Wiesbaden. Er schrieb die Drehbücher zu Bernhard Wickis Filmen DAS SPINNENNETZ (1989) und SANSIBAR ODER DER LETZTE GRUND (1987) und zur 2008 auf ProSieben ausgestrahlten Neuverfilmung des Romans »Die Brücke«. Seine Jugendromane »Wir durften nichts davon wissen« (1980) und »Denken heißt zum Teufel beten« (1981) erschienen bei Rowohlt.

Chris Kraus, geboren 1963 in Göttingen, zunächst als Journalist und Illustrator, 1991-98 Studium an der Deutschen Film- und Fernsehakademie Berlin (dffb). Bereits während seines Studiums Drehbuchautor fürs Fernsehen (*Motzki*, MARGA ENGEL SCHLÄGT ZURÜCK), Lektor und dramaturgischer Berater für u.a. Volker Schlöndorff und Rosa von Praunheim. Für sein Script zu von Praunheims DER EINSTEIN DES SEX (1999) wurde er für den deutschen Drehbuchpreis nominiert, sein Regiedebüt SCHERBENTANZ (2002) nach seinem gleichnamigen Roman erhielt u.a. den Bayerischen Filmpreis. Sein zweiter Kinofilm VIER MINUTEN (2006) war auf mehreren internationalen Festivals zu sehen, bei Publikum und Kritik ein großer Erfolg und wurde 2007 mit dem Deutschen Filmpreis in Gold ausgezeichnet.

Roman Mauer, Dr. phil., geboren 1974, lehrt am Institut für Filmwissenschaft und am Institut für Mediendramaturgie der Johannes-Gutenberg-Universität Mainz sowie an der HFF München. Studium der Filmwissenschaft, Literaturwissenschaft und Ethnologie in Mainz. Während des Studiums freier Mitarbeiter für die Redaktion Kultur *Feature FS* (WDR). Dissertation zum filmischen Werk Jim Jarmuschs. Autor und Gastherausgeber für die Reihe »Film-Konzepte«, Artikel für *film-dienst*, Aufsätze zur Geschichte und Ästhetik des Films für die Reclam-Bände »Sachlexikon des Films«, »Filmklassiker« und »Filmregisseure«. Bis 1997 Autor und Regisseur diverser Kabarettprogramme, Teilnehmer am Treffen junger Autoren / Berliner Festspiele 1990 und 1993. Drehbuchautor (mit Ferdinand P. Barth) von VERIRRTE ESKIMOS (2005).

Gerhard Midding, geboren 1961. Studium der Theaterwissenschaft, Kunstgeschichte und Literaturwissenschaft. Texte u.a. für *Filmbulletin*, *Kölner Stadt-Anzeiger*, *Tagesanzeiger* und die *Berliner Zeitung*. Radiobeiträge für den SFB/RBB, Fernsehbeiträge für den WDR. Mitarbeit an verschiedenen Filmbüchern. Eigene Publikationen als Autor oder Herausgeber u.a.: »Mitchum/Russell« (1991), »Teamwork in der Traumfabrik« (1993) und »Clint Eastwood. Der konservative Rebell« (1996).

Hans Helmut Prinzler, geboren 1938 in Berlin. Studium der Theaterwissenschaften und der Publizistik. Filmhistoriker. 1979-1990 als Mitarbeiter der Stiftung Deutsche Kinemathek verantwortlich für Veranstaltungen und Publikationen, 1990-2006 Vorstand der Kinemathek, 2000-2006 zugleich Direktor des Filmmuseums Berlin. Zahlreiche Veröffentlichungen zur deutschen und internationalen Filmgeschichte. Seit 2000 Direktor der Abteilung Film- und Medienkunst der Akademie der Künste. Lebt in Berlin. Der Autor der »Chronik des Deutschen Films« war in *Scenario 3* zuständig für die Randnotizen im Journal von Peter Schneider.

Peter Schneider, geboren 1940 in Lübeck. Er studierte Germanistik, Geschichte und Philosophie und wurde 1967/68 zu einem der Wortführer der Studentenbewegung. Nach dem Staatsexamen 1972 wegen politischer Aktivitäten Berufsverbot, das erst 1976 aufgehoben wurde. 1973 Durchbruch als Schriftsteller mit dem Roman »Lenz«, seither schrieb er zahlreiche Erzählungen, Romane und Reportagen, daneben stets rege Betätigung als politischer Essayist. Drehbücher u.a. für MESSER IM KOPF (1978), DER MANN AUF DER MAUER (1982); zu seinen wichtigsten literarischen Werken zählen »Schon bist du ein Verfassungsfeind« (1975), »Der Mauerspringer« (1982), »Vati« (1987), »Paarungen« (1992), »Eduards Heimkehr« (1999), »Und wenn wir nur eine Stunde gewinnen ...« (2001) und »Skylla« (2005). Seit 1985 ist er Gastdozent an US-Universitäten, u.a. in Stanford, Princeton und Harvard; seit 1996 lehrt er als *writer in residence* an der Georgetown University in Washington DC. Mitglied des P.E.N.-Zentrums Deutschland.

Susanne Schneider, geboren in Stuttgart, lebt als freie Autorin und Regisseurin in der Nähe von Tübingen. Studium an der Kunstakademie Stuttgart und an der Akademie der Bildenden Künste in Düsseldorf, danach Regieassistentin am Düsseldorfer Schauspielhaus und am Schauspiel Frankfurt. Arbeitsaufenthalte in New York an der NYU Tisch School of the Arts und in Rio de Janeiro am Teatro Glória. Nach einem Stipendium für die Drehbuchwerkstatt an der Hochschule für Film und Fernsehen München entstanden u.a. die Drehbücher zu FREMDE LIEBE FREMDE (1991; ausgezeichnet mit dem Bayerischen Fernsehpreis), SOLO FÜR KLARINETTE (1998), FEUERREITER (1998) und IN EINER NACHT WIE DIESER (2002), bei dem sie auch Regie führte. Gastdozentin für Drehbuch an der Filmakademie Ludwigsburg, Advisor bei *éQuinoxe* – International Screenwriters' Workshops und dramaturgische Mitarbeit bei der Internationalen Filmschule in Köln. 2009 startet ihr neuer Kinofilm ES KOMMT DER TAG.

Oliver Schütte studierte Film- und Theaterwissenschaften an der FU Berlin. Seit 1986 Autor für Film und Fernsehen, seit 1990 Dramaturg. Für sein erstes Drehbuch KOAN erhielt er 1988 den Deutschen Drehbuchpreis. Ab 1995 leitete er die Master School Drehbuch, war Mitbegründer der Development-Agentur *Script House* und Initiator und künstlerischer Direktor des *Scriptforum*, der deutschen Drehbuch- und Stoffentwicklungskonferenz. Er hält an verschiedenen Institutionen Seminare und unterrichtet an der Filmakademie Baden-Württemberg und der dffb. Autor von »Die Kunst des Drehbuchlesens« (1999) und »Schau mir in die Augen, Kleines« (2002). Er ist Mitglied der European Filmacademy und Gründungsmitglied der Deutschen Filmakademie.

Michael Töteberg, geboren 1951 in Hamburg. Wurde 1978 zuerst Lektor, später Geschäftsführer beim Frankfurter Verlag der Autoren. Seit 1994 leitet er die Agentur für Medienrechte des Rowohlt Verlags. Veröffentlichungen u.a.: »Fritz Lang« (1985), »Fellini« (1989), »Filmstadt Hamburg« (1992; erw. 1997), »Film. An International Bibliography« (2002; mit Malte Hagener), »Rainer Werner Fassbinder« (2002). Herausgeber u.a. von »Das Ufa-Buch« (1992, mit Hans-Michael Bock), »Metzler Film Lexikon« (1995, erw. 2005), »Szenenwechsel« (1999). Zahlreiche Editionen, u.a. der Essays, Interviews und Drehbücher von Rainer Werner Fassbinder sowie der Filmbücher von Tom Tykwer, Wolfgang Becker und Dani Levy. Redakteur der Zeitschrift Text + Kritik und ständiger Mitarbeiter am »Kritischen Lexikon zur deutschsprachigen Gegenwartsliteratur« (KLG) sowie am Filmlexikon »CineGraph«. Lebt in Hamburg.

Jochen Brunow, geboren 1950 in Rendsburg, Studium der Germanistik und der Publizistik an der FU Berlin. Arbeit als Filmkritiker, Herausgeber der Zeitschrift *Filme*. Seit 1980 Drehbuchautor. Für das Kino u.a. BERLIN CHAMISSOPLATZ (1980) und SYSTEM OHNE SCHATTEN (1983; Buch und Produktionsleitung; R: Rudolf Thome.) Fürs Fernsehen u.a. die ZDF-Krimireihe *Beckmann und Markowski*, Episoden für *Bella Block* (IM NAMEN DER EHRE [2002], KURSCHATTEN [2003]) und *Kommissarin Lucas* (SKIZZE EINER TOTEN [2006]) und die Fernsehfilme KLASSENTREFFEN (SAT.1; 2001), DER MANN UND DAS MÄDCHEN (DRS; 2004) und DER EINSTURZ (SAT.1; 2009). Auch Hörspiele und diverse Radiofeatures. Gründungs- und langjähriges Vorstandsmitglied des Verbands Deutscher Drehbuchautoren. Dozent für Dramaturgie und Stoffentwicklung, Leiter der Drehbuchakademie der dffb Berlin. 1997 *writer in residence* im Grinnell College, USA. Mitglied der Deutschen Filmakademie, Herausgeber von »Schreiben für den Film«. Lebt in Berlin und auf Sardinien.

Danksagung

Ein herzlicher Dank von Herausgeber und Verlag geht an den BKM, die Referatsleiterin Film Ulrike Schauz, an Christine Goldhahn und Erich Liebert, der das Referat leider verlässt, und an seine Nachfolgerin Stefanie Hasler; an den Vorstand der Carl-Mayer-Gesellschaft Dr. Jürgen Kasten und Hartmann Schmige; an Chris Kraus für seine Geduld und seinen Einsatz bei den vielen Sessions für das Werkstattgespräch und für die wunderbaren Storyboards und Zeichnungen; an Klaus Krämer und an Uli Aselmann und Andreas Ch. Tönnessen (d.i.e.film.gmbh) sowie Bernd Schmidt (Gustav Kiepenheuer Bühnenvertriebs GmbH) für die Abdruckrechte an *Das zweite Leben des Häuslers Stocker*; an Sabine Holtgreve von Wüste Film Ost, Sunny Wildemann von Nostro Film und Wiebke Fromholz von Novafilm, an Hans-Jörgen Gerlach für seine Hilfsbereitschaft bei der Bebilderung der *Lesezeichen*, des Weiteren für die freundliche Unterstützung an Rainer Rother und Peter Latta (Deutsche Kinemathek – Museum für Film und Fernsehen), Michael Töteberg (Rowohlt Medienagentur), Ulrike Theilig sowie an das *Videodrom*-Team; für das Lektorat danken wir dem unermüdlichen Maurice Lahde, für die redaktionelle Mitarbeit Barbara Heitkämper, Friederike Krickel, Kathrin Roller und Isabelle Vonberg.

Fotonachweis

14: Piffl Medien. 15: Chris Kraus. 16, 18: DVD-Prints. 19: Chris Kraus. 20: Piffl Medien. 22: Archiv des Verlages (AdV). 26-28, 33: Chris Kraus. 35, 37, 39: DVD-Prints. 44: Piffl Medien. 46: Chris Kraus. 47: DVD-Print. 48: Chris Kraus. 49, 50: DVD-Prints. 55, 60, 65, 66, 69, 71: BojeBuck Produktion, bearbeitet von Hauke Sturm. 59: AdV. 70, 72, 73: Internet. 74: Michael Wiese Productions. 75: Constantin Film. 77: DVD-Print. 80: Lionheart Entertainment. 84: Michael Wiese Productions. 85: Nostro Film. 87: dtv. 88, 90, 91, 93, 94, 97, 99: Nostro Film. 100, 103-106, 108: Wüste Film Ost. 110: Concorde Filmverleih. 111: Internet. 113: Concorde Filmverleih. 115: Internet. 116: Constantin Film. 118: Internet. 119: Universum Film. 120: Warner Bros. 121: Internet. 122: Universum Film / Central Film Verleih. 123: Concorde Filmverleih. 124 oben: Internet. 124 unten, 125: Warner Bros. 128: Internet. 130: AdV. 132, 133, 136: Internet. 138: Hauke Sturm. 139: Internet. 140, 143: AdV. 144: Internet. 145: Hauke Sturm. 146, 150: AdV. 152: Hauke Sturm. 153: Internet. 154, 159, 163: AdV. 164: Hauke Sturm. 165: Internet. 167: AdV. 171, 172, 176: Cinématographe. 177: AdV. 178, 180 unten: Nabokovs Berlin (Nicolaische Verlagsbuchhandlung). 180 oben, 183, 184: Michael Töteberg. 187: AdV. 188, 189: Deutsche Kinemathek – Museum für Film und Fernsehen. 190, 192: DVD-Prints. 193: AdV. 195, 197, 199: Deutsche Kinemathek – Museum für Film und Fernsehen. 200: Internet. 202: Michael Töteberg. 203: DVD-Print. 207: Addison-Wesley. 208 oben: B&T. 208 unten: BFI Publishing. 209 oben: Internet. 209 unten: University of California Press. 211: McGraw-Hill. 217: Kein & Aber. 219: Writers Guild of America (www.wga.org). 222: Alexander Verlag. 225: Internet. 227, 229, 230: Harmony / Random House. 232: Michaela Krützen. 233: S. Fischer Verlag. 236, 237: UVK. 238, 239: AvivA Verlag. 240: Carl Böschen Verlag. 242 oben: Oberon Verlag. 242 unten: Hans-Jörgen Gerlach / Deutsches Literaturarchiv Marbach. 243: AvivA Verlag. 251, 266, 284, 291, 313: Hauke Sturm. 317: Klaus Krämer.

Nicht in allen Fällen konnten wir die Rechteinhaber ermitteln. Berechtigte Ansprüche werden im Rahmen der üblichen Honorarsätze abgegolten.

Jochen Brunow (Hg.)
Scenario 1
Drehbuch-Almanach
368 Seiten, 195 Fotos
Hardcover, 17 x 23 cm
€ 22,90 [D] / € 23,60 [A] /
SFr 43,90 (UVP)
ISBN 978-3-86505-175-2

Jochen Brunow (Hg.)
Scenario 2
Film- und Drehbuch-Almanach
336 Seiten, 141 Fotos
Hardcover, 17 x 23 cm
€ 19,90 [D] / € 20,50 [A] /
SFr 38,40 (UVP)
ISBN 978-3-86505-185-1

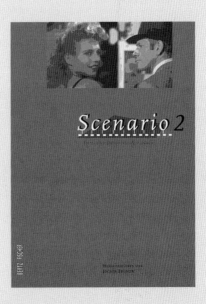

Infos und Leseproben: www.edition-scenario.de

www.bertz-fischer.de
Bertz + Fischer, Wrangelstr. 67, 10997 Berlin
Tel. 030 / 6128 67 41, Fax 030 / 6128 67 51
mail@bertz-fischer.de

BERTZ + FISCHER

scenario ■

agentur für film und fernsehen gmbh
rambergstr. 5 | 80799 münchen
t. 089-34020927 | f. 089-38398689
mail@agentur-scenario.de | www.agentur-scenario.de

schauspieler | autoren | regisseure

Ich erzähle dir einen Film.

R. D. Brinkmann

Film und Literatur: Rowohlt
www.rowohlt-medien.de